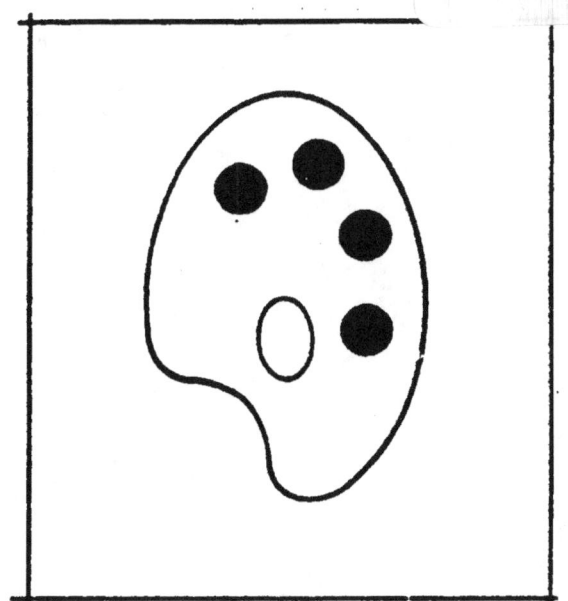
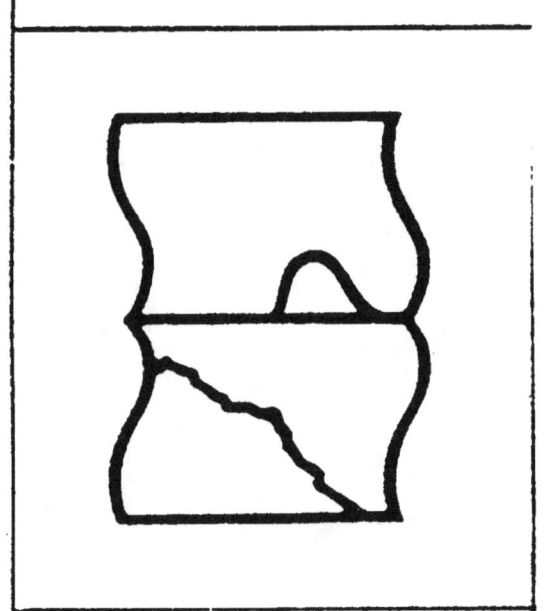

LA FIN DU THÉATRE ROMANTIQUE

ET

FRANÇOIS PONSARD

D'APRÈS DES DOCUMENTS INÉDITS

Thèse présentée à la Faculté des Lettres de l'Université de Paris

PAR

C. LATREILLE

Professeur agrégé au Lycée Ampère

Ouvrage orné d'un portrait d'après le tableau de Lehmann

PARIS
LIBRAIRIE HACHETTE & Cie
79, BOULEVARD SAINT-GERMAIN, 79

1899

28.
1900

8.Y.F
1135

FRANÇOIS PONSARD

Vienne, imp. Ogeret & Martin, 13, place de l'Hôtel-de-Ville

François Ponsard

LA FIN DU THÉÂTRE ROMANTIQUE

ET

FRANÇOIS PONSARD

D'APRÈS DES DOCUMENTS INÉDITS

PAR

C. LATREILLE

Docteur ès-lettres

OUVRAGE ORNÉ D'UN PORTRAIT D'APRÈS LE TABLEAU DE LEHMANN

PARIS
LIBRAIRIE HACHETTE & Cie
79, BOULEVARD SAINT-GERMAIN, 79
—
1899
(Droits de traduction et de reproduction réservés).

A

M. LE DOCTEUR CHARLES BOUCHARD

MEMBRE DE L'INSTITUT

Hommage respectueux et reconnaissant.

INTRODUCTION

La tragédie du XVIIe siècle avait été créée pour une société, dont les mœurs dérivaient d'un idéal monarchique, c'est-à-dire d'un pouvoir absolu descendant par degrés dans la masse de la nation; elle avait mis en scène les grands et les rois; devant l'aristocratie de Paris et de Versailles, elle avait évoqué les splendeurs des cours, les passions qui s'agitent autour des monarques, les catastrophes qui ébranlent les trônes. Elle avait parlé une langue noble, sévère, respectueuse de l'étiquette, toujours montée au diapason de la grandeur. Au XVIIIe siècle, une puissance nouvelle avait paru, l'opinion publique, et la démocratie sembla aspirer d'une vive ardeur vers la vie de l'art, aussi bien que vers celle de la politique; des écrivains, dont l'esprit continuait à subir les charmes de l'état aristocratique, mais dont le cœur s'était ému aux revendications des classes longtemps foulées, introduisirent, parmi leurs héros, des prêcheurs que tourmentait un idéal nouveau, et dont la bouche s'ouvrait constamment aux mots de justice, de droit, de liberté. Le théâtre du XVIIIe siècle ne sut pas choisir entre ces deux tendances contradictoires : dans un moule monarchique, il voulut faire tenir la coulée neuve des sentiments populaires ; et c'est pourquoi les tragédies de Voltaire, de La Harpe et de M.-J. Chénier ont un air équivoque ; sans doute, ces poètes n'ont pas conservé intégralement l'ancienne forme ; mais, audacieux dans la théorie, timides dans l'application, ils ne sont pas allés jusqu'à ces changements qui sont une promesse d'avenir fécond. Vint la Révolution, et de l'ancien édifice politique les assises elles-mêmes furent violemment bouleversées : quel théâtre se donnerait une société ainsi remuée jusqu'en ses fondements ?

Les quarante-trois premières années du XIXe siècle sont, pour le théâtre, une période de tâtonnements ; il hésite entre trois directions.

D'une part, il est sollicité par les écrivains issus de l'école de Voltaire et de Diderot ; ceux-ci, pleins de respect pour les chefs-d'œuvre de Corneille et de Racine, veulent conserver les caractères essentiels du genre, et n'introduire que les nouveautés reconnues indispensables.

Ces partisans d'un « juste milieu » dramatique se heurtèrent à des novateurs intransigeants, qui, enhardis par la révélation des théâtres étrangers, conçurent le dessein de nous donner un théâtre non plus antique, mais moderne, non plus monarchique, mais populaire, où la foule fût actrice et spectatrice : « le drame va tomber au peuple, écrivait Lamartine en 1834, il était du peuple et pour le peuple, il y retourne ; il n'y a plus que la classe populaire qui porte son cœur au théâtre... c'est une question d'aristocratie et de démocratie, le drame est l'image la plus fidèle de la civilisation [1] ». C'est toujours à la foule que V. Hugo songe, quand il compose ses drames ; à cette foule, qui ne se laisse prendre qu'à la vérité de l'émotion, il importe de donner des spectacles nouveaux, dût-on renier le passé.

Enfin la tragédie eut ses défenseurs ; quelques esprits ne surent pas échapper à la suggestion qui émanait des chefs-d'œuvre des maîtres, et reprenant le problème dramatique au point où l'avaient porté Corneille et Racine, ils restèrent les dévots des unités, de la tirade, de la pompe classique.

Ces stériles imitateurs du passé ne produisirent que des œuvres secondaires. Les romantiques menèrent grand bruit, écrivirent des pièces originales, qui pourtant ne constituent pas une conquête durable de l'art dramatique. Car A. Dumas offrit à la foule des spectacles d'un pathétique intense, mais brutal et parfois même choquant, et il mêla à ses inventions des fautes de goût qui le placent, de l'aveu même de ses admirateurs, « un peu en dehors de la littérature [2] ». Le théâtre de Victor Hugo est une antithèse : des actions de mélodrame

---

1. *Destinées de la poésie.*
2. M. Parigot : *le Drame d'Alexandre Dumas*, p. 435.

y sont éclairées du rayonnement de la poésie ; mais comme le public ne va pas au théâtre surtout pour entendre de beaux vers, qui souvent d'ailleurs sont noyés dans la déclamation, les drames de V. Hugo sont faits moins pour la représentation que pour la lecture.

Les partisans de la formule « juste milieu » n'eurent qu'un succès éphémère : C. Delavigne, le plus célèbre des écrivains de cette catégorie, est resté, malgré ses mérites, un auteur de second ordre et son théâtre n'obtient pas les honneurs d'une représentation suivie [1].

Donc, pendant quarante-trois ans, de *Pinto* aux *Burgraves*, nos écrivains, tantôt revenant vers le passé, tantôt, au contraire, s'élançant vers l'originalité, tantôt enfin cherchant une voie moyenne qui les tînt à égale distance des sentiers battus et des routes aventureuses, s'essayèrent à créer un théâtre, qui, à la fois, descendît au niveau des masses et respectât les scrupules d'un goût délicat.

Ponsard, un moment, parut avoir trouvé la solution ; du moins son époque en fut persuadée, et elle fit fête à *Lucrèce*, à l'*Honneur et l'Argent*, au *Lion Amoureux*.

Cependant Ponsard n'est pas un poète de premier ordre, et l'histoire dramatique ne peut pas le mettre au rang des créateurs. Nous consacrerons

---

[1]. La brillante reprise de *Louis XI* à la Comédie Française (17 septembre 1898) serait-elle le signal de la résurrection pour ce poète si longtemps dédaigné ?

un chapitre à l'École du Bon Sens, et nous prouverons que, contrairement à l'opinion reçue, ce titre, malheureusement choisi, il est vrai, doit néanmoins être pris au sérieux. Mais nous verrons combien vite les partisans du Bon Sens se désorganisèrent, Ponsard lui-même se dérobant à ses fonctions de chef d'école.

Quand il parut, le drame romantique agonisait, et il recueillit le bénéfice du malaise que V. Hugo et A. Dumas avaient jeté dans les esprits. Nous nous attacherons à montrer, dans la suite de cette étude, que le succès de Ponsard est dû surtout à des causes générales, dont l'action fut plus décisive que le génie même du poète. En effet, si grand que soit un écrivain, est-il capable, à lui seul, d'entraîner le goût d'un peuple dans des voies nouvelles ? Non ; tant d'honneur n'est pas réservé à un homme ; il faut que la société, au milieu de laquelle il vit, entre en collaboration avec lui et se reconnaisse en ses œuvres : Ponsard eut ce bonheur.

En effet le romantisme avait proclamé le « libéralisme dans l'art[1] » ; mais si souple, si large, si compréhensive que fût cette formule, l'école de V. Hugo dut bientôt reconnaître que les moyens d'expression étaient limités. Au théâtre surtout, elle tenta vainement de secouer le joug de certaines règles, dont l'autorité s'impose, non seulement

---

1. Préface d'*Hernani*.

-parce qu'elles sont consacrées par le temps, mais parce qu'elles sont fondées sur la nature même du genre, et sur les moyens dont la scène dispose pour traduire esthétiquement la vie. C'est au théâtre que se marqua d'abord la désaffection du public pour l'école nouvelle; le jour où le côté factice de ce « libéralisme » s'affirma à tous les yeux, la décadence romantique commença. Laissons au romantisme la gloire d'avoir, suivant l'expression de Th. Gautier, « retrouvé le grand secret perdu de la poésie [1] »; mais ajoutons qu'au théâtre ce lyrisme, ces vagabondages ailés de l'imagination, ces élans de la rêverie fatiguèrent un public, qui attendait impatiemment la réalisation de la promesse qui lui avait été faite, c'est-à-dire le retour à la nature et à la vérité.

Cette promesse, Ponsard la fit à son tour, et pour la tenir, il s'appuya sur la base solide de la tradition.

Ce n'est pas qu'il voulut recommencer la tragédie du XVIIe siècle; il n'oublia pas que le théâtre doit se transformer avec les temps, et qu'il ne peut pas aspirer à vivre d'une vie complètement indépendante. Car la tradition nous façonne à notre insu, et les goûts littéraires d'une génération sont le produit du passé, qui en déposa le germe en nous par une longue suite de mystérieuses hérédités.

Qu'on ne nous accuse pas de méconnaître la loi du progrès: mais en littérature comme en politique,

---

1. *Hist. du Romantisme*, p. 2.

un peuple doit puiser dans le passé la force qui l'entraînera dans le mouvement d'évolution, et qui stimulera ses énergies natives. On l'a dit avec autorité : « chaque génération a le droit de vivre pour elle-même et de rejeter une tutelle sénile qui voudrait la réduire à sacrifier les droits du présent à ceux du passé ; mais elle compromet sa propre existence et se condamne à une servitude autrement redoutable, celle de ses propres erreurs, si elle ne fait pas servir le passé au présent [1] ».

C'est ainsi que Ponsard ne crut pas que, en 1843, l'originalité consistait à prendre le contre-pied des théories chères aux romantiques, et à ramener parmi nous, comme le voulait Musset, « une tragédie plus châtiée, plus sévère, plus antique que du temps de Racine et de Corneille [2] ». Au contraire, de l'art romantique qu'il aimait de toute la force de ses juvéniles enthousiasmes, Ponsard retint les conquêtes qui paraissaient définitives ; s'il restaura la tradition du XVIIe siècle, il resta cependant un homme de son temps.

Néanmoins qu'il le voulût ou non, Ponsard parut le chef d'une réaction littéraire. A la grande folie d'art, qui avait troublé l'imagination des romantiques, il apporta le correctif de la raison ; il arrêta le flot de cette sève de vie nouvelle, qui, au dire de Th. Gautier, circulait impétueusement dans les veines de la génération de 1830 ; il disciplina ces

---

1. G. Larroumet : *Etudes de littérature et d'art*, p. 95.
2. *De la tragédie, à propos des débuts de Mlle Rachel* (1839).

forces tumultueuses, apaisa ces vastes bouillonnements des esprits surchauffés, et contre toutes les révoltes il éleva la barrière souveraine du *bon sens*. Ponsard a longtemps porté la peine de cette attitude qui lui fut imposée par les circonstances; et ses adversaires l'ont flétri comme un renégat de la poésie, comme un médiocre, comme un *bourgeois*.

Pour nous, à qui ces colères n'égarent pas le jugement, nous avouerons qu'il n'eut pas dans sa plénitude la science du métier dramatique, et qu'il resta à mi-chemin des hauteurs de la grande poésie; c'est pourquoi son œuvre semble avoir vieilli prématurément. Néanmoins, ne serait-il pas temps de reconnaître que, pour nous défendre de l'engouement de ceux qui le posèrent en rival de Victor Hugo, nous avons commis envers lui une grande injustice, en le faisant descendre au niveau de Joseph Prudhomme?

Il n'a pas eu les qualités d'invention et de style qui font les maîtres. Son œuvre trahit une intelligence qui s'arrête volontiers aux pensées communes, une imagination relativement courte, une fécondité verbale qui ne va pas sans quelque effort. Quand il atteint à la beauté, c'est moins par un élan libre et spontané de sa nature, que par une application consciencieuse, une franchise et une conviction qui lui tiennent lieu de génie.

Par là, le théâtre de Ponsard fait songer aux tableaux d'Ingres: comme le peintre du *Vœu de Louis XIII* et du *Saint Symphorien*, le poète de

Lucrèce et de *Charlotte Corday* tient le milieu entre la froideur de l'art classique et les audaces des romantiques. L'un et l'autre, ils ont trouvé les deux écoles aux prises; et par la loyauté de leur inspiration, par le juste équilibre de leurs facultés, ils ont su, en s'isolant, s'élever au-dessus de leurs rivaux [1]. L'un et l'autre, ils ont ramené leur art à l'étude de la nature, et l'ont ainsi débarrassé des formes convenues et des outrances maniérées. Mais l'un et l'autre, enfin, dans leur amour pour la simplicité, ils ont, pour prendre l'expression d'un biographe du peintre, « voilé de gris toute leur école [2] ». De là une certaine timidité dans les moyens, une monotonie dans les effets, et, pour tout dire, une impuissance artistique, qui les rend inférieurs aux grands maîtres. Mais les circonstances les ont trahis, au moins autant que leur propre talent; et, à tout prendre, leur réaction ne marque pas un recul, ni même un arrêt de l'art; car leur exemple fut bon, et l'œuvre qu'ils ont accomplie était nécessaire.

Ponsard n'a pas été, avec la puissance d'Hugo, un voyant du mystère poétique; s'ensuit-il qu'on

---

[1]. Th. Gautier disait d'Ingres, en 1855 : « seul, il représente maintenant les hautes traditions de l'histoire, de l'idéal et du style ; à cause de cela, on lui a reproché de ne pas s'inspirer de l'esprit moderne, de ne pas voir ce qui se passe autour de lui, de n'être pas de son temps, enfin. Jamais accusation ne fut plus juste. Non, il n'est pas de son temps, mais il est éternel » : *Les Beaux-Arts en Europe*, 1re série, p. 142.

[2]. Ch. Blanc : *Ingres, sa vie et ses ouvrages* (1870) : « il tendait, continuet-il, à jeter la peinture dans un excès contraire à celui qu'il voulait fuir, c'est-à-dire la sécheresse des contours découpés, dans le mépris des moyens purement pittoresques » : p. 235.

doive le dédaigner? Les contemporains ne l'ont-ils pas applaudi; et pendant vingt-quatre ans, le génie de notre race ne s'est-il pas reconnu en ses œuvres faites de clarté, de sincérité, de noblesse morale?

Admettons même que les générations contemporaines ne croient plus indispensable pour leur éducation dramatique, de revenir à ce maître oublié; ne faudrait-il pas se demander si Ponsard ne jouerait pas au moins dans notre histoire littéraire, le rôle modeste d'« utilité »? Comment est-on passé du drame flamboyant, excessif, échevelé des Romantiques à la comédie sociale du second Empire? Ne serait-ce pas que le théâtre de Ponsard fut un effort vers la vérité de l'observation et un retour à l'idée morale si longtemps délaissée? Enfin ce vers simple, souple, brisé, que réclamait la *Préface de Cromwell*, se trouve, chez Ponsard, sans l'éclat d'imagination, sans l'opulence du lyrisme, qui font d'*Hernani*, de *Marion Delorme*, et surtout des *Burgraves*, des poèmes plus que des drames. Il habitua le public aux sévères beautés d'un style plus nu, moins personnel, moins absorbant, si l'on peut dire, ne gênant plus la psychologie: par là, il nous acheminait à la comédie d'Augier.

———

Beaucoup des documents inédits qui donneront peut-être quelque intérêt à cette étude, me viennent

des parents mêmes du poète : son fils, M. François
Ponsard, a bien voulu me communiquer les lettres
reçues par son père, et m'autoriser à m'en servir;
Mme Ponsard, une cousine du poète, a mis à ma
disposition, avec une parfaite obligeance, tous les
documents manuscrits ou imprimés, qu'elle conserve
comme un héritage de famille. Puis-je mieux leur
témoigner ma gratitude, qu'en exprimant avec
sincérité et respect, comme j'ai tâché de le faire,
mon admiration pour Ponsard?

Qu'il me soit permis de remercier les personnes
qui m'ont ouvert leurs collections : M. Chaper, qui
accueille avec tant de bonne grâce tous ceux qui
désirent consulter la riche bibliothèque dauphinoise
que son père lui a léguée; — M. Savigné, qui par
ses travaux a sauvé une foule de débris précieux
du passé dauphinois; — M. Monval, l'aimable et
savant archiviste de la Comédie-Française, qui m'a
signalé la correspondance échangée entre Ponsard
et Édouard Thierry, au sujet du *Lion amoureux*;
— M. le vicomte Spoelberch de Lovenjoul, à qui
je dois de connaître les moindres écrits de Ponsard,
articles de journaux ou de revues, lettres, vers,
non recueillis dans les *Œuvres complètes*.

Enfin je voudrais exprimer ma reconnaissance
à mon ancien professeur, M. J. Texte, dont les
conseils et les encouragements m'ont soutenu
pendant tout le cours de cette étude. Puisse ce livre
avoir retenu quelqu'une des qualités qui font la
haute valeur de son enseignement : je veux dire la

sûreté de l'information, la netteté du raisonnement, et surtout cette probité littéraire qui honore à la fois le critique et l'homme.

Lyon, mars 1899.

LA FIN
DU
THÉATRE ROMANTIQUE

LIVRE I
Le Théâtre en France de 1800 à 1843

CHAPITRE I
LES SEMI-ROMANTIQUES

I. — Les premiers représentants de la réforme dramatique au XIX⁰ siècle s'inspirent de Voltaire. — Tentative pour accorder la tradition classique avec les réformes reconnues nécessaires.

II. — Népomucène Lemercier : son éducation classique contrariée par son tempérament novateur. — A-t-il, dans *Pinto*, inauguré une forme nouvelle de la comédie ? — Son *Cours analytique de Littérature*.

III. — Ancelot : *Fiesque*, tragédie traduite de Schiller. — *Olga, ou l'orpheline Moscovite* (1828), pièce franchement romantique.

IV. — Pierre Lebrun : appartient d'abord à l'Ecole de l'Empire — plus tard, il révéla Byron à la France. — Sa *Marie Stuart* (1820), considérée comme une victoire du parti novateur. — *Le Cid d'Andalousie* (1825), beau drame romantique. — Lebrun renonce au théâtre.

V. — Alexandre Soumet : romantique ardent dès 1814. — Sa *Jeanne d'Arc* (1825) est bien inférieure à celle de Schiller. — Une *Fête de Néron*, suite de *Britannicus*, traitée dans le goût romantique — action de Soumet sur les destinées du théâtre français.

VI. — Casimir Delavigne formule la théorie du *juste milieu* dramatique : « une audace réglée par la raison » (1825). — *Marino Faliero*, imité de Byron. — *Louis XI* (1832). — *les Enfants d'Édouard* (1833). — Delavigne fut moins un poète qu'un élégant versificateur.
VII. — Les semi-romantiques ont-ils réussi à créer un système nouveau ? — Sévérité des romantiques pour ce genre mixte.

I

Comme toute chose vivante, le théâtre ne dure qu'en se transformant. Nous ne voulons pas, en quelques lignes, refaire l'histoire de cette évolution ; il nous suffit de constater que depuis Corneille, qui appelait *Nicomède* « une pièce d'une constitution assez extraordinaire », tous les poètes dramatiques ont eu l'ambition de « s'écarter un peu du grand chemin ». Mais les théories les plus neuves sont souvent impuissantes à enfanter les chefs-d'œuvre: c'est ainsi que la critique accorde moins de prix à l'*Orphelin de la Chine*, à *Tancrède*, même à *Zaïre* et à *Mérope*, qu'aux théories dramatiques de leur auteur, et l'on peut dire que le XVIII° siècle s'est distingué moins par les œuvres qu'il a produites dans le genre sérieux, que par ses tentatives de renouvellement du théâtre. Il paraissait donc réservé au XIX° siècle d'écrire la tragédie nouvelle, dont Voltaire avait eu le pressentiment.

C'est à son école en effet, qu'il faut rattacher les écrivains, qui, les premiers, essayèrent de réaliser ce programme, et qui sont connus sous le nom de *Semi-Romantiques:* N. Lemercier, Ancelot, Lebrun, Soumet et Casimir Delavigne.

Comme Voltaire, ceux-ci ont puisé leurs sujets à toutes les sources : à la source antique (*une Fête de Néron*), à la source nationale (*Louis XI*), enfin à la source qu'on peut appeler exotique (*Pinto, Olga*). Imitateurs de Voltaire et de Ducis, ils ont adapté des drames anglais et allemands : *Fiesque, Marie Stuart, le Cid d'Andalousie, Jeanne d'Arc, Marino Faliero, les Enfants d'Edouard*. Ils ont eu, après Voltaire, pour la couleur locale, pour le pittoresque et le décor, un goût moins vif assurément que les romantiques de 1830; mais leurs descriptions contiennent des vers très-savoureux, et la « localité » plus exacte de leurs pièces est déjà un élément appréciable de vérité. C'est ainsi que l'influence de Voltaire, à laquelle Ducis et M.-J. Chénier s'étaient soumis [1], domine les premiers représentants du théâtre au XIX° siècle.

Heureusement nos Semi-Romantiques ont laissé à son inventeur, Voltaire, la tragédie philosophique, et se sont préoccupés plus de toucher les spectateurs que de propager des idées et de continuer une polémique politique ou religieuse; ils ont donc, de la forme trouvée par Voltaire, dégagé, pour ainsi dire, le contenu dramatique; et par là, ils ont, eux aussi, essayé d'être des créateurs. Attachés à la tradition classique, ils se flattèrent qu'en introduisant dans la tragédie plus de variété, plus de mouvement, plus de poésie, ils conjureraient la décadence d'un genre épuisé. Nous allons voir si leurs œuvres contenaient le secret de l'avenir.

1. Cf. le *Discours de réception à l'Académie de Ducis*, successeur de Voltaire (6 mars 1779) et le *Tableau historique de l'état et des progrès de la littérature française depuis 1789*, par M.-J. Chénier.

II

Stendhal, en 1823, écrivait : « Notre tragédie nouvelle ressemblera beaucoup à *Pinto* [1] ». L'auteur de *Pinto*, Népomucène Lemercier [2], naquit à Paris le 21 avril 1771, et vécut jusqu'en 1840 : il a donc vu la fin du classicisme, l'éclosion et même la maturité de la grande école poétique du XIX° siècle : resta-t-il tourné complaisamment vers le passé ? ou fonda-t-il un genre nouveau ?

Son éducation fut imprégnée de l'esprit du XVIII° siècle, et Florian encouragea ses premiers essais poétiques. Bientôt il se lia avec des écrivains, plus âgés que lui, et déjà célèbres, Delille, Lebrun, Pindare, Ducis, qui, suivant l'aveu de M¹¹° Lemercier, s'appliquèrent à « rectifier par l'exactitude de leur talent ce que sa verve aurait eu de trop indocile aux règles anciennes [3] ». Une dernière influence agit profondément sur l'esprit du jeune poète, celle de Voltaire, dont il avait lu les œuvres, et qu'il admirait pour l'indépendance de son esprit, et même pour son irréligion.

Mais le tempérament de Lemercier le disposait peu à ce rôle de disciple soumis ; il avait une âme de feu, un courage indomptable et une ardente imagination. Victime d'une paralysie prématurée, il voulut lutter contre la nature marâtre qui l'avait estropié : « il se

---

1. *Racine et Shakespeare*, p. 40.
2. Sur Lemercier, voir E. Legouvé : *Soixante ans de souvenirs*, t. I, p. 54, 55. — G. Vauthier : *Essai sur la vie et les œuvres de N. Lemercier* (1886). — Une conférence de G. Larroumet relative à *Pinto*, dans la *Revue des Cours et Conférences* du 9 avril 1896.
3. Cf. les *Souvenirs* écrits par M¹¹° Lemercier, fille du poète, et cités par Vauthier, p. 8.

précipita avec violence, dit M. Legouvé, dans tous les exercices physiques, dans les romanesques aventures de courage et d'amour... l'escrime, l'équitation, les vaillantises de toutes sortes n'avaient ni fatigues, ni périls, qu'il ne se fît un jeu de braver [1] ». Son esprit avait la même force originelle ; ceux qui l'ont connu sont unanimes à signaler les théories paradoxales et irrévérencieuses, qui ajoutaient à son charme de brillant causeur [2]. Donc sa vive imagination l'entraînait loin des sentiers battus, et il ne faut pas s'étonner que son œuvre dramatique témoigne du désir de féconder un terrain presque épuisé.

Nous ne parlerons pas de sa tragédie d'*Agamemnon*, jouée avec succès le 24 avril 1797 sur la scène du Théâtre-Français, et couronnée solennellement par l'Institut. Ses tragédies nationales méritent-elles d'être arrachées à l'oubli? Qui connaît encore *Charlemagne*, la *Démence de Charles VI*, *Clovis*, *Louis IX en Egypte*, *Frédégonde et Brunehaut*, *Baudoin*, œuvres qui, arrêtées par la censure impériale, ne furent pour la plupart jouées que sous la Restauration, et impitoyablement sifflées [3]? Une fois au moins, avec *Pinto*, Lemercier sut créer des ressorts nouveaux d'action ; étudions de plus près cette comédie historique.

C'est dans le livre de Vertot, intitulé *Les Révolu-*

---

[1]. p. 63.

[2]. Cf. Arnault : *Souvenirs d'un sexagénaire* : « Ses propositions nous semblaient tant soit peu hétérodoxes, mais il les défendait d'une manière si piquante, mais il en supportait la critique avec tant de bonne grâce, qu'on eût été presque fâché de le convertir et de lui faire abjurer des systèmes qui fournissaient un aliment perpétuel à la conversation la plus amusante ». — T. I, p. 297.

[3]. Une seule survécut à l'époque qui la vit naître, *Frédégonde et Brunehaut*, que Rachel en pleine gloire voulut jouer au Théâtre-Français (1842).

tions de Portugal, que Lemercier puisa son sujet. Vertot (1655-1735) appartient à cette école d'historiens qui, exclusivement préoccupés de découvrir dans le champ du passé un évènement dramatique, une conjuration ou une révolution de préférence, écrivaient en bon style des romans, où l'art seul était considéré, et où l'imagination jetait sa broderie de fantaisie sur le maigre canevas de la chronique. Lemercier n'eut donc qu'à suivre Vertot, pour mettre à la scène un sujet dramatique. Il s'agit de la révolution de 1640, qui affranchit le Portugal de la domination espagnole, et mit le duc de Bragance sur le trône. Le duc, abandonné à lui-même, serait un pauvre héros de conspiration : « Bon père, dit de lui Pinto, bon seigneur, mais conspirateur... détestable... un courage... ce qu'il en faut pour l'honneur et pour se défendre, mais pas assez pour la gloire, ni pour attaquer [1] ». Il est arraché à sa vie de plaisirs par l'ambition de sa femme et par l'activité intrigante de son valet Pinto Ribeiro. Les amis du duc sont prêts à l'aider ; le peuple supporte impatiemment les impôts dont l'accablent le tout-puissant secrétaire d'État, Vasconcellos, et la vice-reine ; toutes les espérances des grands et des petits se sont reportées sur le duc, qui devient suspect à Vasconcellos, si bien que la cour de Madrid envoie l'amiral Lopez pour le faire arrêter. Porté par la faveur universelle, et surtout inquiet de son propre sort, le duc se met enfin à la tête d'une conjuration, et bientôt les Espagnols sont chassés, le duc de Bragance est roi d'un pays indépendant.

« Il eût été facile, dit Lemercier dans son avertis-

[1]. Acte III, scène 17.

sement, de bâtir sur ce sujet un drame bien triste ». Lui, au contraire, a pris ces évènements par leurs petits côtés; il a fait du valet Pinto l'âme de l'intrigue, et il nous achemine gaiement à la catastrophe finale. Il ajoute aux personnages que lui fournissait Vertot quelques figures de conjurés secondaires, et surtout Madame Dolmar, dame de compagnie de la vice-reine, qu'il suppose amoureuse de Pinto; il imagine enfin que l'amiral Lopez aime la duchesse de Bragance, et ces deux combinaisons lui suffisent pour transformer en pièce de théâtre le récit de l'historien.

A la première représentation (1er germinal an VIII), la comédie de *Pinto* fut sifflée; l'auteur y pratiqua de nombreuses coupures, et dès la seconde, la pièce se releva: elle obtint même un grand succès jusqu'à la 7e et dernière représentation [1]. C'est Bonaparte, qui voyant d'un mauvais œil les hésitations du duc de Bragance à prendre une couronne, empêcha la pièce d'aller plus loin.

Lemercier s'autorise de *Pinto*, pour se donner le titre de précurseur: « Examinez, écrit-il en 1828, dans la préface de ses comédies historiques, la date de *Pinto*, et vous verrez que jamais l'histoire n'avait été traitée de cette manière au théâtre, et qu'aucune pièce de ce genre n'y avait encore paru ». Peut-être en notre temps a-t-on cru trop aveuglément à cette affirmation; et l'on a découvert, en *Pinto*, l'origine du drame

---

[1]. Talma, Monvel et Mlle Mars tenaient les principaux rôles; Geoffroy accorde à tous les acteurs des « éloges particuliers », et il ajoute même que Talma, dont il était l'ennemi, « y déploya un talent qu'on était loin de lui soupçonner ». — Cette comédie faillit être reprise en 1816; en 1834, elle reparut sur la scène de la *Porte St-Martin*, avec Bocage dans le rôle de Pinto.

romantique: « Ne retrouvez-vous pas là, s'écrie M. Larroumet, de vieilles connaissances que le drame romantique, voire le mélodrame, vous ont rendues familières, depuis Victor Hugo et Alexandre Dumas père jusqu'à M. d'Ennery et Anicet Bourgeois? Don Carlos dans son armoire au début d'*Hernani*, Casilda et don César de Bazan dans *Ruy Blas*, Gorenflot de la *Reine Margot*, Poulain de la *Sorcière des États de Blois*, le juif de *Marie Tudor*, les courtisans ridicules et odieux d'un peu partout seraient à l'aise dans *Pinto*, comme chez eux. Le héros de la pièce, brave et gai, habile et agile, est le frère aîné de tous les héros de drame [1]». Oui, si l'on veut, *Pinto* nous fait songer à tout cela, à plus encore ; qu'est-ce que cela signifie, sinon que les novateurs les plus audacieux ne créent jamais un héros, ni une péripétie de toutes pièces, et que les éléments en étaient déjà disséminés un peu partout. La question n'est pas là, mais *Pinto* a-t-il ouvert au théâtre une voie féconde? On peut sans hésiter répondre non, et c'est là ce qui nous intéresse. Plus tard, Lemercier, se demandant quelle avait été la postérité de *Pinto*, signale seulement *Édouard en Écosse* (d'A. Duval, 1802), la *Jeunesse de Henri V* (du même, 1806), et le *Chevalier de Canolles* [2](?). Lui-même d'ailleurs ne tarda pas à abandonner ce genre: tempérament inquiet, il tente toutes les directions, et manque de suite en ses desseins; génie essentiellement satirique, il ne vit dans le théâtre qu'une occasion d'instruire les spectateurs, de leur inspirer l'horreur du vice, à l'aspect des grandes catastrophes politiques,

---

1. *Revue des cours et confer.*, 9 avril 1896.
2. *Cours analytique de Littérature*, t. II, p. 118, note.

ou de montrer, suivant l'expression de Frédéric le Grand, qui sert d'épigraphe à *Pinto*, les « ressorts communs et les vils faquins », qui meuvent la plupart du temps « les scènes les plus magiques » de l'histoire. Il réussit dans *Pinto*, parce qu'il fut soutenu par un sujet particulier, où le héros de la conjuration était, non le duc, mais son valet, sorte de Figaro politique, donnant à son maître un royaume; et surtout parce que la pièce fut écrite de verve et solidement composée : de là une comédie unique, vraiment originale, mais qui n'offrait à l'imitation qu'un modèle spécial et trop restreint.

Lemercier avait assez d'imagination et assez d'étendue d'esprit, pour inaugurer un art nouveau : mais cet art, il ne l'a pas commencé, et même quand il s'est produit, avec Victor Hugo, il ne l'a pas reconnu [1]. Il suffit d'ouvrir son *Cours analytique de Littérature* pour se rendre compte qu'un abîme sépare Lemercier de l'école romantique. Il fut hostile à la poésie nouvelle que Mme de Staël révélait à la France dans son livre de l'Allemagne et à propos de l'épopée, il jugea fort injustement l'esprit et la littérature d'outre-Rhin [2]. A son heure, il avait passé pour novateur, et on l'avait surnommé « Népomucène le bizarre »; mais il se retira de la lutte, et céda la place à d'autres qui, plus conscients de leur force ou plus

---

1. Plus tard, on lui disait que les romantiques étaient ses enfants : « oui, répliquait-il, des enfants trouvés ».
2. L'Allemagne, dit-il, copie la littérature anglaise, « n'a rien qui lui soit propre, ne brille que d'emprunt, et la seule chose qui lui appartienne est cette inclination pour l'indéfini, pour le surhumain, pour les mélancoliques extases, pour les visions intuitives, et presque pour l'incompréhensible, toutes choses qu'elle offre en modèles de l'excellence sous le titre de système romantique » : tome IV, p. 31.

constants dans leurs goûts, aidèrent notre théâtre à secouer le joug des formules vieillies. Devant les auditeurs de l'Athénée, il fit amende honorable à ce classicisme dont il avait paru s'écarter, et répudia vivement le titre de novateur [1]. Il était prêt à écouter, humble et repentant, la mercuriale que Merlin lui adressa, en le recevant à l'Académie française : « Si, tout récemment, dans des leçons publiques et savantes sur l'art dramatique, vous n'aviez pas solennellement professé une doctrine réparatrice de l'exemple que vous aviez donné, l'Académie n'aurait pu malgré vos titres littéraires, vous admettre dans son sein... Elle aurait sacrifié son estime pour vous à la crainte d'encourager les jeunes élèves de Melpomène et de Thalie à suivre la route que vous leur aviez si imprudemment ouverte [2] ».

III

Nul mieux qu'Ancelot ne parut appelé à concilier les deux écoles classique et romantique : « les ouvrages de M. Ancelot, disait, en 1823, Delaforest, rédacteur de la *Gazette de France*, me semblent établir une transition heureuse entre les anciennes et judicieuses admirations et le goût impérieux de cette époque [3] ».

---

1. En 1823, il imita la *Jane Shore* de Nicolas Rowe, et il disait à ce propos : « il m'a fallu partout corriger la pièce anglaise, et sans cesse inventer en imitant pour la rendre supportable au goût noble et délicat du public français ». — En 1825, il proclamait que la « meilleure source de nouveautés sur la scène française, est encore l'imitation des théâtres anciens, et non des théâtres étrangers modernes : *Revue Encyclopédique*, 76e livraison, *Remarques sur les bonnes et les mauvaises innovations dramatiques*, mémoire lu par Lemercier à l'Académie, le 5 avril 1825.
2. Cité par A. Royer : *Hist. du Théâtre contemporain*, t. I, p. 31.
3. Delaforest : *Cours de Litter. Dram.* I, p. 125.

Ce poète était né au Hâvre, en 1794; son éducation fut toute classique: élevé par un père qui avait le culte de Racine, le jeune Ancelot émerveillait les professeurs du collège du Hâvre, à qui, sans préparation, il récitait le *récit de Théramène* ou le *songe d'Athalie*. Sa première tragédie, *Louis IX*, jouée au *Théâtre Français*, en 1819, obtint assez de succès, pour que l'auteur pût se comparer fièrement à son compatriote, Casimir Delavigne, dont les *Vêpres Siciliennes* venaient d'être applaudies sur la scène de l'*Odéon*. Mais cette tragédie, moderne par le sujet, restait classique d'inspiration: suivant l'usage, l'auteur avait proscrit l'action, éliminé soigneusement la couleur locale, mis dans la bouche de Louis IX de longues tirades politiques, et surpris les applaudissements par des allusions.

Sa seconde tragédie, le *Maire du Palais* (1823) ne le classait encore nettement dans aucun des deux partis en présence, car cette tragédie nationale ne se distinguait en rien de ce qu'on avait fait en France jusque-là. C'est avec *Fiesque* (1824), qu'Ancelot prit place parmi les novateurs.

La pièce de Schiller, qui lui servit de modèle, était conçue dans le libre système de Shakespeare; cependant elle respectait à peu près les unités de temps et de lieu, et même l'action en était fortement concentrée autour d'un personnage unique et d'un seul fait: elle offrait donc les éléments d'une tragédie régulière française. Pour la plier à notre poétique, Ancelot a supprimé ou modifié quelques-uns des personnages de l'original: c'est ainsi que le neveu d'André Doria, Gianettino, a disparu, et pourtant c'est lui qui par son langage rude, par sa fierté agressive, et par ses débauches scandaleuses, provoque la conspiration [1]; la sœur de Gianettino, la comtesse Julie Imperiali, est également supprimée; le Maure, Muley-Hassan, n'a plus, dans la pièce française, cette férocité endiablée, ce cynisme sauvage dont Schiller avait flétri son masque de brigand spirituel et fripon; Ancelot en a fait un banal agent d'intrigues, un Scapin égaré parmi les révolutions des États.

Schiller écrivait dans sa préface: « placé dans la société bourgeoise, j'ai dû mieux connaître les mystères du cœur que ceux des cabinets »; néanmoins, avec quelle vigueur il a su accuser ces compromissions basses, ces familiarités presque dégradantes, auxquelles un conspirateur doit descendre, quand il veut soulever et pétrir cette masse populaire d'où se ruent les révolutions. Ancelot, fidèle à la dignité de notre théâtre, y a substitué les entrevues compassées du Maure et de Fiesque, les paroles banales du grand seigneur aux Génois qui l'idolâtrent, quand il passe devant eux et jette à chacun un mot de pitié. La pièce allemande déborde de vie, de mouvement et d'observation; aussi ne peut-on retenir un cri de stupéfaction, quand on lit dans l'*Examen critique* de Sauvo [2]: « partout l'imitation de Schiller est sensible;

---

[1]. Entendez-le au milieu de la fête donnée par Fiesque (acte I, scène 5), insultant les Génois: « le doge André aurait-il donc reçu tant de blessures en combattant pour ces misérables républicains, afin que son neveu fût obligé de mendier la faveur de leurs femmes et de leurs enfants? Tonnerre et Doria! il faut que cette envie-là leur passe, ou bien, sur les ossements de mon oncle je ferai planter une potence où leur liberté génoise pourra se débattre jusqu'à la mort »; voilà des paroles plus significatives que tous les récits; elles font passer un frisson d'épouvante dans l'esprit des spectateurs, et sonnent à l'avance le glas de la dynastie des Doria.

[2]. Œuvres complètes d'Ancelot, 1839 — à la suite de Fiesque.

mais partout aussi on voit le talent qui met en œuvre, le goût qui choisit, l'art qui distribue, le poète qui, s'emparant de pensées belles en elles-mêmes, les rehausse de tout l'éclat d'une versification noble, correcte et harmonieuse ».

Plus tard, Ancelot, ayant accompagné en Russie le maréchal Marmont, qui allait assister au couronnement du tzar Nicolas Ier, conçut l'idée de porter au théâtre les mœurs de ce pays exotique : il ft *Olga, ou l'Orpheline Moscovite*, pièce en 5 actes, jouée au Théâtre-Français en 1828 [1].

La pièce eut du succès, et certes aujourd'hui encore on la lit avec plaisir. L'action, que traversent des souvenirs d'*Athalie* et de *Britannicus*, n'en est pas moins originale et touchante. C'est une anecdote relative au règne de Catherine II, et qu'Ancelot transporte au XVIe siècle. Hélène, veuve du tzar Vassili, s'est emparée du trône, bien que Vassili eût d'un premier mariage une fille, Sophie, héritière légitime. Celle-ci, sauvée par un boïard, Belski, vit à Florence sous le nom d'Olga, et dans l'ignorance de sa condition. Hélène découvre la retraite de la jeune princesse, et, pour enlever aux boïards mécontents un instrument de révolte, elle envoie son favori, Obolinski, à Florence, avec mission de ramener Olga en Moscovie, dût-il feindre de l'aimer, pour se faire suivre par elle. Obolinski exécute son message, mais cet amour qu'il a feint pour l'étrangère, ne le laisse pas insensible ; il entreprend de soustraire Olga à la vengeance de la tzarine ; mais les boïards, soulevés à

---

1. Ancelot nous a raconté son voyage dans un récit élégant, mais pâle et superficiel, intitulé : *Six mois en Russie*.

la voix de Belski, sont vaincus, et Hélène, sûre de la trahison de son favori, fait tuer Olga, pendant que les strélitz entraînent Obolinski.

Dans cette pièce, la trame de l'action se relâche à chaque instant, pour prêter à une peinture de mœurs; c'est, par exemple, une série de descriptions de l'Italie, où vient de s'accomplir la mission d'Obolenski [1]; c'est aussi la scène qui ouvre l'acte IV, et qui se déroule au milieu d'une forêt de sapins et de bouleaux, quand Belski présente Olga aux boïards révoltés.

Olga, d'un bout à l'autre de la pièce, est sympathique, naïve et confiante, elle a suivi Obolinski dans son pays sauvage; elle distribue l'or et les bonnes paroles aux infortunés esclaves, dont elle est adorée; enfin elle sacrifie un trône pour conserver Obolinski. Elle aime déjà, avec l'entraînement des héroïnes romantiques:

> Est-ce l'ange maudit ou la sainte madone
> Qui m'inspira l'amour où mon cœur s'abandonne;
> Qui plaça tant de charme en tes moindres discours,
> Et contre leur pouvoir me laissa sans secours?
> De celle qui jadis éleva mon enfance,
> Méprisant les conseils et bravant la défense,
> Sans force contre toi, je t'ai seul écouté:
> Tu m'as dit de te suivre, et moi j'ai tout quitté (I, 5).

Ces beautés suffisent à expliquer le succès d'Ancelot:

---

[1]. La plus pittoresque est faite par Olga, dans des strophes qu'elle improvise et qu'elle déclame en s'accompagnant de la mandore; le rythme en est doux et caressant; l'harmonie riche et souple.

> Salut, riant pays, beau ciel, sol parfumé,
> Où tout respire la tendresse,
> Où la douleur s'endort, où l'on est mieux aimé;
> Champs heureux, où l'air embaume
> A la douceur d'une caresse! etc.

Le poète a fait suivre ces strophes de la ballade, chantée par l'esclave

Olga était, en 1828, la plus audacieuse nouveauté qui eût paru sur notre théâtre. Le classique Duviquet déplorait qu'un homme de goût, comme Ancelot, sacrifiât ainsi au goût d'un public blasé ; le *Globe*, au contraire, applaudissait (17 septembre 1828). Ancelot paraissait incliner sans retour vers le romantisme.

Cependant *Elisabeth d'Angleterre*, qu'il écrivit l'année suivante (1829), bien qu'elle contînt un éloge de Shakespeare, ne réalisa pas les espérances des admirateurs d'*Olga* ; en décembre 1830, Ancelot perdait sa place d'expéditionnaire au Ministère de la Marine, et, pour vivre de sa plume, il quittait la tragédie pour s'enfoncer dans la « littérature commerciale et spéculatrice », le vaudeville. Son ami Saintine nous dit qu'en six ans Ancelot donna sur les petits théâtres plus de 60 ouvrages ; en 1838, quand il revint au Théâtre-Français avec sa tragédie de *Maria Padilla*, les jeunes générations ne le reconnurent plus pour un romantique, tant les événements avaient marché. En 1841, il fut, à l'Académie, contre V. Hugo, le candidat du parti classique ; V. Hugo fut élu, mais Ancelot ne tarda pas lui aussi à devenir *immortel*. Son rôle de novateur avait été de courte durée, et son théâtre aujourd'hui est bien oublié.

IV

Le poète Lebrun, mort en 1873, appartient par la

Blaskoff, et dont le rythme dur et l'âpre harmonie conviennent à la description des pays du Nord :

*Dessous l'écorce du bouleau,
Le vent siffle et durcit la neige ;
Préparons mon léger traîneau,
Et que saint Nruski me protège !* » etc.

date de sa naissance (1785) et par ses débuts poétiques, à l'Ecole de l'Empire. Il commença par imiter Ducis, Delille, Parny, Andrieux, « les maîtres, comme il disait, de la littérature du temps, et ceux dont les jeunes hommes de lettres enviaient la célébrité [1] ». Cependant cette muse, qui s'éveillait au bruit des canons annonçant à l'Europe la victoire d'Austerlitz, ne devait pas s'en tenir à l'héritage du passé: en 1844, à propos d'une ode purement mythologique, la *Colère d'Apollon*, écrite en 1807, il nous fait cette confidence: « je me suis assez vite soustrait aux influences mythologiques qui refroidissaient la littérature lorsque j'ai commencé à écrire [2] ».

Les lectures que faisait Lebrun élargissaient son horizon poétique: Homère, Virgile, Corneille, Pétrarque, Montaigne, Ossian, Clotilde de Surville, Ronsard, étaient ses auteurs favoris: « avoir lu trois cent mille vers de Ronsard en 1808! s'écrie-t-il, en plein Empire! Je goûtais déjà, on le voit, aux sources où s'est abreuvée et plongée la Restauration. J'avais déjà découvert cette étoile de la Pléiade, qu'on n'a cru retrouvée que de nos jours [3] ».

Ajoutons enfin que Lebrun vécut de longues années très près de la nature, dans un site où son imagination était sans cesse sollicitée par des beautés neuves: de 1808 à 1817, il habita Tancarville, au milieu des ruines d'un château gothique, « palais et forteresse féodale, dit-il, romantique séjour, qui semble placé là pour les peintres et les poètes [4] ».

1. *Œuvres de Lebrun*, édit. Didier, 1861, t. II, p. 415.
2. id., p. 409.
3. id., p. 406.
4. id., p. 403.

Voilà sous quelles influences se développa le talent de Lebrun ; ne soyons donc pas étonnés si, au sortir de ces années de préparation, il incline au romantisme. En effet, en 1819, il écrivit plusieurs articles dans la *Renommée*, journal fondé par Benjamin Constant, Jouy, Pagès, Aignan ; il s'y révéla admirateur de Byron, à une époque où le nom du poète anglais commençait à peine à pénétrer en France. Bien qu'il signale les écarts du génie fantasque et souvent obscur de Byron, l'étude de *Lara*, de *Manfred*, et de *Childe Harold* l'amène à ces réflexions significatives : « il se peut que notre poésie manque parfois de certaines teintes, d'une certaine couleur, d'une certaine vérité, qu'elle pourrait emprunter sans honte à la poésie des autres peuples. Nos richesses nationales ne doivent point nous fermer les yeux sur des richesses étrangères, et le patriotisme n'exclut pas la justice [1] ».

Un contemporain, Davrigny, ayant publié une pièce de Jeanne d'Arc, Lebrun, qui se trouve à la veille d'écrire pour le théâtre, nous expose ses vues dramatiques : « l'épitaphe de cette tragédie nouvelle, dit-il, *domestica facta*, devrait être désormais celle de toutes nos tragédies. Des sujets de notre histoire, empreints de nos mœurs, intéressent tout autrement que ceux pris de la fable et des histoires antiques [2] ». Quant à l'intrigue, qu'elle serre de plus près la réalité, qu'elle reproduise la couleur des temps, qu'elle répudie « ces formes usées, ces moyens de convention,

---

1. Ces articles de la *Renommée* ont été reproduits au tome IV de l'édition des Œuvres de Lebrun publiée par Perrotin, 1861. — L'article auquel nous empruntons une citation porte la date du 7 juillet 1819 : cf. tome IV, p. 325.
2. Article du 25 juin 1819, t. IV, p. 361.

ces péripéties qu'on voit venir de si loin ». Le style tragique, lui aussi, doit se modifier dans le sens de la vérité: « le moment, dit-il, serait peut-être venu de chasser du style toutes les vieilles banalités, d'abandonner désormais ces *lieux*, ces *tristes lieux*, ces *terribles lieux*, qui terminent si commodément un grand nombre de nos vers.... de faire parler les rois et les régents, sans leur faire dire *ma volonté suprême.... un beau feu!* cela n'est-il pas suranné! ».

Nous voilà bien loin de Ducis et de Delille; leur disciple est à l'âge où l'on écoute en soi, non plus la voix lointaine des prédécesseurs, mais la vivante leçon de l'originalité.

Avec plus d'habileté que Davrigny, Lebrun emprunte à Schiller un sujet qui choquait moins que *Jeanne d'Arc* les lois de notre scène: celui de *Marie Stuart*. Mais il n'a pas osé reproduire la pièce allemande avec toutes ses hardiesses d'invention et ses beautés d'exécution. D'abord il observe l'unité de lieu; l'action, au lieu d'aller du palais de Westminster à Fotheringay, se déroule uniquement dans le château, où Marie est retenue prisonnière. Ensuite Lebrun atténue la forte saillie des caractères. Marie n'est plus la séductrice que la passion égara jusqu'au crime; Lebrun a couvert d'un voile ces désordres passés, que le geôlier de Schiller ne craint pas de reprocher à la « nouvelle Hélène », que Marie elle-même confesse longuement à sa nourrice Anna, et dont un de ses nouveaux adorateurs s'autorise pour toucher son cœur; on chercherait en vain, dans la pièce française, les violences de ce Mortimer, que la religion et le loyalisme ont d'abord attaché à la fortune de Marie Stuart, et qui, affolé de désirs, perdant tout respect pour la reine, chante à sa beauté de femme un hymne délirant d'adoration sensuelle: cet amour forcené, dont un auditoire français se fût effarouché, caractérisait pourtant à merveille le XVI° siècle, où l'amour, comme pour se venger de la compression mystique du moyen âge, était redevenu un instinct naturel, puissant, irrésistible. Le personnage de Leicester a été complètement manqué par Lebrun; Schiller en avait fait un scélérat franchement odieux, qui ne recule pas devant la trahison, et qui, pour sauver sa tête, sacrifie Mortimer; le héros de Lebrun donne, à son tour, l'ordre d'arrêter Mortimer, mais il recommande au capitaine des gardes, Seymour, de le relâcher secrètement, comme pour accorder le soin de sa vie avec les scrupules de sa conscience [1].

Malgré ces faiblesses, la *Marie Stuart* de Lebrun était une tentative hardie: « la joie est dans le camp des romantiques, disait le *Journal des Débats*; le succès de M. Lebrun est un succès de parti, une victoire des lumières sur les préjugés. Un courrier extraordinaire, envoyé par M. Schlégel, est allé en porter la nouvelle à la docte assemblée [2] ». Cette ironie cachait une mauvaise humeur, qui se donna carrière contre la pièce de Schiller, « ce sauvage allemand, accou-

---

[1]. Lebrun nous a dit que ce changement lui fut suggéré par Talma, « qui savait son parterre délicat et pointilleux ». Au moment où Leicester fait arrêter Mortimer, « il y eut, continue-t-il, un soulèvement dans le parterre, soulèvement qui fut bientôt apaisé par l'admirable geste de Talma, dominant le tumulte de sa voix puissante, et donnant l'ordre de faire sauver en secret celui qu'il venait de faire arrêter devant tous »: préface du *Cid d'Andalousie*. — V. Hugo dans un article du *Conservateur littéraire*, cité par E. Biré (*V. Hugo avant 1834*, p. 215) regrette que Lebrun ait altéré la figure de Leicester, et esquisse le plan d'une tragédie composée sur le même sujet. — Voir aussi Alexandre Dumas fils, *Discours de réception à l'Académie*.

[2]. 13 mars 1820.

tumé à vivre sans frein ni loi ». Pour mettre des bornes à cette insurrection littéraire, la critique classique se hâtait d'ajouter que Lebrun avait réalisé toutes les innovations que le goût pouvait accepter. A se reporter en effet à cette date de 1820, on mesure mieux quel service Lebrun rendait au théâtre romantique, en essayant, selon son expression, « ce rapprochement entre la Melpomène étrangère et la nôtre [1] ». Vinet, louant la nouveauté de cette tragédie, ne craint pas de dire avec une partialité pourtant excessive: « Si vous prenez l'ensemble de l'ouvrage, *Hernani*, joué en 1829 (sic), est de plusieurs années l'aîné de *Marie Stuart* [2] ».

Au lendemain de *Marie Stuart*, Lebrun partit pour la Grèce, et ce n'est que le 1ᵉʳ mars 1825 qu'il fit jouer au Théâtre Français une autre tragédie, *le Cid d'Andalousie*. Lebrun empruntait son intrigue à Lope de Véga; pourtant l'œuvre était originale, et servait mieux encore que *Marie Stuart* les intérêts du théâtre romantique.

Le sujet de cette tragédie, dont le personnage principal porte le même nom que le héros de Corneille, se rapproche beaucoup de celui du *Cid*. Don Sanche, fiancé d'Estrelle, doit, pour obéir à son roi, se battre en duel avec son futur beau-frère, Don Bustos; il le tue, et désormais son mariage avec Estrelle ne peut plus s'accomplir; les deux amants s'inclinent devant cette fatalité qui a détruit leur bonheur, et tous deux immolent leur amour à un devoir supérieur; voici l'irrévocable adieu d'Estrelle :

---

1. Préface de la 1ʳᵉ édition de *Marie Stuart*.
2. *Études sur la Litt. franç. au XIXᵉ siècle*, t. II, p. 7.

Étouffons cet amour que malgré moi peut-être
Tout à l'heure à vos yeux j'ai laissé trop paraître ;
Du devoir un moment j'ai pu me détourner,
Mais la sœur de Bustos ne peut pas pardonner.
Nous ne saurions penser sans crime l'un à l'autre.

Ce sujet, ainsi renouvelé, doit aux procédés romantiques de réelles beautés. Au début, nous assistons à l'entrée du roi dans Séville ; régidors, alcades, dames, nobles sévillans, seigneurs de la Cour, se pressent sur le théâtre, et offrent aux yeux un spectacle pittoresque, que la poétique de Boileau n'avait pas prévu.

Une scène surtout fut dédaigneusement traitée par la critique classique ; elle a gardé, dans l'histoire du théâtre, un nom célèbre : la *scène du banc*, comme on dit, à propos de *Roméo et Juliette*, la *scène du balcon*. Une délicieuse entrevue des deux amants suspend l'action, et nous les entendons chanter une élégie à leur bonheur, à la nuit, à la belle nature, qui les convie d'aimer et cache leurs amours, à l'harmonie errante qui se mêle au parfum des orangers en fleurs[1].

La scène de la provocation, le spectacle des flambeaux allumés pour le mariage d'Estrelle et qui verront le cercueil de son frère, enfin les Assises de la

---

[1] V. Hugo doit à Lebrun l'idée de la fameuse scène de l'acte V d'*Hernani* ; tous les motifs qu'il y développe sont déjà dans son devancier : c'est la même impression de solitude et de silence, dont s'enivrent les deux amants ; une musique lointaine scande le rythme de leurs âmes :

Car la musique est douce,
Fait l'âme harmonieuse, et, comme un divin chœur,
Éveille mille voix qui chantent dans le cœur.

Mais cette musique déchaîne la tempête dans le ciel de rêve d'Hernani et de Doña Sol ; jamais le contraste entre le bonheur et le désespoir n'a été plus fortement marqué.

Justice royale, toute cette action mouvementée, rapide, déchirante, contrastait heureusement avec les procédés de l'ancien théâtre.

Ajoutons enfin que Lebrun innovait dans le style; depuis longtemps le poète avait déclaré la guerre à la périphrase; aussi trouve-t-on à peine dans le *Cid*, quelques lambeaux de la phraséologie de convention [1]. Son style a de l'harmonie, du charme, de la couleur; il prend sans effort le ton de la comédie; comme le dit excellemment Vinet, « la pièce renferme autant de beaux vers et de séries de beaux vers qu'une pièce romantique en peut comporter [2] ».

Tant de qualités auraient dû valoir au *Cid d'Andalousie* l'honneur d'avoir fondé, en France, la réforme dramatique; malheureusement cette pièce n'eut qu'une action éphémère sur le public. En effet elle disparut de l'affiche après la quatrième représentation; depuis, elle n'a jamais été reprise, et même elle ne fut publiée qu'en 1844: « on a dit que cet ouvrage était venu trop tôt, écrivait alors Lebrun. Aujourd'hui ne dira-t-on pas qu'il vient trop tard ». C'est ainsi que le *Cid d'Andalousie* ne fut connu qu'en un temps où les travailleurs de la première heure n'excitaient plus l'attention; comme Lebrun quitta définitivement la scène après le *Cid*, l'oubli se fit autour de son nom. Mais en 1844, Sainte-Beuve le loua dignement; et Vinet commençait un article

---

1. Nous en citerons pourtant un exemple détestable:
    Basks, par l'amiral avec soin arrêté
    A ce jeu que l'Afrique a chez nous apporté,
    Défend sur le damier sa reine menacée,
    Et l'échec véritable est loin de sa pensée : II, 7
2. *Op. cit.*, p. 9.

élogieux sur ce poète méconnu, par cette déclaration :
« M. Lebrun, dont nos modernes trouvent peut-être
la muse timide et réservée, comme une jeune pensionnaire, ne laissa pas dans ces âges reculés de passer
pour audacieux : et je crois même qu'il lui fallut plus
de courage pour oser ce qu'il osa, qu'il n'en faut aux
capitans de notre poésie actuelle pour la plus hardie
de leurs bravades [1]. »

V

Le théâtre de Soumet, plus étendu que celui de
Lebrun, n'a pas la même portée. Bien que Soumet
ait tenu une place d'honneur dans le premier cénacle,
bien qu'il fût, en 1824, appelé « notre grand Alexandre » par V. Hugo et A. de Vigny, il ne nous semble
pas que *Jeanne d'Arc*, ou même *Une fête de Néron*,
aient vraiment enrichi la scène française.

Soumet fut romantique avant l'heure ; car, dès
1814, dans une brochure fort curieuse, intitulée les
Scrupules littéraires de Madame de Staël, il prit
nettement position du côté des réformateurs. Lui qui
n'était à cette date connu que par ses triomphes aux
carrousels de Clémence Isaure, et par deux poèmes
assez faibles, le *Fanatisme* (1808), et l'*Incrédulité*
(1810), accusait Mᵐᵉ de Staël de timidité. Avec un
enthousiasme plus sincère que réfléchi, il sacrifiait
notre littérature classique aux dieux d'Outre-Rhin :
« le système dramatique des Grecs, écrivait-il, reposait sur des bases qui n'ont plus rien de commun
avec la croyance et les opinions des peuples moder-

1. *Op. cit.* p. 2.

nes[1] »; et même dans un bel élan d'admiration passionnée, il s'écriait : « eh ! que nous importent les défauts des tragiques allemands, s'il est vrai que les beautés dont plusieurs de leurs ouvrages étincellent aient agrandi pour nous le domaine des beaux-arts[2] ».

Ainsi donc Soumet se posait en champion des idées nouvelles : à la suite de Châteaubriand et de Mᵐᵉ de Staël, il demandait une littérature nationale, ayant ses assises sur le fonds propre de nos habitudes de cœur et d'esprit.

Il débuta au théâtre par deux tragédies : *Clytemnestre* (7 novembre 1822) et *Saül* (9 novembre)[3]. De *Clytemnestre*, nous ne dirons rien, car dans un sujet si rebattu, Soumet n'apportait aucune péripétie inédite ; mais avec *Saül*, il demandait à la Bible son inspiration ; la faiblesse de la composition et des caractères y est rachetée par un lyrisme très ample et très harmonieux : c'est, bien qu'affaiblie, la veine des psaumes ; la poésie, brillante comme chez Voltaire, est énervée par la banalité et la fréquence des épithètes, mais la couleur des livres saints communique à l'œuvre une certaine originalité[4].

1. p. 30.
2. p. 31.
3. V. Hugo écrivait à son ami J. Reséguier le 6 septembre : « Soumet va être joué presque à la fois aux deux théâtres, c'est-à-dire qu'il va obtenir deux triomphes. Il a fait à son chef-d'œuvre, *Saül*, de très beaux changements. *Saül* et *Clytemnestre* sont, à mes yeux, les deux plus belles tragédies de l'époque, et ne le cèdent en rien aux chefs-d'œuvre de notre scène, en rien » : lettre publiée par E. Biré : *V. Hugo, avant 1830*, p. 339.
4. La pièce cependant ne mérite pas l'appréciation enthousiaste de V. Hugo (id., p. 341) : « J'ai admiré, disait-il, la hardiesse du poète créateur, qui a su transporter sur notre étroite scène toute l'immense épopée de Milton. L'idée première de ce drame n'est, en effet, autre chose que ce qu'il y a de plus vaste dans la création, la lutte perpétuelle du bien et du mal, de Dieu et de Satan ».

Laissons de côté *Cléopâtre* (1824), pour arriver à *Jeanne d'Arc*, jouée à l'Odéon le 14 mars 1825. Soumet imitait Schiller. On sait toutes les objections faites à cette « tragédie romantique », dans laquelle Schiller a représenté Jeanne amoureuse de l'anglais Lionel, et succombant d'une blessure au camp français. Soumet a mieux respecté l'histoire, et cependant on ne peut pas dire qu'il ait fait revivre Jeanne d'Arc avec autant de vérité que Schiller. D'abord, au lieu d'embrasser, comme son modèle, la vie entière de la Pucelle, Soumet, pour se plier aux nécessités du système français, n'a pris qu'un épisode, celui du procès et de la mort de Jeanne. Cet unique épisode n'a pas même reçu les développements qu'il comportait ; l'évêque de Beauvais sur qui pèse l'odieux de ce procès, reste dans la coulisse ; et son rôle est rempli par le haut-justicier Hermangart, dont le nom ne réveille en nous aucun souvenir et dont la physionomie de fanatique n'est marquée que de traits insignifiants.

Tout le côté merveilleux du rôle de Jeanne est sacrifié par Soumet : on se souvient de l'art avec lequel Schiller avait mis en relief la légende, car les lois ordinaires de la vraisemblance ne s'appliquent pas à cette jeune inspirée, que la voix de Dieu appelle au secours de la patrie française. Dans la pièce allemande, ce ne sont que prodiges, superstitions locales, paroles mystérieuses prononcées tantôt par des bohémiennes, tantôt par des saints du Paradis, révélations qui se succèdent dans la bouche de Jeanne, et qui éclairent du signe divin le front de l'élue. Comme on comprend alors que Jeanne, par la force de ses raisonnements, et surtout par le miracle qui naît, pour ainsi dire, sous ses pas, apaise dans l'âme du duc de Bourgogne

le ressentiment, et réconcilie Charles VII avec son fier
vassal! Cette scène, conservée par Soumet, n'est pas
suffisamment préparée par le poète: malgré les beaux
vers, les répliques vigoureuses, les prophéties de
Jeanne qui saluent l'avenir glorieux de la maison de
Bourgogne, nous ne pourrons accepter la conversion
subite du duc, et nous nous récrions, au nom de la
vraisemblance, contre une métamorphose si peu
attendue.

De plus, la peinture de la France de Charles VII
est absente de la tragédie de Soumet: ici, le récit
traditionnel ne peut évoquer que des images déco-
lorées [1]. « Dans cette *Jeanne d'Arc*, disait Jules Janin,
on étouffe, on manque d'air, d'espace, de mouvement,
pas un bruit de cor, et pas une chevauchée dans les
plaines guerrières, pas une couleur chatoyante et pas
un instant de poésie. Hélas! des cachots, des larmes,
des déclamations, des horreurs [2] »!

On comprend que le *Globe*, au nom de l'histoire,
ait maltraité cette tragédie, dans laquelle il ne voit
qu'une « fable invraisemblable », des « évènements
controuvés », des « caractères défigurés », en un mot,
« la fausseté de notre vieille scène transportée dans
l'histoire moderne [3] ».

---

1. L'auteur décrit ainsi les malheurs du royaume à la fin du règne de
Charles VI:

> Deux partis y régnaient, et sans fruit, sans remord,
> Ils échangeaient entre eux des crimes et la mort.
> Des épouses en deuil, des mères éplorées
> Au seuil des temples saints expiraient massacrées,
> Le meurtre ensanglantait vos hameaux dévastés,
> La famine en hurlant courait dans vos cités, etc., acte II., sc. 2.

2. *Rachel et la tragédie*, p. 316 et 317.

3. 17 mars 1825. — Ce serait écraser Soumet sous le poids d'une comparaison redoutable, que de rappeler le *Don Carlos* de Schiller à propos de son
Élisabeth de France (1828): enlevez le personnage de Posa; supposez que le

Une *Fête de Néron* (29 décembre 1829) est, dans le goût moderne, une suite à Britannicus. Soumet et son collaborateur, Belmontet, ont représenté la lutte qui s'établit dans l'esprit de Néron entre son amour pour Poppée et l'influence d'Agrippine: Néron, déjà grisé de cette ivresse du crime qui le pousse à l'abîme de toutes les cruautés, sacrifie sa mère à la courtisane, qui le domine par la sensualité. Ce drame n'est pas construit d'après la formule classique: au lieu d'une situation forte, d'où partait le drame, et d'où les péripéties et le dénouement découlaient par un enchaînement logique, nous avons une succession de tableaux, dont chacun révèle un trait distinctif de la physionomie de Néron. Comme dans un drame, des personnages épisodiques traversent l'action: le philosophe Montanus, dont le rôle est inutile; Thraséas qui ne sait flétrir Néron que dans des apartés ou dans de vaines déclamations, et qui, à l'acte V, joue le rôle d'un messager de l'ancienne tragédie; Locuste enfin, dont le poison ne sera pas employé, mais qui met en relief la cruauté de Néron, quand elle répond à ses confidences par ce vers remarquable:

Votre projet n'est pas venu dans ma pensée.

Si l'auteur a faussé le caractère d'Agrippine, devenue une mère presque tendre, une femme dont le cœur s'ouvre à la vertu, en revanche il a tracé fortement ceux de Poppée et de Néron: Poppée, jouant une audacieuse comédie, pour affoler de rage son amant

---

fils même de Philippe II, en présence de toute la cour, plaide la cause de la liberté de pensée, et vous aurez quelque idée de cette tragédie d'*Elisabeth de France*, qui roule exclusivement sur le roman d'amour mêlé par Schiller à ses hautes conceptions de philosophie.

et enfoncer en lui l'idée du parricide; Néron, peint d'après l'immortel portrait de Tacite, chantant, faisant des vers, déclamant comme un histrion, méprisant les dieux, et torturant ses semblables [1].

Cependant, quand cette tragédie parut, le romantisme avait déjà pris position sur la scène, les concessions que Soumet et Belmontet faisaient à l'esprit d'innovation, étaient de beaucoup dépassées par le *More de Venise* et *Henri III*, et une *Fête de Néron* disparut dans le retentissement de la bataille d'*Hernani* [2]. Soumet, pris entre les classiques et les romantiques, ne satisfit ni les uns ni les autres. Aussi, après *Norma* (1831), dont le succès fut assuré surtout par la musique de Bellini, Soumet quitta-t-il le théâtre : « Lui qui depuis vingt ans, disait Vitet, son successeur à l'Académie, ne réclamait pour les lettres qu'une liberté douce et mitigée, une sorte d'indépendance respectueuse et soumise, il était pris de terreur à l'aspect de cette émancipation brusque et violente qui éclatait de toute part [3] ».

Pourtant, en 1841, il reparut sur la scène et fit jouer le même soir au *Théâtre Français* une tragédie, le *Gladiateur*, et une comédie, le *Chêne du Roi*. Le *Gladiateur*, tiré d'un roman de Guiraud, *Flavien*, a le mérite de faire songer à *Polyeucte* et aux *Martyrs*:

---

1. A Poppée, qui l'excite contre Agrippine, il dit: « Oh! ne m'irrite pas, je serais implacable »; à sa mère, qui lui met sous les yeux un billet dévoilant la trahison de Poppée et de Plautes, il répond: « Lisons... mais je ne puis — Vous tremblez? — Oui, pour eux ».

2. Jouée au *Théâtre Français*, en 1832, elle ne garda pas l'affiche pendant longtemps; reprise en 1870, elle n'obtint qu'un succès de curiosité; on y vit, avec M. Sarcey, un « compromis entre la sévérité une de la tragédie classique et ces aspirations secrètes au tumulte et à l'éclat du drame, qui bouillonnaient déjà en certains esprits »: le *Temps*, 8 août 1870.

3. Disc. de récep. à l'Académie, 26 mars 1846.

le poète met aux prises l'Olympe et le Calvaire vers le IIIe siècle, il nous fait passer tour à tour des catacombes dans le palais d'un Romain, puis dans un temple de Jupiter, enfin au milieu même du cirque; là, le Gladiateur reconnaît sa fille, au moment même où il va l'immoler. Cette tragédie est empreinte d'un cachet épique: cependant elle ne mérite pas ces éloges que lui décernait la *Revue de Paris*: « dans une époque où le doute et le découragement se sont attaqués aux plus belles intelligences, Soumet est le seul, à vrai dire, qui ait su conserver la loi primitive de l'écrivain et du poète... Chastement drapé dans sa robe classique, il a vu passer, sans le suivre, le torrent du drame moderne. Il est resté fidèle à ses dieux [1] ».

En ce temps, la réaction était déjà venue contre le théâtre romantique, mais que pouvait, sur la scène du *Théâtre Français*, une tragédie, dans laquelle ne jouait pas Rachel? Aux applaudissements du premier soir, succéda l'indifférence; et bien que Soumet servît les intérêts de la réaction, il ne fut pas soutenu par ceux qui auraient dû être ses alliés. Lui gardait-on rancune de l'admiration qu'il continuait à professer pour le génie de Victor Hugo? On n'ignore pas, en effet, — et le trait est touchant, — qu'en 1841, Soumet, malade à La Rochelle, fit le voyage de Paris pour voter à l'Académie en faveur de Victor Hugo; à cette élection, Ancelot, le partisan des classiques, était soutenu par Casimir Delavigne, Jouy, Briffaut, Baour-Lormian, c'est-à-dire par les derniers défenseurs de la tragédie. C'est pourquoi Soumet qui, par ses premiers succès, appartenait à l'école moderne, ne trouva, ni dans un

---

1. Cf. *Une Soirée au Théâtre Français*, 26 avril 1841, Paris, 1841.

camp ni dans l'autre, l'estime qu'il méritait; à la reprise d'*Une Fête de Néron*, en 1870. Th. Gautier se borna à dire que Soumet « eut le malheur de venir trop tôt et de se produire dans une phase intermédiaire et transitoire [1] ».

VI

Casimir Delavigne est, avant Ponsard, le plus remarquable poète qui ait tenté une conciliation entre le système dramatique du XVII° siècle et les nouveautés romantiques.

Nous laisserons de côté ses deux premières tragédies: les *Vêpres Siciliennes* (1819), sujet moderne, mais traité suivant la vieille formule, et le *Paria* (1821), qui ne peint que l'Orient convenu de *Zaïre* et d'*Abufar*. Diverses circonstances vinrent préparer l'évolution de son talent.

D'abord nul ne fut plus que Delavigne ouvert à toutes les influences, et prompt à suivre le vent de l'opinion: en un temps où Ancelot, Lebrun, Soumet, s'inspiraient des littératures étrangères, Delavigne ne pouvait pas ne pas jeter les yeux au delà de l'horizon dramatique français.

Ensuite il écrivit trois comédies: les *Comédiens* (1820), l'*Ecole des Vieillards* (1823), la *Princesse Aurélie* (1828); à ces exercices, l'élève de Voltaire et de Delille, qui, en 1813, décrivait avec une virtuosité de mauvais goût les symptômes et les effets de la vaccine, acquit plus de souplesse de style, une élégance moins tendue, une vivacité plus naturelle.

1. *Histoire du Romantisme*, Charpentier, 1876, p. 187.

Enfin, sa mauvaise santé l'obligea de partir pour l'Italie: là, le poète contempla des beautés nouvelles; loin de cet aréopage littéraire, auquel il soumettait toutes ses productions, son imagination prit un libre essor, et, quand il revint en France, il était prêt à réaliser le programme qu'il avait tracé dans son *Discours de réception à l'Académie française* (1825): « le mépris des règles, disait-il, n'est pas moins insensé que le fanatisme pour elles. Quand d'imposantes beautés peuvent justifier nos écarts, c'est aimer l'esclavage, c'est immoler la vraisemblance à la routine, que de presser notre sujet dans des entraves qu'il repousse; mais s'affranchir des règles pour se faire singulier, lorsque l'action dramatique les comporte, c'est chercher son triomphe dans une servile concession aux idées du moment, et le pire des esclavages est celui qui joue la liberté. Admirateurs ardents de Sophocle, sachons donc admirer Shakespeare et Goethe, moins pour les reproduire en nous que pour apprendre en eux à rester ce que la nature nous a faits ».

On n'avait pas encore posé aussi nettement la théorie du « juste-milieu » dramatique; « une audace réglée par la raison », c'est la formule que Delavigne appliqua dans *Marino Faliero*, *Louis XI* et les *Enfants d'Edouard*.

Marino Faliero (1829) vient après la *Préface de Cromwell* et *Henri III*, mais précède *Hernani*. La pièce est imitée de la tragédie que Byron, avait, en 1820, composée sur ce sujet. Delavigne a conservé de Byron des changements de lieu, qui n'allaient d'ailleurs que du palais ducal au palais de Lioni ou sur la place des saints Jean et Paul.

L'action s'arrête parfois pour donner place à des

couplets lyriques: ainsi Delavigne n'était pas allé jusqu'à Venise, et pourtant il a célébré, par la bouche de Fernando, la splendeur de cette ville de féerie, riche de toute la poésie de l'Orient:

> Peut-on vivre loin d'elle?
> Si l'on a vu les feux dont son golfe étincelle,
> Connu ses bords charmants, respiré son air doux,
> Le ciel sur d'autres bords n'est plus le ciel pour nous. (I, 2).

Le nombre des personnages secondaires est restreint, mais ils appartiennent à toutes les classes de la société: un gondolier, Pietro; un sculpteur, Bertram; un condottière, Strozzi, et surtout le chef de l'arsenal, Israël Bertuccio.

Sur un point cependant, Casimir Delavigne n'a pas osé suivre son modèle: Byron avait écrit une tragédie politique, qui repose tout entière sur le caractère de Faliero; le doge ne conspire pas, parce qu'il est un vieillard marié à une jeune femme qu'il aime et qu'on outrage, mais parce que l'attentat de Sténo n'a fait que réveiller en lui toutes les blessures de son orgueil, toutes les humiliations que son âme ulcérée couvait en silence depuis qu'il est doge. Avec quelle amertume il peint la tyrannie qui pèse sur lui: « J'étais, dit-il, l'esclave de mes propres sujets, et l'ennemi de mes amis. J'avais des espions pour gardes; le manteau ducal, pour puissance; la pompe, pour liberté; des geôliers, pour conseils; des inquisiteurs, pour amis; et la vie était pour moi un enfer »; si bien qu'il en arrive à s'appeler: « un homme qui fut grand avant d'être dégradé par le titre de doge [1] ». Que ces accents

---

1. Acte III, scène 2, trad. A. Pichot.

forcenés soient un écho des colères de Byron, que le poète fasse le procès à l'orgueilleuse aristocratie d'Angleterre, dont il avait tant souffert, qu'importe; la conduite du vieux doge est d'accord avec son caractère; et nous acceptons ce fait singulier d'un prince qui s'unit à son peuple pour briser une aristocratie toute puissante. Byron a trouvé en lui-même le secret des sentiments qui poussent Faliero à ce crime original, et comme il a jeté son âme de feu en son héros, il a créé une figure d'un relief saisissant.

Angiolina, la femme du doge, est innocente de l'infamie dont Sténo l'accuse: la sincérité de son affection, la délicatesse de son cœur, sont pour le doge un réconfort; chaque fois qu'elle paraît en scène, d'elle s'exhale un parfum de douceur, de tendresse et de loyauté. Ce personnage est devenu le principal dans la pièce française; Delavigne a supposé qu'Eléna, infidèle à son mari, avait aimé le neveu même du doge, Fernando; lorsque le rideau se lève, elle brode une écharpe pour son amant qu'elle a exilé loin d'elle, et s'abandonne à la rêverie. La faute d'Eléna donne donc au sujet une physionomie toute nouvelle, et en a fait un drame de passion; redoutant la froideur d'une intrigue politique, Delavigne y a mêlé les éléments ordinaires de nos tragédies, les faiblesses du cœur et les complications qui en découlent. Cette combinaison valut à Delavigne l'approbation de la critique classique, qui peut-être sans cela eût été déroutée par les audaces de *Marino Faliero* [1].

---

[1]. Le romantisme de la pièce s'accusait d'autant plus, qu'elle fut jouée à la *Porte-St-Martin*, ce théâtre sur lequel l'école romantique s'était déjà installée. Mme Dorval et Frédérick Lemaître devaient jouer les principaux rôles: pendant les répétitions, le personnage de Faliero fut tout à coup enlevé à Frédérick, et confié à Ligier, qu'on avait fait venir du *Théâtre Français*

L'auteur fit précéder son œuvre d'une préface qui contenait cette déclaration: « j'ai conçu l'espérance d'ouvrir une voie nouvelle, où les auteurs qui suivront mon exemple, pourront désormais marcher avec plus de hardiesse et de liberté. Deux systèmes partagent la littérature; dans lequel des deux cet ouvrage a-t-il été composé? C'est ce que je ne déciderai pas, et ce qui d'ailleurs me parait être de peu d'importance. La raison la plus vulgaire veut aujourd'hui de la tolérance en tout; pourquoi nos plaisirs seraient-ils seuls exclus de cette loi commune? L'histoire contemporaine a été fertile en leçons, le public y a puisé de nouveaux besoins; on doit beaucoup oser, si l'on veut les satisfaire. L'audace ne me manquera point, pour remplir autant qu'il est en moi cette tâche difficile ». *Louis XI* (1832), plus encore que *Marino*, justifie cette revendication d'originalité.

En effet, dans cette tragédie, roi, dauphin, ducs, cardinaux, comtes, se rencontraient avec un médecin, Coitier, le grand prévôt Tristan, le fameux Olivier le Daim, et même des paysans. Tristan et Olivier le Daim ne seraient pas déplacés dans une pure tragédie, car toutes leurs paroles s'enveloppent, pour ainsi dire, de crimes; cependant la familiarité avec laquelle ils sont traités par le roi, n'eût pas paru convenable à la tragédie classique [1]. Quant à Louis XI, l'idée seule de porter à la scène ce roi si original, si complexe, si remarquable par l'intelligence et si grotesque par ses superstitions, faisait à Delavigne un devoir de se défendre de la banalité du tyran classique. On peut

---

[1]. Mély-Jeannin, en 1827, dans son drame de *Louis XI*, avait remplacé le « compère » de Louis XI par un courtisan subalterne, nommé Martigny.

regretter que le Louis XI de Péronne, celui qui excellait aux négociations, et qui, à défaut de générosité, eut une conception si forte de l'intérêt de la France, ne se révèle pas à nous; car avec Delavigne, nous ne quittons presque pas l'horizon de Plessis-lez-Tours; et pourtant, dans cette enceinte resserrée, le poëte a su faire tenir un tableau pittoresque des superstitions, des défiances, des cruautés, en lesquelles se résumait la tyrannie de Louis XI, et qui, par un retour de justice, torturaient sa vieillesse. Tout est contraste dans cette physionomie royale; avant d'expirer, il donne à son fils des instructions très nobles :

Faites ce que je dis et non ce que j'ai fait :
J'ai voulu m'agrandir, je me suis satisfait.
La France a payé cher cette gloire onéreuse :
Vous la trouvez puissante, il faut la rendre heureuse.
Ne séparez jamais votre intérêt du sien. (Acte V. sc. 15).

Roi plus grand par l'enseignement que par l'exemple, il unit, du moins, à la férocité de son égoïsme, l'intelligence d'un pouvoir qui ne vécut qu'appuyé sur la loi. L'Eglise elle-même ne sut jamais si elle devait absoudre ou condamner un prince si magnifique dans ses largesses, mais si cruel dans ses vengeances et si ridicule dans sa dévotion. Le grotesque et le terrible, dont la combinaison semblait à Victor Hugo le dernier mot de l'art dramatique, se disputaient ainsi l'âme du héros de Delavigne.

Disons aussi que le poëte n'a pas négligé cet intérêt, qui vient des décors, des costumes, du fourmillement d'une nombreuse figuration, du spectacle en un mot. Ainsi nous assistons à l'arrivée de François de Paule, au milieu des pompes de la religion et des cantiques des paysans. Puis nous voyons les splendeurs de la salle du trône, la réception solennelle de l'ambassadeur de Charles le Téméraire; à l'acte suivant, les rondes villageoises éclairent cette action sombre de la douce lueur de l'idylle; au dénouement, les groupes nombreux des courtisans sont là, épiant la minute où Louis XI aura rendu le dernier soupir; enfin, le héraut entre en scène, et d'une voix solennelle proclame : « le roi est mort! le roi est mort! » autant de beautés qui, de nos jours, aussi bien qu'en 1832, exercent sur l'esprit un attrait irrésistible.

Néanmoins Delavigne parut rester fidèle à la forme classique, et le critique Duviquet s'empressait de le constater : « voilà, disait-il, ce qui frappera le lecteur attentif, c'est que ces détails même si familiers, si peu concordants en apparence avec l'orgueil de la vieille Melpomène, sont constamment relevés, ou par les grâces, ou par l'énergie du style; que jamais un mot bas n'ose s'y montrer; que le rythme et la césure y sont constamment respectés; que le sens est toujours clair, et que si le langage est celui de la nature, c'est celui d'une nature choisie et appropriée aux exigences d'une société d'élite [1] ». Quand on n'a pas les préjugés de Duviquet, on s'aperçoit que cette langue de Delavigne a vieilli; mais on convient que *Louis XI*, plus que les drames de V. Hugo, dénote l'entente de la scène, la science des effets et le don du théâtre. M. E. Faguet, qui n'a pas pour Delavigne une tendresse de cœur comme M. J. Lemaître, a pourtant écrit, à l'occasion de la brillante reprise

---

1. Œuvres de Cas. Delavigne, édit. Didier, tome II, p. 281.

dont nous venons d'être témoins : « *Louis XI* est digne d'être écouté et je comprends très bien qu'il ait toujours eu du succès et qu'il en ait encore. Il est amusant. Il est varié. Le grand métier n'y est pas. Mais le petit métier y est très bien. Les scènes demi comiques y reposent des scènes tragiques; les scènes d'élégie amoureuse y reposent des scènes sombres; les fins d'actes sont toutes à effet, à grand effet quelquefois, et tombent bien. Il y a des adresses de détail partout [1] ».

Avec les *Enfants d'Edouard* (18 mai 1833), C. Delavigne fit un pas de plus dans la voie du romantisme. Pourtant c'est encore une « tragédie » qu'il fait, et comme pour bien affirmer ses convictions, il nous impose le récit d'un songe, dont les éléments sont ceux de tous les songes classiques. Mais la pièce était tirée du *Richard III* de Shakespeare, et une citation du poète anglais lui servait d'épigraphe [2].

Il a limité son sujet à un seul épisode de la vie de Glocester, au meurtre de ses deux neveux; avec beaucoup de discernement, il a dégagé les éléments dramatiques éparpillés que lui fournissait *Richard III*; il en a tiré les traits les plus saillants des caractères de ses personnages; puis il a, gardant ainsi le mérite de l'invention, soumis à la poétique française ce sujet venu de l'étranger.

Avec plus de hardiesse encore que dans *Louis XI*, C. Delavigne pratique ici le mélange des genres [3] :

1. *Journal des Débats*, 19 septembre 1838.
2. Peut-être Delavigne doit-il l'idée de sa pièce, plus au tableau de son ami Paul Delaroche, les *Enfants d'Edouard*, exposé au Salon de 1831, qu'à Shakespeare lui-même.
3. Le poète élargit les règles des unités : il s'écoule trois jours entre l'arrivée des princes à la tour et leur mort; de plus, la pièce n'a que trois actes.

le rideau se lève sur une scène de famille gracieuse, enjouée, spirituelle; le jeune duc d'York se livre à toutes sortes d'espiègleries, pendant que sa nourrice lui fait sa toilette et lui essaye le beau vêtement qu'il portera le jour du sacre de son frère. Les physionomies d'ambitieux qui se détachent sur le fond de cette action tragique, se dérident volontiers : lorsque Glocester achète, à prix d'argent, la scélératesse de Tyrrel, les complots sinistres des deux coquins s'accompagnent d'un cliquetis de mots, d'un mouvement pittoresque, d'une verve amusante, qui font pressentir la scène de *Ruy Blas*, dans laquelle Don Salluste essaie de corrompre Don César de Bazan : « Moi, dit Tyrrel,

— comme un apostat, renier mes beaux jours !
Jamais. Grands airs, grand train, duels, folles amours,
J'avais tous les défauts qu'un gentilhomme affiche,
Et des amis !... jugez : je fus quatre fois riche.
Nous étions beaux à voir autour d'un bol en feu,
Buvant sa flamme, en proie aux bourrasques du jeu,
Quand il faisait rouler sous nos mains forcenées
Le flux et le reflux des piles de guinées.
Quelles nuits ! [1].

La Melpomène classique n'eût-elle pas cru sa dignité compromise par ce mélange d'une familiarité, tantôt railleuse, tantôt débridée ?

Cependant C. Delavigne est rentré dans le système classique, parce qu'il s'est attaché moins à la reproduction d'une époque et d'un milieu, qu'à l'étude des

---

[1]. Acte II, sc. 3. — cf. aussi acte I, scène 6 : Buckingam racontant à son cousin Glocester comment il lui a fait décerner le titre de protecteur par les corporations des marchands de Londres.

sentiments généraux: au lieu de prendre un drame tout fait dans l'histoire, qu'il n'aurait pas su d'ailleurs, comme Shakespeare, féconder par la divination du génie, il a réservé tout l'effort de son talent pour la peinture de l'amour fraternel. Les deux princes s'aiment, avec quelle fraîcheur, et quel élan! Malgré leur jeune âge, ils ne sont pas des êtres passifs, simples jouets des évènements qui s'accomplissent autour d'eux; au contraire, ils ont un caractère bien déterminé, et l'un et l'autre contribuent à provoquer la catastrophe dont ils sont les victimes.

Quand ils ont tant d'esprit, les enfants vivent peu!

murmure en aparté le farouche Glocester [1].

Certes, nous voilà bien loin des intrigues d'amour, si familières au théâtre français. N'était-ce pas une conquête, dont C. Delavigne enrichissait notre scène? « Ces deux figures des enfants d'Edouard, dit M. Larroumet, sont uniques dans la littérature. Rien d'aussi pur, rien d'aussi humain ne nous a été présenté dans aucune pièce [2] ». En un temps, où l'on cherchait ardemment à renouveler la matière dramatique, Delavigne se plaçait, avec cette tragédie, parmi les créateurs.

Non seulement il triomphait de la difficulté qui consistait à transformer deux enfants en personnages tragiques, mais encore il savait se défendre du lyrisme, en un sujet qui l'appelait, pour ainsi dire. Une fois seulement, sur les traces de Shakespeare, C. Delavigne s'est arrêté devant le poétique tableau des deux frères endormis :

1. Acte I, scène 2.
2. Revue des Cours et Conférences, 19 mars 1905.

Si vous les aviez vus, hier, à leur réveil,
Les yeux encor fermés, le plus jeune des frères
Tenant encore entre eux ce livre de prières!
Leurs bras nus se cherchaient, l'un vers l'autre étendus;
Sur ce lit leurs cheveux retombaient confondus;
Leurs bouches qui s'ouvraient comme pour se sourire,
Semblaient avoir en songe un mot tendre à se dire.
Si vous les aviez vus, vous-même, épouvanté,
Devant tant d'abandon, de grâce et de beauté,
Vous auriez dit, milord: il faut trop de courage
Pour détruire du ciel le plus charmant ouvrage ! [1]

Ces couplets sont rares sous la plume de C. Delavigne, qui n'eut que les qualités moyennes du poète, et qui n'obtint pas des romantiques l'admiration que méritait son talent de dramaturge.

Comparée aux drames de V. Hugo, la tragédie des *Enfants d'Edouard* prend un singulier relief: non qu'elle amenât, au profit de l'ancien système, la défaite du drame moderne, puisque nous avons nous-même montré que cette pièce témoignait d'une interprétation très libérale des règles; mais elle ramenait le théâtre à sa fonction dramatique, dont le lyrisme de V. Hugo paraissait l'écarter; elle marquait aussi le retour aux émotions chastes de l'art, après l'orgie de tant de laideurs morales; enfin la nature humaine y était observée sous ses traits généraux, et non plus dans les êtres d'exception.

Casimir Delavigne aurait-il persévéré, s'il eût vécu, dans cette attitude que nous venons de louer en lui? Sa tragédie inachevée de *Mélusine* devait, nous dit-on, servir de lien entre les classiques et les romantiques. A en juger par les fragments qui nous

1. Acte III, scène 5.

restent, on pourrait craindre que le poète ne fût à la veille d'une fâcheuse évolution. Vouloir, sur la scène, sonder les profondeurs mystérieuses de l'au-delà, du monde invisible, n'était-ce pas une tentative périlleuse, surtout de la part d'un poète toujours clair, toujours superficiel, et qui ne perdait jamais de vue les horizons prochains? Mais à quoi bon faire des conjectures sur les écarts que le sage poète se fût permis; tenons-nous aux pièces dont nous avons parlé, et constatons qu'après Casimir Delavigne le moule était trouvé pour des œuvres en lesquelles s'allieraient la tradition et l'esprit novateur.

VII

Ces œuvres semi-romantiques, dont nous venons d'indiquer les principales, et dont quelques-unes obtinrent de grands succès, furent vivement contestées au nom même de la raison, de la vraisemblance et du goût. Certains théoriciens affectèrent d'y voir une entreprise avortée, née d'une égale impuissance de ressusciter la tragédie ou de créer le drame.

Le *Globe*, que son programme libéral aurait dû, semble-t-il, rendre favorable aux innovations même incomplètes, n'approuva pas ces tentatives de transaction.

Musset, qui, en 1838, avouait que l'école nouvelle n'avait encore produit que des essais, juge néanmoins avec sévérité les écrivains que nous avons passés en revue: « ils ont, dit-il spirituellement, commis un délit romantique avec circonstances atténuantes [1] ».

[1]. Article du 1ᵉʳ novembre 1838, à propos des débuts de Mlle Rachel.

Lui aussi dédaignait ce genre mitoyen, aussi peu fait pour le génie indépendant d'un Shakespeare que pour le goût épuré d'un Racine, et il en arrive à soutenir que si la tragédie reparait en France, elle devra être « plus châtiée, plus sévère, plus antique que du temps de Corneille et de Racine ».

Cette idée d'une résurrection intégrale de la tragédie classique semble avoir séduit particulièrement l'imagination de Sainte-Beuve. Dans son *discours de réception à l'Académie*, il interrompait son superbe éloge de Casimir Delavigne, pour se poser la question suivante: « Que serait-il arrivé, si un poète dramatique éminent de... l'*école classique*, au moment du plus grand assaut contraire, et jusqu'au plus fort d'un entraînement qu'on jugera comme on le voudra, mais qui certainement a eu lieu, si, dis-je, ce poète dramatique, en possession jusque-là de la faveur publique, avait résisté plutôt que cédé, s'il n'en avait tiré occasion et motif que pour remonter davantage à ses sources à lui, et redoubler de netteté dans la couleur, de simplicité dans les moyens, d'unité dans l'action, attentif à creuser de plus en plus, pour nous les rendre grandioses, ennoblies et dans l'austère attitude tragique, les passions vraies de la nature humaine; si ce poète n'avait usé du changement d'alentour que pour se modifier, lui, en ce sens-là, en ce sens unique et de plus en plus classique (dans la franche acception du mot), je me le suis demandé souvent, que serait-il arrivé? Certes, il aurait pu y avoir quelques mauvais jours à passer, quelques luttes pénibles à soutenir contre le flot; mais il me semble qu'après quelques années peut-être, après des orages bien moindres sans doute que n'en eurent à supporter les vaillants adversaires, et durant lesquels se serait achevée cette lente épuration idéale telle que je la conçois, le poète tragique, perfectionné et persistant, aurait retrouvé un public reconnaissant et fidèle, un public grossi, et bien mieux qu'un niveau paisible, je veux dire un flot remontant, qui l'aurait repris et porté plus haut [1] ». La pensée du critique, malgré les sinuosités de sa marche, et l'obscurité voulue dont elle s'enveloppe, va nettement à condamner les efforts que Casimir Delavigne avait faits pour contrarier sa vocation, qui était de rester un pur classique.

Demanderons-nous aux dramaturges de l'école nouvelle ce qu'ils pensent de ces œuvres mixtes, semi-classiques, semi-romantiques? « Elles n'appartiennent, dit Alexandre Dumas, à aucun genre : hermaphrodites littéraires, qui sont aux productions de l'esprit, ce qu'en histoire naturelle les mulets, c'est-à-dire les animaux qui ne peuvent se reproduire, sont aux productions de la matière : ils font une espèce, mais ne font pas une race [2] ».

A distance, les romantiques montraient un fier dédain pour des œuvres qui, après tout, leur avaient frayé la voie, et qu'eux-mêmes, à leur entrée dans la carrière, avaient parfois applaudi chaleureusement. Les vastes ambitions ne vinrent aux romantiques qu'avec les années, et sous l'influence des théâtres étrangers, ils finirent par concevoir un drame qui, loin d'accorder le besoin de nouveautés avec les traditions de notre théâtre, s'opposait absolument à la tragédie classique. Voilà pourquoi les semi-roman-

1. *Portr. contemp.*, t. V, p. 186.
2. *Mes Mémoires*, t. IX, p. 5.

tiques de 1825, et Casimir Delavigne lui-même, parurent bientôt des timides, des attardés, disons le mot, des impuissants.

Ils s'étaient proposé cependant de sauver de l'ancien système dramatique ce qu'il avait d'actuel. De même que Corneille et Racine avaient adapté la tragédie grecque au tempérament esthétique de leurs contemporains; de même, Ancelot, Lebrun, Soumet, Delavigne surtout, laissant tomber la partie caduque de la tragédie du XVII° siècle, en voulaient conserver les qualités de clarté, de savante ordonnance, d'imagination, toujours guidée par la raison. « Il y a, écrivait Lebrun, en 1844, un goût français, un goût d'ordre, de règles, de limites, de lois, même au milieu de la plus grande liberté [1] ». Si Casimir Delavigne échoua, malgré ses aptitudes d'homme de théâtre, c'est qu'il ne comprit pas combien il serait vain de renouveler la formule dramatique, tant qu'on n'aurait pas créé un autre style. Accepter franchement sur ce point les conquêtes du romantisme, mais s'inspirer dans le choix du sujet, dans la conduite de l'action, dans l'agencement des péripéties, de la tradition des maîtres du XVII° siècle, à laquelle Casimir Delavigne donnait plus d'aisance et de vérité; voilà quel devait être l'idéal du poète qui, éclairé par l'échec du théâtre moderne, reviendrait simplement à cette forme d'art, austère, mais élevée, de la tragédie, que l'esprit français semble avoir entourée de ses constantes prédilections.

1. Préface du *Cid d'Andalousie*.

CHAPITRE II

LE THÉÂTRE ROMANTIQUE

I. — Nécessité pour le romantisme de triompher au théâtre — premières manifestations de la rénovation dramatique: le *More de Venise*, *Henri III et sa cour*, *Hernani*.
II. — Ce que fut le théâtre romantique: l'intrigue — les caractères — la peinture historique — la moralité — le mélange des genres — le style.
III. — Les *Burgraves* (7 mars 1843) — importance de la représentation de cette pièce pour l'avenir de la jeune école — comment elle est accueillie — grandeur épique des personnages — leur faiblesse dramatique — Victor Hugo s'éloigne de la scène.
IV. — Polémiques soulevées autour du théâtre romantique: Granier de Cassagnac — Nisard — Gustave Planche — St-Marc-Girardin — Ste-Beuve.

I

Après s'être abandonnés au courant novateur, les semi-romantiques voulurent lui résister, et, marquant eux-mêmes les limites de leur complaisance, s'écrièrent: « Nous n'irons pas plus loin »! Mais fait-on sa part à l'esprit d'examen et de révolte? Ne nous étonnons pas qu'autour de 1820, on ait, en France, souhaité l'avènement d'un théâtre, où l'imitation du passé n'eût pas déposé des germes de mort, et où la société moderne pût enfin se reconnaître avec ses émotions, ses pensées, ses aspirations.

A la société, née du bouleversement politique et social de 1789, Châteaubriand et Mme de Staël avaient apporté la promesse d'une littérature rajeunie dans ses formes, et renouvelée dans son inspiration; quand les critiques eurent préparé les voies, les poètes vinrent, et, sitôt qu'ils eurent chanté, les âmes allèrent vers eux. « D'où venez-vous, jeune homme, qui nous apportez une poésie inconnue »? disait Royer-Collard au poète des *Méditations* (1820). Trois ans après, paraissaient les *Nouvelles Méditations*, quand déjà Victor Hugo avait publié son premier volume de vers, les *Odes* (1822), et Vigny ses premiers *Poèmes* (1822). La poésie lyrique, qui, la veille encore, était pour ainsi dire inconnue en France, comptait déjà des chefs-d'œuvre; et l'on sait avec quelle rapidité allaient se succéder *Eloa* (1823), les *Poèmes antiques et modernes* (1826), les *Odes et Ballades* (1826), les *Orientales* (1829), le premier recueil d'Alfred de Musset, *Contes d'Espagne et d'Italie* (1829). Le roman historique, recevant l'impulsion de Walter Scott, produisit une œuvre de valeur, le *Cinq-Mars* de Vigny (1826); enfin l'histoire, avec Aug. Thierry, Mignet, Thiers, Guizot, comblait une des lacunes les plus prononcées de notre littérature classique: dans tous ces genres, la cause des novateurs fut gagnée dès le premier jour.

Mais les romantiques n'avaient pas encore triomphé sur la scène; et tant qu'ils n'auraient pas conquis cette position, ils ne pouvaient pas dire qu'ils avaient vaincu, et que leurs adversaires n'avaient plus qu'à désarmer.

En 1823, Victor Hugo, bien loin d'attaquer les maîtres du théâtre classique, Corneille et Racine, parlait respectueusement de celui qui les avait moins continués qu'admirés, de Voltaire; il disait: « Un examen approfondi de l'œuvre dramatique de Voltaire nous a convaincu de sa haute supériorité au théâtre. Nous ne doutons pas que si Voltaire, au lieu de disperser les forces colossales de sa pensée sur vingt points différents, les eût toutes réunies vers un même but, la tragédie, il n'eût surpassé Racine et peut-être égalé Corneille [1] ». Donc le chef du Cénacle ne songeait pas encore à s'emparer de la scène.

Vers le même temps, Guiraud publia dans la *Muse Française* le manifeste de cette école: « je rappellerai, disait plus tard Ampère, que la proclamation du jeune insurgé romantique commençait par un vers de Boileau, et que la charte demandée c'était *originalité dans les conceptions* et *vérité dans les mœurs* [2] ». Les futures célébrités du drame s'inclinaient de bonne grâce devant la tragédie, et lorsque le *Léonidas* de Pichat fut représenté en 1825 au *Théâtre Français* avec un grand succès, nul ne s'éprit avec plus d'ardeur de cette tragédie de collège qu'Alexandre Dumas [3].

Cependant le jour devait arriver où les romantiques se lanceraient à la conquête du théâtre. C. Desmarais, ayant publié, en 1825, son *Essai sur le classique et le romantique*, laissa de côté le théâtre au grand

---

1. Article de la *Muse Française*, paru en 1823, et qui devait faire partie d'une notice sur la vie et les écrits de Voltaire, que Victor Hugo eût mise en tête d'un choix de lettres de cet écrivain: Cf. *Littérature et Philosophie mêlées*, t. I, p. 263.
2. Disc. de réception à l'Académie 18 mai 1848: Ampère succédait à Guiraud.
3. Cf. *Souvenirs dramatiques*, t. I., et *Mémoires*, t. IV, p. 161.

étonnement du *Globe*: « Nulle part, disait ce journal, la question du classique et du romantique n'est plus tranchée qu'au théâtre. Là surtout il y a des préjugés à combattre et des résistances à vaincre ; là est le véritable champ de bataille des deux armées [1] ». L'école classique, en effet, battue en brèche sur bien des points, s'obstinait à se retrancher derrière le rempart des chefs-d'œuvre du XVII° siècle ; les romantiques ne pouvaient plus différer d'accepter la lutte sur ce terrain. Les recueils de vers, les romans, les livres d'histoire, ne dépassaient pas un cercle étroit d'initiés, de lettrés ou d'érudits, mais le grand public n'appartient qu'aux victorieux de la scène ; et les femmes, dont l'opinion, même en matière littéraire, s'impose quelquefois avec la tyrannie de la mode, ne se passionnaient ni pour *Cinq-Mars*, ni pour les *Orientales*: elles attendaient, pour donner leurs suffrages, qu'une œuvre dramatique vînt mettre en jeu leur sensibilité. Enfin Victor Hugo, dont la réputation grandissante ne brillait pourtant pas encore au premier rang, crut que les succès du théâtre pouvaient seuls l'élever au-dessus de Casimir Delavigne, et peut-être le placer à côté du poète des *Méditations*.

C'est dans des ouvrages non représentés, qu'il faut chercher les préludes du drame romantique. Le *Théâtre de Clara Gazul* (1825), par la finesse et la vérité de l'observation, par la saveur piquante du langage, inaugurait brillamment une nouvelle manière de la comédie.

Les *Soirées de Neuilly* de M. de Fongeray (pseudonyme de Dittmer et Cavé) prenaient sur le vif

---

[1]. 11 juin 1825.

quelques scènes de la société contemporaine, et les exposaient dans un dialogue pétillant d'esprit et de gaieté [1].

Les drames de Vitet (*Journée des Barricades, Etats de Blois*) montraient aux futurs romantiques comment il fallait avoir l'intelligence du passé et serrer de près la réalité historique.

Les théâtres secondaires contribuèrent, pour une large part, à la ruine des préjugés classiques. Des vaudevilles, comme le *Bénéficiaire*, de Théaulon et Etienne (1825), le *Chiffonnier*, de Théaulon (1826), habituèrent le public à faire bon marché de l'unité de lieu, et à réclamer une intrigue, qui ne fût pas en récit, mais en action. De son côté, le mélodrame, avec ses émotions violentes, son incroyable audace d'invention et de combinaisons scéniques, préparait la réaction contre la froideur et la timidité de l'ancienne manière. En 1827, tout Paris courut à la Porte-Saint-Martin pour assister au spectacle de *Trente ans ou la vie d'un joueur*; l'auteur, Ducange, avait imité le *Vingt-quatre février* de Werner, mais poussé plus loin que son modèle, la peinture de la perversité du joueur, de ses crimes et de ses remords; l'énergie touchait à l'horreur, la pitié à l'épouvante;

---

[1]. Les préfaces, dont le pseudo-éditeur fait précéder chaque pièce, attaquent avec une malice de bon goût les conventions de l'ancien théâtre. On en jugera par ce développement relatif au capitaine Lefèvre, l'un des personnages des *Alliés*, ou l'*Invasion*: « quelques spectateurs ont trouvé qu'il ne ressemble guère aux officiers de l'Opéra-Comique et du Vaudeville. On aurait voulu qu'il rappelât davantage Lemonnier de Feylers et Lepeintre des Variétés, et que, tout bouffi de gloire nationale et posé en tambour-major, il vînt au dénouement, amant délicat et sensible, ramener Eugénie tremblante dans les bras de son père reconnaissant. Cela serait sans doute plus conforme à nos mœurs de comédie: mais qu'on n'oublie pas que ces pièces ont été faites pour un théâtre de société ». *Les Soirées de Neuilly*, 2ᵉ édit., 1827, p. 15.

un pathos tragique et boursouflé ajoutait encore à l'exagération des effets ; mais quelle vie ! quel pathétique ! quelle puissance doublée par le jeu des acteurs, Frédérick Lemaitre et Dorval [1] !

Enfin, de l'étranger, un secours efficace vint aux Romantiques. Nous ne répéterons pas ici ce que tout le monde connaît de l'influence de Schlegel, de Mme de Staël ou de Manzoni sur notre révolution littéraire du XIXe siècle. Nous nous bornerons à constater que la connaissance des chefs-d'œuvre des théâtres étrangers, publié par le libraire Ladvocat, en 1823, provoqua aussitôt sur notre scène de nombreuses imitations. On commençait à appliquer cette formule de Stendhal, le tirailleur du romantisme ; « le combat à mort est entre le système tragique de Racine et celui de Shakespeare [2] ».

L'audace des novateurs fut encouragée par le séjour que firent à Paris, en 1827, des acteurs anglais. Lorsque, en 1822, une troupe d'Outre-Manche était venue jouer, sur le théâtre de la Porte-St-Martin, les principales tragédies de Shakespeare, le public les accueillit par des sifflets et des huées ; le patriotisme français crut même bon d'entrer en lice : « à bas Shakespeare ! cria-t-on, c'est un aide de camp du duc de Wellington ! [3] ». C'est à l'Odéon qu'en 1827, une nouvelle troupe qui comptait dans ses rangs Charles Kemble et miss Smithson, renouvela la même tentative qui, cette fois, fut suivie avec

---

1. Cf. le Globe, 23 juin 1827. — Marie Dorval, anonyme, p. 30. — P. Foucher : Entre cour et jardin, p. 195.
2. Stendhal - Rac. et Shak., p. 253. Guizot (Shakespeare et son temps) avait dit déjà que « le système de Shakespeare pouvait seul fournir les plans d'après lesquels le génie doit travailler », p. 178, édit. Didier (1852).
3. Stendal : id., p. 211.

sang-froid; les rédacteurs du *Globe* nous avertissent que ces représentations des acteurs anglais servirent beaucoup la cause du théâtre novateur; en tous cas, la *Préface de Cromwell* est datée d'octobre 1827, et V. Hugo semble y avoir négligé Goethe et Schiller, pour s'abriter exclusivement derrière Shakespeare.

Ainsi le code poétique des modernes était formulé, et Th. Gauthier, rappelant quelle émotion provoqua cette préface de Cromwell, disait plus tard : « La Bible chez les protestants, le Koran parmi les mahométans, ne sont pas l'objet d'une plus profonde vénération. C'était bien, en effet, pour nous le livre par excellence, le livre qui contenait la pure doctrine [1] ».

Cromwell était un drame injouable; mais, après 1827, les événements se précipitent : l'*Othello* d'Alf. de Vigny, l'*Henri III* de Dumas et l'*Hernani* de V. Hugo inaugurent le théâtre romantique.

Alf. de Vigny jugeant que le public français était familiarisé avec la rudesse et la franchise de l'art Shakespearien, traduisit Othello. Le drame, abrégé pourtant, et atténué par un goût scrupuleux, suscita une violente opposition; il triompha, grâce à la ténacité des romantiques; mais, comme le dit Al. Dumas: « la victoire d'Othello était sans portée. Ce n'était pas de Shakespeare, de Goethe et de Schiller que les gens sensés doutaient, c'était de nous. Nous demandions un théâtre national, original, français, et non pas grec, anglais ou allemand; c'était à nous de le faire [2] ».

1. *Histoire du Romantisme*, p. 75.
2. *Mémoires*, VI, p. 15.

Pour justifier cette orgueilleuse déclaration d'originalité, que V. Hugo avait déjà formulée dans son manifeste, A. Dumas écrivit *Henri III et sa cour* (11 février 1829). « Le succès a été immense, disait au *Globe* Ch. Magnin; il est mérité à tous égards ». Sans doute les fanatiques du romantisme pouvaient croire que le drame venait enfin de s'installer sur la scène française; cependant des esprits sérieux doutaient encore: n'était-ce pas une profanation que de mettre le drame en prose sur la même ligne que la tragédie? Une école qui avait magnifiquement renouvelé la poésie, n'abdiquait-elle pas de ses prétentions, quand elle se réduisait à n'être, sur la scène, que la continuatrice de Vitet avec ses *Etats de Blois*? *Henri III* laissait la question pour ainsi dire entière; et le duc de Broglie le constatait dans la *Revue française* (janvier 1830): « si nous avions, en ce moment, un grand poète dramatique, si ce grand poète dramatique avait pris parti dans les rangs des novateurs, le procès serait bientôt jugé. Mais notre malheur, c'est qu'il n'en est rien, c'est que les auteurs de la nouvelle école n'ont pas jusqu'ici, sous le rapport du talent, une supériorité bien décidée sur leurs confrères de l'ancienne école [1] ».

Ce que n'avaient pu le talent de dramaturge, l'habileté scénique et l'invention facile d'Al. Dumas, V. Hugo allait le tenter à son tour; le succès d'*Henri III* était d'ailleurs pour lui le meilleur des encouragements. Il écrivit *Marion Delorme* en vingt-sept jours, mais on sait que la censure arrêta le drame, et c'est pourquoi l'honneur fut réservé à

1. L'article a été reproduit dans *Shak. et son temps*, édition de 1852.

Hernani de fonder en France le théâtre romantique.

De même que la première bataille scénique de V. Hugo est à l'origine du mouvement que nous étudions, de même c'est à la déroute des *Burgraves* que nous en arrêtons l'histoire: non pas qu'ici les œuvres seules de V. Hugo doivent entrer en ligne de compte; mais Vigny se retira de l'arène après *Chatterton* (1835); quant à Dumas, s'il continua, après 1843, à éparpiller au hasard de sa verve et des propositions des directeurs de théâtre, des pièces hâtives, fantaisistes, animées sans doute, mais incomplètes ou fausses, cependant son *Caligula* (1837) est la dernière œuvre d'importance qu'il ait écrite, et qui pût exercer quelque influence sur la fortune du drame romantique. Hugo, au contraire, de 1830 à 1843, fut presque constamment sur la brèche; il ne s'absorba pas dans ses occupations théâtrales, puisqu'une pièce ne lui coûtait souvent qu'un mois ou deux de travail [1]; mais chacune des œuvres qu'il soumettait au jugement du public renouvelait la lutte des deux partis en présence; sa retraite mit fin à la période active de cette lutte. Son théâtre tient donc la première place, pour qui veut dégager l'esthétique dramatique du romantisme. Néanmoins, il serait injuste d'oublier *Chatterton*, ou bien *Charles VII chez ses grands vassaux*, *Antony* et *Caligula*.

---

1. « M. V. Hugo écrivit la première scène de *Ruy Blas* le 6 juillet 1838, et la dernière le 11 août. Ce fut de tous ses drames celui qui lui prit le plus de temps ». *V. Hugo raconté...* t. II, p. 650.

II

Voici en quels termes A. de Vigny définissait la transformation poursuivie par la jeune école: « la scène française s'ouvrira-t-elle, ou non, à une tragédie moderne produisant : — dans sa conception un tableau large de la vie, au lieu du tableau resserré de la catastrophe d'une intrigue; — dans sa composition, des caractères, non des rôles, des scènes paisibles sans drame, mêlées à des scènes comiques et tragiques ; — dans son exécution, un style familier, comique, tragique, et parfois épique [1] ? »

Voyons donc en quelle mesure le programme de l'école a été réalisé [2].

Sur le premier point, qui consistait à substituer la vie à l'abstraction de la tragédie classique, la critique ne fait aucune difficulté d'avouer que l'action, dans le drame, a plus d'étendue, plus de souplesse, qu'elle est moins concentrée dans le temps et dans l'espace. Mais elle manque à cette loi de la simplicité, qui, si elle n'est pas absolue pour l'œuvre d'art, s'impose cependant au théâtre avec d'autant plus de force qu'on

---

1. *Lettre à lord *** sur la soirée du 24 octobre 1829*, A. de Vigny, Th. complet, p 12 (édit. Charpentier, 1859).

2. Sans doute la forme de ces revendications est si mesurée, qu'on oserait presque les accuser de timidité, mais elles ont sur la *préface de Cromwell* l'avantage de resserrer le problème et de l'envisager d'un point de vue plus pratique : car la *préface* est plutôt négative : elle se borne à renverser l'édifice classique et à proclamer la liberté de l'art et la nécessité du génie. Victor Hugo en sentait si bien l'insuffisance qu'après avoir déjà, dans la préface d'*Angelo*, promis des explications, il revenait à cette idée dans la préface des *Burgraves*, et il s'exprimait ainsi : « on surprendrait peut-être beaucoup de personnes en leur disant que, dans la pensée de l'auteur, il y a autre chose qu'un caprice de l'imagination dans le choix de ce sujet, et, qu'il lui soit permis d'ajouter, dans le choix de tous les sujets qu'il a traités jusqu'à ce jour » (édit. Lemerre, théâtre, IV. 211).

ne la néglige qu'au détriment de l'étude humaine. *Hernani*, qui est un drame relativement simple, contient cependant beaucoup plus d'action qu'une tragédie classique: cette histoire d'une conspiration tramée, découverte et pardonnée, qui suffit à remplir la tragédie de *Cinna*, n'occupe ici que le IV° acte; dans les trois actes précédents, nous voyons se dérouler les incidents qui jetteront Ruy Gomez et Hernani dans les rangs des conjurés; Hernani, comme l'Emilie, de Corneille, poursuit la vengeance d'un meurtre ancien, mais il ne songerait pas à conspirer, si Don Carlos ne venait traverser ses projets, quand il essaye d'enlever Dona Sol à son amant, et n'ajoutait ainsi aux griefs du passé une injure nouvelle: la lutte, d'abord localisée entre Hernani et Ruy Gomez, se complique, lorsque Don Carlos entre par effraction dans le sujet, et détourne vers lui toute la haine des deux hommes qui, d'abord séparés, s'unissent pour une vengeance commune. Que de dénouements successifs à cette action multiple: d'abord Hernani obtient Dona Sol du roi; puis, c'est le proscrit qui se relève pardonné par Don Carlos; enfin, c'est au duc de venir réclamer l'exécution du pacte conclu avec Hernani. — Les drames de *Henri III* et de *Charles VII*, qui reposent sur des intrigues d'amour, laissent une large place à des tableaux secondaires d'histoire; si bien que dans *Charles VII*, par exemple, on peut dire qu'on trouve deux actions nettement distinctes. Le décor et les accessoires, dans le drame romantique, accaparent une part de l'intérêt: quand l'auteur nous donne, dans ces intervalles de l'action, une peinture d'histoire, saisissante comme celle de *Charles VII* ou pittoresque comme celle de *Henri III*, notre regret est au moins compensé par quelque satisfaction. Mais trop souvent ces hors-d'œuvre ne procurent aucun plaisir au spectateur; quelquefois même, ils pourraient disparaître, sans qu'on le remarquât; le IV° acte de *Marion Delorme* arrête l'action, comme le IV° acte de *Ruy Blas*, ou le III° acte de *Charles VII*; on dirait des « pièces à tiroir ».

La loi de la vraisemblance n'est pas celle qui préside à la conception d'un drame romantique. Sans parler des *Burgraves*, où le merveilleux joue un plus grand rôle que l'humain, on peut dire, d'une façon générale, que, dans ce théâtre, jamais les évènements ne sont le résultat d'une nécessité intérieure, d'une logique immanente; les péripéties relèvent avant tout de la fantaisie du poète, qui les distribue où bon lui semble, et ne règle jamais leur nombre que sur la longueur des actes ou sur le plaisir d'étonner le spectateur.

On a quelquefois reproché au théâtre classique la monotonie de ses intrigues, avec leurs alternatives d'espérance et de malheur, se succédant dans un ordre immuable; cette monotonie, pour y être différente, ne caractérise pas moins les pièces romantiques; l'action y marche à sa fin, à travers un dédale de péripéties, avec une sûreté, ou mieux, une infaillibilité invraisemblable. Le poète intervient dans les évènements, et, dès le I°° acte, machine des effets qui produiront leurs conséquences au V° acte avec une régularité parfaite: c'est le billet signé par Ruy Blas, c'est le cor donné par Hernani à Silva, etc... On admet aisément que l'auteur dramatique ait le droit de tenir dans sa main tous les fils de l'action, de les disposer comme il l'entend, et de se ménager, après toutes sortes d'entre-croisements, le moyen de les dénouer ; mais si une action dramatique ne doit pas s'égarer au hasard des mille accidents de la vie, cette intervention du poëte manque pourtant de vérité. De là, dans le théâtre romantique, l'abus des déguisements, les substitutions de noms, les méprises ; de là, cette prodigieuse complexité d'évènements, qui, par exemple, ont amené du désert un Yaqoub dans le château où Bérengère se consume de jalousie ; de là, ces portes masquées, qui s'ouvrent et se referment avec un à propos qui n'est jamais en défaut ; de là, cette fantasmagorie de la toute puissance d'un Rugghieri ou d'une Guanhumara ; de là, l'importance accordée à de misérables détails matériels, à ce qu'un critique appelle, en langage de théâtre, le « clou tragique [1] » : le cor d'Hernani, le portrait de Marion, le bandeau de Triboulet, le crucifix de la Thisbe, le manteau de Don Salluste, le trèfle imprimé au fer rouge sur le bras de Barberousse ; tous ces moyens étaient connus déjà du mélodrame, dont ils sont l'essence même ; à les employer à son tour, le drame romantique manquait le but même de l'art du théâtre, qui consiste à donner l'illusion de la vie ; et, après avoir promis un progrès vers la vérité dans l'action, retombait dans des conventions plus fausses que celles dont il avait prétendu secouer le joug.

En second lieu, cette action touffue, où se complaisait le drame romantique, n'était pas favorable à l'étude des caractères et des passions. D'abord elle entraînait la nécessité d'un grand nombre de personnages, qui affaiblissaient l'intérêt en le dispersant. Il est vrai

---

[1]. E. Dupuy, *Victor Hugo, l'homme et le poète*, p. 135.

néanmoins que Victor Hugo, après avoir, dans sa *Préface de Cromwell,* revendiqué le droit de mettre sur la scène, « au lieu d'une individualité, comme celle dont le drame abstrait de la vieille école se contente, vingt, quarante, cinquante individualités... de tout relief et de toute proportion », réserva la foule des comparses pour le début de ses actes: il savait que, pour obtenir le maximum d'effet dramatique, il ne faut se servir que d'un nombre restreint de personnages; dès que l'action tragique est engagée, la figuration bigarrée rentre dans la coulisse, et il ne reste plus en scène que deux ou trois personnages, que la passion torture sous nos yeux, ou qui se heurtent en des conflits terribles. Mais les héros romantiques, même ainsi dégagés des caractères secondaires, ne prennent qu'un relief indécis. Goethe disait des personnages de Victor Hugo: « ce ne sont pas des êtres de chair et de sang; ce sont de misérables marionnettes qu'il manie à son caprice, et auxquelles il fait faire toutes les contorsions et toutes les grimaces qui sont nécessaires aux effets qu'il veut produire [1] ».

La raison en est que Victor Hugo ne prend pas ses héros dans la vie; il les crée, par un effet de son imagination, éprise de l'obscur, de l'énorme et de l'antithétique. On a raillé la subtilité d'analyse des personnages du théâtre classique, si experts à se connaître, et à nous décrire longuement les sentiments successifs dont ils sont agités; ceux de Victor Hugo s'ignorent. Ecoutez Hernani:

---

1. *Conversations avec Eckermann,* II, 203.

je suis une force qui va!
Agent aveugle et sourd de mystères funèbres!
Où vais-je? Je ne sais. Mais je me sens poussé
D'un souffle impétueux, d'un destin insensé. (III. 4).

Didier, Otbert, Antony, Chatterton, sont tous le jouet d'une fatalité qui les écrase, sans même qu'ils luttent contre elle. Leurs passions ne sont que des instincts; leur conduite n'est que le retentissement pour ainsi dire involontaire en eux-mêmes, du sort, du hasard, des actes auxquels ils sont mêlés. Comme l'Oreste antique, ils vont où les pousse la fortune; ils ne résistent pas, ils ne veulent pas, ils sont « agis », comme on l'a dit avec un barbarisme énergique, et par là même ils ne touchent pas.

Ces personnages qui jamais n'arrivent à la pleine lumière de l'analyse psychologique, ne sont que des exceptions. Tous, ils pourraient répéter la déclaration d'Antony: « n'ayant point un monde à moi, j'ai été obligé de m'en créer un; il me faut, à moi, d'autres douleurs, d'autres plaisirs, et peut-être d'autres crimes » (II, 3). On sent que le drame a été fait, non pour étudier un sentiment général, mais pour aboutir à une catastrophe étrange, à une scène nouvelle, moins encore, à un mot original: Dumas n'avoue-t-il pas que sa pièce d'*Antony* ne serait plus « qu'une simple intrigue d'adultère, dénouée par un simple assassinat, sans le mot final: elle me résistait, je l'ai assassinée »! Quelque arrière pensée a toujours présidé à la conception d'un drame romantique; lisez les préfaces écrites par Hugo, Dumas et Vigny, et vous verrez que leur souci n'était pas une étude désintéressée de l'âme humaine, mais bien la mise en œuvre d'un cas psychologique, particulier, étrange, bizarre. Hugo surtout se livre à de singulières manipulations morales : il choisit les sentiments dont il animera ses personnages, les dose suivant des lois connues de son seul caprice, mélange l'un avec l'autre ceux qui semblaient s'exclure, et de la combinaison d'éléments aussi disparates, que résulte-t-il ? un être d'exception, qui n'est pas dans la nature, dont la conduite ne sera pour nous qu'une énigme ou une surprise, et que nous verrons évoluer sous nos yeux sans qu'il émeuve jamais le fonds intime de nous-mêmes: le *Roi s'amuse* et *Lucrèce Borgia*, voilà le triomphe de cette méthode. Son défaut inévitable, c'est la monotonie des résultats qu'elle produit: en ajoutant cette loi de l'antithèse, qui domine le génie de Victor Hugo, on devine à l'avance quel caractère, ou mieux quels instincts le poète attachera à ses personnages.

Dumas subit moins le joug des contrastes, mais il n'a fait preuve ni de profondeur, ni même de vérité dans la peinture de ses héros. Charles VII, où il avait la prétention de refaire *Andromaque*, met en présence deux personnages, dont les raisons d'agir nous paraissent inexplicables. Bérengère, la femme dédaignée, est un modèle de vertu, de chasteté et de résignation ; elle se transforme subitement jusqu'à faire l'aveu d'un amour invraisemblable, et à pousser le meurtrier dans la chambre où Savoisy vient de conduire sa nouvelle épouse. Yaqoub est un être étrange : transporté sur le sol de l'Occident, il voit passer dans le ciel de ses rêves les visions des caravanes du désert, et des chasses au lion ; et tout à coup se sentant étouffer dans l'atmosphère de l'esclavage, il en sort brutalement par un meurtre odieux, celui de son bienfaiteur. Est-ce une étude vraie de la passion, que Dumas nous a donnée avec Antony: bâtard, athée, victime de la destinée, c'est un forcené, toujours monté au ton du paroxysme, et dont l'amour est fait de rage: « Ah! vous avez cru que vous pouviez m'aimer, me le dire, me montrer le ciel... et puis tout briser avec quelques paroles dites par un prêtre... Partez, fuyez, restez, vous êtes à moi, Adèle!... à moi, entendez-vous? je vous veux, je vous aurai... Il y a un crime entre vous et moi?... soit, je le commettrai... Adèle! Adèle!.. je le jure par ce Dieu que je blasphème! par ma mère que je ne connais pas!... » (II, 5).

Mais si la vérité humaine, générale, absolue, fait défaut au théâtre romantique, a-t-il atteint du moins jusqu'à la vérité particulière et relative, qui s'obtient par la reproduction d'une époque ou d'un milieu?

Dans ces drames, bien souvent l'histoire, qui n'aurait dû servir que de cadre, a pris la place du tableau. « La poésie, écrivait Dubois, ce n'est pas le mensonge, c'est la résurrection du vrai [1] »; et Victor Hugo semblait exprimer la même pensée, quand il soutenait que le drame devait être « une résurrection », et qu'il conseillait au poète « d'interroger les chroniques, de s'étudier à reproduire la réalité des faits, surtout celle des mœurs et des caractères, bien moins léguée au doute et à la contradiction ». Cependant, prévoyant que cette entrave de l'histoire gênerait sa liberté d'inventeur, il croyait que les époques obscures, celles qui restent enfoncées dans la légende, sont plus favorables au poète: il retrouvait ainsi la liberté qu'il

1. Le Globe, janvier 1827.

avait paru aliéner [1]. Dumas parlait de l'histoire avec moins de respect encore que Victor Hugo : « il y a longtemps que j'ai dit, s'écriait-il, qu'en matière de théâtre surtout, il me paraissait permis de violer l'histoire, pourvu qu'on lui fit un enfant [2] ».

Quant à Vigny, il suffit de voir quelles libertés il prend avec les faits dans la *Maréchale d'Ancre*, ou de lire les « Réflexions sur la vérité dans l'art », dont il fit précéder son roman de *Cinq Mars*, pour se convaincre qu'il professait une théorie à peu près semblable. Cependant nous ne leur reprocherons pas de n'avoir étudié que superficiellement les événements du passé, et de s'être soustraits à la tyrannie des faits : outre que la vérité est difficile à obtenir en pareille matière, c'est un mérite secondaire pour le poète de l'avoir portée sur la scène. Mais, ce qui est plus grave, c'est que ces poètes n'aient abordé le passé, et surtout le passé de la France, qu'avec le parti-pris de le dénigrer. La légende a-t-elle orné une figure historique de l'une de ces qualités qui lui donnent une grandeur épique, les drames de Hugo et de Dumas laissent dans l'ombre ces traits avantageux, et ne retiennent des rois et des ministres que les

---

1. « Le roman historique, dit Victor Hugo, est un très bon genre, puisque Walter Scott en a fait ; et le drame historique peut être une très belle œuvre, puisque Dumas s'y est illustré ; mais je n'ai jamais fait de drame historique ni de roman historique. Quand je peins l'histoire, jamais je ne fais faire aux personnages historiques que ce qu'ils ont fait, ou pu faire, leur caractère étant donné, et je les mêle le moins possible à l'invention proprement dite. Ma manière est de peindre des choses vraies par des personnages d'invention. Tous mes drames, et tous mes romans qui sont des drames, résultent de cette façon de voir, bonne ou mauvaise, mais propre à mon esprit » : lettre de Victor Hugo (décembre 1868) à l'éditeur Lacroix, dans *Corresp.*, t. II, p. 329.

2. *Mémoires*, t. VIII, p. 172.

pires défauts. Au lieu de faire revivre en Richelieu, le grand ministre patriote devant lequel l'histoire s'incline aujourd'hui, Hugo l'a représenté comme un pacha oriental, altéré de sang, qu'il juge par un calembour: « l'homme rouge »; François 1er, le roi-chevalier de Marignan, n'est que cruel et libertin; Charles-Quint est humilié devant un bandit; Marie Tudor prostitue sa dignité de reine et même sa pudeur de femme en face de tous ses sujets; Lucrèce Borgia, incestueuse, empoisonneuse, meurtrière de son propre fils, est comme la maniaque du crime, la bête de l'apocalypse. — Dirons-nous quelle conception populaire Dumas s'est faite de l'histoire dans *Henri III* et dans *Charles VII*? tout y est simplifié, tracé à grands traits, sans aucun souci de la complexité de la vie, comme si l'auteur n'eût vu dans les événements des cours qu'une mascarade humaine, amusante, pittoresque et propre à frapper les imaginations rudimentaires de la foule. Ainsi le drame historique, autour duquel la nouvelle école mena grand bruit, ne fut pas renouvelé par elle. Le sujet d'*Hernani* doit moins aux chroniques qu'à l'invention d'Hugo, et dans *Ruy Blas*, un érudit compétent, M. Morel-Fatio, a relevé tant d'erreurs, que nous ne pouvons pas prendre au sérieux la science historique du poète [1]. « V. Hugo, disait G. Planche, a créé volontairement des types indépendants de la réalité, pour leur imposer ensuite des noms choisis au hasard dans l'histoire [2] ». A. Dumas feuillette Anquetil; devant ses yeux passe une vision de mi-

---

1. *Études sur l'Espagne*, 1re série: L'histoire dans Ruy Blas, p. 177-261.
2. *Revue des Deux-Mondes*, 15 avril 1838.

gnons, vêtus de pourpoints et de hauts de chausse, jouant au bilboquet et à la sarbacane, et émaillant leur langage de perpétuels jurons; et il a cru que l'art du poète consistait à évoquer cette peinture, plus qu'à étudier l'âme des courtisans. Son prologue de *Caligula* est mouvementé, pittoresque, coloré ; mais dans ce décor s'agitent des êtres invraisemblables ; Sabinus seul se détache avec un relief saisissant, mais Caligula n'est qu'un fou, Chéréa qu'un conspirateur vulgaire, qui ne sait pas même se servir d'Aquila, dont l'indomptable énergie est cependant tournée tout entière vers la vengeance ; quant à Messaline, dont la figure énigmatique devait tenter un psychologue, elle n'agit pour ainsi dire que dans la coulisse : son rôle est de fermer des portes, de conduire des personnages à travers des couloirs, d'introduire des meurtriers auprès de l'empereur, de préparer le coup de théâtre final, l'entrée de la garde prétorienne, qui arrête les conspirateurs et proclame Claudius empereur.

Malgré cette impuissance à scruter les âmes du passé, les romantiques auraient pu du moins remplir cette mission, dont V. Hugo revendiquait la responsabilité en ces termes : « le poète aussi a charge d'âmes [1] ». Sur ce point, les accusations les plus graves ont été dirigées contre le théâtre qui nous occupe. M. Thureau-Dangin, dans son *Histoire de la Monarchie de Juillet*, crie à l'immoralité : d'après lui, le théâtre et le roman, entre 1830 et 1840, se disputent le honteux emploi de dégrader les âmes ;

---

1. Préface de *Lucrèce Borgia*, édit. Lemerre, p. 7.

et le réquisitoire qu'il dresse, appuyé sur des opinions contemporaines et sur l'analyse des œuvres, est foudroyant. Cependant ni les romans de Balzac et de G. Sand, ni les drames de Hugo et de Dumas ne doivent être seuls rendus responsables de tout le mal; ces écrivains ont inconsciemment subi la poussée du public, qui était avide d'émotions violentes, de sensations brutales, de révolte contre le devoir. Le mélodrame, le vaudeville, les pièces légères, sont, dans cette surexcitation immorale, plus coupables que les drames de Hugo et de Dumas. Nous avons vu avec quelle gravité le premier comprenait son rôle; le second, lui aussi, avait des ambitions de moraliste. A l'en croire, une idée morale a présidé à la conception de *Charles VII:* « déplacer une existence, dit-il, c'est la fausser.... quand tout est hostile à un individu, l'individu devient hostile à tout [1] »; et cette vérité morale est prouvée par Yaqoub, qui, transplanté, devient criminel. S'il a jeté dans *Antony* ces scènes de feu, ces passions brûlantes, ce style enfiévré, ce n'est pas pour donner à la jeunesse du temps un modèle de corruption; mais il croit avoir fait une étude de mœurs contemporaines: c'est un document qu'il livre à la postérité.

Donc, ni Hugo, ni Dumas n'ont, de propos délibéré, poursuivi l'immoralité dans leurs drames: il reste qu'ils l'y aient mise sans le savoir. En effet, les drames de Dumas nous scandalisent par leur sensualité: qu'il nous suffise, sans descendre aux pièces secondaires, comme *Richard Darlington*, ou *Catilina*, de rappeler l'incestueuse Marguerite de

---

1. Préface de *Charles VII*.

Bourgogne, et Adèle, dans une chambre d'auberge, livrée à ce forcené d'Antony. Dumas n'a peint de l'homme que le côté physiologique ; cependant cette sensualité porte son excuse, si l'on peut dire, dans sa spontanéité. A. Nettement qui ne peut pas, en pareille matière, être soupçonné de complaisance, écrivait à propos des drames de Dumas: « On ne peut pas dire précisément que les lois de la morale y soient attaquées, mais le sens moral y manque complètement... les mœurs y sont si naïvement et si naturellement effrontées, qu'il semble que ce soit la chose la plus naturelle et la plus inévitable du monde, que la débauche, le désordre et le scandale [1] ». Ainsi la morale, ou même les sentiments les plus ordinaires du cœur n'ont rien à voir avec un théâtre où la curiosité est le seul principe de l'intérêt; où les personnages se laissent guider par leurs instincts, où la passion parle la langue la plus troublante.

V. Hugo fut victime de la même erreur de jugement. Il s'imagina donner à la foule un haut enseignement; en réalité son théâtre est une peinture assez brutale des passions et des vices. Faisons une exception pour ces rôles de vieillards, dont P. de Saint-Victor a célébré si justement la grandeur [2]. V. Hugo aime à faire paraître sur la scène ces personnages, sortis de la nuit du passé: ils appartiennent à la génération précédente, dont ils synthétisent les vertus les plus belles, et ils sont chargés de prononcer un

---

1. *Études sur le roman feuilleton*, p. 12 et 14.
2. *Victor Hugo*, p. 40: « Ruy Gomez, dit-il, ouvre la marche de ces grands vieillards, vétérans de l'honneur, doyens du droit, justiciers des tyrannies et des crimes, dont l'imposante procession se déroule à travers l'œuvre de V. Hugo ». Cf. Salvandy: *Disc. à l'Académie*, en réponse à Victor Hugo.

réquisitoire violent contre les passions soulevées autour d'eux : Ruy Gomez, Saint-Vallier, le marquis de Nangis, le centenaire Job, et enfin Frédéric Barberousse, que le poète évoque de la tombe ; ces « raisonneurs » qui, par délégation du poète, s'instituent moralistes et dégagent l'honneur et la vertu des voiles obscurs dont la passion les couvrait, font entendre de nobles paroles ; mais on s'aperçoit trop qu'ils interviennent arbitrairement dans l'action, et qu'ils ne sont que des instruments pour le poète : la morale n'a en eux que des défenseurs officiels, et de leurs sermons si persuasifs et si convaincus, il ne se dégage aucune leçon durable pour l'auditoire. Une fois ces personnages mis à part, que valent les autres au point de vue de la moralité? Lorsque Marion Delorme se prostitue à Laffemas, elle s'excuse en disant qu'elle agit par amour : quelle perversion du cœur! quelle conduite digne d'une courtisane, qui ne comprend pas que ce don d'elle-même est la pire des infamies, et qu'à ce prix la vie même de Didier est trop chèrement payée ; si Marion aime Didier, pourquoi n'a-t-elle pas le courage d'avouer son passé? Cette confession seule pourrait faire accepter la réhabilitation de la courtisane, lorsque Didier lui pardonne au dénouement :

Marie, ange du ciel que la terre a flétri,

ce vers, qui résume la moralité du drame, est profondément immoral. Le poète s'imagine, à tort, qu'un seul sentiment, pourvu qu'il soit sincère, suffit à voiler la laideur physique, à purifier l'infamie de l'âme. Car à qui persuaderait-on que le spectateur est édifié par les conversations licencieuses qui remplissent le 1ᵉʳ acte du *Roi s'amuse*, et par cette orgie de mauvais lieu qui en déshonore le IVᵉ acte. Lucrèce Borgia reçoit-elle de l'amour maternel cette transfiguration rêvée par le poète? Peut-on même admettre l'existence simultanée de deux sentiments contradictoires dans un même cœur? si tant d'incohérence est possible, n'y a-t-il pas danger que ce voisinage ne corrompe le bon au profit du mauvais? Qu'est-ce que la Thisbe enfin, si ce n'est l'apologie de la courtisane, jetant un défi à la vertu des grandes dames, et trouvant dans son âme avilie une force de sacrifice que la femme honnête ne connaît pas? Dans une heure de sincérité, Jules Janin a sévèrement caractérisé cette immoralité du drame romantique qui est, dit-il, « l'éternelle réhabilitation du pauvre contre le riche, du manant contre le seigneur, du laid contre le beau, du bouffon contre le sérieux, du vice contre la vertu, de la courtisane contre la vierge, de l'empoisonneur contre l'honnête homme [1] ». C'est ainsi qu'après avoir longtemps heurté le goût public, froissé cet instinct du bien qui survit en nous aux erreurs de la passion, Dumas et V. Hugo attiraient sur leurs œuvres les reproches de ceux-là mêmes qui avaient eu foi en leur génie; ils avaient perverti les émotions, offensé le bon goût et le bon sens, chanté la religion du plaisir et hâté l'avènement d'un art matériel et réaliste.

Vigny seul aurait été capable d'élever les âmes des spectateurs. Dans son drame de *Chatterton* (12 février 1835), au lieu d'égarer l'action dans un labyrinthe

---

1. *Rachel et la tragédie*, p. 51.

d'incidents, comme Dumas et Hugo, Vigny écrit ce qu'il appelle « un drame de la pensée » : « c'est, dit-il, l'histoire d'un homme qui a écrit une lettre le matin, et qui attend la réponse jusqu'au soir ; elle arrive et le tue [1] ». Madame Dorval, admirable dans le rôle de Kitty Bell, contribua beaucoup au succès de cette œuvre de valeur [2]. Cependant le héros principal, Chatterton, sympathique par la fierté et la délicatesse de ses sentiments, est une nature trop exceptionnelle pour que son précoce désespoir puisse émouvoir fortement : le rêve de son âme se brise aux dédains de la foule, aux dures nécessités matérielles, et le jeune poète se tue, par impuissance de se résigner à la vie ; mais ce sujet, plus abstrait qu'animé, ne convenait qu'à un auditoire d'élite ; et, malgré son triomphe, Vigny quitta la scène, dont paraissaient l'éloigner l'élégance de son esprit, la distinction de sa sensibilité et le spiritualisme de son inspiration.

Enfin, lorsque A. de Vigny réclamait « des scènes paisibles sans drame, mêlées à des scènes comiques et tragiques », il répétait sous une forme moins tranchante la théorie du grotesque, dont Victor Hugo avait longuement développé la nécessité dans la *Préface de Cromwell*. Les disciples du maître ont accepté si docilement cet article du code poétique, que, en 1844, Th. Gautier écrira l'apologie des « grotesques » de la littérature classique. Par cette théorie,

---

1. *Théâtre complet*, p. 273.
2. C. Doucet, successeur de A. de Vigny à l'Académie, disait de *Chatterton* : « ce drame était touchant, éloquent, enivrant ! L'émotion entraîna les cœurs jusqu'à l'enthousiasme, et jamais peut-être dans les Annales du Théâtre Français, on ne vit un succès plus grand, une plus grande folie de succès, qu'à la première représentation de Chatterton, si ce n'est, je crois, à celles qui la suivirent », *Disc. de réception*, 22 février 1866.

Victor Hugo ne faisait que systématiser un penchant de son esprit à s'éprendre de la réalité matérielle même en ses défauts, et à opposer le beau au laid. C'est pourquoi il a mêlé, au théâtre, le grotesque au tragique. Cependant il l'a fait avec discrétion: « en général, dit M. Nebout, le grotesque épargne les personnages principaux [1] ». Mais le défaut du comique de Victor Hugo, c'est qu'il ne sort pas du sujet lui-même; au contraire, il est répandu çà et là arbitrairement par l'auteur, qui veut par ce moyen éclairer la marche sombre de son drame, ou simplement appliquer une théorie. Que penser du rôle de l'Angély dans *Marion Delorme*, et du comique presque macabre, de cette réponse que Louis XIII fait à l'Angély, sollicitant la grâce des deux duellistes (IV, 8):

> Ainsi, pauvre fou, tu crois qu'ils te pendront...
> Si l'on sort du tombeau, tu viendras me le dire,
> C'est une occasion.

Triboulet est plus énorme encore: frère de Bug-Jargal, et de Quasimodo, il appartient à cette famille d'êtres impossibles, sortis du cerveau du poète, et auxquels il a vainement tâché de communiquer la vie. Le grotesque du IV⁰ acte de *Ruy Blas* n'a pas seulement le défaut de suspendre le cours de l'action; mais il est digne, par son exagération, sa grossièreté et sa froideur, des plaisanteries les plus fades d'un Scarron. Tel est d'ailleurs le comique dans l'œuvre entière de Victor Hugo: d'une raideur ou d'une puérilité inimaginable, il impressionne désagréablement les nerfs, et ne réussit pas même à exciter le rire.

1. *Le Drame romantique*, thèse, p. 112.

Concluons donc que si Victor Hugo, par le mélange du comique, préparait à l'art des effets de repos ou de contraste, il n'a pas su engager les scènes de comédie dans le tissu de son œuvre ; il les y a superposées, au risque de détruire à chaque instant l'unité d'impression ; il n'y a vu qu'une façon nouvelle de satisfaire son penchant pour l'antithèse, et c'est pourquoi ces bouffonneries ont lassé les spectateurs qu'elles auraient dû récréer, et n'ont fait qu'ajouter à ce malaise, qui provenait des contrastes choquants, des antithèses fantaisistes, et des énormités monstrueuses entassés dans ses drames.

Cette alliance du comique et du tragique conduisait à une réforme qui, celle-là, eut d'heureuses conséquences: elle préparait la vérité du style, en substituant une langue plus familière, plus souple, plus variée, à la déclamation monotone de l'ancienne école. Dumas lui-même, qui ne fut qu'un poète médiocre, écrivit des tirades dont le tour aisé et pittoresque fait supporter la longueur [1]. Mais la prose réussit mieux à Dumas que les vers ; son style serait le modèle des styles dramatiques, s'il y suffisait de la chaleur, de l'entrain et du mouvement. Les drames en prose de Victor Hugo sont, au contraire, moins intéressants que ceux qu'il a écrits en vers. Même dans *Lucrèce Borgia*, quel babillage sans fin, quelles tirades vides, où l'esprit tient lieu de la passion, où l'antithèse donne à la pensée un air de tension, où la profusion des images masque la froideur dramatique des idées et des incidents ! Mais

1. C'est Yaqoub décrivant la chasse au lion dans le désert, ou évoquant la mélancolie de sa destinée, faite pour la libre vie du désert et emprisonnée dans l'Occident odieux, — c'est aussi : le prologue de *Caligula*, si étincelant de verve, si frémissant de vie, et peignant au naturel le milieu romain.

quelle poésie dans *Hernani, Marion, le Roi s'amuse, Ruy Blas* et les *Burgraves*! Il s'y révèle aussi grand poète que dans les pièces les plus vantées de ses recueils; tour à tour élégiaque, épique, lyrique, il chante les merveilleux spectacles de la nature, nos douleurs et nos joies, nos espérances et nos déceptions; il nous transporte aux plus hauts sommets poétiques, pour descendre ensuite sans effort aux familiarités de la conversation sans apprêt; le grand artiste du rythme que fut Victor Hugo, a trouvé dans ses drames la matière la plus féconde pour son inspiration. Ses amoureux qui, en prose, ne débitent que des puérilités insignifiantes, ne s'élèvent pas en vers à la langue de la passion; mais que de grâce, que de mélodie, que de couleur dans leurs duos d'amour!

Mais ces qualités poétiques de Victor Hugo, même avant *Hernani*, n'étaient pas contestées; et les critiques, bien loin d'admirer son théâtre pour le lyrisme qui s'y épanouissait avec tant de magistrale ampleur, y ont vu au contraire un signe de faiblesse. Sans tomber dans l'injustice de M. Parodi, qui déclare n'avoir trouvé que deux vers dramatiques dans le théâtre de Victor Hugo [1], nous devons convenir que le poète lyrique s'y donne trop libre carrière; constamment, il interrompt l'action, pour chanter un sentiment, pour décrire l'impression que les évènements lui font éprouver, et pour dégager le sens esthétique des actions ou des personnages. En définitive, Victor Hugo fut un poète égaré dans le drame; là, comme partout, il a mis la marque puissante de son génie; mais, après qu'il eut violenté la forme dramati-

1. *Le Théâtre en France*, p. 26.

que au point de l'absorber dans l'ode ou dans l'épopée, le théâtre prit sa revanche avec l'échec des *Burgraves*.

Étrange destinée du théâtre romantique! Vigny savait intéresser les penseurs au spectacle d'une action sérieuse, agitant quelque grave problème de l'humanité; mais il n'avait pas l'instinct dramatique. Dumas eut le talent de tendre tous les ressorts de l'action, de charpenter ses pièces avec un art merveilleux et d'en tirer le maximum d'effet dramatique; mais il ne fut qu'un poète médiocre, et il confondit le théâtre avec un kaléidoscope fait pour amuser des enfants, et pour surexciter les sens, sans parler à l'âme. Hugo enfin, prodigieux assembleur de rimes, puissant évocateur d'images, ne put jamais se détacher de sa personnalité; il absorba en lui-même tous ses personnages; ou bien, au mépris de toute observation, il entassa pêle-mêle en eux les sentiments les plus contradictoires, les antithèses les plus violentes, et les fantaisies les plus effrénées. Donc, en combinant les mérites particuliers de chacun de ces trois écrivains, le théâtre romantique aurait eu son Corneille ou son Racine; il aurait fourni une carrière plus longue, et développé le germe de vie qu'il portait en lui-même.

Vigny se découragea le premier: dès 1835, éclairé sur sa propre nature par les méditations solitaires plus que par les applaudissements du public qui semblaient l'engager à persévérer dans cette voie, il quitta le théâtre [1].

Alexandre Dumas, dont l'*Henri III* et l'*Antony* sont des œuvres marquantes, combattit pour la

---

1. On espéra pendant plusieurs années une nouvelle pièce de Vigny, drame ou comédie, intitulée *Sylvia*; elle ne parut pas.

dernière fois le combat désintéressé du drame avec *Caligula*: lui, l'improvisateur, il se condamna à plusieurs années de travail, de réflexions, de recherches et de tâtonnements [1]; et voici qu'après quelques représentations, malgré des dépenses énormes de mise en scène, le chiffre des recettes s'abaissait à 700 francs. Son échec le rejeta vers le drame anecdotique, vers la comédie gaie et sans prétention, composée hâtivement, écrite plus vite encore, faussant l'histoire et altérant les mœurs.

Victor Hugo resta le dernier sur la brèche: son *Ruy Blas* inaugura ce théâtre de la Renaissance, qui, dans la pensée de ses fondateurs, devait offrir un asile à toutes les productions romantiques, et affranchir la nouvelle école des tracasseries, des routines et de l'absolutisme de la Comédie Française. Ce théâtre, établi dans la salle Ventadour, la plus belle de Paris, fut inauguré avec éclat le 8 novembre 1838; l'épreuve était décisive pour Hugo et les siens: « vos intérêts, écrivait le poëte au directeur, Anténor Joly, me sont aussi chers que les miens propres [2] ». Hélas! l'on fut bientôt fixé sur le sort de la tentative: *Ruy Blas* souleva une opposition très vive; en avril 1840, la Renaissance fermait ses portes; elle rouvrit le 27 janvier 1842, mais pour fermer définitivement le 10 mai suivant; ce théâtre avait vainement essayé tous les genres, et il entraînait dans sa chute ceux qui avaient attaché leur fortune à sa destinée.

---

[1]. Il visita l'Italie, passa deux mois à Rome, « contemplant, le jour, le Vatican et, la nuit, le Colisée »; puis il s'en alla jusqu'à Herculanum, « pour toucher du doigt l'antiquité familière, matérielle et confortable, comme nous l'ont révélée Properce, Martial et Suétone »: *préface de Caligula*.
[2]. *Correspondance de Victor Hugo*, t. II, p. 10.

Victor Hugo parut, à ce moment, renoncer au théâtre, et s'orienter vers la politique. Reçu à l'Académie en 1841, il s'étudia à ne pas mêler la littérature à son discours. Ch. Magnin, rendant compte de cette réception, écrivait: « Aucune question de théorie littéraire n'a été posée, aucun problème n'a été débattu. Napoléon, à qui personne pourtant ne succédait, Mirabeau et Danton, Malesherbes et Sieyès, voilà les seuls noms qui aient été sérieusement discutés [1] ». Cependant, au retour de ce fameux voyage du Rhin, qui allait permettre au poète de jouer à l'homme d'État, Victor Hugo tenta encore une fois les chances de la scène, avec les *Burgraves* (1843).

III

Depuis que le drame des *Burgraves* avait été lu devant le comité de la Comédie Française (23 novembre 1842), il passionnait les amateurs de théâtre. Ce titre d'académicien, que Victor Hugo prenait au sérieux, avait besoin d'une consécration : treize ans après le tumulte d'*Hernani*, le poète allait-il conquérir de haute lutte ce parterre, dont les arrêts dramatiques ont force de lois? La Comédie Française, qui en était aux expédients depuis plusieurs mois, et qui venait d'éprouver deux échecs, avec la reprise de *Frédégonde et Brunehaut* (de N. Lemercier) et la représentation du *Fils de Cromwell* (de Scribe), ne négligea rien pour assurer aux *Burgraves* un accueil favorable : « on annonça donc avec éclat, par les cent voix de la renommée, un nouvel ouvrage de

---

1. *Revue des Deux-Mondes*, 15 juin 1841.

M. Victor Hugo, œuvre immense, de proportions colossales, d'une portée incalculable, et qui devait infailliblement remuer tout Paris et faire révolution dans le monde entier [1] ». Les meilleurs acteurs tenaient les rôles: Guyon, Beauvallet, Ligier, Geffroy.

Le bruit qui, avant le lever du rideau, a toujours servi les intérêts d'une pièce de théâtre, ne fit pas défaut aux *Burgraves*: en effet, Mlle Maxime, d'abord chargée du rôle de Guanhumara, l'avait déjà répété trente-deux fois, quand tout à coup le poète, mécontent de son interprète, le lui retira. Rachel, absorbée par le répertoire, n'avait ni le loisir ni le goût d'étudier un rôle d'une exécution si étrange; Mme Dorval se déroba aux sollicitations qui lui furent faites; on dit même que Victor Hugo pressentit Mlle Georges. Enfin, il arrêta son choix sur Mme Mélingue, que les théâtres du boulevard n'avaient jusque-là familiarisée qu'avec le mélodrame. Le Théâtre Français, toujours complaisant, accepta de recevoir Mme Mélingue à titre de sociétaire, bien que l'article 67 du décret de Moscou réserve cette faveur aux pensionnaires qui se sont distingués par un an de service [2]. Donc, dans la presse, dans les salons, au Palais même, la pièce surexcitait la curiosité; les journaux en citaient des fragments, la commentaient, la discutaient.

L'heure était solennelle pour le romantisme: la *Lucrèce* de Ponsard, dont on ne connaissait que des passages, enthousiasmait déjà l'opinion. « Inquiets

---

1. E. Laugier: *La Comédie Française depuis 1830*. (1844), p. 203.
2. Ce coup d'état dramatique engendra un procès: Mlle Maxime assigna en justice Victor Hugo, pour réclamer un rôle sur lequel ses études antérieures, disait-elle, lui donnaient quelque droit. Les juges ne pouvaient que respecter les intentions du poète, et M**me** Mélingue joua définitivement le rôle.

pour les *Burgraves*, dit Th. Gauthier, Vacquerie et Meurice allèrent demander à Célestin Nanteuil trois cents Spartiates déterminés à vaincre ou à mourir, plutôt que de laisser franchir les Thermopyles à l'armée barbare. Nanteuil répondit en souriant: « Jeune homme, allez dire à votre maître qu'il n'y a plus de jeunesse! Je ne puis fournir les trois cents jeunes gens [1] ». Ce récit, arrangé après coup, indique néanmoins qu'une sorte de panique ou de désarroi commençait à troubler les mouvements de l'armée romantique; dans le pressentiment de la défaite, elle jetait un regard de mélancolie vers les batailles d'*Hernani*, de *Marion* et de *Lucrèce Borgia*. Cependant elle vint combattre encore, et le premier soir (7 mars), la salle ayant été tout entière livrée aux amis du poète, le *Journal des Débats* pouvait écrire (8 mars): « *Les Burgraves*, trilogie de M. Victor Hugo, ont été représentés ce soir au Théâtre Français, et ont obtenu un succès éclatant ».

La critique ne fut pas unanime à partager cette admiration: excepté Granier de Cassagnac (*Globe*), Th. Gauthier (*Presse*), Ed. Thierry (*Messager*), Dondey de Santeny (*Patrie*), les feuilletonistes attaquèrent vivement la trilogie [2]; le *Constitutionnel*, pour sa part, publia sept feuilletons hostiles. « J. Janin, écrivait Ste-Beuve, qui a loué par nécessité dans les *Débats*, disait tout haut en plein foyer à qui voulait l'entendre: « Si j'étais Ministre de l'Intérieur, je donnerais la croix d'honneur à celui qui sifflerait le premier [3] ».

1. *Hist. du Romantisme*, p. 59.
2. Surtout J.-T. Merle (*Quotidienne*), X. (*National*), A. Arnould (*Commerce*), Veuillot (*l'Univers*), Th. Anne (*France*).
3. *Chron. paris.* p. 12.

Le vrai public ne dissimula pas son ennui; dès la seconde représentation, bien qu'on eût coupé plus de deux cents vers dans le rôle des vieillards, un violent tumulte, par deux fois, s'éleva dans la salle. Le 16 mars, le *Coureur des Spectacles* publiait la note suivante: « Hier, à quatre heures du soir, il restait vingt stalles à louer pour les *Burgraves*, et pas une pour *Phèdre* qu'on jouera demain. — Concluant ». Le 21 mars, la pièce sifflée ne put aller jusqu'au dénouement; les recettes tombèrent jusqu'à 1.666, même à 1.328 francs pour la 11ᵉ représentation [1]. Le bruit devint tel, que la Comédie Française protesta vivement dans les journaux [2], et Charles Maurice lui-même, dont la malveillance n'épargnait personne, se faisait l'écho de ces plaintes: « quelqu'un souffle le feu », écrivait-il le 31 mars [3]. Il fallut attendre jusqu'au 9 avril, pour que l'animosité se calmât enfin entre les adversaires obstinés et les admirateurs frénétiques.

Dès le début, Ch. Magnin, dans la *Revue des Deux-Mondes*, avait jugé la pièce plus équitablement: il

---

1. Chiffres cités par Biré: *Victor Hugo après 1830*, t. II, p. 29, d'après le registre des recettes de la Comédie Française.
2. « Quelques journaux, disait la note de l'Administration, accusent M. Victor Hugo et la Comédie d'empêcher le public de pénétrer librement dans la salle les jours où l'on représente les *Burgraves*. Beaucoup d'autres plaintes, plus sérieuses encore, s'impriment chaque jour contre l'Administration; on manque d'égards envers le public, on accable les spectateurs de mauvais traitements »; et après avoir repoussé ces accusations non fondées, on ajoutait: « ce qui est beaucoup plus vrai, malheureusement, c'est le désordre et le trouble qu'on cherche à fomenter aux représentations dudit ouvrage. A chaque représentation, on remarque que ce sont les mêmes individus qui provoquent et continuent ces désordres. Le vrai public, qui se porte en foule aux *Burgraves*, résistera de plus en plus, il faut l'espérer, à ces tentatives que les honnêtes gens blâment unanimement »: Cf. le *Coureur des Spectacles*, 27 mars.
3. Cf. le *Coureur des Spectacles*.

consentait à recevoir le « mot d'ordre », et à rapprocher Victor Hugo d'Eschyle; mais dans cette « composition sévère et élevée », il signalait le grave défaut de l'invraisemblance : « les personnages du poète, dit-il, sont des fantômes, des ombres évoquées par sa baguette magique; ce sont, même quand ils s'appellent Charles-Quint ou Frédéric de Souabe, les fils de son imagination, les représentants de sa pensée, qu'il introduit, qu'il transforme, qu'il fait évanouir quand et comme il lui plaît; son drame est un rêve, mais un rêve, si on l'ose dire, taillé dans le granit, ou ciselé sur l'acier [1] ».

Quoi de plus juste! Le drame des *Burgraves* n'a pas jailli du cerveau du poète, mouvementé, vivant, prêt pour la scène; il est sorti d'un lent travail de suggestion poétique et de méditation. C'était pendant son voyage du Rhin : « un jour, comme l'auteur venait de visiter les citadelles écroulées qui hérissent le Wisperthal, il se dit que le moment était venu. Il se dit, sans se dissimuler le peu qu'il est et le peu qu'il vaut, que de ce voyage il fallait tirer une œuvre, que de cette poésie il fallait extraire un poème [2] ». Pourquoi l'œuvre, après avoir hésité entre l'épopée et le drame, revêtit-elle la forme que nous lui connaissons? Pour reconstruire le burg féodal, donner à la foule la vision de « la grande échelle morale de la dégradation des races », et dégager la conclusion de la « fatalité, brisée par la providence », le poète eût été plus à l'aise dans une épopée. Car si le drame n'est grand qu'à la condition de laisser des idées dans l'esprit du spectateur,

---

1. 15 mars 1843.
2. Préface des *Burgraves*.

et de fournir matière à quelques réflexions, il n'est pas sans danger de l'asservir à une pensée philosophique, si haute qu'elle soit : « il y a eu, disait Victor Hugo, toute autre chose qu'un caprice de l'imagination dans le choix de ce sujet ». Quelle est donc cette philosophie supérieure, à laquelle doit nous initier le drame des *Burgraves* ? Serait-il chargé d'éveiller en nous la conscience de la « nationalité européenne » ? De même que le livre du *Rhin* semblait fait surtout en vue de la conclusion politique de la troisième partie, où s'agite le grave problème de l'équilibre européen, faut-il croire que le drame a été composé surtout pour permettre au poète d'écrire une belle préface, et de l'arrêter sur ces phrases solennelles : « oui, la civilisation tout entière est la patrie du poète. Cette patrie n'a d'autre frontière que la ligne sombre et fatale, où commence la barbarie. Un jour, espérons-le, le globe entier sera civilisé, tous les points de la demeure humaine seront éclairés, et alors sera accompli le magnifique rêve de l'intelligence : avoir pour patrie le monde et pour nation l'humanité ». C'est l'idée d'où sortira la *Légende des Siècles*; et Victor Hugo ne se souvenait-il pas des *Burgraves*, quand il écrivait dans la deuxième série de cette *Légende* la pièce intitulée : Welf, Castellan d'Osbor [1]? Welf appartient à la première génération des Burgraves, à celle de Job; il tient tête aux princes d'Allemagne, à l'Empereur, au pape; il porte le deuil de la liberté dont il est le dernier défenseur; enfin, il baisse devant une petite

---

1. Victor Hugo écrivait à Alf. Asseline, le 16 février 1859 : « Mon père nous a lu aujourd'hui, dimanche, une admirable légende intitulée *Ratbert*; c'est la scène des *Burgraves* agrandie et idéalisée encore » : Cf. Asseline, *Victor Hugo intime*, p. 195.

mendiante ce fier pont-levis que les rois n'ont pu franchir.

C'est ainsi que les *Burgraves* auraient pu devenir un admirable tableau épique. Nul ne l'a dit avec plus de force que Th. Pavie : « J'ai vu le drame, écrit-il à son frère, et je l'ai trouvé bien maigre auprès de la vaste et puissante exposition de la préface. La chose devait être comme *Cromwell*, en volume, largement, à plein l'idée du poète. Il y a trop de faits, trop de points de vue, entassés sans air sur une scène rétrécie. C'est peut-être la plus belle conception de Hugo, mais déplorablement hâtée, écourtée, surchargée de scènes de mélodrame trop près les unes des autres [1] ».

En effet, V. Hugo n'a pas abordé franchement le sujet historique que la préface fait pressentir, à savoir la lutte entre l'Empire et les féodalités, la victoire de l'autorité collective sur les libertés individuelles ; au lieu de mettre en scène des titans modernes, essayant d'ébranler l'édifice germanique, V. Hugo s'est égaré dans le dédale d'une action mélodramatique, où les personnages perdent leurs proportions grandioses, pour n'être plus animés que de sentiments très vulgaires. Nous ne sommes plus en présence que d'une femme, qui, pour assouvir sa vengeance arme la main d'un fils contre un père qu'il ne connaît pas. Frédéric Barberousse parle, sans doute, de sa sollicitude pour l'Allemagne ; il prononce contre les burgraves des malédictions pleines de grandeur, et il symbolise l'Empire qui lutte pour la justice et pour la répression des brigandages féodaux ; mais si le

---

[1] Lettre du 1er avril 1843, publiée par E. Biré : *Victor Hugo après 1830* t. II, p. 82.

vieux Job ne venait lui prêter l'appui de son autorité, il n'aboutirait qu'à déchaîner contre lui les haines des vaincus; en définitive, c'est un chevalier errant, sorti de la tombe, pour arracher les Réginas pures aux Hattos vicieux, et les unir à leur amant. Le vieux Job, à son tour, qui personnifie l'hospitalité chevaleresque, aussi grande que l'hospitalité antique; Job, dont le front centenaire s'incline sous le poids du remords, qui va chaque soir pleurer sa faute dans un caveau perdu, Job enfin, qui fléchit le genou devant Barbarousse par patriotisme :

Je vous hais, mais je veux une Allemagne au monde,

serait le héros de ce drame puissant, s'il n'était souillé d'un crime, et si ses belles tirades sur la décadence progressive des races n'étaient ruinées à l'avance par son passé. Il est le « maudit », l'ancien bandit, familier du meurtre et du pillage, et même quand il dirige contre sa poitrine la main de celui qu'il sait être son fils, nous ne lui donnons pas notre sympathie sans arrière-pensée. C'est ainsi que d'un bout à l'autre de l'action, l'intérêt ne sait où se prendre : Otbert et Régina sont insignifiants; Guanhumara, moins odieuse qu'invraisemblable : nous ne parlons pas de son talent fantastique de magicienne, qui lui permet de rendre subitement la santé à Régina, et de lui faire boire, ce même jour, un philtre capable de la tuer, si les effets n'en sont pas combattus à temps; mais pouvons-nous admettre la haine qui la pousse au crime? pouvons-nous accepter un personnage qui dit de lui-même, en mettant la main sur son cœur :

Je n'ai plus rien d'humain,
Et je ne sens rien là quand j'y pose la main.
Je suis une statue, et j'habite une tombe [1].

Dans cette œuvre, tout est extraordinaire, colossal, gigantesque ; le merveilleux y écrase le réel, la légende y recouvre l'histoire, la majesté épique y absorbe le drame. L'action en est mal posée ; l'enchevêtrement le plus touffu d'incidents déroute le lecteur dès le lever du rideau ; les ficelles ordinaires des mélodrames, les masques, les enlèvements, les serments de vengeance, le poison, les cercueils, les prodiges, les monstres, toute la fantasmagorie dont V. Hugo avait abusé si souvent, était cette fois prodiguée sans mesure ; il n'avait oublié que la nature et l'humanité. Voilà pour quelles raisons ce drame des *Burgraves*, d'une inspiration si poétique, d'une grandeur si originale, d'un lyrisme si éclatant, succomba devant un public, dont il choquait l'instinct naturel de logique, et le besoin de vérité [2].

A la suite de cet échec, V. Hugo ne s'exposa plus aux suffrages du parterre : les *Burgraves* avaient grandi sa réputation de poète, mais avaient ruiné ses ambitions dramatiques. Il se retira de la lutte, à la veille du succès de *Lucrèce*. Ce sacrifice ne paraît pas lui avoir coûté beaucoup ; il désirait une autre gloire, celle de la politique : « il ne lui convenait plus, nous

---

1. Partie, I, sc. 4.
2. H. Heine paraît n'avoir pas compris l'unique beauté de cette œuvre, dont il parle si injustement : ce sont, dit-il, « des figures de bois anguleuses surchargées de clinquants sans goût, et maniées à l'aide de ficelles visibles ; lugubre jeu de marionnettes, singerie convulsive et hideuse de la vie ; partout un étalage de passion d'emprunt... les *Burgraves* sont de l'ennui triple » : *Lutèce*, lettre du 20 mars 1843.

dit-on, de livrer sa pensée à ces insultes faciles et à ces sifflets anonymes que vingt ans n'avaient pas désarmés. Il avait d'ailleurs moins besoin du théâtre, il allait avoir la tribune [1] ».

Ainsi la représentation des *Burgraves* consacrait l'échec de V. Hugo comme poète dramatique. Mais depuis longtemps déjà, la fatigue du public faisait prévoir ce résultat. L'audace avec laquelle les novateurs de 1830 avaient sonné la déroute du théâtre classique, fit d'abord illusion ; mais une trop longue attente d'un chef-d'œuvre qui ne venait pas, avait indisposé l'opinion, qui ne cherchait plus que l'occasion de manifester son antipathie. Ponsard vint, au moment opportun, pour recueillir le bénéfice de cette réaction accomplie déjà dans le goût général, avant qu'elle se traduisît dans l'ordre des faits par la chute significative des *Burgraves* [2].

IV

Les avertissements n'avaient pas manqué aux novateurs. Le théâtre romantique, dès ses débuts, trouva en face de lui des adversaires décidés : d'abord Granier

---

1. Cf. V. *Hugo raconté*, t. II, p. 410. — Il laissait inachevé un drame, les *Jumeaux*, dont trois actes avaient été écrits dès 1839. Plus tard, il fit *Torquemada*, drame non représenté. Rachel, qui joua le rôle de la Thisbé en 1850, espéra, mais en vain, que le poète écrirait un drame en son honneur. — Pourtant, à une certaine époque de sa vie, V. Hugo projeta un *D*⁰ *César de Bazan* : cf. *Correspondance* de V. Hugo, (1898), t. II, p. 137, note.

2. En 1839, on essaya de reprendre *Marion Delorme*, mais sans succès. Un homme d'esprit comparait cette pièce à *Athalie* : « *Marion Delorme*, dit-il, est bien plus vieille que si elle avait deux cents ans ; elle en a quinze » : cité par Thureau-Dangin : *Hist. de la Monarchie de Juillet*, t. I, p. 307. — Les reprises de *Hernani*, de la *Maréchale d'Ancre*, de *Henri III*, en 1840, n'avaient pas réussi.

de Cassagnac qui, dans trois articles du *Journal des Débats* (1ᵉʳ et 26 novembre 1833, 30 juillet 1834) [1], démontra avec fougue comment Dumas faussait l'histoire et pillait les théâtres étrangers. Puis Désiré Nisard entra en lice avec son article retentissant sur la « littérature facile », suivi d'un « amendement » à la définition qu'il en avait donnée [2]. Pendant ce temps, Gustave Planche, dont la violence contre le romantisme est à bon droit suspecte d'exagération, déclarait que la jeune école n'avait abouti qu'à quelques réformes matérielles, et n'avait pas reproduit le « côté immortel et divin » de l'art de Shakespeare [3].

Voici venir un critique plus souple, plus spirituel, plus pénétrant, et dont la plume malicieuse fait des blessures plus lentes à guérir ; c'est Saint-Marc-Girardin ; député, professeur à la Faculté des Lettres, et membre du Conseil de l'Université, Saint-Marc-Girardin, dans sa chaire de Sorbonne, faisait au drame romantique une guerre d'esprit, de goût et de bon sens ; lorsque, en 1843, il résuma ses leçons dans son *Cours de littérature dramatique*, deux mille exemplaires de ce livre, enlevés en un mois, attestent combien cette indépendance de jugement plaisait aux lecteurs [4].

---

1. Longtemps on a persisté, malgré les démentis de Bertin l'aîné et de G. de Cassagnac lui-même, à croire que V. Hugo les avait inspirés ; celui-ci a donné sa parole d'honneur qu'il n'était pour rien dans cette attaque : cf. *Correspondance*, t. II, p. 327.
2. *Revue de Paris*, décembre 1833 et février 1834 — ces articles ont été reproduits par l'auteur en 1839, au tome II de ses *Mélanges*.
3. Voir surtout un article de 1835 sur la *Réforme dramatique*, inséré dans les *Portraits littéraires*, t. II, p. 328.
4. V. Hugo lui garda rancune : en 1855, il le recevait à l'Académie : il se vanta d'ignorer les fameuses leçons de la Sorbonne, et loua le prédécesseur de Saint-Marc aux dépens du nouvel élu : « M. Campenon, lui dit-il, avait le goût de l'admiration ; il était sans envie devant les grandes intelligences.

Enfin Sainte-Beuve, qui n'avait pas admiré plus loin qu'*Hernani*, rompit à son tour cette loi du silence qu'il semblait s'être imposée, et dans un article intitulé : *Dix ans après en littérature* 1, il déplora la dispersion des talents, l'émiettement des efforts, le gaspillage des plus beaux dons. Puis les évènements se précipitent ; arrive la déroute des *Burgraves*, ce Waterloo du Romantisme; et Sainte-Beuve, à la veille de *Lucrèce*, écrivait : « Décidément l'École finit; il faut *en percer d'une autre* : le public ne se réveillera qu'à quelque nouveauté bien imprévue... Le théâtre, ce côté le plus invoqué de l'art moderne, est celui aussi qui chez nous a le moins produit et a fait mentir toutes les espérances. Car que d'admirables et infructueux préparatifs depuis vingt ans !.. Dumas s'est gaspillé, de Vigny n'a jamais pu s'évertuer, Hugo s'est appesanti. C'est par le théâtre qu'il reste tout à faire, et à traduire enfin, devant un public blasé qu'on réveillerait, les grandes idées courantes et remuées depuis cinquante ans. Oh ! si nous avions seulement notre Ducis! *Exoriare aliquis!* 2 ». Quelques jours plus tard, *Lucrèce* venait combler ses vœux ; le succès de Ponsard l'enhardit à exposer les causes de la réaction, dans un article de la Revue des Deux Mondes, du 1er juillet 1843 (*quelques vérités sur la situation en littérature* 3) : il affirmait

comme sans ambition devant les grandes destinées. Il était, chose admirable et rare, du petit nombre de ces hommes du second rang qui aiment les hommes du premier » : cf. *Littérature et Philosophie mêlées*, t. II, p. 183.

1. *Revue des Deux Mondes*, 1er mars 1840.
2. *Chr. paris.*, p. 23 (17 avril 1843).
3. A propos de cet article, Sainte-Beuve écrivait au directeur de la *Revue Suisse* : « je n'ai jamais tant dit ce que je pensais. J'ai profité d'une ouverture de Buloz pour ressauter en selle et fouetter pour un relai encore » : cf. *Chr. paris.*, juin 1843.

nettement que la réaction dramatique, provoquée par les excès, les fatuités et les abus de l'école moderne, était légitime, « les grands talents ayant donné le pire signal et manqué à leur vocation ».

Au moment même où la critique sérieuse semblait s'être concertée pour battre en brèche l'édifice des romantiques, ceux-ci s'abandonnaient eux-mêmes : les beaux jours de 1830, où, forts de leur amitié, de leurs espérances, de leurs rêves en commun, ils marchaient à la conquête du théâtre, étaient passés sans retour. La première d'*Antony* donna le signal d'une division au camp romantique : « les jeune gens se séparèrent alors en deux groupes; il y eut ceux de M. V. Hugo et ceux de M. A. Dumas; ils n'opposèrent plus une masse compacte à l'ennemi et tirèrent les uns sur les autres [1] ». Dumas et V. Hugo se réconcilièrent plus tard, mais l'intimité ne devint jamais aussi complète entre eux que par le passé [2]. Vigny ne se contentait pas de s'isoler dans sa « tour d'ivoire »; mais il recevait chez lui G. Planche, Sainte-Beuve, Emile Péhant, et quelques autres; A. Challamel nous a dit quel esprit présidait à ces réunions des familiers de Vigny, « luttant sans trop d'énergie pour défendre la littérature nouvelle, vivant en parfaite intelligence avec les déserteurs du camp hugolâtre, attendant peut-être un deuxième Casimir Delavigne, moins voltairien, et philippiste que le premier, plus jeune, plus accommodant avec la forme moderne [3] ». Dans l'école lyrique elle-même, se mani-

---

1. *V. H. raconté...* t. II, p. 337.
2. Cf. *Hugo et Dumas* par A. Parran : *Annuaire de la Société des amis des livres*, 1881.
3. *Souvenirs d'un Hugolâtre*, p. 181. — L'opposition d'A. de Vigny alla

festent des signes d'épuisement : Lamartine n'a pas publié de vers, depuis les *Recueillements poétiques* (1839); le dernier recueil de V. Hugo, *les Rayons et les Ombres*, date de 1840; A. de Musset n'écrit plus que quelques morceaux isolés, et justifie le mot méchant de H. Heine sur lui : « c'est un jeune homme d'un bien beau passé ».

Th. Gautier lui-même est obligé de constater la « décadence complète » de l'art dramatique en France; il écrivait le 1ᵉʳ janvier 1838 : « le mouvement si énergiquement imprimé à l'art dramatique par *Christine*, *Hernani*, *Henri III*, ne s'est pas continué; nous avons cru un moment que nous allions avoir un théâtre moderne; mais nos espérances ont été trompées....... il est bien étonnant que MM. Hugo et Dumas n'aient produit dans le drame aucun élève remarquable [1] ».

Balzac eut l'ambition d'occuper la place restée vacante [2]; il avait, semble-t-il, un juste sentiment des goûts de son époque et des erreurs des coryphées romantiques : « il n'y a plus de possible, écrivait-il,

---

fort loin. Maurice Souriau a publié dans la *Revue de Paris* (1ᵉʳ mai 1898) la réponse faite par Vigny, en 1839, au prince héritier de Bavière, qui l'interrogeait sur la faiblesse de quelques œuvres romantiques parues récemment : « les égarements que vous citez, écrivait-il, ont quelque chose de vrai ; mais si vous aviez pu suivre les travaux littéraires les plus importants de notre pays, vous auriez entendu plusieurs voix sérieuses, justes et courageuses, déplorer hautement ces déviations au risque de briser d'anciennes amitiés ».

1. *L'art dramatique en France*, I, p. 82.

2. Voici en quels termes il y était encouragé par son correspondant Armand Péréméné (29 novembre 1838): « Le Victor Hugo et le Dumas sont usés jusqu'à la corde. Le Casimir Delavigne n'a guère plus de faveur. Il leur faut (aux directeurs de la Renaissance) un nom nouveau, et ils sont prêts à le payer, indépendamment du talent. Que ne feront-ils pas pour un nom et un talent réunis ! » — Lettre publiée par Spoelberch de Lovenjoul, *Autour de Honoré de Balzac* (1897), p. 111.

que le *vrai* au théâtre, comme j'ai tenté de l'introduire dans le roman! Mais *faire vrai* n'est donné ni à
Hugo, que son talent porte au lyrisme, ni à Dumas,
qui l'a dépassé pour n'y jamais revenir; il ne peut
être que ce qu'il a été. Scribe est à bout. Il faut
chercher les nouveaux talents inconnus [1] ». Mais la
pièce de Balzac, *l'Ecole des Ménages*, fut refusée à
la Renaissance (1839), et le romancier, pressé par des
besoins d'argent, revint à ses travaux ordinaires.
Exoriare aliquis!

---

1. S. de Lovenjoul, *op. cit.*, p. 119. — Lettre du 4 décembre 1838 à A. Pérémé.

CHAPITRE III

LA TRAGÉDIE PENDANT LA PÉRIODE ROMANTIQUE

I. — Faiblesse de la tragédie sous l'Empire. — La décadence s'accentue après 1815. — Quelques noms et quelques œuvres: Arnault père, Lucien Arnault, de Jouy, Pichat, Viennet. — Taylor au Théâtre-Français.

II. — Un grand défenseur de la tragédie: l'acteur Talma. — A sa mort, situation désespérée du théâtre classique. — Tableau comparatif des pièces classiques et romantiques, jouées entre 1830 et 1843.

I

Même aux plus beaux jours du romantisme, la tragédie n'avait pas cessé d'exister : il est vrai qu'elle ne comptait plus ses défaites, mais elle combattait pour l'honneur. Au milieu de la tourmente révolutionnaire, quand M.-J. Chénier portait sur la scène son *Charles IX*, il continuait la tradition de Voltaire, c'est-à-dire de la tirade philosophique, des attaques contre le fanatisme, des déclamations sur la liberté. L'ordre une fois rétabli, la nouvelle société s'empressa de copier l'ancienne, et la tragédie revint, avec sa parure d'élégance, de distinction et de grandeur. Le pouvoir ne pouvait que favoriser cette renaissance d'un genre qui avait illustré la France monarchique ; le goût public, que révolte toujours l'originalité, accueillit avec joie une forme dramatique, consacrée par une longue tradition.

Néanmoins, la période de l'Empire fut plutôt funeste à la tragédie; alors en effet un régime de compression pèse sur les théâtres. On oblige les directeurs à ne jouer que des pièces autorisées; on enlève aux scènes de Paris la liberté d'exploitation qu'elles avaient reçue en 1791, et on réduit à huit leur nombre; on mutile les œuvres des grands poètes du XVIIe siècle; enfin Napoléon, dont l'attention autoritaire s'étend au domaine des lettres, écrit à Fouché, le 1er juin 1805: « je ne crois pas qu'il faille laisser jouer des pièces dont les sujets seraient pris dans des temps trop près de nous.... la scène a besoin d'un peu d'antiquité [1] ».

La liberté n'existait pas: aussi est-ce en vain que Napoléon instituait des prix décennaux, distribuait des pensions aux écrivains, comblait de ses dons les acteurs du Théâtre-Français: Baptiste aîné, Damas, Firmin et surtout Talma; les quelques tragédies qui eurent du succès sous l'Empire, les *Templiers*

---

1. L'Empereur, malgré ses restrictions, affiche dans la même lettre la prétention d'être plus libéral que la royauté; voici en quels termes singuliers: « Pourquoi n'engageriez-vous pas M. Raynouard à faire une tragédie du passage de la première à la seconde race? Au lieu d'être un tyran, celui qui lui succéderait serait le sauveur de la nation. C'est dans ce genre de pièces surtout, que le théâtre est neuf, car sous l'ancien régime, on ne les aurait pas permises »: *Correspondance*, t. X, cité par Welschinger: *La Censure sous le premier Empire*, chap. V (1882). Après cette déclaration, on comprend la remarque d'Étienne (*Lettres sur le Théâtre*, cité par Welschinger): Sous Napoléon, dit-il, « la muse tragique put même espérer de nouveaux triomphes; mais il aurait voulu en inspirer les accents; il lui eût fallu des poètes selon ses idées, et dont il eût dicté les plans comme il dictait des volontés aux monarques de la terre ». Voir dans le Livre de Welschinger et dans Th. Muret: *L'histoire par le théâtre* (3 vol. 1865, t. I), le récit de toutes les tracasseries, de toutes les interdictions, que la censure fit subir aux écrivains dramatiques.

de Raynouard, la *Mort d'Henri IV* de Legouvé, l'*Omasis* de Baour-Lormian, l'*Artaxerce* de Delrieu, l'*Hector* de Luce de Lancival, ne restèrent pas au répertoire [1]. Le théâtre fut envahi par les pièces de circonstance : les victoires de l'Empereur, son mariage avec l'archiduchesse Marie-Louise, la naissance du roi de Rome, l'invasion de 1814, inspirèrent tour à tour des apothéoses, des niaiseries, des déclamations, dont la postérité a fait justice.

Après 1815, le théâtre semble retrouver, avec plus d'indépendance, plus de sève et de vie. Malheureusement cette période nouvelle est, comme la précédente, à peu près stérile en chefs-d'œuvre : l'histoire de la tragédie n'enregistre que des succès d'un jour ou des chutes irrémédiables. Qui connaît aujourd'hui les pièces d'Arnault, de Jouy, de Viennet, de Brifaut, qui pourtant tiennent la première place parmi les « quarante-deux tragiques vivants » dont parle la préface du *Siège* de Dumas ? Si des plus célèbres, nous descendons aux moindres, Thiessé, Empis, Gary, Chauvet, de Comberousse, Royou, Drouineau, d'Arlincourt, Bonnechose, de Rougemont, etc., nous ne saurons ce qu'il faut le plus admirer, de l'héroïsme du public qui supportait de si pitoyables dramaturges, ou de l'infatuation des auteurs, qui, représentés à l'Odéon ou au Théâtre-Français, pouvaient se croire les continuateurs de Corneille et de Racine. Tâche fatigante, et de plus inutile, que de dresser l'inventaire de ces tragédies mort-nées !

---

1. Les tableaux que M. Soubies a mis à la fin de son livre : *La Comédie-Française depuis l'époque romantique* (1895) montrent qu'une seule des tragédies composées entre 1804 et 1815, reparut sur la scène après 1825 ; c'est l'*Artaxerce* de Delrieu, joué 7 fois en 1827, 1 en 1828, et 7 en 1833, sans que rien justifie cette faveur particulière.

Les poètes traitent-ils des sujets modernes ou nationaux? Rien n'égale l'ignorance des auteurs, si ce n'est celle du public, dont l'éducation historique n'est pas encore faite et qui accepte les erreurs les plus manifestes, les contre-sens de couleur, l'altération des mœurs[1]. Dans *Rienzi* (par Drouineau, 1826), le héros principal devient un modèle de bravoure, de générosité, de fierté républicaine, et emprunte au discours prononcé par Robespierre le jour de sa mort, les arguments par lesquels il apaise les mouvements populaires; *Etienne Marcel* (par Rougemont, 1826) transporte dans la vie une conspiration de collège, et nous montre la fille du tribun révolté recevant les déclarations amoureuses du fils de Maillard, c'est-à-dire du chef des partisans du Dauphin. Veut-on savoir ce qu'était le *Siège de Paris* du fameux vicomte d'Arlincourt? « Il n'y s'agit, dit le *Globe* (11 avril 1826), ni de Normands, ni de Francs, ni d'évènements, ni de personnages historiques; les caractères sont niaisement héroïques, ou ridiculement mystérieux; la pièce pourrait s'appeler le *Siège de Trébisonde* ».

Cette ignorance de l'histoire était aggravée par les allusions que les poètes se croyaient obligés d'intro-

---

[1]. L'éducation du public n'était pas plus avancée qu'au temps où Benj. Constant écrivait: « L'auteur des *Templiers* a dû ajouter à son ouvrage des notes explicatives, tandis que Schiller dans sa *Jeanne d'Arc*, sujet français, qu'il présentait à un public allemand, était sûr de rencontrer dans ses auditeurs assez de connaissances pour les dispenser de tout commentaire. Les tragédies qui ont eu le plus de succès en France, sont ou purement d'invention, parce qu'alors elles n'exigent que très peu de notions préalables, ou tirées soit de la mythologie grecque, soit de l'histoire romaine, parce que l'étude de cette mythologie et de cette histoire fait partie de notre première éducation ». *Quelques réflexions sur le théâtre allemand*, en tête d'une traduction de *Wallstein*, Genève, 1809, p. 16.

duire dans leurs pièces. Ainsi le parti de l'opposition applaudit une tragédie du *Maréchal de Biron* (par Loch-Maria, 1824), parce qu'elle reconnaissait dans l'intrigue le procès et la mort du maréchal Ney.

Dans une tragédie de *Blanche d'Aquitaine* (par H. Bis, 1827), le futur Hugues-Capet était représenté comme un tribun philosophique, attaquant le principe de la légitimité, et défendant le droit à l'usurpation.

On comprend qu'à défigurer ainsi l'histoire, les poètes aient encouru le blâme des critiques instruits. En ce temps-là, le *Globe* se distingue par sa campagne en faveur de la vérité historique : « le temps n'est plus, dit-il, où, avec un cadre vulgaire et des personnages fantastiques, on pouvait composer une tragédie. Il faut aujourd'hui de longues études, une vive et continuelle familiarité avec les temps et les hommes que l'on veut peindre [1] ». Une fois en effet qu'Aug. Thierry, de Barante, Guizot, Thiers, et Mignet, eurent appris l'histoire à la nation, il devint impossible d'entasser les anachronismes au théâtre : les poètes durent faire effort vers la vérité. Mais quand ils essayèrent d'emprisonner les personnages et les événements historiques dans le cadre des unités, celui-ci craqua de tous côtés, et la vieille tragédie dut se plier aux transactions.

Les sujets antiques avaient le privilège de mieux s'accommoder des règles; c'est pourquoi, après 1815 comme avant, les meilleurs succès sont remportés par des tragédies empruntées à l'histoire de la Grèce ou de Rome. Là, comme dans les sujets modernes,

1. 2 février 1826.

les auteurs ont trop souvent sacrifié à l'allusion contemporaine ; aussi l'art sérieux se refuse-t-il à reconnaître le *Régulus* de Luc. Arnault (1822), qui sous le nom de Régulus et de Carthage, a peint Napoléon et l'Angleterre ; la *Mort de César* de Royou (1825), qui travestit les faits et les caractères, pour montrer la nécessité politique de la dictature, le *Bélisaire* de Jouy (1825), qui traite de Napoléon et de ses malheurs.

Mais il est des tragédies plus désintéressées, dont les personnages ne s'affublent pas de masques contemporains ; leurs auteurs ont eu le dessein de peindre un caractère ou de faire revivre une époque ; et, quand le style ne les a pas trahis, ils ont obtenu des succès d'estime, qui méritent un souvenir : ainsi Arnault père, avec sa tragédie de *Germanicus* (1817), qui créa dans Paris une si vive agitation, que la 2ᵉ représentation n'eut lieu que le 20 décembre 1824 ; bien qu'elle ait été traduite dans presque toutes les langues européennes, et que l'auteur y ait jeté un peu d'intérêt au moyen d'Agrippine, femme de Germanicus, et de Marcus, fils de Pison, qui, fidèle lieutenant de Germanicus, prend contre son père révolté le parti de son chef, l'œuvre nous paraît aujourd'hui ennuyeuse, car les mêmes scènes s'y répètent, et les discussions y sont traînantes.

Le plus grand succès de toute cette période fut pour le *Sylla* de Jouy (27 décembre 1821). Quatre-vingts représentations purent seules épuiser l'enthousiasme du public ; on admira une scène de sommeil, où Sylla s'éveille en sursaut, effrayé par la vision de ses victimes, et surtout la grande scène de l'abdication. La presse royaliste, qui affectait de rapprocher Sylla de Napoléon, avec d'autant plus de vraisemblance d'ailleurs que Talma ressemblait à s'y méprendre à l'Empereur, s'impatientait d'un pareil succès : « la perruque de Talma, disait-on, est la seule cause du bizarre succès de Sylla ». Cependant les plus hostiles étaient forcés de convenir que la peinture de Jouy ne manquait pas de vérité, et que les fortes expressions du *Dialogue d'Eucrate et de Sylla*, écrit par Montesquieu, avaient inspiré les meilleurs vers de l'écrivain.

Enfin en 1825, pendant que la lutte héroïque de la Grèce provoquait les sympathies de l'Occident, le *Léonidas* de Pichat eut un succès retentissant [1]. C'est une étude historique, plus qu'une tragédie; et Pichat se félicite naïvement dans sa préface d'avoir « étendu aux grandes proportions dramatiques, un sujet qui semblait ne fournir que trois ou quatre scènes ». L'intrigue n'existe pas, à proprement parler; nous ne tremblons pour aucun personnage; la scène se déplace du camp des Perses à celui des Grecs, uniquement pour masquer le vide du sujet. Cependant l'histoire est suivie fidèlement, les tableaux sont arrangés avec art; l'héroïsme de Léonidas et des Spartiates est naturellement sublime; enfin les spectateurs pouvaient croire qu'ils voyaient se dérouler sous leurs yeux l'histoire même de l'insurrection hellénique.

Quelle que fût la valeur réelle de ces pièces, nous venons d'indiquer que leur succès est dû en partie à des causes extérieures: aussi ne faut-il pas s'étonner

---

[1]. La pièce avait été montée avec le plus grand soin; l'élite des acteurs, Talma et Duchesnois en tête, tenait les rôles; le *Moniteur* (28 novembre), le *Globe* (29 novembre), le *Journal des Débats* (28 novembre et 7 décembre), se montrèrent enthousiastes de cette tragédie, qui obtint 62 représentations de 1825 à 1830.

que la tragédie perde insensiblement du terrain. Encore si ses derniers défenseurs avaient été unis! ils auraient pu opposer à leurs adversaires un faisceau solide, sinon de talents, au moins de bonnes volontés, et retarder l'imminente décadence d'un genre à peu près épuisé. Au contraire, dans le camp des classiques, deux partis étaient en présence: d'un côté, les libéraux et les Voltairiens, Viennet, Jouy, Dupaty, Etienne, Arnault, Andrieux; de l'autre, les défenseurs du trône et de l'autel, qui dirigeaient la société des Bonnes-Lettres : Roger, Campenon, Auger, Guiraud, Briffaud [1]. Cette division rendait les classiques plus vulnérables.

Une autre circonstance, défavorable à la tragédie, fut la nomination du baron Taylor au poste de commissaire royal du Théâtre Français. Cet ancien régisseur du Panorama Dramatique, qui avait été attaché comme dessinateur au *Voyage pittoresque dans l'ancienne France*, avait été recommandé auprès du Ministre par N. Lemercier, Viennet, A. Duval, les coryphées de l'école classique. Or, le nouveau commissaire était notoirement gagné à l'art réformateur. Sans doute, au début, il témoigna sa reconnaissance aux

---

1. Le 30 mai 1822, Auger parlait, à la Société des Bonnes-Lettres, des œuvres dramatiques du temps, et surtout, semble-t-il, du *Sylla* de Jouy, qui se trouvait alors en plein succès: « Voulez-vous de la gloire, disait-il, et puisqu'il faut le dire, voulez-vous de l'argent par les mêmes moyens et aux mêmes conditions? Dénaturez donc l'histoire; inventez des caractères faux; peignez des mœurs imaginaires; invectivez en mauvais style contre tout ce que les hommes respectent; soulevez les passions d'une foule ignorante et vaine, qui nécessairement subordonnée à ses passions, applaudit quiconque l'invite à secouer le joug des lois et de l'autorité... Si vous agissez de la sorte. . vos ouvrages auront coup sur coup nombre d'éditions, nombre de représentations; mais faits pour un moment, ils ne vivront que le temps de sa durée, et bientôt il ne restera de leur existence qu'un souvenir affligeant ou ridicule ».

patrons de sa candidature: il fit jouer *Sigismond de Bourgogne* de Viennet et *Clovis* de Lemercier; et en 1828, lorsque Mlle Duchesnois et l'acteur Victor publièrent des factums contre Taylor qu'ils accusaient de ne goûter que les pièces étrangères, ses anciens protecteurs saisirent l'occasion de ces attaques, « pour lui donner publiquement le témoignage d'estime et d'amitié que lui ont toujours mérité son zèle pour les intérêts du théâtre, sa loyauté et son goût éclairé pour les lettres [1] ». Néanmoins, c'est sous l'administration de Taylor que le Théâtre Français s'ouvrit aux pièces romantiques; et en 1829, quelques intransigeants du parti classique émus par le succès récent du *More de Venise* et par le bruit que faisait *Henri III*, adressaient au roi une pétition pour lui signaler la direction funeste que Taylor imprimait à la Comédie Française, et obtenir le changement du commissaire royal [2].

II

Pourtant, la faiblesse à peu près générale des tragédies nouvelles, les divisions qui existaient au sein du parti classique, la présence de Taylor à la tête du Théâtre Français, ne compromirent pas la cause de la tragédie, tant que Talma la défendit de la puissance de son talent.

---

1. Lettre datée du 13 février 1828, publiée dans le *Courrier des Théâtres* du 15, et signée par Picard, Jouy, Luc Arnault, De la Ville, Lemercier, Soumet, Ancelot, C. Delavigne, Casimir Bonjour, Scribe, Marèets, A. Duval, Etienne, Lebrun, Empis.
2. Voir le *Globe*, 21 janvier 1829, 28 février, 8 mars. — Les romantiques eux-mêmes ont dit quels services leur rendit Taylor: Cf. A. Dumas, *Souven. dramat.*, t. I, p. 359-321 (édit. Lévy).

On peut dire avec vérité que de 1789 à 1826, le plus grand poète tragique fut Talma, et l'expression ne paraîtra pas exagérée, si l'on se souvient que Talma ne se contentait pas de jouer, mais qu'il transformait les pièces dans lesquelles il paraissait: « ses métamorphoses physiques à chaque nouveau rôle, la magie de son premier aspect, la beauté relative et changeante de sa figure, la vie de sa diction, l'intérêt qui s'attachait à lui depuis son entrée sur la scène jusqu'à la fin du drame, exerçaient une influence extrême sur le sort des ouvrages qu'il représentait [1] ».

On sait quels furent les mérites éminents de cet acteur qui, plus grand que Lekain, plus grand que Garrick, a laissé dans le souvenir de ses contemporains une inoubliable impression. D'abord il acheva la réforme du costume, commencée au XVIIIe siècle par Lekain et Mlle Clairon; tandis que ceux-ci avaient substitué au ridicule costume de cour porté par les héros et les héroïnes de Corneille et de Racine un habillement qui se rapprochait, dans une certaine mesure, de la vérité historique, Talma feuilleta les manuscrits anciens ornés de miniatures, contempla les statues et les monuments, et rétablit dans son exactitude le costume romain. « Lekain, dit-il, n'aurait pu surmonter tant de difficultés: le moment n'était pas venu. Aurait-il hasardé les bras nus, la chaussure antique, les cheveux sans poudre, les longues draperies, les habits de laine? Eût-il osé choquer à ce point les *convenances* du temps? Cette mise sévère eût alors été regardée comme une toilette fort malpropre et surtout

---

1. Cf. Tissot: *Souvenirs historiques sur la vie et la mort de F. Talma*, 1826, p. 71.

fort peu décente [1]. » C'est dans un rôle secondaire d'une tragédie de *Brutus*, en 1789, que Talma parut avec un costume fidèlement calqué sur les habits romains ; une actrice, Mlle Contat, ne put retenir, en l'apercevant, un cri d'étonnement : « Voyez donc Talma, dit-elle, qu'il a l'air ridicule ! il ressemble à une statue antique [2] ». Mlle Contat faisait, sans le vouloir, le plus bel éloge de Talma, qui resta toujours fidèle à ce principe de la vérité dans le costume. L'influence de son ami, le peintre David, avait beaucoup contribué à le pousser dans cette voie, qui conduisait à la couleur locale ; et il pouvait dire à la fin de sa vie : « Je devins peintre à ma manière ».

Une autre innovation de Talma consista à bannir l'emphase de la déclamation tragique. Sur ce point, Geoffroy ne cessa de le harceler de ses critiques hargneuses ; mais Talma qui avait « vu faire de l'histoire sous ses yeux », qui avait eu devant lui « la tragédie vivante [3] », bannit résolument de la scène la mélopée traînante que la tradition y avait implantée, et se rapprocha de la vérité par un débit naturel, par une sincérité de gestes, où l'homme se découvre sous le prince. « Prenez, disait-il, Corneille pour exemple ; déclamez ses admirables vers avec toute la pompe des matamores tragiques ; ils vous fatigueront et vous laisseront de glace ; récitez-les avec une noble simplicité, du milieu de laquelle vous ferez sortir avec leur accent ces traits sublimes qui sont le cachet d'une

---

1. *Réflexions sur l'art théâtral*, en tête des *Mémoires de l'acteur Lekain*, par Talma, p. XIX.
2. Cité par Audibert : *Entretiens avec Talma*, 2ᵉ édit., 1815, 4ᵉ entretien.
3. Expressions de Talma dans une lettre particulière, citée par de Manne : *la Troupe de Talma*, p. 100.

grande âme, le spectateur oubliera qu'il est au théâtre ; il croira voir les personnages au lieu des acteurs, et, ravi d'une admiration qui lui arrachera des larmes, il remportera une émotion profonde [1] ».

Voilà quels furent les secrets de cet art prestigieux qui, pendant près de 40 ans, fit illusion aux auteurs et aux spectateurs sur la faiblesse des œuvres contemporaines. Talma ne se contentait pas, comme en témoignent les préfaces de Chénier, Arnault, Legouvé, Lemercier, Raynouard, etc., de donner aux écrivains d'excellents conseils puisés dans son expérience scénique ; mais il transfigurait le personnage dont il s'était chargé. Si pâle que fût l'original, la copie vivait d'une vie intense ; la puissante émotion qui se dégage de la nature rendue avec un relief énergique, s'emparait de tous les spectateurs, et tous applaudissaient comme à l'apparition d'un chef-d'œuvre, alors que le chef-d'œuvre était exclusivement dans le débit et dans le jeu de Talma. Il n'est pas une tragédie du temps, à laquelle Talma n'ait prêté le secours de son génie ; beaucoup de pièces classiques négligées furent, grâce à son autorité, remises au répertoire : la tragédie semblait donc aussi prospère que jamais, et les classiques, abrités derrière le talent du grand acteur, pouvaient braver les attaques de leurs adversaires.

A la mort de Talma, on sentit mieux de quel poids son génie pesait dans la balance des destinées de l'ancien théâtre. Qui donc parmi ses camarades du Théâtre Français était capable de recueillir le lourd héritage de sa succession ? Lafon, dont le passé d'artiste avait fait concevoir de sérieuses espérances, et

---

1. Cf. Tissot, op. cit. p. 29.

que Talma avait plus d'une fois soutenu de ses conseils, parut un moment devoir atténuer la grande perte du Théâtre Français; il composa avec beaucoup d'art le personnage de Julien dans la tragédie de Jouy, *Julien dans les Gaules*, (1827); mais en 1830, il quitta le théâtre, sans que dans l'intervalle il se fût ménagé les regrets du public. Michelot qu'avait mis en relief le rôle de *Louis XI* dans la tragédie de Mély-Jeannin (1827), fut atteint d'un commencement de surdité, et se retira de la scène en 1831. Firmin, qui eut la prétention de briguer la succession de Talma excellait seulement dans les rôles comiques, et n'apportait dans la tragédie que des qualités de correction; le dernier rôle tragique joué par lui fut celui de Tibérius dans le *Junius Brutus* d'Andrieux (1830). Beauvallet, qui appartint à la comédie pendant 31 ans (1830-1861) ne manquait pas de puissance dramatique: bien servi par un organe retentissant, très versé dans la science des costumes, doué d'une intelligence souple et d'une mémoire prodigieuse, il créera plus tard, aux côtés de Rachel, la plupart des rôles des tragédies modernes, mais sa célébrité est postérieure à l'époque dont nous parlons. Il en est de même de Ligier, devenu sociétaire en 1832, dont la voix était ample avec une certaine rudesse, et dont le jeu brillait plus par l'emportement que par le souci des nuances. Restait l'estimable Joanny, célèbre par ses succès de l'Odéon, et que la Comédie-Française s'était attaché le 1ᵉʳ octobre 1825: familier avec tout le répertoire, sachant mener de front l'étude de dix rôles nouveaux, Joanny rendit de grands services au théâtre, et la *Revue de Paris* (16 mai 1841) pouvait lui rendre ce témoignage: « N'oublions pas, n'oublions jamais qu'il a eu le talent le plus vrai que la scène française ait possédé depuis Talma »; cependant, à lui seul, il ne pouvait suffire à maintenir un répertoire, dans lequel s'étaient illustrées des générations successives d'artistes, et dont le goût public, par fatigue ou par inconstance, commençait à se déprendre.

En 1833, Mlle Duchesnois, qui longtemps donna non sans talent la réplique à Talma, et qui possédait la sensibilité à défaut de l'élan, prit sa retraite, et l'Académie signait une pétition à Thiers, alors ministre, pour qu'il intervînt et conservât à la Comédie-Française cette artiste « qui emportait avec elle la dernière expression de la belle et noble déclamation tragique [1] ». C'est en vain qu'on fit appel aux artistes du boulevard: Bocage et Madame Dorval, engagés au Théâtre Français, ne firent que traverser cette scène, sur laquelle leur jeu passionné et vibrant paraissait déplacé. En 1837, les journaux agitèrent la question de « faire faire aux frais de l'Etat, de fortes études à Mlle Théodorine, actrice de l'Ambigu-Comique, dont les allures physiques et les dispositions promettaient une reine tragique »; le projet fut abandonné: Mlle Théodorine revint à l'Ambigu jouer le mélodrame [2].

Au milieu de cette insuffisance du personnel tragique, les pièces de Corneille et de Racine ne détournaient plus vers elles la faveur du public. Un critique influent s'écriait en 1834 que « la tragédie ne figure que pour mémoire sur le programme hebdomadaire

1. Laugier: *La Comédie Française depuis 1830*, p. 37.
2. Elle fut plus tard Mme Mélingue, et interpréta les *Burgraves*. — Cf. Laugier, id., p. 32.

de messieurs les comédiens ordinaires [1] ». La comédie elle-même, bien qu'elle eût des interprètes plus habiles, à la tête desquels il faut placer Mlle Mars, se défendait mal contre l'indifférence du public; pendant une absence de Mlle Mars, *Tartufe* et le *Legs* de Marivaux firent, dit-on, l'invraisemblable recette de 68 francs!

En 1835, un semblant de réaction classique se manifeste : trente pièces de l'ancienne école, des comédies surtout, reparaissent sur l'affiche; mais ce retour du goût public fut de courte durée : et, en 1837, le *Misanthrope* ne faisait tomber dans la caisse du Théâtre Français que la somme de 800 francs.

L'Académie, pour lutter contre cette décadence, institua un prix de dix mille francs pour l'auteur de la meilleure tragédie. Mais les récompenses peuvent-elles susciter le génie? Les écrivains, que nous avons vus à l'œuvre, en collaboration avec Talma, continuent à écrire des tragédies; mais une seule obtint quelque succès: le *Louis XI* de Mély-Jeannin (15 février 1827). Cette tragédie eut 47 représentations; les unités de temps et de lieu y étaient violées, et l'auteur s'essayait à la peinture d'un roi en robe de chambre; mais elle suivait trop servilement le *Quentin-Durward* de W. Scott, et l'épreuve ne prouvait rien pour l'avenir de notre théâtre. Mais que dire des *Guelfes et Gibelins* d'Arnault père (1827), sujet historique, dont l'intrigue est de pure invention? — de la *Mort de Tibère*, de Luc. Arnault (1828), tragédie qui a le mérite de rappeler parfois Tacite et Suétone, mais qui se traîne en discours inutiles, en

---

1. Cf. Laugier, p. 51.

scènes languissantes et vides, dès que Tibère n'est plus sur la scène¹? — du *Pertinax* d'Arnault père (1829), où l'inintelligence de l'antiquité s'étale effrontément²? — du *Gustave-Adolphe*, de L. Arnault, la plus conventionnelle et la plus fausse des tragédies³?

Pour rendre manifeste la faiblesse de la tragédie pendant le règne de la « terreur romantique », nous pouvons reproduire un tableau comparatif des œuvres romantiques et classiques, parues au théâtre entre 1829 et 1841, dressé par Ed. Thierry, dans son *Rapport sur les progrès de la littérature dramatique*⁴. Le voici, allégé pourtant des pièces que nous cataloguerions sous le titre de « semi romantiques », et qui ne nous paraissent pas relever de la poétique de la *Préface de Cromwell* :

1829 — *Henri III.* *Pertinax.*
    Le More de Venise. *Le Czar Démétrius.*
1830 — *Hernani.* *Clovis.*
    Stockolm, Fontainebleau et
    Rome. *Gustave-Adolphe.*
    Junius Brutus.
    Françoise de Rimini.

---

1. « Après la disparition de Talma, disait Tissot (id. p. 76), nul moyen de présenter aux spectateurs de ces espèces d'esquisses, dans lesquelles comme sur une ébauche arrêtée au trait et légèrement colorée, on ne trouve qu'un personnage qui soit encore achevé par le peintre. Talma retranché de la scène, Voltaire lui-même ne ferait pas réussir de ces pièces qui n'ont vraiment qu'un rôle ».

2. A. de Pontmartin (*Mémoires*, p. 163) a consacré quelques pages à la « première » de *Pertinax* ; il se trompe presque perpétuellement, pour n'avoir pas remarqué que cette représentation eut lieu le 27 mai 1829 et précéda *Hernani*.

3. Elle a fourni matière dans le *Globe* du 27 janvier 1831, à un article étourdissant de verve de Ch. Magnin ; avec quel esprit et quelle érudition il démontre que cette pièce n'est « qu'un choix des beautés de toutes les histoires, et une compilation dialoguée de nos lectures d'enfance ».

4. 1868, p. 133.

1831 — *Antony.*
       Marion Delorme.
       La Maréchale d'Ancre.
1832 — *Le Roi s'amuse.*
1833 — *Lucrèce Borgia.*   *Guido Reni.*
       Marie Tudor.   *Caïus Gracchus.*
1835 — *Chatterton.*
       Angelo.
1836 —   *Léonie.*
1837 — *Caligula.*
1838 — *Ruy Blas.*   *Maria Padilla.*
                         Philippe III.
1841 —   *Arbogaste.*
1843 — *Les Burgraves.*

Comme on le voit, de 1831 à 1841, pendant l'espace de dix ans, la tragédie subit une véritable éclipse : il fallait l'invincible ténacité, nous allions dire le *don quichottisme* de Viennet, pour rester fidèle à un genre que tout trahissait : l'insuffisance des acteurs, la lassitude du public, et surtout les succès retentissants d'une école nouvelle. « Vous connaissez mes principes littéraires, disait Viennet, le 28 février 1848; ces changements de lieu, ces licences de temps, ces prologues, ne me vont en aucune manière ; et je serai, à cet égard, le dernier des Romains [1]. »

C'est par une œuvre du même Viennet, *Arbogaste* que se clôt la liste des tragédies écrites pendant la crise que nous étudions. On sait quel fut le sort de cette malheureuse pièce, que le *Charivari* poursuivait de ses épigrammes avant la représentation, et qui

---

[1]. Lettre citée par Paul Foucher : *les Coulisses du passé*, p. 267.

s'écroula le premier soir sous le déchaînement d'une cabale furieuse [1].

Mais il nous faut revenir en arrière de quelques années ; car si les écrivains vivants semblent condamnés aux tragédies médiocres, Corneille et Racine venaient d'être remis en honneur par le génie de Rachel.

---

[1]. A. Challamel, dans ses *Souvenirs d'un hugolâtre*, écrit (p. 179 : « De 1829 à 1856, Pierre Dalban, de Grenoble — *horresco referens*, — publia une vingtaine de tragédies grecques et romaines. Cet homme convaincu, de tempérament classique, lutta contre le romantisme, même vainqueur. Ce tragique fossile, curieux dans son espèce, dépassa Liadières en entêtement et en banalités ». C'est faire trop d'honneur à Dalban que de considérer ses pièces de théâtre comme des œuvres dramatiques ; des dix-sept que signale la *Biographie du Dauphiné* de A. Rochas, t. I, p. 291, nous n'en connaissons qu'un petit nombre. *Hécube*, *Hercule au mont Œta*, *Thésée ou les Lois de Minos*, et le *Romantique* : l'action y est inintelligible, et le style incorrect.

CHAPITRE IV

RACHEL ET LA RENAISSANCE DE LA TRAGÉDIE

I. — Biographie sommaire de la grande actrice — Ses débuts sur la scène du Gymnase (1837) — Elle joue à la Comédie Française le rôle de Camille (12 juin 1838) — J. Janin a-t-il découvert Rachel?

II. — Rachel assure le triomphe du « répertoire sacré » — Opinion des salons, de la critique, du public — Rachel a-t-elle été, comme le veut J. Janin, un génie instinctif? — Elle devance et prépare Ponsard.

I

Mais la décadence du théâtre romantique fut hâtée surtout par la résurrection du « répertoire sacré », comme disait Talma : le génie de Rachel opérait ce prodige. On sait la destinée étrange de Rachel : elle naquit le 28 février 1821 [1], à Mumpf, près Aarau, dans le canton d'Argovie ; ses parents, pauvres colporteurs juifs, couraient de foire en foire, en Suisse et en

---

1. Sur la date de cette naissance, consulter : D'Heylli *Gazette anecdotique*, 1883, t. I, p. 154-156, et l'*Intermédiaire des chercheurs et des curieux*, 1893, p. 411. — J. Claretie (la *Vie à Paris*, 1883, p. 510) signale une notice sur l'*Hôtel et les Bains salins du Soleil* (à Mumpf-s-Rhin), imprimée à Bâle, et dans laquelle on lit : « l'auberge du Soleil est la maison où est née la fameuse artiste française, Rachel Félix, à la fin du mois de Kislev 1821... la chambre dans laquelle Rachel naquit fut longtemps appelée la *Chambre Juive* ».

Allemagne; ils séjournèrent quelque temps à Lyon, et Rachel, encore enfant, chantait dans les rues ou à la porte des cafés, pour attirer la pitié des passants. Enfin la misère amena la famille errante à Paris (1832). Là, Rachel et sa sœur aînée, Sarah, se firent remarquer par leurs chansons, si bien que Choron les admit comme pensionnaires dans l'école de chant qu'il avait fondée. Le professeur, après quelques essais, s'aperçut que la voix de Rachel manquait de souplesse et d'étendue; mais frappé de ses dispositions dramatiques, il lui conseilla d'étudier la déclamation, et la conduisit à St-Aulaire (fin de 1834). Celui-ci l'accepta parmi les élèves qui, sous sa direction, apprenaient des rôles, et, chaque dimanche, donnaient une représentation, rue St-Martin, dans l'ancien Théâtre Molière. Un jour que Védel, le caissier du Théâtre Français assistait à l'une de ces matinées, Choron la lui présenta comme « une jeune fille fort singulière qui le surprendrait et l'attacherait peut-être même à la représentation [1] ».

Védel, intéressé par l'intelligence, le naturel et la pureté de diction de Rachel, la signala à son directeur, Jouslin de la Salle, qui la fit admettre au Conservatoire, en même temps qu'il l'engageait au Théâtre Français, pour des rôles d'enfants. Rachel ne séjourna que quatre mois au Conservatoire (27 octobre 1836 à 24 février 1837), et son engagement au Théâtre Français n'eut pas de suite. Sur les instances de St-Aulaire, Poirson, directeur du Gymnase, l'engagea aux appointements de 4.000 francs, et la fit débuter dans la *Vendéenne* de Paul Duport. Cette soirée du

---

[1]. Védel. *Notice sur Rachel*, p. 11.

24 avril 1837 passa presque inaperçue: J. Janin, Rolle, Ed. Monais, parlèrent avec quelque éloge de la débutante; un seul critique, très oublié d'ailleurs, Burat de Gurgy, lui prédit un avenir brillant: « Mlle Rachel Félix, écrivait-il le 25 avril, est une toute jeune personne, qui annonce une des plus belles organisations dramatiques que nous ayons vues. Sa voix est grave et pénétrante; et dans les moments passionnés, la gravité des sons s'amollit et se perd dans les larmes. Le succès de Mlle Rachel Félix a été, s'il est possible, plus grand que celui de la *Vendéenne*, qui avait été disposée de manière à faire ressortir le talent précoce de la débutante. On l'a redemandée et applaudie à plusieurs reprises [1] ». La *Vendéenne* ne se maintint pas sur l'affiche: Rachel s'essaya dans un autre rôle; mais la recette, un soir, étant tombée à 54 francs, la partie était perdue pour la jeune actrice.

Depuis le mois de février, Védel était directeur du Théâtre Français; Rachel lui écrivit; n'ayant pas reçu de réponse, elle alla, sur les conseils de Poirson, demander des leçons de tragédie à Samson. Celui-ci l'avait connue à son passage au Conservatoire, et, à cette époque, avait formulé sur elle cette opinion : « Physique grêle, mais une admirable organisation théâtrale [2] »; pendant 3 mois, Samson forma sa jeune élève, puis il obtint une audition de Védel; et enfin, le 12 juin 1838, Rachel débutait sur la scène du Théâtre Français dans le rôle de Camille des *Horaces*.

La recette fut de 753 francs; pourtant, s'il faut en

---

1. Cité par A. Bolot: *Mlle Rachel et l'avenir du Théâtre Français*, 1839. — Cf: la *Biographie anecdotique de Rachel*, Bruxelles, 1858, p. 16-19.
2. Samson: *Lettre à J. Janin*, 1859 p. 24.

croire H. Lucas, les « qualités tragiques de Rachel
furent reconnues dès le premier soir par un groupe
d'habitués du Théâtre Français, journalistes et littérateurs... ce fut, dit-il, une joie, presque une ivresse
au foyer du théâtre après la représentation, et le
lendemain, on abordait dans la rue les personnes de
sa connaissance pour leur dire : « Allez au Théâtre
Français, comme La Fontaine demandait aux passants :
Avez-vous lu Baruch [1] » ?

En réalité, un seul journal parla de Rachel, au
lendemain de ses débuts, mais pour l'attaquer : c'est
le *Courrier des Spectacles* [2] : « Si Mlle Rachel Félix
pense comme les auditeurs de son premier début au
Théâtre Français, elle en aura assez ». La vérité est
que, si Rachel obtint quelques sympathies dans le
cercle des acteurs, à cause de son maître Samson,
l'attention qu'elle excita ne fut que médiocre [3] ; les
journaux étaient remplis par les discussions passionnées auxquelles donnaient lieu les difficultés de Védel
avec les sociétaires du Théâtre Français ; la question
était d'importance, et la fortune de Rachel disparaissait
au milieu de ces préoccupations ; enfin, son début,
comme à l'ordinaire, se faisait pendant la saison d'été :
annoncé seulement la veille dans les journaux, il ne
fut pas remarqué.

1. *Histoire du Théâtre Français*, t. III, p. 119.
2. La *Quotidienne* ne mentionne Rachel que le 13 août, et l'*Artiste* que le 25 du même mois ; ce qui n'empêche pas ce dernier journal d'écrire le 30 septembre : « nous sommes heureux d'avoir été des premiers à signaler le succès de cette jeune actrice ». — Ch. Maurice, directeur du *Courrier*, ne reconnut jamais franchement le talent de Rachel : Cf. la brochure qu'il écrivit en 1850 sous ce titre : la *Vérité-Rachel*, 129 p., in-8.
3. Le sérieux Joanny écrivait dans son *Journal*, à la date du 16 juin : « J'ai joué Auguste, je l'ai très bien joué et j'ai été rappelé. Cette petite *** a pourtant quelque chose-là » ! — Il ignorait jusqu'au nom de Rachel.

J. Janin s'est attribué le mérite d'avoir découvert Rachel [1], et l'on accepte généralement sur ce point le récit qu'il a fait lui-même. Absent de Paris quand la jeune actrice se produisit sur la scène de la rue de Richelieu, il n'aurait eu, le soir même de son retour, rien de plus pressé que d'aller applaudir Rachel; et, dès le lendemain, de signaler cette merveille à ses contemporains. Cependant, quelques détails du récit sont à rectifier, car le brillant feuilletonniste, dont l'imagination entraînait toujours la pensée, n'était pas homme à respecter la chronologie. Rentré à Paris vers le 18 août, il analysa dans ses premiers feuilletons, une série de pièces nouvelles jouées à l'Opéra-Comique, à l'Ambigu, à la Porte-St-Martin, au Palais-Royal. Enfin, le 10 septembre, il réserva la fin de son article pour « Andromaque et les débuts de Mlle Rachel ». L'éloge de l'actrice était grand: « cette fois, disait-il, nous possédons enfin la plus étonnante et la plus merveilleuse petite fille que la génération présente ait vue monter sur un théâtre... la vieille tragédie espère; le parterre, ému et charmé, prête une oreille enchantée et ravie à ce divin langage des beaux vers dont nous sommes privés depuis la mort de Talma ».

L'effet ne fut pas instantané, et le public ne se montra pas empressé de contempler l'actrice-prodige, car les trois représentations qui suivent (11, 15 et 17 septembre) ne produisirent que des recettes fort médiocres. Enfin, le 24 septembre, au lendemain d'une représentation d'*Andromaque*, à laquelle le

---

1. Cf.: *Rachel et la tragédie*. — Le docteur Véron se vante aussi d'avoir attiré sur elle l'attention générale: Cf. *Mém. d'un bourgeois de Paris*, t. IV, p. 163; mais rien ne justifie cette prétention.

public avait assisté plus nombreux, J. Janin plaidait avec chaleur la cause de l'actrice, sur laquelle il prononçait le mot de *génie*: « ah ! l'intelligente et courageuse héroïne, s'écriait-il. Elle s'est mise hardiment à la tête de ce progrès rétrograde ; elle a traversé d'un pas ferme et léger tous ces décombres ; de sa petite main forte, habile et résolue, elle a frappé aux portes du palais de la tragédie antique... et le public a battu des mains en retrouvant ce beau langage dont il avait le souvenir confus, comme on se souvient tout bas, étant vieux, des mélodies oubliées de son enfance ».

Cette fois, le résultat fut atteint: à partir de cette date, les recettes prennent une marche ascendante ; les guichets du théâtre sont assiégés, et des applaudissements enthousiastes saluent Rachel entrant en scène: « les recettes de la Comédie Française, dit Védel[1], devenaient colossales; le nom de Rachel était une lettre de change de 6.000 francs tirée sur le public ».

II

Ce fut comme une résurrection de la tragédie classique: les dieux morts de l'ancien théâtre s'animèrent à la voix de Rachel.

Son premier succès fut le rôle de Camille (*Horace*), dans lequel elle disait les imprécations avec une fureur concentrée, dont son immobilité doublait l'effet. Ensuite elle s'essaya dans le personnage d'Emilie (*Cinna*), qui, au jugement de certains critiques, fut

[1] *id.* p. 53.

son meilleur rôle : car Rachel avait moins de sensibilité que de force, de majesté et d'ironie ; aussi son talent se prêtait-il bien à l'expression de la passion froide, dédaigneuse et hautaine d'Emilie. Puis c'est l'*Andromaque* de Racine, dont Hermione trouva en Rachel une merveilleuse interprète ; peut-être l'actrice ne mit-elle pas suffisamment en relief la tendresse ingénue et naïve de la fiancée de Pyrrhus ; mais dans la grande scène de l'acte IV, de ses lèvres plissées, les traits d'ironie partaient tout vibrants, et les sonorités rauques de sa voix augmentaient la puissance pathétique de son mépris pour l'infidèle Pyrrhus. Aménaïde (*Tancrède*) réussit moins à Rachel qui ne put, cette fois, vaincre l'indifférence du public pour une tragédie secondaire. Dans l'*Iphigénie* de Racine, elle essaya de tirer au premier plan le rôle secondaire d'Eriphyle, mais ce fut en vain. Le rôle de Monime (*Mithridate*) lui fut un véritable succès, bien qu'elle exagérât l'attitude fière et révoltée de la jeune héroïne.

La reprise de *Bajazet* (23 novembre 1838) marque le premier échec véritable de Rachel : Védel nous a conté longuement les incidents qui suivirent, et le feuilleton hostile de J. Janin, et la démarche du père de l'actrice ordonnant au directeur de ne pas remettre *Bajazet* sur l'affiche, et l'audace de Védel qui décidait Rachel à rejouer le rôle de Roxane le surlendemain : « il est impossible, s'écrie Védel, de prendre une revanche plus éclatante. Jusque-là Rachel, admirée dans ses précédents rôles, venait en quelque sorte de faire pâlir ses premiers succès par un triomphe qui semblait les effacer tous. Rappelée unanimement, Rachel reparut et fut reçue avec des acclamations qui tenaient du délire ; une avalanche de bouquets vint fondre sur elle au risque de la blesser [1] ».

Les personnages d'Esther et de Laodice (*Nicomède*) ne furent pas favorables à Rachel (1839). En 1840, la Comédie reprit *Polyeucte* et *Marie Stuart* (de Lebrun) : « le rôle de Pauline, dit J. Janin, est resté jusqu'à la fin de ses jours une des meilleures révélations de Mlle Rachel [2] » ; les représentations de *Marie Stuart*, la première œuvre du répertoire moderne où s'essayât Rachel, la mirent en présence de Mlle Maxime, que les sociétaires jaloux voulaient lui opposer, et qui s'était fait déjà applaudir dans le rôle de Phèdre ; celle-ci jouait Elisabeth ; Rachel qui représentait la reine captive, fut, nous dit-on, « prodigieuse de vigueur, de véhémence, d'indignation et d'énergie » ; elle écrasa sa rivale et resta la tragédienne incontestée.

Nous ne dirons rien des rôles de Chimène, d'Ariane et de Frédégonde (dans la *Frédégonde et Brunehaut* de N. Lemercier), qui réussirent médiocrement à Rachel.

Enfin le 24 janvier 1843, Rachel tenta le rôle de Phèdre, qui est, comme dit J. Janin, « les colonnes d'Hercule de l'ancienne tragédie » ; depuis 1839, elle

---

1. Musset avait généreusement pris la défense de Rachel : « Ne sentez-vous pas qu'en se soyant blâmée si vite, avec si peu de ménagement, elle peut se décourager ? Ne sentez-vous pas qu'en lisant vos articles, cette enfant en qui seule repose toute la grandeur d'une renaissance, cette enfant qui n'est pas sûre d'elle, et qui, malgré son génie précoce, n'est pas encore à l'épreuve des chagrins que peut nous causer la critique, cette enfant qui joue si bien Hermione, qui sait si bien comprendre et réciter Racine, peut se mettre à pleurer ? » article du 1er décembre 1839.

2. *id.*, p 160.

désirait, malgré les pronostics décourageants des feuilletonistes, s'essayer dans ce personnage, le plus complexe, le plus fouillé, et le plus moderne du théâtre classique [1]. La foule vint enthousiaste à cette reprise, dont le succès allait bientôt contraster avec la chute des *Burgraves*. Après le rôle d'Hermione, celui de Phèdre fut le rôle préféré de Rachel. J. Janin dit qu'elle mit plus de deux ans à le savoir; mais quelle création ! « Alors, au milieu d'un silence attentif, curieux, enthousiaste, et tout rempli de transports et de frissons, elle tint tout son peuple enchaîné à sa lèvre éloquente; alors, par ses cris, par ses larmes, par ses remords, par cette infinie et toute puissante inspiration, elle arriva aux confins du chef-d'œuvre [2] ».

Le répertoire national avait retrouvé ses beaux jours. Jamais succès ne fut plus unanime que celui de Rachel. Les salons du Faubourg Saint-Germain ne tardèrent pas à se disputer la jeune actrice; l'aristocratie, en effet, applaudissait à cette renaissance de la tragédie, qui avait été le plus bel ornement de la littérature monarchique. Le marquis de Pastoret, le duc de Noailles, le comte Mariano Roca, plus tard ministre de l'Instruction publique à Madrid; la duchesse de Berwick, le marquis de Custines, le comte Gorowski, etc., s'honoraient d'être parmi les familiers de Rachel; elle fut reçue à l'Abbaye-aux-Bois, dans le salon de Mᵐᵉ Récamier, où trônait Châteaubriand.

Les cercles politiques eux-mêmes s'intéressaient à

---

1. Cf. A. de Musset; *Œuvres posthumes: Un souper chez Mlle Rachel* (1839).
2. *Id.*, p. 223.

Rachel : au temps de ses premiers succès, le comte Molé s'était incliné devant elle, en lui disant : « Mademoiselle, vous avez sauvé la langue française, je vous remercie [1] ». Le ministre de l'intérieur, comte Duchâtel, lui envoya une bibliothèque, contenant tous les chefs-d'œuvre classiques, et la comtesse Duchâtel lui ouvrit ses salons. Le roi lui-même, vers la fin de 1838, honora Rachel de ses applaudissements.

Les critiques les plus influents, G. Planche [2], Cuvillier-Fleury [3], sans parler de J. Janin, s'intéressaient à Rachel, et tiraient gravement l'horoscope de la tragédie française, si inopinément remise en honneur. Quant au public, il s'enthousiasmait pour Corneille et Racine, et vouait à Rachel une profonde reconnaissance ; nul n'a célébré avec plus de feu que M. de Mouy le souvenir de cette inoubliable révélation artistique : « Vous la rappelez-vous encore ? dit-il à ceux qui avaient vingt ans en 1838. Quand nous revenions à travers les rues sombres, comme notre tête était remplie de ses paroles, comme nous étions éclairés par la vision antique, comme le fantôme de la beauté grecque apparaissait à nos regards éblouis !... Rachel a retrempé toute une génération aux fécondes sources littéraires, a réveillé l'enthousiasme pour les chefs-d'œuvre et pour l'austère tragédie... Elle est venue comme la prêtresse d'un culte évanoui ; elle a relevé l'autel, elle a ranimé le feu sacré, elle a fait

---

1. Cité par Maxime du Camp : *Souvenirs littéraires*, t. I, p. 159.
2. Cf. *l'Artiste* du 15 novembre 1838.
3. J. Janin (*id.*, p. 81-93) cite un long extrait d'un article de Cuvillier-Fleury.

entendre de nouveau l'oracle, elle a ramené la foule dans le sanctuaire [1] ».

Certains critiques romantiques ont insinué que dans cette résurrection, les spectateurs ne s'intéressaient qu'à l'actrice en scène, et nullement aux pièces représentées. Sans doute Rachel était douée de génie ; comme Lekain et Talma, elle unissait au plus haut degré les dons supérieurs du théâtre : la beauté de l'attitude, les inflexions puissantes de la voix, la souveraineté du geste, et surtout l'intelligence profonde des textes. Cependant elle ne créa pas, à proprement parler, une interprétation nouvelle des chefs-d'œuvre classiques ; la tradition, plus que l'inspiration, réglait son jeu. La question aujourd'hui n'est plus douteuse, et nous ne pouvons plus accepter les affirmations de J. Janin, qui, en 1859, dans le livre auquel nous avons fait plusieurs emprunts, faisait de Rachel « un génie instinctif », et ajoutait qu'elle n'eut tous ses moyens que lorsqu'elle se fut défaite des leçons de son professeur, l'acteur Samson. Celui-ci riposta, en 1859, par une lettre, et soutint que le talent de Rachel était dû surtout à l'étude et à l'art [2]. La lettre même de Samson, une conférence que M. Legouvé fit, en 1874, sur *Samson et ses élèves* [3], et surtout le volume de *Souvenirs* que la veuve de Samson vient de publier [4], ont amplement démontré que Rachel travaillait beaucoup ses rôles, qu'elle ne s'abandonnait pas aux hasards de l'inspiration, et qu'elle ne cessait de demander des conseils à

1. *Les Jeunes Ombres*, 1865, p. 181.
2. *Lettre à M. J. Janin.*
3. Brochure in-8 de 60 pages, 1874.
4. *Rachel et Samson, souvenirs de théâtre*, 1898.

Samson, qui déjà avait perfectionné son éducation dramatique, avant qu'elle débutât au Théâtre-Français en 1838. Nous n'invoquerons pas ici le témoignage d'un ami de Rachel, M. de Custine, témoignage sur lequel M. Legouvé, Samson et sa veuve se sont appuyés[1]; nous aimons mieux citer un passage moins connu d'un contemporain de Rachel, A. Bolot, qui écrit : « on la reprenait sur quelques endroits, après une représentation, et on lui conseillait de travailler ces passages en rentrant chez elle. « Le travail du soir est le meilleur, lui disait-on. — Pour moi, reprit-elle, rien ne peut remplacer le travail du matin ». En disant cela, elle tendait la main à son professeur, M. Samson chez lequel elle passait les matinées à étudier [2] » Les lettres de Rachel à Samson sont remplies d'aveux caractéristiques : ainsi le 13 janvier 1843, l'actrice lui écrit : « n'ai-je pas toujours besoin de vos bons conseils? ils m'ont donné la force de paraître sur la scène; ils m'ont assuré la bienveillance du public, m'ont enfin ouvert la carrière, et donné les moyens de m'y soutenir [3] ».

Nous voilà bien loin de la théorie de J. Janin; en réalité, Rachel recopiait de sa main les rôles qu'elle voulait apprendre. Elle étudiait les passages où le caractère se dévoile, cherchait les effets à obtenir, interrogeait Samson sur l'ensemble du rôle, et se faisait enseigner par lui la façon dont Lecouvreur, Clairon ou Duchesnois l'interprétaient; en un mot

---

1. C'est le récit d'une entrevue que M. de Custine eut avec Rachel après sa première brouille avec Samson; M. de Custine, en rentrant chez lui, écrivit cette conversation, datée du 8 mai 1839.
2. Op. cit., p. 190.
3. Cf. Rachel et Samson, p. 111.

dans cette prise de possession du rôle, Samson était là pour faire revivre la tradition, pour empêcher les écarts de la fantaisie individuelle, et pour donner à son élève la science de la composition générale. Au lieu des tirades emphatiques de J. Janin, que la vérité préoccupe moins que l'effet, écoutons le jugement d'un homme du métier, de Coquelin aîné : « On pourrait, dit-il, dans la suite des rôles joués par Rachel, noter aux demi-succès ses brouilles avec M. Samson. Elle avait besoin de lui pour être toute Rachel. Son génie lui soufflait de beaux cris, des effets ; mais M. Samson lui donnait l'*ensemble* du rôle [1] ».

Sans doute, en scène, Rachel transformait les indications du professeur ; on ne distinguait rien de compassé dans son geste, rien d'appris dans ses intonations : Rachel était devenue la Muse inspirée. Mais Samson avait ouvert la voie, où cette belle intelligence marchait avec une maîtrise prodigieuse ; le talent du professeur soutenait le génie de l'élève.

Donc, en Rachel, le public applaudissait à la fois une admirable organisation dramatique, et tout un héritage de traditions scéniques, le legs d'un passé qui avait paru, à la mort de Talma, descendre dans la tombe. La tragédie vivait, à l'heure même où se consommait la décadence du théâtre romantique ; les esprits étaient gagnés à la cause de la réaction. Mais il fallait pour que cette réaction survécût à Rachel, qu'un poète vînt prouver, par des œuvres, que la forme dramatique de Corneille et de Racine pouvait s'adapter aux goûts mêmes de cette société, qui, à la

---

1. Préface de l'*Art théâtral*, de Samson.

voix de Rachel, s'était éprise de l'ancien idéal. Pour la renaissance du classicisme, l'actrice était déjà venue, et voilà qu'un poète, inconnu la veille, allait se révéler : ce poète fut Ponsard.

LIVRE II
La Vie et les Œuvres de Ponsard

CHAPITRE I

BIOGRAPHIE SOMMAIRE DE PONSARD (1814-1867)

I. — Son enfance et son adolescence à Vienne. — Ses études de droit à Paris. — Ses lectures. — Sa traduction de *Manfred*. — Ses premiers essais dans la *Revue de Vienne*.

II. — Le poète : son goût pour la campagne. — Ses retraites à Mont-Salomon.
Combien il est sensible à la critique, et combien ses ennemis furent acharnés contre lui.
Son élection à l'Académie Française (1855).

III. — L'homme : ses relations avec le pouvoir. — Sa vie intime ; ses besoins d'argent ; son oisiveté d'Aix-les-Bains ; son mariage ; ses dernières années. Quelques traits de son caractère.

I

Ponsard naquit à Vienne en Dauphiné, le 1ᵉʳ juin 1814 [1], comme en témoigne l'inscription placée sur

---

1. Extrait des registres de l'État-Civil de Vienne
« Du premier juin mil huit cent quatorze, à trois heures du soir, par

la maison qui fait l'angle de la rue des Boucheries et de la rue des Clercs. Sur une plaque de marbre noir, on lit : « Ici est né, le 1er juin 1814, François Ponsard, de l'Académie Française, décédé à Passy-Paris, le 7 juillet 1867 ».

Il appartenait à une famille de robe ; son père, Hercule Ponsard, était président du Conseil des avoués de Vienne, et sa mère, née Bruant, était aussi la fille d'un avoué de la même ville [2].

L'enfant avait le prénom de François, mais on prit l'habitude de l'appeler Francis, suivant une prononciation ordinaire dans la région. Il fréquenta les écoles mutuelles de Vienne, où les enfants de la bourgeoisie mêlés aux enfants du peuple, recevaient les premiers éléments d'instruction. Puis il suivit les cours du collège, et pour commenter César et Tite-Live, il avait non seulement les leçons de ses professeurs, mais surtout les trésors d'architecture

---

devant nous Jean-Baptiste-Abel Boissat, adjoint au maire de Vienne, faisant les fonctions d'officier public de l'Etat Civil, est comparu M. Jean-Marie-Hercule Ponssard (sic), avocat en cette ville, lequel nous a présenté un enfant du sexe masculin, né ce jourd'hui, à huit heures, de lui déclarant et de Françoise-Joséphine-Modeste Bruant, son épouse, auquel ils ont donné le prénom de François. La dite présentation faite en présence... etc. Ont signé : Ponsard, Charrier, Boissat ».

Extrait des registres de la paroisse de St-André-le-Bas, à Vienne

« Le 6 juin 1814 après l'enregistrement civil, a été baptisé Joseph-François, né le 1er juin, fils légitime de Monsieur Jean-Marie-Hercule Ponsard, avocat, et de dame Françoise-Joséphine-Modeste Bruyant (sic). Le parrain, monsieur Joseph-François Bruyant, avocat, grand-père de l'enfant ; la marraine, madame Anne Roussillon, épouse de monsieur Ponsard, notaire à Chavanoz, tous soussignés, ainsi que le père de l'enfant. Ont signé : Ponsard, Bruant fils, Bruant, Ponsard, née Roussillon, Sobrier, née Ponsard, Bardin, vicaire ».

2. Le grand-père du poète était notaire et habitait Pont-de-Chéruy (Isère); un frère d'Hercule Ponsard avait suivi la carrière des armes, et était entré dans les Gardes de Napoléon Ier. La famille, au dire des descendants actuels, était originaire de Savoie.

romaine, dont la Vienne industrielle s'enorgueillit aujourd'hui encore : le temple d'Auguste et de Livie, les ruines de la Bâtie, les débris d'aqueducs, d'amphithéâtre, enfin les mille vestiges d'un passé que le temps avait respectés, ou que des fouilles ramenaient incessamment à la lumière. Rome parla donc de bonne heure à l'âme du futur poète de *Lucrèce*, et l'esprit latin, fait de sobriété, de force et de majesté, façonna cette imagination, qui s'ouvrait au sentiment de la couleur et au spectacle de la vie. Le cadre pittoresque de ces collines qui surgissent de tous côtés et resserrent dans d'étroites vallées une ville bourdonnante d'activité, frappait sans doute les yeux du jeune collégien, mais celui-ci, sans voir les nuages de fumée qui montaient des usines, sans entendre le bruit des métiers à tisser, retrouvait dans son souvenir la Vienne d'autrefois dont il se plaisait à évoquer la vision :

Au pied de sept coteaux, aux bords d'un large fleuve,
Une antique cité, sous une cité neuve,
    Dort à vingt pieds de profondeur ;
Des remparts démolis, des routes colossales,
Des escaliers géants, des arches triomphales
    Attestent sa vieille grandeur [1].

L'été, sa famille allait s'installer sur les hauteurs de Mont-Salomon, et là, dans une maisonnette modeste, jouissait du calme de la campagne, aux portes mêmes de la ville.

En 1829, Ponsard vint faire sa rhétorique au lycée de Lyon ; l'année suivante, il étudia la philosophie,

---

[1]. Ponsard : *Œuvres compl.*, t. III, p. 306.

sous la direction de l'abbé Noirot. Ponsard, dans cette classe, remporta le prix d'honneur.

Ses succès d'élève étaient d'un heureux présage pour l'avenir; si bien que son père n'hésita pas à l'envoyer faire à Paris ses études de droit (1832). Ponsard se mit au travail avec ardeur; il écrit à son père (1835) : « j'assiste assidûment aux cours du Code de Commerce, à deux cours de Code Civil (2ᵉ et 3ᵉ année), et quelquefois à trois (1ʳᵉ année). De plus, je fais quelques visites à un cours de droit romain [1] ». Il suit les plaidoiries des avocats en renom ; il cherche à s'introduire dans une conférence d'avocats, s'abonne à des cabinets littéraires, où il trouve à sa disposition des livres de droit, enfin ne ménage pas son indolence naturelle.

Ponsard, reçu licencié en droit, se fit inscrire au barreau de Vienne, le 4 janvier 1836, et commença son stage d'avocat; mais déjà il était l'élu de la Muse.

C'est la nature qui avait révélé à Ponsard son talent de poète. Loin de sa famille, dans l'exil de Paris, il laissait sa pensée revenir aux paysages aimés de son enfance, et il chantait Mont-Salomon :

Ce champ, premier théâtre, où mon âme saisie,
Devant l'immensité comprit la poésie.
Où j'écoutais en moi d'ineffables concerts,
Hymnes aux sons confus, hymnes de mes pensées,
Qu'accompagnait la voix des feuilles balancées,
    Et celle du vent dans les airs [2].

De Mont-Salomon, la vue s'étend sur les coteaux

---

[1] Cf. *Ponsard inconnu*, par Savigné, p. 12.
[2] Poésie intitulée : « A ma mère », 22 décembre 1834. — Inédit.

voisins, qui emprisonnent une vallée douce et verdoyante; l'œil n'aperçoit qu'un horizon paisible, où les prés, les champs et les bois mêlent leurs couleurs et leurs harmonies. Le spectacle n'a rien de grandiose: à l'est, on ne peut que deviner dans les lointains de l'espace la ligne des Alpes; à l'ouest, les flots bleus du Rhône sont cachés par un renflement de terrain, qui prolonge la nudité d'un plateau morne et sans caractère. Dans une lettre à Lamartine, Ponsard fait une description exacte de sa maisonnette: « oui, c'est une chaumière. Les murs sont en pisé; le jardin est coupé par des *allées étroites qui bordent des carrés de légume*; mais la maison est proprette, le jardin est exposé au midi; nous avons, à quelques pas de là, des points de vue splendides [1] ».

Sa mère était toute affection et tout dévouement; en elle, la sincérité du sentiment corrigeait la simplicité des manières et de l'intelligence. Aussi les amis de Ponsard ont-ils parlé avec respect de cette mère, « vrai type de la mère du poète », selon l'expression de Lamartine; « elle aimait, dit J. Janin, elle admirait son fils avec une passion généreuse et superbe, qui ne s'est jamais démentie; elle croyait en lui, comme il croyait en elle [2] ».

Il faut donc faire justice de cette légende, inventée par des ennemis de Ponsard, d'après laquelle le jeune homme aurait trouvé auprès des siens une vive résistance à ses goûts pour la poésie. Son père, il est vrai, regretta de ne pouvoir lui céder sa charge d'avoué; quand il comprit que la vocation de son fils

---

1. *Lettres à Lamartine*, p. 267.
2. Cf. *l'Indépendance Belge*, 1853, (au lendemain de la mort de la mère du poète).

était irrésistible. il se fit nommer juge de paix; envoyé à Condrieu, village situé un peu au sud de Vienne, sur la rive droite du Rhône, il suivit avec inquiétude les phases de la fortune de *Lucrèce*, et il confia les alarmes de sa tendresse paternelle à J. Janin: « Votre fils, lui répondait celui-ci, a la vocation. il a le feu intérieur, il a la chose intime, et cette verve qui pousse les poètes. N'y comptez plus pour se battre avec les avocats du barreau de Vienne; n'y comptez plus pour mener la vie obscure de votre province; je dis plus, hélas! n'y comptez plus pour le bonheur intime de la famille, pour les douces joies du foyer domestique; mais pour le bruit qui se fait autour des intelligences avancées, pour l'éclat que donne la poésie, pour la fortune qui se trouve au théâtre, pour la renommée et même pour la gloire de votre nom, comptez-y [1] ». Cependant, J. Janin ne cachait pas au père quelles luttes attendaient son fils; mais « silence, ajoutait-il: ne dites pas tout cela à sa mère, la pauvre femme aurait trop peur ». Le père de Ponsard n'a donc pas prononcé la menace classique: *Tu mourras à l'hôpital*; au contraire, les essais poétiques de son fils furent encouragés, surtout par son oncle Bruant, et par son oncle Ponsard, maire de la Balme (Isère), qui paraît avoir été son confident littéraire. Voilà à quel foyer de chaude confiance s'alluma cette flamme, qui allait jeter un si vif rayonnement.

Après la nature et la famille, les livres furent les inspirateurs de l'adolescent, car Vienne, sans posséder une bibliothèque particulièrement riche, avait de son

---

1. *Lettre inédite* — 14 mars 1843.

passé conservé quelques trésors littéraires ; une société de lecture y avait même été fondée en 1836.

L'écrivain qui fit le plus d'impression sur l'esprit du jeune Ponsard fut Voltaire : c'est à l'école de Voltaire que Ponsard apprit l'histoire et même la philosophie ; dans l'*Honneur et l'Argent*, le nom de Voltaire revient plusieurs fois ; dans cette comédie, le disciple de Voltaire triomphe, et le bourgeois est vaincu : Voltaire est ainsi le dernier mot d'une œuvre consacrée à la réhabilitation de la probité, du désintéressement et de tous les sentiments généreux. Dans une circonstance solennelle, le jour de sa réception à l'Académie, Ponsard, qui n'avait pas même l'excuse d'être assis sur le même fauteuil que Voltaire, rend un hommage enthousiaste à celui qu'il appelle « le plus illustre représentant du XVIIIe siècle » : « le nom de Voltaire, dit-il, proclame la toute-puissance de la conviction, servie par le génie, conviction noble et généreuse, malgré ses aveuglements et ses injustices, à laquelle il dévoua sa vie, qu'il fit partager à tout son siècle, et qui amena le triomphe définitif, quoique discuté encore, de la tolérance, de l'égalité des droits et du libre examen [1] ». En même temps que la philosophie du patriarche de Ferney inspirait à Ponsard le culte des principes conquis en 1789, les tragédies de Voltaire, dont il s'était pénétré, exerceront sur son goût une influence capitale.

Corneille, Racine et Molière tinrent une grande

---

[1]. *Disc. de réception à l'Académie*, p. 8 — Cette profession de foi valut au nouvel académicien une remarque très juste de Nisard, qui le recevait au nom de ses collègues : « Pourquoi faut-il que cet hommage ait le caractère d'une protestation ? Quand donc pourrons-nous louer les grands écrivains du XVIIIe siècle, sans avoir l'air de les défendre ? Œuv. compl. de Ponsard I, p. 31.

place dans l'éducation du jeune poète: avec quel respect et quelle sûreté de critique il dira plus tard les beautés de nos deux grands tragiques et de notre incomparable poète comique.

Il lisait aussi les auteurs latins et grecs: il se plaît à Virgile, « un de nos amis, dit-il, que nous avons eu le malheur de perdre il y a 1800 ans [1] »; c'est dans Tite-Live qu'il puisa le sujet de *Lucrèce*. A la même époque, il s'exerçait à traduire Homère, sur lequel il publiera un poème en 1852; vers 1850, il s'efforçait de faire passer dans sa petite comédie d'*Horace et Lydie* la délicatesse et la grâce de l'élégie latine; découragé par le demi-échec de *Charlotte Corday*, il était revenu avec *Ulysse* puiser à la source grecque; Ponsard, dans une lettre d'élève, glisse cet aveu: « Oh! en grec, ce n'est pas là mon fort [2] »; cependant, à voir avec quelle chaleur il célèbre la Grèce, on sent chez Ponsard une fidélité à toute épreuve, un enthousiasme qui n'a rien de factice: « Ah! ce pays grec est un pays divin; les arts s'y sont épanouis dans l'idéal sans quitter le naturel, aspirant à la fois le beau et le vrai, comme une fleur qui par ses racines puise les sucs nourriciers de la terre, et par sa corolle s'enivre de lumière et d'air [3] ».

Cette admiration intelligente des œuvres du passé ne rendit pas Ponsard insensible aux qualités de la jeune école qui, entre 1820 et 1830, renouvela la poésie française. Lui aussi brûla de la fièvre du romantisme; il avait gardé dans toute sa fraîcheur le

---

1. Cf.: *Revue de Vienne*, t. III, p. 168.
2. *Ponsard inconnu*, p. 9.
3. Préface des *Études antiques*, p. 35.

souvenir de l'éblouissement que lui avait causé l'aurore romantique : « Je me rappelle, dit-il en 1852, l'effet que produisait le nom de Dumas sur nous autres collégiens ou étudiants, qui sentions s'épanouir en nous le besoin d'admirer : nous étions enthousiastes et nous ne mettions pas notre orgueil à comprimer nos élans et à considérer le côté pratique des choses [1] ». Jamais il ne renia les dieux de l'art qui avaient ainsi enchanté sa jeunesse : « Songez, écrivait-il à Bocage, en 1845, que Lamartine a été ma première adoration, quand je n'avais que quinze ans, avant toute adoration, même féminine [2] ».

Comme vers 1830, l'admiration des romantiques n'allait pas sans le goût très vif des écrivains anglais ou allemands, Ponsard, pendant qu'il étudiait le droit à Paris, prit des leçons d'anglais, pour lesquelles il économisait sur l'argent qu'il avait à dépenser chaque mois. De ce contact avec la langue et la littérature anglaise, Ponsard rapporta sa traduction de *Manfred*, parue en 1837 chez Gosselin [3].

Ponsard ne lut pas seulement Byron ; il avait encore fréquenté l'œuvre de Shakespeare ; et, en 1840, il réclame pour le poète anglais, une place à côté de Racine : « Shakespeare, dit-il, a des scènes où l'amour ne se tenant pas toujours sur les hauteurs de l'abstraction, comme les dialogues de Racine, ne craint pas de descendre dans les petits détails de la causerie » ;

---

1. (Œuv. compl., III, 39).
2. *Lettre inédite.*
3. Rarement cette traduction s'élève au dessus du médiocre ; les vers gauches et prosaïques, les tours incorrects et inintelligibles y abondent ; elle n'a que le mérite de l'exactitude ; Ch. Magnin y découvrait, avec trop d'indulgence, « plusieurs des qualités qu'il retrouva dans *Lucrèce* » : Cf. Rev. des Deux-Mondes, 1ᵉʳ juin 1843.

et il trouve dans ces détails « un babil moins noble, si l'on veut, que les peintures triées par le goût délicat du poète français, mais plus attendrissant, parce qu'il se rapproche plus de la nature [1] ». Joignant l'exemple à la théorie, Ponsard traduit de Shakespeare les adieux de Roméo et de Juliette: l'expression a de la vigueur, et l'image de l'éclat; on pressent déjà les grandes scènes de Ponsard.

Voilà quelle fut l'éducation littéraire de ce jeune homme, dont les circonstances avaient fait un avocat. Admis au tableau des avocats de Vienne, le 10 janvier 1839, la pratique du droit et de la jurisprudence ne l'absorbait pas, au point de lui faire négliger ses chers poètes. Lui-même de bonne heure s'était exercé à l'art des vers; en 1829, du Lycée de Lyon, il adressait des vers à son oncle Bruant; les lettres, qu'il envoyait de Paris à sa famille, contiennent souvent des poésies [2]. L'échec de *Manfred* le blessa dans son amour-propre, et en 1837, il exhalait ses plaintes avec mélancolie:

> O Sainte Poésie, ô ma divinité,
> Je ne montrerai plus ta chaste nudité,
> Je garderai pour moi désormais ton idole,
> Sans l'exposer aux yeux de la foule frivole.
> Si j'avais eu ma force égale à mon désir,
> A ton culte j'aurais consacré mon loisir.
> J'aurais voulu te mettre, idole bien-aimée,
> Plus haut que tout nuage et que toute fumée;
> Mais plutôt que de voir un ignorant mépris,
> J'aime mieux te briser et cacher tes débris [3].

---

1. *Revue de Vienne*, t. III, p. 60.
2. M. Savigné, dans P. int., a publié plusieurs de ces poésies de jeunesse, presque toutes insignifiantes.
3. *Revue de Vienne*, I, p. 67.

Mais un poète fut-il jamais de bonne foi, quand il fit le serment de ne plus écrire des vers? L'inexpérience de la vie, les désirs de sa famille, et l'ignorance de son véritable talent avaient pu conduire Ponsard à l'étude du droit; mais comme il le disait lui-même: « celui qui a réellement une vocation dans l'âme ne va pas loin sans voir qu'il s'égare, sans éprouver comme un tiraillement vers un autre point; et alors, comme l'aiguille aimantée qu'on ne contrarie plus, il revient rapidement à sa véritable direction [1] ». L'allusion n'est-elle pas transparente? Sa profession d'avocat ne répondait ni à ses goûts, ni à ses ambitions. Cependant, à Vienne, Ponsard n'eut pas à supporter un de ces échecs de débutant, qui font prendre en haine une profession; au contraire, en tant qu'avocat, il jouissait d'une certaine notoriété [2]. Mais sur les hauteurs de Mont-Salomon, il avait respiré l'air de la poésie, et dans son imagination chantait la musique des rimes.

A ce moment-là, deux Viennois, A. Feytaud et J. Timon fondaient la *Revue de Vienne*, à laquelle ils donnaient comme sous-titre : « Esquisses morales, littéraires, statistiques et industrielles ». C'était une tentative hardie de décentralisation : dans cette résurrection de la vie locale, les questions commerciales et industrielles étaient au premier plan; l'histoire et l'archéologie devaient y tenir une place importante; enfin la Revue ouvrait ses colonnes aux vers des jeunes poètes viennois.

Pendant les 3 ans que vécut la *Revue de Vienne*,

---

1. H. r. II. p. 68.
2. Cf. P. Blanc, *Ponsard, biographie*, p. 30.

Ponsard fut un de ses plus assidus collaborateurs. On le voit s'exercer dans les genres les plus divers : tantôt il prend le ton du moraliste, rappelle à un découragé la loi de l'effort, même pour la tâche obscure ; tantôt il discrédite les procédés de la jeune école et fait l'apologie de la simplicité ; tantôt, en des Eglogues, il s'essaye à moduler un chant pastoral, à la façon de Théocrite ; ou bien, il étale avec indiscrétion son érudition mythologique ; ou bien, il développe les légendes du pays, s'amuse à des badinages d'imagination, enfin demande aux Contes des *Mille et une Nuits* le secret de cet orient, dont il reproduit le charme subtil, la grâce étudiée et la naïve perversité. C'est un auteur qui cherche sa voie, qui n'a pas encore débrouillé l'échevau confus des sentiments et des idées qui lui viennent des livres, et qui n'a pas encore dégagé son originalité. Quelques-uns des traits définitifs de sa physionomie d'écrivain apparaissent déjà : son inaptitude à manier la plaisanterie, comme aussi à cacher sous des inventions agréables le tissu léger de la fantaisie, sa haine du faux et du maniéré, enfin la belle santé morale de cet âme éprise d'honnêteté. Néanmoins, ce serait se tromper que de prétendre y découvrir les germes du talent qui allait éclore avec *Lucrèce* ; Ponsard lui-même n'aimait pas qu'on lui rappelât ses articles de jeunesse : « quand on parle à Ponsard des premiers efforts de sa Muse naissante, il brise la conversation, ou bien il s'en va [1]. Parmi tous ces essais, le théâtre restait la préoccupation favorite de Ponsard. Déjà, pendant qu'il terminait ses études à Lyon, il profitait de ses sorties

---

1. J. Janin : *Lettre inédite*, 15 mars 1855.

du jeudi et du dimanche pour se faire conduire au théâtre; à Paris, il fréquenta les *Variétés*, le *Palais-Royal* et le *Théâtre Français*. Il avait même écrit un proverbe dans la *Revue* : « La clé d'or n'ouvre pas toutes les portes [1] »; mais autour de ce thème poétique, Ponsard n'avait groupé que des personnages d'une fantaisie banale et fade : le pied d'alouette, la rose, la violette, la pensée, la marguerite, le vergissmein nicht, etc., et c'est vainement que l'on y chercherait une action. En 1840, il suivit à Lyon les représentations de Rachel, et communiquait ses impressions aux lecteurs de la *Revue de Vienne* [2] : après avoir parlé de la sobriété des gestes et de la simplicité du débit de la grande actrice, il ajoutait : « Mlle Rachel a remis en honneur dans la province les chefs-d'œuvre du répertoire classique ». Ces inoubliables soirées, dans lesquelles tout le Lyon littéraire et artistique s'unit dans une même admiration, décidèrent peut-être de l'avenir dramatique de Ponsard : Rachel ralluma au cœur du jeune homme cet enthousiasme poétique, que l'indifférence du public pour *Manfred* semblait avoir éteint; aussitôt Ponsard osait concevoir une œuvre de longue haleine, il écrivit *Lucrèce*.

Désormais l'histoire de Ponsard se confond avec celle de ses œuvres; cependant, pour accomplir notre tâche de biographe, il nous reste à signaler plusieurs points, qui jusqu'ici n'ont pas été suffisamment éclaircis, et qui aident à se faire une idée vraie du poète.

1. T. III, p. 155.
2. T. III, p. 60; De Mlle Rachel, de Corneille, de Racine, de Shakespeare.

II

Ponsard ne s'attarda pas, après *Lucrèce*, à savourer sa gloire dans les salons de Paris: « eh bien ! mon cher Bocage, écrivait-il, voilà qui est fait, Paris est à cent lieues. Je suis viennois, tout ce qu'il y a de plus viennois. Est-ce que je suis allé à Paris? j'ai retrouvé tout à la même place où je l'avais laissé. Ma mère criait au sacrilège, quand on touchait à un de mes livres ou de mes papiers. Les voilà, et je vais revivre avec eux. Je veux m'enterrer dans cette solitude jusqu'en octobre [1] ».

En effet, Ponsard ne travaillait que sous les ombrages de Mont-Salomon. A Paris, il ne savait pas se défendre contre les invitations dont on l'accablait ; resté provincial et petit bourgeois, il était extrêmement flatté de se voir recherché par la société aristocratique. Il n'avait pas encore assez l'orgueil de sa gloire neuve, pour penser qu'à ces fêtes il donnait plus qu'il ne recevait, et qu'il sacrifiait à des indifférents les heures que l'inspiration féconde eût pu remplir. Il mettra du temps à se désabuser, et ce n'est qu'en 1853 qu'il s'élèvera contre la vie frivole des salons, où

> L'on gaspille le temps d'une œuvre sérieuse
> Dans une oisiveté rude et laborieuse [2].

Le travail ne lui réussissait qu'en face de la nature ; à Mont-Salomon pour se reposer, il avait les

---

1. *Lettre inédite.*
2. *Honneur et Argent*, I, 2. — Cependant, deux femmes distinguées, la comtesse d'Agoult et la duchesse Decazes l'entourèrent d'une amitié très active.

simples distractions que la campagne donne à ceux qui l'aiment : les rêveries, les promenades, les exercices rustiques et sains, comme le jeu de boules ou la chasse [1]. Cette vie calme, propice à engourdir l'esprit, entretenait peut-être l'indolence naturelle du poète ; mais le travail hâtif ne lui convenait pas, et la duchesse Decazes avait tort de le rappeler vers Paris : « Je crains, lui écrit-elle, que les promenades, les bois, les prairies, le beau temps, favorisent la paresse. Plus tard, la pluie, les feuilles des arbres tombées donnent le spleen ; l'année passera et rien ne sera fait [2] ».

L'auteur de *Lucrèce* n'était pas seulement une gloire locale [3] ; le 25 septembre 1844, la Comédie-Française faisait auprès de lui une démarche, par l'intermédiaire de son comité d'administration, et lui exprimait son vif désir de jouer la tragédie que Ponsard préparait : « nous n'avons pas besoin de vous dire que toutes les ressources de la comédie seraient, selon votre convenance, mises à votre disposition, pour monter votre pièce et obtenir le meilleur résultat [4] ». Nous verrons pour quels motifs ces avances ne furent pas accueillies, et pourquoi *Agnès de Méranie* parut, comme sa sœur aînée, sur la scène de l'Odéon. En attendant, l'Académie Fran-

---

1. Lorsque Ponsard partait, le fusil sur l'épaule, il avait dans sa poche un petit carnet, sur lequel, au coin d'un bois, il griffonnait un vers. C'est dans une de ses courses à travers champs, dans les plaines qui avoisinent le village d'Estrablin, vers le soir, quand le soleil disparait à l'horizon et que les faneuses reviennent des prés, que Ponsard s'arrêta pour écrire le monologue de *Charlotte Corday* : II, 2.
2. Lettre inédite.
3. Voir dans P. inc., p. 26, la lettre que le maire de Vienne, A. Ducas, lui écrivait, au nom de ses compatriotes, à l'occasion de *Lucrèce*.
4. *Archives de la Comédie-Française*.

çaise lui décernait le prix de 10,000 francs; et le 26 avril 1845, un décret, signé Ach. Fould, le nommait Chevalier de la Légion d'honneur.

Les petits journaux n'avaient pas attendu cette distinction pour attaquer Ponsard. Celui-ci était très sensible aux critiques. Exempt pour sa part de cette envie dénigrante, qui conteste jusqu'aux véritables beautés d'un écrivain, il ne comprenait pas qu'on apportât des réserves à l'admiration : « dès qu'une beauté éclate, dit-il, mille défauts disparaissent, et c'est alors qu'on peut se livrer avec abandon, sans scrupule, sans timidité, au plaisir de louer ce qui est digne d'éloges [1] ». Or *Lucrèce* avait excité trop d'enthousiasme, pour qu'on ne dût pas compter sur un revirement de l'opinion; le 17 mai 1844, Ponsard constate le fait dans une lettre à Bocage : « il faut que je sois tombé bien bas dans l'opinion pour que j'aie pu mériter la pitié de Lucas. Avez-vous vu comme il sourit en protecteur, et comme il m'accorde une certaine honnêteté d'idées. Il n'aurait pas osé dire ces belles choses, l'année passée. Mais à présent tout est permis. Ceci vous donne la mesure de ce qui m'attend pour la seconde épreuve. Chaque Lucas haussera les épaules, en disant : je l'avais bien bien prévu [2] ». L'échec d'*Agnès* vint donner raison aux adversaires de Ponsard : par leurs sarcasmes, ils obtinrent ce résultat de décourager le poète : « à force d'entendre dire autour de soi qu'on est un crétin, il faut bien finir par le croire », gémit Ponsard.

Jamais écrivain ne vit se lever contre lui une

1. *Œuv. compl.* III. 351.
2. *Lettre inédite.*

pareille masse de folliculaires ; jamais critique ne fut plus systématiquement violente que celle qui poursuivit Ponsard. Les demi-succès, comme *Charlotte Corday* ; les échecs, comme *Ulysse*, entretenaient cette hostilité, et nous verrons les parodies et les critiques dont chacune de ses pièces fut l'occasion. Mais les ennemis ne désarmaient même pas devant les triomphes du poète, et jusqu'au dernier jour, Ponsard douta de lui-même; en 1855, le pamphlétaire Mirecourt maltraita Ponsard, avec le sans-gêne dont il avait déjà donné tant d'exemples: sa brochure est spirituelle, mais fausse et méchante; un ami du poète voulut prendre sa défense ; ayant sollicité quelques renseignements auprès de J. Janin, celui-ci lui répondit: « vous tenez donc toujours à protester contre le vil pamphlétaire qui insulte Ponsard, et vous ne voulez donc pas voir que vous faites à ce misérable plus d'honneur qu'il n'en mérite. Il y a tant de force et d'autorité dans le silence du mépris ! ».

Tant que Mme d'Agoult et la duchesse Decazes remplirent cette mission, bien féminine, de panser les blessures reçues par le poète dans la mêlée littéraire; surtout tant que l'ami de Ponsard, Ch. Reynaud, fut là, pour faire entendre, au milieu des découragements, la voix de la confiance, Ponsard eut l'énergie de combattre; mais, laissé à ses propres forces, il s'affaissa sous le poids des critiques : « le succès de *l'Honneur et l'Argent*, écrivait-il à Mme d'Agoult, est arrivé un peu tard; quatre ou cinq ans plus tôt, il aurait entretenu en moi une ardeur infinie, tandis qu'il m'a trouvé très refroidi et n'a pas pu me rallu-

---

1. *Lettre inédite*, 5 mars 1855.

mer[1] ». Le pauvre poëte moqué en vint à regretter son obscurité d'autrefois: inconnu, il avait été applaudi; vainqueur, on le méconnaissait: « les plus grands succès, disait-il, ont été remportés par des auteurs d'abord inconnus ». Les aboiements des petits journaux se mêlèrent aux applaudissements mêmes qui saluaient le *Lion amoureux*; seule, sa dernière bataille, *Galilée*, fut entourée d'un murmure universel de sympathie: l'opinion eut pitié de cette grande détresse d'un poëte, vaincu par la souffrance, et dont les forces suprêmes avaient été données à la Muse et à l'Art. Mais les critiques n'avaient désarmé que pour un temps, et, au lendemain de sa mort, courait le distique fameux, composé sur lui par Edm. Texier et par Autran — le futur successeur de Ponsard à l'Académie:

> Il était à la fois de Pontoise et de Rome,
> Il balança Corneille et surpassa Prudhomme[2].

Enfin Ponsard eut sa revanche; le jour de l'inauguration de sa statue, à Vienne, le 15 mai 1870, E. Augier, de sa voix autorisée, rendit un bel hommage à son illustre ami:

> Que le dénigrement ait tourmenté ta vie,
> Que l'on t'ait contesté ton rang parmi les forts,
> Qu'importent maintenant les fureurs de l'envie?
> Il n'est pas d'insulteur au triomphe des morts.

D'ailleurs les grands écrivains du siècle n'avaient

---

1. Lettre citée par M⁰ᵉ d'Agoult, dans la notice qu'elle a mise en tête des Œuvres compl. de Ponsard, t. I, p. XVIII, en note.
2. *Figaro*, 26 mai 1869.

pas attendu ce moment pour lui rendre justice: Lamartine, G. Sand, Sainte-Beuve, Vigny, V. Hugo, l'avaient admis dans leurs rangs [1].

Contre ses adversaires, Ponsard crut que le meilleur rempart serait l'Académie Française : « c'est l'Académie seule, dira-t-il plus tard à ses confrères, qui peut donner cette confiance en soi-même où l'on puise le courage d'entreprendre de longs travaux et la force de braver la malveillance... on a besoin d'être soutenu, et le génie même deviendrait incrédule à sa vocation, s'il ne rencontrait autour de lui que l'incrédulité [2] ». Après *Lucrèce*, les romantiques moqueurs montraient à Ponsard les portes de l'Académie s'ouvrant déjà devant lui ; mais le temps n'était plus où une seule tragédie faisait de son auteur un *immortel*. L'Académie se borna à couronner *Lucrèce*, et attendit qu'un nouveau succès désignât Ponsard à ses suffrages. Mais celui-ci ne devait retrouver les applaudissements du parterre qu'avec l'*Honneur et l'Argent* (1853). Ce

---

1. Sur l'amitié qui unit Ponsard à Lamartine, voir la *Revue d'Hist. littér.*, 15 janvier 1898. — M. Savigné, dans *P. in...*, p. 27, a publié deux billets très aimables adressés par G. Sand à Ponsard. — Il n'y a qu'à feuilleter les *Chroniques parisiennes* pour être édifié sur l'estime en laquelle Sainte-Beuve tenait l'auteur de *Lucrèce*. — V. Hugo et Ponsard se réconcilièrent après *Charlotte Corday*, dont V. Hugo disait : « c'est une œuvre forte et vivante. Le souffle révolutionnaire y est mêlé au souffle humain. Vous avez su joindre un drame pathétique à l'épopée formidable que donne l'histoire. Et le style est excellent » *(lettre inédite)*. — Vigny invite Ponsard à venir « causer seul à seul avec lui de ces mystères sacrés de la poésie », et le félicite d'être « un de ceux qui veulent soutenir dans les hautes régions de la pensée l'esprit troublé de la nation » *(lettre inédite)*. — Si l'on publie un jour des *Lettres à Ponsard*, on sera surpris de voir les plus grandes intelligences de de notre siècle, dans les lettres, dans les arts, ou dans la politique, goûtant les œuvres de Ponsard, et lui faisant parvenir des témoignages sincères d'admiration. Nous en citons nous-même quelques-unes, au cours de cette étude.

2. *Disc. de réception*, p. II.

triomphe mit en bonne posture Ponsard, qui avait déjà échoué en 1851, bien qu'il fût patronné par Madame d'Agoult et la duchesse Decazes; mais le poète traversait alors cette « crise » dont nous parlerons bientôt, et il négligea ses intérêts académiques comme les autres ; de Florence, il écrit à J. Janin, le 20 mai 1854: « il paraît qu'il y a eu des élections à l'Académie. J'ai écrit à Villemain, pour dire que je me présentais ; ma lettre est arrivée le lendemain des élections. Cependant Dupanloup et de Sacy avaient, paraît-il, toutes les chances ; ce qui me le fait supposer plus encore, c'est que vous ne vous y êtes pas présenté[1] »: Enfin Ponsard, soutenu par l'opinion publique, par bon nombre d'académiciens, entre autres, Cousin, Thiers, Flourens, Mérimée, Sainte-Beuve, de Ségur, et aussi par le gouvernement, dont il n'avait pourtant pas demandé l'appui, fut élu académicien le 22 mars 1855[2]. La réception de Ponsard, retardée par celles de Sacy, du duc de Broglie et de Legouvé, n'eut lieu que le 4 décembre 1856. Ponsard avait lu, sans beaucoup d'intérêt d'ailleurs, l'œuvre de son prédécesseur Baour-Lormian, dont il parla avec une indulgence de bon ton ; mais surtout il profita de l'occasion pour écrire un manifeste littéraire, plein de franchise, de bon sens et de modération. Sainte-Beuve, jugeant ce discours, s'exprimait ainsi: « M. Ponsard a prouvé une fois de plus dans ce discours académique, que là, comme au

1. *Lettre inédite.*
2. Il succédait à Baour-Lormian; ce fauteuil avait été occupé depuis l'origine par : Faret, Du Ryer, le cardinal d'Estrées, le maréchal d'Estrées, la Trémouille, le cardinal de Rohan-Soubise, Montazet (l'archevêque de Lyon), le comte de Boufflers, et Baour-Lormian. — Sur 28 votants, Ponsard obtint 16 voix ; 7 furent données à Liadières et 5 à Angier.

théâtre, il y a des cordes qu'il sait faire vibrer, et que, sans trop d'art ni de raffinement, sans trop demander à l'expression, et en disant directement les choses comme il les pense et comme il les sent, son talent a en soi une force qui vient de l'âme et qui parle aux âmes. Son succès sur l'auditoire a été complet [1] ».

III

Avant que sa réputation d'écrivain fût consacrée par le titre d'Académicien, Ponsard avait eu l'intention d'entrer dans la vie politique; en 1848, il posa sa candidature à l'Assemblée nationale. Le Comité central de Paris et le gouvernement provisoire l'appuyèrent auprès des comités du département de l'Isère, et Lamartine, dans une lettre éloquente, le présentait aux électeurs. La profession de foi de Ponsard, nettement républicaine, contenait certaines revendications avancées, qui lui aliénèrent une partie des voix modérées, sans pourtant lui rallier les suffrages de la population ouvrière: il ne fut pas élu. En 1849, il sollicita de nouveau les votes de ses concitoyens, mais sans plus de succès: ces échecs le ramenèrent à la poésie. En 1857, il fut choisi par l'opposition pour lutter contre le candidat gouvernemental: « les ouvriers en masse, disait-il, voteront pour moi »; cette fois encore, Ponsard fut battu.

Il fut un de ceux qui assistèrent au coup d'État en témoins indignés; il se tint d'abord à l'écart du nouveau régime, comme il l'avait fait sous Louis-Philippe,

---

1. *Causeries du Lundi*, t. XV.

pendant le règne duquel il n'avait jamais voulu demander une pension qu'on lui avait offerte. Mais tout en conservant son indépendance, il n'affecta pas une hostilité que les avances des Tuileries auraient été impuissantes à fléchir. En effet, le prince Jérôme, nommé président du Sénat, lui offrit le poste de bibliothécaire du Sénat, c'est-à-dire 6.000 francs d'appointements, et le logement dans le palais. Ponsard accepta, 13 mars 1852; le 17 avril, le *Courrier de l'Isère* publiait cette note: « on assure que M. Ponsard vient de donner sa démission de bibliothécaire du Sénat ». La nouvelle était vraie : Ponsard, instruit de certaines calomnies qui attribuaient sa nomination à l'influence d'une actrice, toute puissante au Luxembourg, donna sa démission. En 1853, quand le succès de l'*Honneur et l'Argent* signala Ponsard aux libéralités du pouvoir, le poëte, fidèle à ses principes, alla vers l'honneur et non vers l'argent : il accepta la croix d'officier (12 avril 1853), mais ne voulut pas les 10.000 francs qu'on lui offrait. Mais bientôt le poëte se laissait gagner par la faveur impériale; en 1856, l'Empereur l'ayant félicité par une lettre du succès de la *Bourse*, Ponsard lui répondit en lui envoyant un exemplaire de sa comédie, il fut de nouveau question du titre de bibliothécaire du Luxembourg; Ponsard, qui avait besoin d'argent, ne sut pas refuser franchement. A l'époque de la guerre d'Italie, Napoléon III emmena Augier qu'il avait attaché à sa maison civile; Ponsard de son côté désirait un poste : « la position faite à Augier ne me plaît pas, écrivait-il [1], elle m'a paru se rapprocher

---

1. *Lettre inédite.*

beaucoup trop de celle de chambellan ». Nul doute
que, dès cette époque, l'Empereur ne l'eût attaché à
sa personne, s'il avait su ménager les dernières pro-
testations de sa conscience. En 1863, Ponsard fut
invité aux fêtes de Compiègne, et nous verrons plus
loin qu'il contribua aux divertissements de la Cour
par une charade en vers; au retour, il écrivait:
« mon voyage a on ne peut mieux réussi, et me
voilà tout à fait dans les bonnes grâces de mes
hôtes [1] ». Le régime impérial crut trouver, dans le
talent honnête de Ponsard, un auxiliaire pour sa lutte
contre tous les éléments du désordre. L'Empereur
leva l'interdit qui pesait depuis quinze ans sur *Lucrèce*;
le 2 mai 1866, un décret, signé du maréchal Vaillant,
nommait Ponsard commandeur de la Légion d'honneur; *Galilée*, dont le parti dévot retardait les représentations, ne fut joué que sur l'intervention de
Napoléon lui-même.

Mais il nous faut revenir en arrière: la vie du
poète, si radieuse quand se leva l'aurore de *Lucrèce*,
s'était obscurcie, et, en 1853, il traversa une crise
qui faillit compromettre à jamais ses destinées
littéraires. Si pénible que soit la tâche de projeter
la lumière sur les côtés sombres de cette existence,
nous n'hésitons pas à le faire, car la réputation du
poète n'a rien à craindre de ces indiscrétions: Ponsard
a commis des fautes, mais il en a souffert le premier,
et, au milieu des désordres, il n'a jamais failli au
culte de l'honneur.

D'abord il fit des dettes: disons à son excuse qu'il
n'était pas riche; ensuite que ses œuvres, sauf

---

1. *Lettre inédite.*

l'*Honneur et l'Argent*, ne lui rapportèrent que des profits médiocres, enfin qu'il n'eut jamais cet esprit bourgeois de calcul et d'économie. Le modeste patrimoine de son père fut absorbé par les dépenses quotidiennes du ménage de Mont-Salomon, et surtout par la nécessité où il fut de bonne heure de tenir un rang à Paris. Au théâtre, il ne s'enrichit pas: il prenait peu de soin de ses intérêts pécuniaires, car les traités et les conventions répugnaient à sa nature franche et naturellement indolente. Lors de *Lucrèce*, il remit à Bocage pleins pouvoirs pour s'entendre avec Lireux. Quand *Agnès* fut montée, Bocage était directeur de l'Odéon, et Ponsard, qui avait pourtant la modestie de ne pas se poser aux yeux des autres en désintéressé, écrivait à son ami: « Nous causerons intérêt après les représentations, et je vous continuerai alors vos fonctions de plénipotentiaire entre le sieur Ponsard et le sieur Bocage [1] ». Dans la carrière dramatique de Ponsard, pour trouver un véritable succès pécuniaire, il faut arriver jusqu'à l'*Honneur et l'Argent*. Cette comédie, grâce à une combinaison, qui fut imposée par Altaroche, directeur de l'Odéon, rapporta au poète d'énormes bénéfices, le directeur, par crainte d'un échec, ayant stipulé que l'on prélèverait sur les recettes de chaque jour les frais de représentation et le droit des pauvres, et que le surplus serait partagé entre le directeur et l'auteur ; mais Ponsard, grisé par cet argent qui lui remplissait les mains, manœuvra si bien qu'en quelques mois, toutes ses ressources furent épuisées. Ponsard était généreux, et ses amis, dans le besoin, trouvèrent

[1] *Lettre citée.*

toujours auprès de lui un accueil empressé; quand il s'agit d'obliger, Ponsard va jusqu'à prévenir les demandes. En outre, Ponsard eut la passion du jeu: cette nature, qui ne triomphait de son indolence que pour se jeter dans l'excès opposé, ne trouvait pas son compte aux grandes luttes de la scène, qui n'arrivaient qu'à des intervalles trop éloignés; alors elle cherchait à tromper son activité inquiète dans les hasards du jeu [1].

Cette détresse pécuniaire s'accrut encore par les séjours fréquents qu'il faisait à Aix-en-Savoie. C'est là qu'une princesse du sang des Napoléon, Mme de Solms, née Bonaparte-Wyse, avait fixé son exil. Entourée de poètes et d'artistes, ses adorateurs pour la plupart, elle publiait une revue, les *Matinées d'Aix-les-Bains*, où écrivirent Ponsard, Tony Révillon, A. Durantin, A. Dumas, Ste-Beuve, E. de Girardin, Pontmartin, A. Houssaye, etc. Sur les rives du lac, consacrées par l'amour de Lamartine, Ponsard se déshabitua du travail: lui, l'austère et consciencieux ouvrier de l'art qu'il avait été jusque-là, se métamorphosa en un fantaisiste et en un paresseux, qui perdit son temps dans les promenades, les fêtes, les causeries de salon, toutes les distractions en un mot, que l'imagination de Mme de Solms inventait pour retenir ses hôtes auprès d'elle. Souvent on jouait la comédie: le 15 août

---

[1]. Cette réputation de joueur retarda l'entrée de Ponsard à l'Académie, et celui-ci s'en plaignait avec amertume dans une lettre à Mme d'Agoult: « Qu'est-ce que ces Messieurs de l'Académie appellent un joueur? J'ai joué pendant un mois, j'ai perdu mon argent et non le leur. J'ai joué, et gros jeu, mais je ne suis pas un joueur. Un joueur joue régulièrement, habituellement, avec calme, et pour ainsi dire professionnellement. Pour moi, cela a duré un mois; ç'a été quelque chose comme une partie de chasse ardente, comme un lever de rideau, enfin, comme une agitation passagère; le tort que j'ai eu, ç'a été de perdre mon argent... » (*Œuv. compl.* I, p. 21.)

1856, la bluette de Ponsard, *Horace et Lydie*, fut représentée par le poète lui-même et par la princesse, devant une foule de notabilités [1]. Ponsard devint amoureux de la belle princesse, qui a dévoilé elle-même à la postérité le secret de cette illustre amitié, comme de celles qu'elle inspira à Lamennais, à Béranger [2], à Eug. Sue. Quelques-unes des poésies, que Ponsard avait composées pour Mme de Solms, parurent dans la revue que celle-ci dirigeait, et qui s'appela tour à tour: *Matinées d'Aix-les-Bains, Matinées Italiennes, Matinées Espagnoles, Nouvelle Revue Internationale*; elles ont été publiées de nouveau, et complètement cette fois, nous dit-on, dans la *Nouvelle Revue Internationale*, numéros du 30 juin 1897 et suivants, sous cette rubrique: le *Cahier bleu du Poète*: avec une sincérité d'accent, une intensité vibrante de passion et une poignante mélancolie, dont Ponsard semble avoir pris le secret dans les *Nuits* de Musset, le poète nous a confié les orages de cette liaison, les inquiétudes douloureuses qui meurtrirent son âme, enfin la cruelle séparation qui la brisa:

Adieu! que les destins, Madame, vous soient doux!
Que les cieux orageux, où le tonnerre gronde,
Epargnent votre asile, et réservent pour vous
Une sérénité qu'ils refusent au monde!...

Adieu donc! moi, je pars; je vais dans nos vallons;
Je suis trop villageois pour une capitale;
J'ai mal étudié la langue des salons,
Sa vivacité froide et sa grâce banale.

---

1. Au souvenir de cette soirée, se rattache un prologue d'*Horace et Lydie*, que Ponsard composa pour la circonstance, et qui se trouve au t. III, p. 319, des Œuv. compl.

2. Cf.: une brochure parue en 1859, à Genève: *Béranger, quelques lettres inédites* par Mme Marie de Solms.

Je ne sais pas cacher un sentiment profond,
Et, quand j'ai le cœur gros, rire du bout des lèvres,
Un mot glacé me tue, un regard me confond,
Un signe mécontent me donne un jour de fièvres.

Plus je me sens maussade et plus je le deviens ;
Ma parole se meurt, mon silence me pèse.
Je m'en vais retrouver mes fusils et mes chiens,
Devant qui je puis être ennuyeux à mon aise.

Là, réveillé d'un songe, oublié, j'oublierai,
J'oublierai jusqu'au nom d'un journal ou d'un livre,
Et, s'il se peut, combien on a le cœur navré
D'un moment d'amitié que la froideur doit suivre ![1]

Le jeu et cette passion malheureuse s'unirent, dans cette période, pour accabler le pauvre poète, qui sembla définitivement perdu pour le théâtre ; en 1857, il écrivait à Bocage : « je suis désespéré, parce que je n'ai pas d'argent et parce que j'en dois — et parce que je n'ai rien fait de bon, et parce que m'étant engagé à livrer une pièce, je ne l'ai pas faite — mais je la ferai — et puis j'ai mille soucis du côté d'Aix — voilà tout — c'est bien assez, je pense [2] ».

Enfin le moment est proche, où ces tortures morales vont cesser. En 1863, un ami intervint, Bixio, qui en 1848 avait été ministre de la République : il exigea de Ponsard qu'il lui remît une note exacte de toutes ses dettes ; puis il dressa une liste des amis du poète, et chacun s'y inscrivit pour une certaine somme jusqu'à concurrence du total. Ce menu fait ne prouve-t-il pas que le cœur généreux de Ponsard avait le privilège d'attirer vers lui des affections aussi délicates que désintéressées. Ponsard était sauvé : il allait

1. Œuv. compl. t. III, p. 333-334.
2. Lettre inédite.

se reprendre à la vie, au travail, à l'amour honnête. Le mariage vint achever la résurrection de cette âme, restée noble au milieu des désordres; après une visite d'une de ses cousines, il lui écrivait: « J'ai revu en vous la vie domestique dans ce qu'elle a de plus touchant et de plus respectable; et c'est vous qui m'avez montré du doigt cette sérénité où je vais entrer [1] ».

C'est dans le salon de Jules Sandeau qu'il avait rencontré Mlle Dormoy, fille d'un colonel mort, et dont les deux frères étaient ingénieurs. Elle eut pitié de ce grand talent dévoyé, de cette âme épuisée par tant de dégoûts et d'amertume; elle vint à Ponsard, simplement et noblement, pour être l'amour qui console et la Muse qui inspire. Le mariage eut lieu le 18 juillet 1863, dans une petite chapelle de la rue de Clichy.

Ce fut l'aube d'une vie nouvelle. Sous la douce influence de Mme Ponsard, le poète reprit ses canevas ébauchés aux heures sombres du découragement; il avait à cœur de désintéresser ses amis, et de récompenser par un succès la vaillance de cette femme, dont l'amour s'était exalté au spectacle de tant de pauvreté et de tant de souffrance : le *Lion amoureux*, retardé par les scrupules du poète, qui s'efforçait vers la perfection, fut joué en janvier 1866.

Mais déjà le bonheur du jeune ménage était troublé : Ponsard était malade; et la science des médecins ne réussissait pas à calmer les douleurs terribles qui venaient interrompre son travail: « le mal, disait Ponsard, après une consultation, provient d'un engorgement du sang échauffé, et surtout de la rupture de

---

1. *Lettre inédite.*

vaisseaux intérieurs [1] ». Bientôt il fut dans l'impossibilité de marcher; retiré à Mont-Salomon, il ne descendait plus à Vienne, et ne quittait pas le petit jardin, où le repos, l'air des champs, et l'ombre des arbres adoucissaient un peu ses souffrances. Tous ceux qui l'ont approché pendant cette période, ont gardé le souvenir épouvanté de ces douleurs plus qu'humaines, brisant sa volonté, et chassant l'inspiration, que le poète appelait encore dans son agonie; à Mont-Salomon, le pauvre malade troublait de ses cris le silence de la campagne, ou bien fou de douleur, il se jetait sur l'opium, qui seul calmait le mal, en absorbait des doses inquiétantes, et, dans son délire, tantôt menaçait de se jeter par la fenêtre, tantôt au contraire évoquait la grande image de Galilée, et sa pensée s'allait perdre dans l'infini. A Paris, Ponsard consultait Velpeau, Ricord, les princes de la science; mais la médecine ne trouvait pas même un soulagement à ces douleurs. J. Janin, dont l'amitié pour Ponsard remontait aux jours lointains de *Lucrèce*, lui avait offert un pavillon dans son chalet de Passy; il suivit avec terreur les progrès de la maladie, et il nous a décrit, dans une page vibrante d'émotion, le martyre du poète : « il n'avait plus, dit-il, le temps d'attendre, il sentait venir la mort impitoyable, et qu'il n'aurait plus désormais un seul jour sans torture, une seule nuit sans insomnie... eh quoi! toujours souffrir, toujours, toujours? Je l'entends encore avec sa voix si douce et son regard si tendre, une fois qu'il revenait des Tuileries, paré de son grand cordon, qui disait les mains jointes : *O*

[1]. *Lettre inédite.*

mon Dieu! mon Dieu! si seulement je souffrais un peu moins, un petit peu moins. Ainsi parlant, la sueur de l'angoisse inondait son visage, ses dents frappaient l'une contre l'autre, et ses deux mains tremblaient sous l'étreinte effroyable de la dernière convulsion [1] ».

La mort ne pouvait plus être qu'une délivrance pour le poète : tous les amis de Ponsard en étaient venus à l'appeler de leurs vœux : enfin Ponsard mourut à Passy, le 7 juillet 1867. Un service fut célébré le 9, à l'église paroissiale de Passy; puis le corps fut transporté à Vienne, où la cérémonie des funérailles eut lieu le 11 juillet.

Telle fut la vie de Ponsard: obscure au début, illuminée tout à coup d'un éclat extraordinaire, elle ne projeta plus de lueurs qu'à de rares intervalles, jusqu'au jour où le poète, vaincu par la maladie, s'endormit dans le pur rayonnement de la gloire.

Cette esquisse ne serait pas suffisante, si nous ne disions pas quelques mots de l'homme lui-même. Si nous voulons le voir tel qu'il était, avant que la maladie n'eût altéré sa physionomie, n'allons regarder ni le buste du poète que la Comédie Française a fait placer dans sa galerie, ni la statue qui se dresse sur une place de Vienne ; contemplons plutôt le beau portrait, exécuté par un artiste viennois, M. E. Ronjat, qui orne une des salles de la bibliothèque de Vienne [2], ou la photographie qui forme le frontispice de la *Revue du XIX° siècle*, du 1er juillet 1866 [3]: le front est

---

1. *Journal des Débats*, 30 novembre 1868.

2. Ce portrait est reproduit en tête du *Cycle poétique viennois* de J. Guillemaud, 1868, Vienne.

3. « Je vous envoie une photographie, écrivait Ponsard à A. Houssaye, directeur de la *Revue du XIX° Siècle*; c'est la seule qui ait réussi selon moi, la seule que j'accepte » (5 juillet 1866).

dégarni, mais le regard a gardé son feu, et la physionomie son expression de franchise et de bonté ; ses traits dans leur harmonie sévère n'ont rien qui frappe particulièrement l'observateur ; ils disent la force plus que la grâce, la réflexion profonde plus que la rêverie ; l'attitude a je ne sais quoi d'affaissé, qui trahit l'inquiétude des combats perpétuels.

L'homme est resté dans le souvenir de ceux qui l'ont connu, comme un modèle d'amitié sûre, de dévouement absolu, de naïve sincérité; il avait ce cachet des âmes élevées, qui se plaisent à la reconnaissance : « il donne envie de l'obliger, pour obtenir des remerciements », dit un de ses contemporains [1]. Charles Reynaud, Ricourt, Bocage, Mᵐᵉ Dorval, Lamartine, J. Janin, E. Augier, Mᵐᵉ d'Agoult, la duchesse Decazes, etc., tous ceux que le sort mit sur sa route pour l'aider de leur talent ou de leur affection, furent aimés par lui. L'élégie qu'il composa pour pleurer la mort de Ch. Reynaud est un chef-d'œuvre d'émotion et de reconnaissance [2]. A Bocage, tombé dans la misère, il écrivait : « tout ce qui sera humainement possible, je le ferai, et je le ferai de grand cœur, et comme pour mon frère.. Ne te désespère pas, toi qui es courageux. Il n'est pas possible que nous ne réussissions pas. Je remuerai ciel et terre... enfin tout, tout, tout ce qu'on pourra tenter, je le tenterai ardemment, plus ardemment que s'il s'agissait de moi [3] ». Sa liaison avec Augier est demeurée justement célèbre; comme il sollicitait la

---

1. Jacques Reynaud, *Portraits contemporains*. (Ponsard, n. 157-176). 1859.
2. *Œuvr. compl.* III, 263.
3. *Lettre inédite*, du 6 juin 1857.

voix de Dupin en faveur d'Augier candidat à l'Académie, Dupin répondit: « Il est si rare de voir un poète aimer un autre poète, que je vous promets ma voix ».

Il était resté gauche et provincial, sa timidité était grande, et il manquait de confiance en lui-même, au point que sans Ch. Reynaud, *Lucrèce* n'aurait peut-être pas vu le jour, et qu'il n'eut jamais le courage d'affronter les premières représentations de ses pièces. Très accueillant, il avait le sourire qui invite aux confidences, le regard doux et limpide, qui ouvre l'âme à la sympathie : « beaux sentiments, candeur, lui disait Nisard en le recevant à l'Académie, c'est le cachet de vos ouvrages » : c'est aussi et surtout l'impression que l'on reçoit à pénétrer le secret de ce caractère, fait de modestie, de sincérité et d'honneur.

CHAPITRE II

LES TRAGÉDIES DE PONSARD

I. — *Lucrèce* (1843): engouement à peu près universel avant la représentation. — Analyse de la tragédie. — Succès supérieur au mérite de l'œuvre. — Intrigue. — Caractères. — Peinture de la vie romaine. — *Lucrèce* devant la critique et à l'étranger.

II. — *Agnès de Méranie* (1846): Etat des esprits. — Retouches successives du poète — Echec d'*Agnès*. — Ses adversaires et ses défenseurs. — Le sujet. — Les caractères. — L'histoire. — *Les deux Reines* de Legouvé — *Agnès von Méran*.

III. — *Charlotte Corday* (1850), inspirée par les *Girondins* de Lamartine. — Difficultés qui entravèrent la représentation. — Série d'épisodes dramatiques mal reliés entre eux. — Comment le poète a rempli son rôle d'historien. — Accueil fait à *Charlotte Corday* par les deux partis littéraires.

I

Ch. Reynaud et Ponsard s'étaient connus chez l'imprimeur Timon, dans les bureaux de la *Revue de Vienne*, qui publiait leurs premiers vers: Ponsard était beaucoup plus âgé ; mais l'un et l'autre avaient fait à Paris leurs études de droit, et cultivaient la poésie. Ponsard avait dans son tiroir une tragédie de *Lucrèce*, amoureusement travaillée depuis deux ans. Le jour où, cédant aux amicales importunités de Ch. Reynaud, il consentit à lui lire sa pièce, celui-ci s'écria : « mais c'est un chef-d'œuvre; il faut le faire jouer à Paris! partons ensemble ! » Ponsard ne partit pas, mais son enthousiaste ami emportait *Lucrèce*, et son dévouement fut plus tard célébré par Ponsard :

> Reynaud prit dans ses bras la naissante Lucrèce,
> Et l'emportant, ainsi qu'un amant sa maîtresse,
> Il la promena dans Paris.
> Quand il eut entassé miracles sur miracles,
> Epuisé les dégoûts, renversé les obstacles.
> Je vins en recevoir le prix [1].

Reynaud mena en sa faveur la campagne la plus fougueuse et la plus habile; il lui gagna un partisan décidé, le directeur de l'*Artiste*, Achille Ricourt. Celui-ci avait la manie de prétendre découvrir des grands hommes; au café Tabourey, Ricourt et Reynaud firent retentir les alexandrins de Ponsard, et enflammèrent de leur enthousiasme un cercle d'auditeurs passionnés de littérature et d'art.

La pièce fut présentée à l'Odéon et reçue le 20 décembre 1842. Lireux, qui était directeur de l'Odéon depuis février 1842, essayait par des prodiges d'activité, de conjurer la mauvaise fortune qui menaçait de ruiner son théâtre : « L'Odéon, dit Challamel, manquait de tout, de décors, de costumes et d'accessoires... on en racontait de belles sur les expédients de l'Administration, sur l'état délabré de la caisse!... Les soirs de semaine, on faisait des recettes de 50 ou 60 francs [2] ». Lireux, à bout de ressources, désespé-

---

1. *Œuv. compl.*, t. III, p. 308. — Ponsard dément formellement (P. in:. p. 23), le bruit qui s'accrédita alors et que les biographes ont accepté, que sa pièce ait été proposée au Théâtre Français et remise à Rachel.
2. *Souvenirs d'un hugolâtre*, p. 111.

rant d'attirer le public et d'arracher aux Chambres une subvention, résolut de jouer une partie décisive avec la *Lucrèce* venue de province.

Pendant que Ricourt et Reynaud organisaient la réclame dans les cafés littéraires, Lireux préparait le terrain pour le grand public; il faisait publier dans quelques journaux la note suivante: « Un nouveau Racine est né! Ce n'est pas seulement Paris, mais la France entière qui doit se féliciter de cet avènement. M. P..., jeune homme du Midi, ayant cultivé par de bonnes études les rares dispositions qu'il a reçues de la nature, est l'auteur d'une tragédie réputée admirable. L'époque romaine qu'il a choisie est celle des Tarquins, et son héroïne Lucrèce. Ce sujet, plusieurs fois traité, ne l'a jamais été assez bien pour qu'un de ces ouvrages pût rester au théâtre. Cette fois, il ferait mieux que d'y réussir, il attesterait chez l'auteur un de ces génies comme il plait à Dieu de n'en accorder aux hommes qu'à de rares intervalles [1] ».

La nouvelle école ne resta pas indifférente à ce réveil de l'esprit classique. Il est curieux de relever dans les feuilletons hebdomadaires de la *Presse* les plaisanteries de Th. Gautier contre le « dieu Ponsard »; « les Ponsardisants, écrit-il (21 février), augmentent en nombre et en ferveur; ils sont déjà intolérants comme de nouveaux néophytes ». Après avoir raillé l'enthousiasme de ces fougueux classiques, Th. Gautier ne poussa pas plus loin la malveillance, et à la date du 8 mars, il écrivait: « M. P. nous est apparu sous la forme d'un jeune

---

[1]. Cité par Porel et Monval *Hist. de l'Odéon*, t. II, p. 216.

homme élégant, assez ennuyé de la stupidité de ses adorateurs, comme tout dieu bien appris, et ne croyant pas plus qu'il ne faut à la religion nouvelle dont il est l'idole ».

Sainte-Beuve tient ses lecteurs de la *Revue Suisse* au courant de la nouvelle qui passionne Paris : « on parle beaucoup, dit-il, d'une tragédie de Lucrèce... c'est du Corneille retrouvé, du Romain pur et primitif [1] »; et quelques jours après, quand il a entendu *Lucrèce* chez Mme d'Agoult, il signale le « succès complet et vrai » obtenu par Ponsard : « Lamartine y était, dit-il, et ne cessait d'admirer..... c'est un vrai poète qui se lève [2] ».

La presse classique ne tarissait pas en éloges : « la *Quotidienne*, écrit Ponsard, a été très bienveillante lundi passé, le *Messager* aussi. Le *Corsaire* a été plus que bienveillant, il a rempli de moi ses colonnes [3] ». Le *Constitutionnel*, d'abord hostile, s'aperçut bientôt qu'il faisait fausse route, en attaquant un classique, et son directeur, Jay, l'ancien romantique désabusé, fut ravi par la pièce et par l'auteur. J. Janin traduisait fidèlement l'état de l'opinion, quand il écrivait (14 mars 1843): « cette tragédie est un évènement. On en parle beaucoup plus que l'on ne parle des plus gros drames applaudis du Théâtre Français. C'est une faveur très recherchée d'assister à la lecture de ces beaux vers [4] ».

---

1. *Chr. paris.*, p. 17 (2 avril).
2. *Chron. paris.*, p. 20 (15 avril).
3. *P. in.*, p. 21.
4. *Lettre inédite.* — Un avocat du barreau de Lyon, Pezzani, auteur d'une *Lucrèce*, imprimée en 1840, crut qu'il s'agissait de sa tragédie. Mieux renseigné, il profita pourtant de la circonstance pour créer un peu de bruit autour de son œuvre ; mais Ponsard fit venir sa pièce de Lyon, et Lireux

M⁰⁰ Dorval et Bocage furent chargés des deux principaux rôles de la tragédie de Ponsard. Ces deux célèbres interprètes du drame romantique aidaient ainsi à la résurrection de la tragédie. Bocage, que Th. Gautier a salué comme « le véritable idéal du jeune premier romantique », Bocage, dont « la voix métallique et riche en inflexions, comme disait H. Heine [1], avait souvent vibré des éclats de la passion brûlante d'Antony ou de Buridan », se fit le parrain de *Lucrèce*, et mit au service de Ponsard toute son expérience et toute sa renommée. M⁰⁰ Dorval, dont Gautier et Vacquerie ont inscrit le nom en lettres d'or sur l'arc de triomphe du drame moderne, elle qui fut tour à tour Adèle d'Hervey, Marion Delorme, Kitty Bell, devenait la chaste matrone romaine, l'héroïne modestement voilée d'un drame simple et sévère.

L'enthousiasme pour *Lucrèce* dépassa les bornes; des fragments en étaient colportés et récités en confidence. Une première lecture de la pièce eut lieu à l'Odéon devant le Comité de lecture, non pour voter sur l'admission de la pièce, mais « pour entendre, avant le public, un chef-d'œuvre sur lequel l'Odéon fonde l'espoir d'un immense succès [2] ». Enfin le 27 mars, Bocage reçut chez lui les notabilités des Chambres, de l'Académie, des lettres, du théâtre et de la presse: Viennet, Tissot, Armand Marrast, Ch. Reybaud, Rolle, Fréd. Soulié, Th. Gautier,

---

la livra aux journaux, qui en raillèrent les enfantillages et les invraisemblances.

1. *Lettres sur la France*, p. 316, édit. de 1838.
2. *P. inc.* p. 22. — Dans le Comité figuraient 12 députés et 6 pairs de France; Lireux songeait à sa subvention.

H. Lucas, Samson, et fit applaudir la tragédie nouvelle. Th. Gauthier s'écriait : « Je n'ai pas dormi », et le sculpteur Préault disait avec malice : « s'il y avait des prix de Rome pour la tragédie, l'auteur partirait demain pour la Ville éternelle [1] ».

Le Théâtre Français lui-même fit des démarches auprès de l'auteur et lui demanda sa pièce. Ponsard regretta de s'être engagé trop tôt avec l'Odéon : « les choses en étaient au point, écrivait-il, que si le Ministère avait fait place à Molé, qui est très bien avec le directeur du Théâtre Français, on n'aurait accordé à l'Odéon la subvention qu'il demande, qu'à la condition de lâcher *Lucrèce*, et de la laisser aller au Théâtre Français [2] ».

Tous les jours, *Lucrèce* était portée sur l'affiche de l'Odéon, et la première en était sans cesse reculée. Rien ne fut donc omis de ce qui pouvait piquer la curiosité : c'était une fièvre générale, une surexcitation, comme jamais on n'en avait vu, même aux beaux jours du romantisme : les préfaces en action de *Henri III*, de *Christine*, d'*Hernani*, du *Roi s'amuse*, étaient dépassées.

Ce tapage indiscret provoqua la verve de Méry, qui était né mystificateur ; un soir, dans le salon de Mᵐᵉ de Girardin, on parlait de la *Lucrèce* de Ponsard ; il s'écria qu'en huit jours il écrirait une *Lucrèce*, la ferait répéter et jouer, avant que le rideau de l'Odéon se levât pour la soirée solennelle. Le lendemain, il lut chez Mᵐᵉ de Girardin, un fragment du premier acte, que le *Globe* publia, sans signature d'auteur. Mais les

---

1. *Chr. paris.*, p. 19.
2. *Lettre inédite.*

connaisseurs ne furent pas dupes, et Sainte-Beuve jugeait ainsi ces deux scènes improvisées : « Cela joue l'antique, mais à faux. Ce Méry n'a jamais fait que du plaqué. La vraie *Lucrèce* est réellement belle [1] ».

La moitié de la salle fut donnée à des amis ou à des personnages marquants. On exclut les claqueurs de cette cérémonie. Hugo demanda une loge: classiques et romantiques, en cette soirée du 22 avril, retrouvaient les émotions de la première d'*Hernani*, mais l'horizon dramatique s'était déplacé.

L'animation la plus grande régnait sur la place de l'Odéon, dont les abords étaient envahis par une foule inusitée. Dans la salle se pressaient les personnages les plus illustres du monde des arts, des lettres et de l'aristocratie. Au parterre, étaient assis beaucoup d'étudiants, un peu tapageurs, mais pleins de bienveillance pour une pièce antique: C'était, dit Sainte-Beuve, « un parterre instruit, car aux moindres velléités de s'étonner ou de se scandaliser, la masse semblait répondre: mais c'est ainsi dans l'histoire, mais il faut que cela soit ainsi. Le bachelier ès-lettres était là en majorité, il était chez soi [2] ».

Les trois premiers actes furent bien accueillis, quoique la diction inintelligible, la voix tour à tour sourde et éclatante de Bocage eussent provoqué des huées parmi les spectateurs; jusque-là le succès fut surtout pour M⁽ᵐᵉ⁾ Halley, qui jouait le rôle passionné de Tullie. Des allusions politiques, auxquelles Ponsard n'avait pas songé, furent saisies par le public et vigoureusement applaudies. Le IV⁰ acte parut lan-

1. *Chr., paris.* p. 22.
2. *Chr. paris.*, p. 23.

guissant, et le V°, mal joué par Bocage, faillit compromettre le succès. La chute du rideau fut pourtant saluée par des bravos très vifs, et la foule entoura Ponsard, à la sortie du théâtre, pour l'accompagner d'une dernière ovation.

Qu'était cette tragédie, qui excitait ainsi l'enthousiasme du Tout Paris de 1843?

Le sujet de *Lucrèce* est très connu. Ponsard n'a rien inventé, il a mis en scène le récit qui termine le premier livre de Tite-Live. La pièce s'ouvre par une scène calme et douce des mœurs de la vie domestique : Lucrèce est assise au milieu de ses femmes, occupées à filer la laine ; et, quand sa nourrice lui conseille de prendre du repos, elle répond par la peinture de ses devoirs:

> La vertu qui convient aux mères de famille,
> C'est d'être la première à manier l'aiguille,
> La plus industrieuse à filer la toison,
> A préparer l'habit propre à chaque saison...

La scène se déroule ainsi, belle image des mœurs primitives, prise dans Homère, Théocrite et Virgile, lorsque arrivent le mari de Lucrèce. Collatin, accompagné de Brute et des trois fils de Tarquin: Sextus, Titus et Aruns. Ces jeunes gens, sous les murs d'Ardée, luttaient contre l'ennui d'un long siège par les plaisirs des festins ; dans les vapeurs du vin, ils se sont mutuellement vanté la vertu de leurs femmes, et c'est pourquoi ils sont venus du camp à Rome d'abord, puis à Collatie, pour comparer leurs foyers respectifs. Cette visite réservait une surprise désagréable à chacun des parieurs, sauf à Collatin, dont l'épouse veille au foyer domestique: tous décernent la palme à Lucrèce, et Sextus s'écrie: « O la belle maîtresse! ».

Brutus, qui contrefait l'insensé, a l'esprit occupé de hauts projets: la tyrannie de Tarquin le fait haïr chaque jour davantage, et contre elle la colère s'amasse au fond des cœurs; vienne l'occasion d'éclater, et Brute ne faillira pas à son devoir:

Et cet homme, c'est moi, qu'attend l'honneur suprême
De venger mon pays, et mon père, et moi-même,
D'affranchir l'avenir, de punir le passé,
Et de glorifier mon surnom d'insensé (II, 1).

En attendant, soutenu par l'amitié de Lucrèce, il supporte le déshonneur dont Sextus l'a flétri, en lui volant le cœur de sa femme, Tullie.

Mais Sextus, conquis par la beauté de Lucrèce, n'a plus que froideur et dédain pour sa maîtresse; rien ne l'émeut, ni le souvenir de leur bonheur passé, ni les reproches de Tullie. Il attend que la nuit soit venue, pour se présenter chez Lucrèce: il est, dit-il, porteur d'un message de Collatin qu'il lui transmettra, quand elle aura fait retirer ses femmes. Les voilà seuls, et Sextus déploie tout son art de séducteur, il est jaloux de Collatin:

Oh! que j'échangerais la royale couronne
Contre vos doux regards dont son front s'environne,
Et la robe de pourpre et de neige des rois,
Contre ce simple habit que lui filent vos doigts! (IV, 3).

Lui, le débauché, le sceptique, il célèbre le foyer pudique de Lucrèce, ces veilles laborieuses, enfin sa passion éclate:

Je viens vers vous... je viens... parce que je vous aime.

Que Lucrèce consente au divorce, que justifie sa stérilité ; lui, de son côté, se rendra libre, et

> L'hymen refleurira sur leurs amours sans trouble..
> Je serai roi, vous dis-je, et vous, Lucrèce, vous,
> Reine. — Je serai, moi, fidèle à mon époux,

répond noblement Lucrèce ; elle fait honte au séducteur de son lâche attentat, et le fascinant du charme de sa vertu, incline au respect l'infâme qui balbutie une excuse vaine : c'est une épreuve, qu'il tentait, dit-il, et Lucrèce a vaincu. Mais la femme outragée se retire, pendant que Sextus médite sur le moyen d'accomplir son crime.

Le lendemain, en présence de son père, de son mari, de Brute et d'un ami, Valère, Lucrèce raconte ce qui s'est passé : Sextus est venu, dans la nuit, droit au lit de Lucrèce, et, appuyant sur son sein un fer nu, l'a menacée, si elle ne cédait pas, de la tuer et de mettre à ses côtés un esclave mort, pour qu'on dise : Sextus les a surpris tous les deux et a vengé Collatin. Lucrèce a craint la honte dont cette calomnie flétrirait sa mémoire, et Sextus a triomphé de sa pudeur. Aujourd'hui Lucrèce vit encore, mais pour subir la peine qui lui est due : « Que parles-tu de peine », répond Collatin :

> Le lit fut profané, mais l'épouse est sans blâme,
> Et l'affront de ton corps n'atteignit pas ton âme (V, 3).

Lucrétius s'approche de sa fille, la redresse, et la baise au front :

> Je te dis que tu peux nous regarder en face.
> Toute tache s'en va, quand mon baiser l'efface.

Mais Lucrèce n'accepte pas ce pardon, car elle se doit en exemple aux Romaines de l'avenir, et elle se tue. Brute saisit ce poignard sanglant et jure sur le cadavre de Lucrèce une haine implacable à Tarquin et à toute sa race. Collatin, Valère, Lucrétius prennent tour à tour le poignard et s'engagent par le même serment à punir le tyran. Valère sort, assemble le peuple, et Brute, rejetant son masque de fou, se pose en vengeur: il flétrit le crime, brandit le poignard fatal, et déchaîne la colère de la foule qu'il entraîne sur ses pas: « Romains de Collatie, à Rome! », et le peuple, comme un vaste écho, répond: « à Rome, à Rome! [1] ».

Nous avons montré combien le parterre était fatigué de porter le joug romantique; la cause de la tragédie était gagnée, depuis que des lèvres inspirées de Rachel tombait le plus éloquent des plaidoyers. Mais pendant que *Lucrèce* triomphait à l'Odéon, une tragédie de M*me* de Girardin, *Judith*, dans laquelle jouait Rachel, n'obtenait sur la scène du Théâtre Français qu'un succès d'estime: il faut conclure, semble-t-il, que *Lucrèce* avait des qualités propres, qui justifiaient l'accueil du public.

Pourtant ce n'était pas une œuvre dramatique de premier ordre; le sujet en était tout uni; les specta-

---

[1]. La mort de Lucrèce, qui fonde à Rome la République, a souvent inspiré les artistes; cependant, les poètes dramatiques, qui ont traité ce sujet avant Ponsard, n'ont pas réussi; on peut citer Urbain Chevreau, dont la *Lucrèce romaine* (1637) est une pièce monstrueuse; Du Ryer, qui donne maladroitement à Lucrèce (1638) des soupçons sur la fidélité de Collatin; Arnault, qui fait (1792) Lucrèce amoureuse de Sextus! J.-J. Rousseau aurait-il été plus heureux, s'il eût achevé sa tragédie de Lucrèce? « J'avais l'espoir, dit-il, d'atterrer les rieurs, quoique j'osasse laisser paraître cette infortunée quand elle ne le peut plus sur aucun théâtre français ». (*Confessions*, partie II, liv. VIII).

teurs, qui avaient lu Tite-Live, n'éprouvèrent pas ce frisson, dont la curiosité, au théâtre, secoue parfois l'esprit, en face d'une péripétie peu banale ou d'une catastrophe inattendue. Ponsard suivait pas à pas la route tracée par l'historien ancien, et marchait droit au dénouement prévu. Tandis que l'imagination s'épuisait à fournir la carrière tortueuse où l'entraînait l'art prestigieux des romantiques, les spectateurs, avec Ponsard, étaient tout de suite placés dans une allée rectiligne qui, sans détour, les conduisait au but.

L'inexpérience du jeune auteur était poussée si loin que les scènes se succédaient sans s'entrelacer, et que l'intrigue se déroulait sur un plan uniforme, sans retour soudain et sans complication. Les personnages se rencontraient au hasard des nécessités de l'action, sans que leur présence fût attendue ou justifiée.

L'étude politique du II° acte a de grands mérites; mais quand on compare *Lucrèce* à *Cinna*, on s'aperçoit que Corneille a su très étroitement rattacher au sujet cette délibération, qui peut modifier la conduite des conjurés, tandis que l'entretien de Brute et de son ami Valère ne change rien et ne peut rien changer à l'action.

Cependant, comme il fallait combler avec des épisodes les vides du sujet, Ponsard a imaginé les amours de Sextus et de Tullie, et l'apparition de la Sibylle.

De ces deux inventions, la première fut très goûtée, et contribua au succès de la pièce. Mais cet épisode empiète sur l'action principale; comme Lucrèce est absente de la scène pendant deux actes (II° et III°),

Tullie passe au premier plan et détourne sur elle l'intérêt qui devrait s'attacher à l'héroïne. Ponsard a cédé à la tentation d'opposer la femme vertueuse à la femme coupable, toutes deux s'immolant, « l'une à sa passion et l'autre à son devoir »; il ne l'a pu qu'en donnant à Brute un rôle de mari trompé, qui convient mal au père héroïque de la légende, sacrifiant ses fils à la sainte Liberté. Enfin, Tullie disparaît dès le milieu de l'acte III, et au dénouement, nous apprenons son suicide avec une parfaite indifférence.

Tullie avait deux scènes, la Sibylle n'en a qu'une, et son apparition, qui pouvait hausser le sujet aux proportions épiques, ne produit aucun effet. Elle parle, mais tandis que ses oracles ébranlent sur sa base le trône du tyran, et lèvent les voiles du destin qui cachent l'avenir de Rome, Sextus ne la prend pas au sérieux; il n'est pas jusqu'à sa prédiction finale :

Salut, Brute, salut, premier consul romain !

qui ne soit inutile, du moment que le grand réformateur a fait connaître ses projets.

L'acte III est donc particulièrement vide au point de vue de l'action, c'est un défilé devant Sextus de personnages qui voudraient le pousser dans une voie autre que celle où déjà il s'engage; mais ni les reproches d'une femme autrefois aimée, ni la prophétesse qui montre le malheur suspendu sur la tête du jeune imprudent, n'arrêtent Sextus, pris tout entier par le désir fou de posséder Lucrèce.

L'action ne se noue qu'à l'acte IV. Sextus vient à Collatie; mais quelle apparence y a-t-il qu'il soit écouté de Lucrèce? Cette honnête femme peut-elle même recevoir, sans rougir, ce débauché que Tullie accueillait avec ces paroles sévères :

.....la pureté s'enfuit en frémissant
Du seuil où s'est posé votre pied flétrissant. (III, 3).

L'acte V, enfin, ne comportait qu'une scène ; car, après la mort de Lucrèce, le discours de Brute ne peut que paraître traînant, et Ponsard lui-même y fit de larges coupures, dès la 2ᵉ représentation.

Donc Ponsard avait insuffisamment appris à l'école de Corneille et de Racine l'art de conduire une action vers sa fin par des péripéties bien inventées et savamment construites : sa *Lucrèce* était une étude dramatique, plus qu'une tragédie.

Les personnages y étaient en petit nombre, et Ponsard eût pu chercher, dans la peinture de leurs caractères, cet intérêt que l'agencement scénique ne lui fournissait pas. Ici encore le talent de Ponsard décelait beaucoup d'inexpérience.

Lucrèce nous est présentée deux fois dans son attitude froide et sévère de matrone, veillant au travail de ses femmes, et songeant à Collatin qui se bat pour la patrie. Sans doute elle tremble pour les jours de son mari, et à Sextus qui fait un portrait méprisant de Collatin, elle répond :

.....J'estime et j'aime mon mari,
Vos dédains à mes yeux ne l'ont pas amoindri :
Il est plus grand que vous (IV, 3).

Mais son amour a trop de calme et de sang-froid : en présence de Collatin, elle n'a pas un mot de tendresse, elle n'exprime que son respect pour l'époux

et le maître; elle est beaucoup plus citoyenne que
femme: pour qui réserve-t-elle les épanchements de
l'amitié? pour Brute et non pour Collatin; quand
Sextus lui a déclaré sa passion infâme, quelle maîtrise de soi-même! Quel sang-froid dans cette femme,
qui fait honte au séducteur de courber Rome au joug
de la mollesse:

> ....vous prenez un moyen
> Qui n'est ni d'un bon roi, ni d'un bon citoyen.
> Il vaut mieux corriger les mœurs que les corrompre,
> Illustrer qu'avilir (IV, 3).

Lucrèce est donc le type abstrait de la chasteté:
elle n'a d'autre passion que l'orgueil de sa vertu et
la fierté de sa réputation: c'est elle-même qui le dit:

> Je n'ai pas craint la mort, j'ai craint l'ignominie,
> Ma mort à ce moment servait la calomnie (V, 3).

Le caractère de Brute témoigne d'une plus grande
hardiesse d'exécution; Brute, unissant en lui le grotesque et le sublime, n'eût pas pu figurer dans une
tragédie classique; mais ce serait vouloir l'écraser
sous une comparaison redoutable que de le mettre à
côté du Lorenzaccio de Musset, création géniale d'une
âme, dans laquelle le dandysme et la débauche ont
empoisonné la générosité native, et tari les sources
vives de la foi et de l'illusion. De même Brute ne
rappelle Hamlet que très imparfaitement, car il est
deviné par tous: Lucrèce a percé le masque de sa
folie; Tullie, encore éblouie des éclairs de l'intelligence de Brute, s'abuse elle-même, en se disant que
les dieux ont parlé par la bouche du fou; Sextus,
lui aussi, devrait ouvrir les yeux à cette malice et

à cette verve, dont ses insultes mêmes ne peuvent avoir raison. C'est donc en vain que Brute déguise son génie; sa folie simulée n'est plus qu'un moyen théâtral, pris dans l'histoire, mais imparfaitement mis en œuvre [1].

Nous ne parlerons pas de Collatin, qui ne sert que de support aux évènements. La figure de Sextus est vivement dessinée, bien qu'un peu d'indécision en voile certains traits. L'aveu d'indifférence qu'il fait à Tullie, les vers charmants, par lesquels il célèbre l'ivresse du plaisir:

> Je ne veux la puissance et ne veux la richesse
> Que pour les atteler au char de ma jeunesse,
> Et plus vite arriver par ces coursiers sans frein,
> Au bout des voluptés qui bordent mon terrain;

enfin, sa tentative de séduction le posent à nos yeux comme un franc débauché. Le poëte nous le peint, effleuré par le remords, ou plûtôt par la crainte de compromettre le trône auquel il aspire; mais ces velléités d'un retour à la vertu cèdent bien vite à l'orgueil de braver les obstacles et à la poussée d'un sang échauffé par l'hérédité du viol et de l'adultère. Chez ce jeune voluptueux pourtant, la folie des sens n'a pas éteint le jugement de la raison, et c'est par politique, en donnant à la tyrannie l'appât du vice, qu'il corrompt ses concitoyens. Mais pourquoi traite-t-il si légèrement l'avis de révolte que lui donne son père? pourquoi raille-t-il les prophéties de la Sibylle? Cet élégant roué, qui piétine sans frémir le cœur de

---

1. Brute fait songer parfois au Ménénius goguenard du Coriolan de Shakespeare, mais plus souvent à l'Ésope de Boursault, qui abuse de fables à la cour, aussi bien qu'à la ville.

Tullie, manque aussi de ressource et d'habileté auprès de Lucrèce; il devrait savoir que le meilleur moyen d'attacher une femme à son mari, même si elle ne l'aime pas, est de le dénigrer devant elle. Puis, se voyant démasqué, il essaie de se couvrir par un subterfuge maladroit, que Lucrèce feint complaisamment d'accepter. Enfin il se conduit en brutal à l'égard de Lucrèce: le vernis d'élégance, dont Ponsard avait couvert sa grossièreté de Romain primitif disparaît, et ce Don Juan, égaré dans la civilisation romaine de l'an 240, redevient le contemporain de Romulus.

Tullie est la plus belle création de Ponsard dans cette pièce; Lucrèce souffre du voisinage de cette femme passionnée, que déchirent tous les tourments de la jalousie. Comme Hermione, Tullie s'immole à sa passion; moins tendre que l'héroïne de Racine, elle a plus de grâce et un charme plus féminin. Ovide ne décrirait pas d'une plume plus souple et plus aimable les voluptés dont elle occupe sa vie. Méprisée par son amant, humiliée devant Brute, elle se jette dans le suicide pour expier ses crimes. Ce personnage épisodique est un de ceux qu'on n'oublie pas, et Th. Gautier avait raison de l'appeler « le plus humain et le plus intéressant de la pièce [1] »: Ponsard, en le créant, obéissait à une tendance de son génie, qui l'inclinait vers l'expression vraie de la passion, et qui se marquera plus fortement encore dans *Agnès de Méranie*.

Si le métier et la science des caractères faisaient presque toujours défaut dans cette œuvre d'un débu-

[1]. *L'Art dramatique en France*, t. III, p. 51.

tant, en revanche *Lucrèce* se distinguait par une peinture exacte de la Rome primitive. Le romantisme, malgré sa bruyante rupture avec la tradition gréco-latine, avait plus d'une fois porté ses investigations du côté des Grecs comme des Romains; dans la voie inaugurée par les *Poèmes antiques* de Vigny, beaucoup avaient marché, Soumet avec *Une fête de Néron*, Jules de Saint-Félix avec ses *Poésies romaines* (1830), Dumas avec son *Caligula* [1] (1837), etc., et quelques-uns avaient peint avec bonheur la vie latine; mais Ponsard était mieux préparé qu'eux tous à réaliser cette résurrection du passé romain. Né dans une ville où abondent les ruines antiques, Ponsard s'était pénétré des moindres détails de la vie de Rome; il avait vécu dans un milieu tout imprégné de l'air des Césars, où flottait encore l'âme de la Ville Éternelle, qui avait, pour ainsi dire, posé les assises du présent.

Aussi, au lendemain de *Lucrèce*, beaucoup s'accordaient-ils à célébrer, dans la tragédie nouvelle, la vérité de la reproduction historique; dès les premières scènes, le public retrouvait le parfum naïf et la rudesse des mœurs primitives: la pureté du foyer domestique, les rites pieux qui en étaient le fondement et la sauvegarde y étaient décrits avec précision. C'est Lucrèce célébrant les vertus des aïeux et souhaitant qu'on grave sur son tombeau:

Elle vécut chez elle et fila de la laine (I, 1);

C'est Brute évoquant, en face de Tullie, les céré-

---

1. Dumas se vantait donc un peu, quand il disait (préf. de *Caligula*) qu'en 1837, l'abandon de l'antiquité était absolu, et qu'il en essayait, dans sa pièce, une « réhabilitation ». (*Œuv. compl.*, t. VI, p. 1 et 2.

monies du mariage (II, 4), et le « gâteau de farine »,
et Junon attestée, et la jeune épouse entrant dans la
maison de son mari,

> La tête voilée et ceinte de verveine,
> La robe jointe au corps par un bandeau de laine,
> La quenouille à la main.

Ces menus détails, dans lesquels se complaît la muse
érudite de Ponsard sont comme noyés dans ce vaste
flot d'histoire romaine, qui, venu de Tite-Live et de
Montesquieu, coule d'un bout à l'autre de la tragédie.
Tout ce que nous savons de Tarquin, du passé de
Brute, et même, par endroits, du passé de Rome,
renaît dans les vers du poète : il nous rappelle le
voyage de Delphes, la ruse de Sextus devant Gabies
assiégée, les messages mystérieux de Tarquin ; il nous
initie aux secrets de la politique habile du tyran,
dont il fait un portrait flatté, et inspiré, semble-t-il,
de Montesquieu [1].

Néanmoins, tout en rendant justice au caractère
d'antiquité de *Lucrèce*, Ch. Magnin n'accorde à
Ponsard qu' « un faible sentiment historique [2] » :
au lieu de reproduire la physionomie des premiers
siècles de Rome, Ponsard aurait peint, dit-il, une
civilisation plus récente de trois ou quatre siècles ;
son Sextus serait un jeune voluptueux, taillé sur le
patron des Gallus, des J. César, des Marc-Antoine,
et emprunté de l'élégant Sabinus d'Alex. Dumas ; de
même la conversation entre Sextus et Tullie serait un
écho de Catulle, d'Ovide et de Properce. Il est incontes-

---

1. Cf. *Considérations*, chap. I.
2. *Revue des Deux-Mondes*, 1ᵉʳ juin 1843.

table que Tullie ressemble, à s'y méprendre, à la Lesbie de Catulle et à la Cynthie de Properce : comme les héroïnes des élégiaques latins, Tullie connaît tous les raffinements de la toilette, toutes les élégances et toutes les mollesses d'une vie donnée à la seule volupté. Son amant, lui aussi, porte les traits d'un débauché moderne ; il mène joyeuse vie, et

> La ceinture plus lâche, et la robe plus ample,
> Les cheveux ceints, le front de myrte couronné, (II, 3)

excite à la corruption ses maîtresses d'un jour; s'il rencontrait Sabinus sur la Voie Sacrée, il pourrait lui offrir son bras, et tous deux s'en iraient avec des libertins « jouer à la tessère et boire du vin cuit [1] ». Cependant il ne faut pas exagérer ce reproche, qui d'ailleurs n'atteint pas au fond de l'œuvre; cet anachronisme disparaît dans la sévère ordonnance d'une tragédie, qui est romaine de cœur et d'âme. Ponsard ne nous a pas donné un pastiche de l'histoire; son érudition n'a pas été puisée hâtivement dans un livre, et il ne veut pas déguiser son ignorance sous le cliquetis des mots et l'étalage fanfaron d'anecdotes ou de puérilités plus ou moins authentiques. Mais le poète connaît réellement cette vie romaine, dont les couleurs vraies ont nuancé son vers, et répandu une teinte juste sur l'action et sur les caractères.

Les ultra-classiques saluèrent en Ponsard un Corneille ou un Racine; certains journaux: le *National*, le *Constitutionnel*, la *Patrie*, le *Coureur des Spectacles*, etc., tout en se défendant contre l'excès d'enthousiasme, louèrent franchement *Lucrèce*. Th.

---

1. *Caligula*, I, 3.

Gauthier, le fidèle de V. Hugo, qui écrivait dans le journal des Girardin, hostiles à une tragédie qui éclipsait leur *Judith*, eut l'habileté de soutenir que la presse classique ne louait en Ponsard que des qualités négatives, manque de lyrisme, d'imagination et d'idées; lui au contraire, signalait les beautés romantiques d'une pièce, dont l'auteur, violant l'unité de lieu, jetait sur la scène le masque grimaçant de Brute, s'efforçait vers la couleur locale, et écrivait dans un style simple et naturel. Au *Journal des Débats*, J. Janin parla avec feu de l'œuvre d'un compatriote qu'il avait promis de défendre; dans la *Revue de Paris* (30 avril), J. Sandeau fit un article sérieux et sincère sur l'œuvre de Ponsard, dont il célébra les « beaux vers, les caractères bien tracés, les beaux développements de passion ». La *Revue des Deux-Mondes* était dirigée par Buloz, alors commissaire royal du Théâtre Français, par conséquent le directeur rival de Lireux : c'est G. de Molènes qui fut chargé (1ᵉʳ avril 1843) d'envelopper de quelques phrases embarrassées un jugement fait de mauvaise grâce et de réticences; pendant ce temps, Ch. Magnin préparait un article plus important et très documenté, qui parut le 1ᵉʳ juin 1843 : « c'est, dit Sainte-Beuve, un rapport et un résumé final, il dresse le bilan, il réagit contre les excès. Magnin s'est bien tiré de la situation très complexe où il se trouvait, engagé déjà par les antécédents de la *Revue*, et par ses propres opinions [1] ».

Ainsi la critique s'efforça de rester impartiale, et de tenir la balance égale entre les classiques, qui triom-

---

1. *Ch. paris.*, p. 53.

phaient bruyamment, et les romantiques, encore tout meurtris de l'échec des *Burgraves*. Ceux-ci ne purent cacher leur mauvaise humeur. De Vigny est dédaigneux pour Ponsard: « c'est du style vieilli, il mérite un accessit [1] »; Dumas, mettant sa verve au service de ses antipathies, disait: « Je connais un notaire enthousiaste de *Lucrèce* qui s'écriait en sortant; *Quelle pièce! pas un des clercs de mon étude n'en ferait autant!* » Hugo prononçait un jugement olympien: « mais *Lucrèce*, c'est une version de Tite-Live [2] ». Musset lui-même s'émut; s'il faut en croire Ed. Grenier, il aurait dit de *Lucrèce:* « c'est un défi, est-ce que nous ne le relèverons pas? Il faut y répondre [3] ».

Le public lettré, bienveillant à toutes les tentatives d'art, persista dans son admiration, et se laissa même gagner par un véritable délire: « *Lucrèce*, dit J. Janin, était le présent; elle était le passé et l'avenir de l'esprit humain. A ce nom sauveur, la province hurlait de joie; la moitié de Paris ne mettait pas de fin à son triomphe [4] ».

Le 27 avril, Cousin proposait à l'Académie de décerner à Ponsard le prix de 10.000 francs, réservé à la meilleure tragédie. Cette proposition, favorablement accueillie, fut ajournée en vertu d'un article du règlement; car il fallait attendre que la pièce fût

---

1. Il écrivait dans son *Journal*: « toute la presse vient de louer *Lucrèce* pour ses qualités classiques... je dis que son succès vient précisément de ses qualités romantiques; détails de la vie intime et simplicité de langage, tenant de Shakespeare par *Coriolan* et *Jules César* »: *Journal d'un poète* (1867), p. 163 — c'est à tort que cette note est rapportée à l'année 1842.
2. Cf. Ch. paris., p. 49.
3. *Souvenirs littéraires*, p. 83.
4. *Rachel et la tragédie*, p. 382.

imprimée, et, le concours étant ouvert jusqu'au 1ᵉʳ janvier 1844, l'Académie ne pouvait pas encore prendre de décision. La question, à la date fixée, se posa de nouveau, et Ponsard obtint le prix [1]. Deux mois après *Lucrèce*, l'Odéon obtenait une subvention de 60.000 francs.

Quelques polémiques entretenaient l'attention; Ch. Magnin ayant signalé des attaques anciennes de Ponsard contre l'*Arbogaste* de Viennet, Ponsard écrivit à celui-ci une lettre dans le *Constitutionnel* du 3 juin, pour faire amende honorable à Viennet, qui devenait ainsi le patron de *Lucrèce*. Ponsard se plaignit aussi que Magnin fût allé déterrer ses articles de la *Revue de Vienne*, « écrits sans soin, sans prévision d'aucune publicité possible, pour une petite revue inconnue, qui a vécu deux ans dans une petite ville de province et qui comptait 50 abonnés »; Magnin fit une réponse assez vive (*Constitutionnel* du 6 juin), dans laquelle il disait avec raison : « c'était notre droit, nous dirons plus, notre devoir ».

Toutefois, le bruit fait autour de *Lucrèce* fut plus grand que le succès théâtral, qui passa assez vite. L'Odéon encaissa d'abord des recettes, inconnues alors, de 3.000 francs. A ce moment, il fut question de donner la pièce tous les soirs jusqu'à la fermeture, c'est-à-dire jusqu'au 15 juin; mais Bocage déclara que cette combinaison serait trop fatigante pour lui, et l'on se contenta de donner *Lucrèce* tous les deux jours.

---

1. Une lettre inédite de Ste-Beuve, datée du 17 juin, nous apprend que dans la commission, Villemain avait parlé en faveur de Ponsard; qu'au sein de l'Académie, Patin plaida pour *Lucrèce* d'une manière vraiment éloquente, et qu'enfin Molé et Cousin avaient aussi pris la parole pour soutenir la même cause.

Quand l'Odéon eut fermé ses portes, M*⁸* Halley emporta dans ses courses de province, la *Lucrèce* de Ponsard; elle eut fantaisie de jouer à la fois les trois rôles de femmes: en effet, Lucrèce, Tullie et la Sibylle ne se rencontrent jamais dans la pièce.

Le 28 septembre 1843, l'Odéon, comme spectacle de réouverture, donna la 40ᵉ représentation de *Lucrèce*. Le rôle créé par Bocage était joué par Ballande; M*ᵐᵉ* Dorval avait choisi Tullie, qui lui convenait mieux; Lucrèce fut confiée à M*ˡˡᵉ* Maxime, la rivale d'un jour de Rachel. Les spectateurs ne vinrent qu'en petit nombre, et la reprise fut médiocre; « cela a été froid », dit Sainte-Beuve, et quelques jours après, il ajoute: « *Lucrèce* est morte de langueur, de froideur, de vieillesse déjà... Il y a six mois à peine elle réussit par son honnêteté même et un certain air de simplicité noble auquel on n'était plus accoutumé et qui nous reprend. Puis on en est déjà las; on n'y trouve plus rien [1] ».

Le 8 décembre 1843, dans une représentation extraordinaire, l'affiche réunit la *Lucrèce* de Ponsard et la *Lucrèce Borgia* de Hugo; M*ᵐᵉ* Georges, qui jouait la Lucrèce romantique, l'emporta sur M*ᵐᵉ* Dorval, que l'on osa siffler et qui dut employer la police pour imposer silence au parterre.

En octobre 1844, Bocage fit sa rentrée à l'Odéon dans le rôle de Brute; et en janvier 1846, M*ˡˡᵉ* Préval débutait par le rôle de Lucrèce. La tragédie, autrefois portée aux nues, glissait déjà dans l'oubli.

Rachel, dont l'ambition paraît avoir été de souffler la flamme de la vie sur les chefs-d'œuvre morts, essaya

---

1. *Chr. paris.*, 30 septembre et 4 octobre.

de ressusciter *Lucrèce*. Dès le mois de mars 1847, Ponsard nous apprend dans une lettre que le Théâtre Français se dispose à monter sa tragédie; en 1848, cette reprise était déjà décidée, quand les évènements politiques vinrent encore la favoriser; et en mars, *Lucrèce* fut transférée au théâtre de la République: Rachel jouait Lucrèce et Beauvallet Brute; Rachel souleva toute la salle avec un vers du songe:

J'essayais de bouger, et je ne pouvais pas [1].

Le grand succès de Ponsard eut son cortège d'adversaires et d'apologistes [2].

Enfin, cette tragédie franchit les frontières; sans parler des traductions qui en furent faites [3], nous signa-

1. Cf. Th. Gautier: *Art dramat.*: t. V, p. 251 — G. Brandès (*les grands courants de la littérature en Europe au XIX⁰ siècle*, t. V), qui dit tenir ces détails d'un témoin oculaire, rapporte que l'impression produite par Rachel fut immense: « on attendait dans un grand silence que le rideau se levât. Il se leva, et nous vîmes Rachel, sous le costume de Lucrèce, filant, assise au milieu de ses femmes; déjà auparavant, tout avait été silencieux, mais lorsqu'elle releva les yeux, et ouvrit les lèvres pour dire à son esclave les premières paroles: *Lève-toi, Lodice*, il se fit un tel silence que l'on entendit les marchandes de fruits, au dehors, sur la place, vendre leurs oranges ».

2. Les principales brochures hostiles à Ponsard furent:

L'anti-Lucrèce, 31 p.; sans nom d'auteur; peut-être faut-il l'attribuer à Marc Fournier (1843).

Lucrèce Collatin ou la vertu mal récompensée, complainte qui s'abattit dans la salle de l'Odéon pendant un entr'acte, le 20 décembre 1843.

L'anti-Lucrèce ou critique raisonnée de Lucrèce, par Urbain Gauthier (Aristophane Philostradin), 1844, 172 p.

Une parodie en vers (1 acte) fut jouée à Bordeaux le 7 octobre 1843; les auteurs étaient: G. Richard et Ch. Monselet.

Une apothéose de *Lucrèce* fut représentée au Gymnase le 1ᵉʳ juin 1843, sous ce titre: *Lucrèce à Poitiers ou les écuries d'Augias* (par Léonard de Châtellerault).

M. Sieglerschmidt eut la prétention de se tenir à égale distance de l'admiration outrée et du dénigrement, dans sa brochure intitulée: *Examen et appréciation impartiale de la tragédie de Lucrèce* (1844, 66 p.): c'est une analyse lourde de la pièce, et une critique des incorrections saillantes.

3. En voici quelques-unes: *Lukretia*, uebersetzt von Ernst Freiherrn von

lerons une tragédie allemande, intitulée *Brutus und Collatinus*, qui, en 1867, obtint le prix Schiller; l'auteur, Albert Lindner, jeune professeur du Gymnase de Rudolstadt, imita Ponsard, comme en témoigne l'analyse de son œuvre, faite par W. Bormann, dans la *Zeitschrift für vergleichende litteraturgeschichte*[1]; pourtant le titre est changé, et avec raison, parce que la pièce ne s'arrête pas au suicide de Lucrèce; cette mort n'est que le sommet de l'action, qui se poursuit pendant deux actes jusqu'à la chute du pouvoir de Brutus. Le sacrifice de Lucrèce est suivi de l'exil de Collatin, et de l'héroïsme de Brutus tuant ses deux fils coupables: après la mort de Lucrèce, Rome n'était délivrée qu'à l'extérieur; la liberté proclamée recevra plus de prix du renoncement de Collatin et de l'empire que Brutus exerce sur lui-même; Lindner a donc voulu faire tenir dans sa tragédie l'histoire entière de la fondation de la République Romaine. Le prix qu'il obtint lui permit de concevoir de hautes espérances de gloire; mais l'avenir les démentit cruellement. Les poètes de la « *Jeune Allemagne* », Ch. Gützkow, en tête, attaquèrent vivement une tragédie, dont le sujet était antique, dont le plan et le style étaient défectueux, et qui déguisait mal un plagiat presque continuel.

Zundt, München, 1843; — *Lukretis*, uebersetzt von D' Stolle, München; — M⁰⁰ d'Agoult signale en ces termes à Ponsard la 4ᵉ ou 5ᵉ traduction de sa pièce en allemand : « elle est d'un M. Philippi, précepteur des enfants de Salverte; c'était chez Lehmann; Herwegh y était. Il a suivi, la *Lucrèce* en main; il en sent bien les beautés, et a fait les critiques les plus justes à ce doux Allemand, qui a allongé, modifié et emmiellé le tout, à l'usage, je crois, des jeunes demoiselles qui désirent s'instruire dans l'histoire romaine » (*lettre inédite*). — Une traduction hollandaise par d'Ancona, parut à Amsterdam en 1847, etc. —

1. 2ᵉ et 3ᵉ parties du 10ᵉ volume, 1896.

Lindner mourut dans la misère, et paya cher son triomphe d'un jour, qu'il eut tort de ne pas abriter modestement sous le nom de Ponsard.

II

Ponsard, nous l'avons vu, se déroba de bonne heure aux ovations de la société parisienne, et, vers la fin de mai, partit pour Vienne, où il retrouvait la solitude. Il aurait pu, en habile faiseur, profiter du courant qui en quelques mois l'avait porté si haut, et donner bien vite une seconde pièce, qui, abritée sous le patronage de *Lucrèce*, aurait eu toutes les chances de succès. Au contraire, il eut à cœur de justifier les espérances que la critique avait fondées sur lui.

Après quelques tâtonnements, Ponsard puisa dans l'histoire du moyen âge, sa pièce d'*Agnès de Méranie*, jouée le 22 décembre 1846.

A cette date, la situation littéraire n'était plus la même qu'en 1843 : le succès de *Lucrèce* avait été comme le suprême effort du parti classique, se sentant à la veille d'être vaincu. En effet, V. Hugo était entré à l'Académie le 7 janvier 1841, et il répondait aux félicitations ironiques d'A. Karr : « en somme, je suis dans la place... les Académies, comme tout le reste, appartiendront à la nouvelle génération. En attendant, je suis la brèche vivante par où ces idées entrent aujourd'hui et par où les hommes de pensée et d'avenir entreront demain [1] ».

Les idées nouvelles faisaient leur chemin : en avril

---

1. Cité par Biré : *V. Hugo après 1830*, t. II, p. 51.

1844, Sainte-Beuve et Mérimée sont élus académiciens; le docteur Véron prend la direction du *Constitutionnel*, et en évince le parti classique qui y régnait depuis longtemps; le 8 mai 1845, De Vigny et Vitet deviennent académiciens, et Sainte-Beuve commente ainsi ce choix : « décidément c'est l'heure de ce qu'on a longtemps appelé les jeunes générations; elles arrivent, elles se casent, elles s'assoient [1] ».

Pendant que le romantisme étendait ainsi ses conquêtes, le parti opposé accaparait violemment Ponsard, l'enrégimentait, et comptait se servir de lui, pour mener l'assaut de la doctrine exécrée. Sous son patronage, une École se fondait, l'*École du Bon Sens*, dont se réclamaient quelques jeunes et libres esprits, A. Ponroy, Latour de St-Ybars, E. Augier. Dans leurs lettres, les amis du poète ne lui ménageaient pas les conseils : personne ne montra une intelligence plus affectueuse que Mme d'Agoult, celle qui, en parlant de la première pièce de Ponsard, disait: « notre *Lucrèce* »: « il vous faut, lui écrit-elle, arriver à l'autorité... Je ne sais si je m'abuse, mais il me semble que la question se pose ainsi pour vous: ou bien une chute qui vous remet en question, et ajourne tout, ou bien un succès qui vous fait roi [2] ».

Sous l'œil vigilant de ses amis, Ponsard travaillait avec courage : il refuse toutes les distractions et s'enferme à Mont-Salomon. Cependant l'œuvre n'avançait que lentement: on peut suivre dans les lettres de Ponsard à Bocage, les phases de l'enfantement pénible d'*Agnès*. Tantôt il envoie à Bocage des fragments

---

1. *Chron. paris.*, p. 321. — Cf. le *Discours de réception* de Vigny (27 janvier 1846), dans lequel se trouve une apologie du romantisme.
2. *Lettre inédite*, 6 janvier 1844.

dont il est satisfait; tantôt il lui recommande de les déchirer: « c'est faible et mou... le commencement est beaucoup trop lâche. Je referai tout cela »; tantôt il est désespéré : « hélas! hélas ! ne vous attendez pas à quelque chose de beau; il s'en faut bien que cela vaille *Lucrèce*. En concevant le sujet, j'avais des espoirs ambitieux d'effet et d'intérêt. Mais de loin c'est quelque chose, et de près ce n'est rien ». Il fait subir à sa pièce toutes sortes de corrections et de retouches.

Dans l'intervalle, Ponsard se préoccupait de choisir le théâtre qui jouerait sa pièce. Sa tactique fut d'abord de se dérober à tout engagement définitif. Il jugeait sévèrement, dans ses confidences à Bocage, le directeur de l'Odéon, Lireux, qui n'avait pas même su profiter de la vogue de *Lucrèce*. Le Théâtre Français lui paraissait présenter beaucoup d'avantages, avec son public plus réfléchi, et surtout son incomparable Rachel. Sur ces entrefaites, Bocage est nommé directeur de l'Odéon, 1ᵉʳ juin 1845, et Ponsard n'abandonna pas sans regret l'idée de porter sa pièce sur la première scène de Paris: « allons! qu'il en soit ainsi, voilà le oui fatal qui me marie à l'Odéon. C'est une énorme résolution que je prends en cinq minutes. J'en aurai mal à la tête, toute une semaine. J'aurais mieux aimé que vous eussiez été Philippe-Auguste aux Français, que Rachel eût été votre Agnès. Enfin, il faut espérer que nous trouverons une Agnès »; cette Agnès ce fut Mᵐᵉ Dorval.

La pièce mettait aux prises le pouvoir temporel et le pouvoir spirituel. Philippe-Auguste a chassé sa première femme, Ingelberge de Danemarck, pour épouser Agnès de Méranie; des prélats dociles ont prononcé à Compiègne un arrêt de divorce. Mais trois ans après, le nouveau pape, Innocent III, qui s'est posé en défenseur du mariage, envoie son légat à Philippe pour le menacer des peines canoniques, s'il ne rappelle pas sa femme légitime Ingelberge. Devant le refus du roi, le légat commence par mettre l'interdit sur le domaine royal; Philippe répond par des représailles, pendant que la reine, cachée au fond de son palais, pleure, et que la malédiction publique s'acharne après elle. Guillaume des Barres, le loyal chevalier, supplie le roi d'entendre la voix de son peuple, écrasé sous la double persécution du pape et du roi :

> Sire, ayant entrepris une lutte impossible
> Il est beau de céder plus que d'être inflexible
> Enfin, quand vous avez à choisir, Monseigneur,
> Ou du bonheur public, ou de votre bonheur,
> S'il faut sacrifier un intérêt à l'autre,
> Ce n'est pas l'intérêt du peuple, c'est le vôtre. (II, 3).

Agnès, dont l'âme est traversée par de douloureux combats, prend enfin, sur les conseils de Guillaume, l'héroïque résolution de partir, s'arrachant à ce palais qui garde ses amours. Sur la route de l'exil, elle est assaillie par la foule menaçante; heureusement, Philippe prévenu se précipite, en un clin d'œil, il maîtrise la fureur populaire, et il revient, ramenant Agnès presque évanouie. C'est alors que le roi porte l'affaire devant la cour de ses barons. Là, se heurtent les deux pouvoirs que l'action a mis aux prises dès le début; les deux grandes voix, qui ont traversé le moyen âge se font entendre tour à tour : le roi en appelle à la fidélité de ses barons, le moine à la foi des « chrétiens » :

> Si vous êtes loyaux, songez à votre vœu
> Si vous êtes chrétiens, songez à votre Dieu. (V, 2).

Ce dialogue morcelé est interrompu par l'arrivée d'Agnès : elle s'avance auprès du moine, lui confie qu'elle s'est empoisonnée et qu'elle va mourir. Le moine la repousse, et Philippe se précipite vers elle, juste à temps pour recevoir son adieu suprême ; enfin le moine lui-même s'attendrit : il fait espérer le pardon de Dieu à la pauvre victime, qu'une épreuve trop rude a brisée, adoucit ses derniers instants par la promesse que ses enfants seront légitimés [1].

Les amis et les adversaires de Ponsard comprenaient qu'*Agnès* allait décider de l'avenir dramatique du poète. Le résultat pourtant fut indécis. *Agnès* ne fut pas sifflée, par respect pour le nom de Ponsard, et à cause de la réserve de bon goût qui s'imposait à un parterre distingué.

Tous ceux qui, comme Mme d'Agoult, suivaient du regard avec sollicitude l'astre du nouveau poète, proclamèrent qu'*Agnès* était digne de sa sœur aînée; dans la loge de Mme de Castellane, quelques-uns des plus ardents amis de Ponsard s'étaient réunis, et la duchesse résumait leur impression, en disant qu' « ils

---

[1] Ponsard n'a pas respecté le dénouement que lui offrait l'histoire : son état de grossesse avancée n'ayant pas permis à Agnès de franchir la frontière, elle s'était retirée au château de Poissy, où elle mourut de chagrin dans les premiers mois de l'année 1351. L'héroïne de Ponsard meurt d'une mort banale ; elle se suicide avec le poison, alors que la véritable Agnès, brisée par l'abandon du roi, ne put se reprendre à la vie.

avaient vu avec orgueil se réaliser leurs espérances [1] ».

En revanche, les journaux, qui n'avaient pas attendu la représentation pour dénigrer *Agnès*, menèrent grand bruit de l'insuccès de la pièce. J. Janin lui-même écrivit au *Journal des Débats* que Ponsard était « tombé dans un abîme lamentable »; et, plus tard, il faisait allusion à la défaite d'*Agnès de Méranie*, à « ce désastre incroyable, cet abandon inouï, cet anéantissement immense d'une victoire si prématurée [2] ». Les petits journaux firent assaut d'ironie mordante. Le *Coureur des Spectacles* (24 décembre) juge très sévèrement *Agnès*, avec ses « pauvretés », ses « négligences », son « tohu-bohu d'incohérences ». Le *Corsaire - Satan* publia, le 27, une épigramme qu'il intitula « billet de faire part ».

Ponsard faisait effort pour bien augurer de la fortune d'*Agnès* : « Je ne sais trop ce que c'est ; les uns crient bravo, les autres m'abîment. En somme, je crois que je me suis à peu près maintenu, au moins littérairement... la tactique de mes ennemis est que la pièce est tombée à plat, que c'est ennuyeux, etc.,

---

1. *Billet inédit* du 26 décembre. — Mérimée qui, à Vienne, avait assisté à une lecture d'*Agnès*, ne voulut pas attendre au lendemain, pour féliciter Ponsard, dont l'*Agnès* lui avait « paru aussi aimable à Paris qu'à Vienne »: *lettre inédite*. — Ponsard reçut encore un témoignage très flatteur du Ministre de l'Instruction publique, M. de Salvandy, qui lui écrivait, le 26 décembre : « la journée d'hier, Monsieur, a passé contre mon gré, sans que j'aie pu vous dire mes vives impressions de la veille, et vous féliciter comme je le voudrais. Je ne puis m'en consoler. J'ai surtout à féliciter mon pays et mon temps. Je puis me féliciter moi-même de la fortune qui marque l'époque de mon administration par les succès les plus éclatants de la science et de la poésie. Je méritais ces hasards heureux par la manière dont j'en jouis pour la France, pour les lettres et les sciences, pour les hommes tels que vous... ».
2. *Rachel et la tragédie*, p. 110.

et tout cela répété par douze journaux, ne laisse pas que de faire du mal [1] ».

Bien des circonstances défavorables hâtèrent la chute d'*Agnès de Méranie* : d'abord elle fut mal jouée. Seul, Randoux, dans le rôle du moine, obtint de vifs applaudissements; mais Bocage était très enrhumé, et sa diction saccadée, ses gestes exubérants et emphatiques excitèrent la verve des feuilletonistes. M⁽ᵐᵉ⁾ Dorval elle-même, servit mal les intentions du poète : pour jouer un rôle fait de fraîcheur ingénue, d'amour jeune et souriant, la grande artiste n'avait aucune des qualités nécessaires ; et Mérimée, Th. Gauthier, J. Janin, ne purent que constater son insuffisance.

Le décorateur et le costumier s'acquittèrent aussi mal que possible de leur emploi ; sauf à l'acte V dont la décoration était riche et élégante, l'œil fut désagréablement impressionné par des couleurs fausses et criardes, par une mesquine architecture « de pendule et d'assiette montée [2] ».

L'inévitable parodie guettait le drame de Ponsard ; elle conserva pourtant un peu de respect pour une pièce tombée, et s'armant de l'arme légère de l'esprit, se souvint que ses coups frappaient un cadavre. La *Nièce de Mélanie* (1847) [3] suit le drame de Ponsard scène par scène, et ne lui ménage pas les critiques justes; les défauts de la pièce s'y accusaient avec la saillie plus nette de la caricature, et chaque coup porté perçait l'armure moyenageuse du poète.

1. *Lettre inédite*, janvier 1847.
2. Th. Gauthier : *Art dram.*, IV, p. 209.
3. Tragi-bouffonnerie, mêlée de prose, de vers, de couplets et vignettes, avec un prologue, cinq actes et un épilogue ; elle se vendit à Paris, chez tous les libraires, dès les premiers jours de 1847. — une brochure, 63 pages, in-32.

On vit alors, dans le camp des fidèles de Ponsard, se lever un défenseur : son admiration semblait avoir grandi de toute l'irritation causée par un échec imprévu, et par le ridicule jeté sur une œuvre de valeur: Alexandre Dufaï publia une brochure sous un titre ambitieux : *Agnès de Méranie et les drames de V. Hugo étudiés et comparés*[1]. C'est un long et vigoureux panégyrique en l'honneur de Ponsard, dont les pièces, même l'*Agnès* tant raillée, sont jugées très supérieures aux drames de Hugo, et mises presque à côté des tragédies des maîtres, Corneille et Racine. L'auteur a du goût, des connaissances et de la verve : il ne craint pas de faire toucher du doigt les points faibles de cette tragédie, qu'il met pourtant au dessus de *Lucrèce* pour le style, la vérité des sentiments et l'intérêt de l'action : c'est, dit-il, « l'œuvre après l'essai ». Malheureusement, il quitte le ton du critique, pour prendre celui du pamphlétaire, chaque fois que le nom de V. Hugo se rencontre sous sa plume : à l'en croire, l'école d'Hugo est l'école du *non-sens*, il renvoie les romantiques à leur « vénérable aïeul Mascarille », et perdant toute retenue, il ose écrire que la moralité du théâtre de V. Hugo, « convient à un parterre de galériens, de prostituées et de bouffons, de laquais ou de vieux imbéciles ». Par excès de zèle, Dufaï commettait la pire des fautes : il ravalait si bas le théâtre romantique, qu'il faisait douter de son impartialité, et ne paraissait élever si haut Ponsard que

---

[1]. Brochure de 84 pages in-8°, plus 6 pages d'avant-propos ; la *Nouvelle Revue Encyclopédique* en publia un compte-rendu dans son numéro de juillet 1847.

pour lui donner comme piédestal la statue indignement renversée de son rival [1].

Une étude attentive de la pièce va nous convaincre qu'elle ne méritait ni l'enthousiasme de ses apologistes, ni le dédain de ses détracteurs.

L'action, telle que l'a conçue le poète, est très simple: Philippe résistera-t-il ou non au pontife qui lui ordonne de quitter Agnès pour reprendre Ingelberge, sa première épouse? Ponsard, à qui l'on reprocha l'indigence de sa fable tragique, s'abrite derrière la haute autorité de Racine, qui disait dans la préface de *Bérénice*: « il y en a qui pensent que cette simplicité est une marque de peu d'invention. Ils ne songent pas qu'au contraire toute l'invention consiste à faire quelque chose de rien ». Néanmoins, l'art savant de Racine n'a pu masquer la pénurie d'incidents dramatiques d'un pareil sujet, et l'auteur de *Bérénice* n'a écrit que la plus suave et la plus tendre des élégies.

Le sujet choisi par Ponsard était encore moins favorisé sous le rapport de l'action; car si Titus reste jusqu'au bout maître de prendre une décision et de heurter le préjugé des Romains, qui répugnent à se voir commandés par une reine étrangère, dans le drame de Ponsard, Philippe et Agnès luttent contre une puissance, à qui la victoire est assurée:

Celui qu'il faut fléchir, pauvre femme, est à Rome (IV, 4).

---

[1] A. de Bougy riposta, au nom de l'*École de l'imagination*, par ses *Turlupinades à l'encontre des pédagogues et des cuistres de l'École du Bon Sens*, (broch. in-32, 32 p. 1847); il flétrit les procédés de la réaction, qui apporte, dit-il, dans les querelles littéraires, « une furieuse et intolérante admiration, un fanatisme sauvage ».

dit le légat. Ni les menaces de Philippe, ni les larmes d'Agnès ne peuvent faire avancer la question d'un pas, et le dénouement s'impose dès le début.

C'est donc une même situation, que le poète a traitée dans les quatre actes qui suivent l'arrivée du moine : Agnès partira-t-elle ou non? Qui prendra l'initiative du sacrifice, Philippe ou Agnès elle-même? Une fois l'interdit jeté sur la terre de France, aucune péripétie ne renouvelle plus une action qui tourne sur elle-même, et que les décisions des personnages intéressés traînent d'acte en acte jusqu'au dénouement prévu. Ponsard a noué sa pièce dès la fin de l'acte I, et n'a su comment la faire évoluer dans la suite. Loin de nous la pensée que Ponsard eût mieux fait de masquer les vides de l'action par ces épisodes romanesques, ou fantasmagoriques, auxquels se plaisait le drame de Hugo et de Dumas; qu'il n'ait pas mis sur la scène les jeux poétiques des trouvères et des jongleurs, le fracas des cuirasses, les couleurs chatoyantes des chevaliers entrant en lice pour conquérir, en l'honneur de leurs dames, la palme de la vaillance; qu'il n'ait pas entr'ouvert la profondeur sombre et mystérieuse de la cathédrale gothique, qu'il ait méprisé tout ce bric à brac de l'histoire, où le décorateur a plus de part que le poète, personne ne songerait à l'en blâmer [1]. Au contraire, la hardiesse était grande, de se renfermer dans un drame intime, et de ne devoir ses effets qu'à l'étude du cœur humain. Mais quand nous avons entendu les éclats

---

[1]. Ponsard avait d'abord donné à son sujet de plus vastes proportions, puisque Mérimée lui écrivait après la représentation : « J'espère que vous vous rendrez à l'impression, les moines de Saint-Denis et les bourgeois de Paris : *lettre inédite.*

de colère de Philippe, les plaintes mélancoliques d'Agnès, la parole obstinée du légat, notre curiosité n'est pas satisfaite, et d'acte en acte, nous nous impatientons d'aller sans détour vers un dénouement fixé d'avance.

Ces réserves faites, il est juste de louer le caractère touchant du sujet: que d'émotion et de force dramatique dans cette aventure, qui heurte dans un grand duel le trône de France et la puissance colossale de la papauté, et qui meurtrit l'âme d'une victime innocente, fleur de la beauté et reine des amours! Pour que le drame soit plus poignant, Ponsard a orné de toutes les délicatesses et de tous les charmes de la poésie la peinture du bonheur des deux époux; aussi quelle surprise, quand ce gracieux édifice de joie sereine et de riant avenir s'effondre tout à coup! On peut sourire de l'amour élégiaque d'Agnès, qui s'attarde au plus fort de sa douleur, à chanter, comme on a dit, une tyrolienne [1]. Néanmoins, Ponsard a célébré, avec des accents pénétrants, le sentiment de la vie de famille: Agnès est épouse et mère, avant que d'être reine; et quand son cœur parle, elle attendrit jusqu'au rude baron Guillaume.

Les contemporains nous disent que le parterre ne sut pas gré à Mᵐᵉ Dorval d'avoir mis en relief l'amour

---

1. Agnès rêve de partir avec Philippe:

Il est dans mon Tyrol
Des bords hospitaliers plus que ce triste sol.
O mes bois, mes vallons, mes campagnes rousses,
Comme je goûterais chez vous sa tendresse!
Immenses horizons, de quel geste orgueilleux,
Je lui déroulerais vos tableaux merveilleux!
Et quel bonheur j'entendre, à son bras suspendue,
La lointaine chanson tant de fois entendue! (acte III, sc. 3).

conjugal et maternel d'Agnès, et qu'il réserva ses applaudissements pour les tirades politiques.

Certes, il y a de la grandeur dans cette lutte de Philippe contre le pape; écoutez le roi s'élever, au nom de l'esprit national et laïque, contre la théorie d'une théocratie universelle : *Dis au pape*,

Dis-lui que je connais son empire et le mien,
Ce qui touche à l'État ne le regarde en rien ;
Il peut bien disposer des célestes domaines,
Mais non pas, s'il te plaît, des couronnes humaines ;
Car mon droit et son droit, l'un de l'autre isolés,
Viennent d'en haut tous deux. Mon sceptre vaut ses clés [1].

De même, le monologue du légat déroule des flots de poésie, et il fait penser sans trop de désavantage au fameux monologue de Charles-Quint dans *Hernani* :

Puissance de l'Église ! A cette époque même,
Où le droit de l'épée est la raison suprême,
Un homme seul, armé du seul glaive des lois,
Parmi leurs légions, peut triompher des rois !
O miracle inouï, que dans la turbulence,
Quand le pontife parle, il se fasse un silence :
Qu'en ce débordement que l'on voit aujourd'hui,
Les flots des passions reculent devant lui ! —
Parfois les royautés s'indignent de l'entrave :
On menace le pape, on l'insulte, on le brave ;
Mais le pontife saint, fort de la vérité,
Dans les rébellions marche vers l'unité (III, 1).

Quelle que soit l'élévation de ce langage, la beauté

---

1. Acte III, sc. 7. — Ponsard avait lu l'*Histoire de Philippe-Auguste*, par Capefigue ; il semble même avoir connu un mémoire de H. Géraud, sur l'*Ingeburge de Danemark*, publié dans la bibliothèque de l'École des Chartes (t. I, 2ᵉ série, 1846).

supérieure du sujet réside dans la peinture de ces deux
caractères de Philippe et d'Agnès, de l'âme hautaine
de l'un et du cœur tendre de l'autre, qui sont aux
prises avec la fatalité la plus douloureuse. Philippe
n'est plus ce prince « cauteleux, plus politique que
guerrier », que nous a montré Michelet; mais un
héros de chevalerie et de courtoisie, et sa rude figure
de baron féodal s'éclaire d'un reflet de sentimentalité
conventionnelle. Cependant, la plupart du temps, dans
les plaintes d'Agnès et dans les explosions de Philippe,
on entend vibrer l'écho de la grande passion; c'est elle
qui dicte la tirade d'Agnès, impuissante à jouer
plus longtemps la comédie de l'indifférence, et ouvrant
enfin son cœur plein d'amour:

> Qui! moi, je t'abandonne!
> C'est faux. Je t'aime. Enfin le silence est rompu.
> C'est assez m'efforcer; j'ai fait ce que j'ai pu.
> Je t'aime. C'est trop peu, Philippe, je t'adore.
> Je t'adorais, heureux; malheureux, plus encore.
> Va, le pape peut bien lancer des interdits,
> Désoler l'univers, fermer le paradis;
> Il peut tout; il est maître et du corps et de l'âme;
> Mais il ne peut tarir l'amour chez une femme (IV, I).

Agnès n'aime peut-être pas avec l'emportement et le
délire d'une héroïne romantique; elle est la sœur
moins de Dona Sol que de Bérénice; quand l'heure
de la séparation est venue, son courage faiblit; mais
ce mélange de fermeté et de faiblesse la rend plus
vraie et plus touchante encore.

Quelques années après Ponsard, M. Legouvé écrivit,
dans un esprit tout différent, un drame: les *Deux*

Reines de France, Agnès et Ingeburge [1]. Les violences et les mensonges de Philippe y sont présentés sous le jour le plus odieux; par caprice de despote, par fantaisie d'un amour inconstant, Philippe attend le jour même où son mariage doit s'achever avec Ingeburge, déjà épousée par procuration, pour s'apercevoir qu'il la hait, et qu'il destine à une autre son trône et son cœur.

Agnès et Ingeburge luttent d'héroïsme, et planent bien au-dessus des faiblesses humaines; convaincues qu'il faut « une victime au salut de la France », elles s'offrent tour à tour; enfin, Agnès met ses enfants dans les bras d'Ingeburge, et s'agenouille devant elle. Où est la vraisemblance dans un pareil dénouement? est-on en présence d'êtres de chair et d'os? L'Agnès de Ponsard s'élevait jusqu'au sacrifice, mais que d'hésitations! que de retours en arrière, avant d'exécuter la résolution prise! en un mot, elle était femme; les deux reines de Legouvé ne sont que de purs moyens dramatiques.

Comme le sujet de *Lucrèce*, celui d'*Agnès de Méranie* fut traité par un lauréat du prix Schiller [2]: Franz Nissel (1831-1893) fut couronné en 1878 avec son *Agnes von Meran*, publiée en 1892, à Stuttgard.

Comme Ponsard, il a suivi Capefigue; mais il prend avec l'histoire de singulières libertés: Agnès n'est pas encore la femme de Philippe-Auguste; elle se prépare seulement à célébrer son mariage avec un chevalier Français, qu'elle ne sait pas être le roi en personne. Elle ignore aussi le mariage antérieur de Philippe,

---

1. *Théâtre complet*, édit. de 1872, p. 172.
2. Cf. *Zeitschrift für vergleichende Litteraturgeschichte*, 1898.

qui lui est révélé par Ingeburge: la situation est des plus romanesques, et ne conserve aucune des données de l'histoire. Le caractère d'Ingeburge est bizarrement conçu: jeune et belle, elle repousse le roi et ses baisers, parce qu'autrefois elle a aimé un jeune homme, qui, forcé de renoncer à elle, s'est suicidé; Philippe ne veut pas d'une femme froide, sans amour et toute confite en dévotion; il la répudie, comme parente. Faut-il ajouter que cette Ingeburge tient obstinément à son union avec le roi qu'elle n'aime pas, qu'elle insiste jalousement et avec un air de défi sur ses droits sacrés et sur sa dignité royale? Elle ne veut pas, dit-elle, que le sacrifice qu'elle a fait en épousant Philippe soit vain, et elle croit par là rester fidèle à l'esprit de renoncement du christianisme. Cette conception de l'esprit chrétien vaut le respect de Nissel pour l'histoire; il suffit de connaître ces altérations pour rendre inutile un parallèle plus complet avec le drame touchant et élevé de Ponsard [1].

III

L'échec d'*Agnès de Méranie* ruinait des espérances de gloire que Ponsard avait cru solidement assises. Il se remit difficilement au travail, d'autant plus que son père était mort presque subitement le 20 mars

---

1. Avant Ponsard, les malheurs d'Agnès de Méranie avaient inspiré une tragédie à Amédée de Cesèna (1842). — M⁽ᵐᵉ⁾ Désormery en avait fait le sujet d'un roman, et Viennet les avait chantés dans son épopée, la *Philippide* (1828).

Nous ne citons que pour mémoire une pièce intitulée: le *Royaume en interdit* (brûlée à Rome, en 1788); une *Agnès de Méranie*, de Léon Thiessé, interdite par la Restauration; enfin, le premier acte d'une pièce sur le même sujet, qui parut en 1828 dans le *Commerce*.

1847. Le premier sujet qu'il eut l'intention de traiter fut celui de *Frédégonde*; mais il l'abandonna quand parut l'*Histoire des Girondins* de Lamartine. En effet, le théâtre s'empara aussitôt des évènements de cette époque pour laquelle l'éloquence de Lamartine avait passionné la foule. Dès le 3 août 1847, Al. Dumas faisait jouer au Théâtre Historique le *Chevalier de Maison Rouge*, qui mettait en scène le procès des Girondins et leur dernier banquet.

Ponsard, que son amitié pour Lamartine avait rendu un lecteur enthousiaste de l'*Histoire des Girondins*, s'ouvrit à ses confidents ordinaires du projet de porter à la scène les épisodes les plus dramatiques de la période révolutionnaire: c'était une entreprise dangereuse et la duchesse Decazes ne s'y trompa pas: « la pièce, lui écrivait-elle, réveillera des souvenirs douloureux et haineux. Vous ferez parler des personnes que vous, vous n'aurez pas connues, mais que d'autres ont connues. Vous parlerez d'évènements passés à des personnes pour lesquelles ces évènements sont du présent [1] ». Ponsard ne se laissa pas arrêter par ces considérations judicieuses.

Dès le mois de juillet 1847, on savait que Ponsard s'occupait d'une tragédie sur Charlotte Corday [2]. Quand la Révolution éclata, l'acte III était écrit, au moins en partie, car la *Revue indépendante* publia (25 février 1848) la première scène de cet acte.

Des difficultés sans nombre faillirent arrêter la représentation de *Charlotte Corday*; en 1850, on

1. *Lettre inédite* du 21 juin 1847.
2. Cf. une lettre de Louise Colet au *Constitutionnel* du 22 juillet 1847, publiée par Vatel (t. I, p. 295): *Charlotte Corday et les Girondins*, 3 vol. (1864-72).

assistait à une réaction contre les hommes de Février, et les milieux gouvernementaux se montraient hostiles aux souvenirs de la Révolution.

Aussi Ponsard était-il impatient de voir sa pièce sur la scène : « je conviens, écrit-il à Bocage, qu'il serait bon que *Charlotte* fût jouée le plus tôt possible. On ne sait pas ce qui peut arriver, et ma pièce, commencée sous la monarchie, terminée sous la République, pourrait bien être représentée ou supprimée sous autre chose [1] ».

Comment cette œuvre serait-elle accueillie par le directeur du Théâtre Français, A. Houssaye, partisan dévoué des romantiques, et par Rachel, qui régnait souverainement rue de Richelieu ?

Le Comité de lecture ne fut pas favorable à la pièce de Ponsard qu'il jugeait inopportune et dangereuse, en raison de la situation politique ; pourtant elle fut reçue [2].

Une lettre de Rachel nous apprend qu'une seconde lecture de la pièce fut faite, au lendemain de l'admission, lecture, ajoute-t-elle, « fort nécessaire pour valider le vote blanc de mes camarades de la rue Richelieu [3] ». Elle se montra déjà moins enchantée de son rôle.

Le ministre, Ferdinand Barrot, refusait son approbation ; il craignait que la pièce ne fît trop de bruit,

---

1. *Lettre inédite.*
2. Il ne faut pas accepter sur *Charlotte Corday* le récit d'A. Houssaye au tome III de ses *Confessions*, car il contient beaucoup d'inexactitudes ; ainsi il a dit qu'il décida du sort de la pièce, en jetant dans l'urne une boule blanche, car l'admission ne fut votée qu'à une voix de majorité ; en réalité les votes se répartirent ainsi : 7 boules blanches, 1 pour la réception avec correction, 4 pour le refus. (7 décembre 1849, *Archives de la Comédie-Française*).
3. Cf. d'Heylli. *Rachel d'après sa correspondance*, p. 96.

et que le public ne s'indignât de voir Marat en scène. Comme la censure officielle était abolie, on convint avec l'auteur que le drame serait soumis à l'épreuve d'une lecture publique dans les salons du Ministère : devant cet aréopage d'académiciens, de députés, de hauts fonctionnaires, parmi lesquels Houssaye et Rachel avaient pris place (5 mars 1850), Ponsard lut sa pièce. L'auditoire fut gagné par la grandeur des situations et par la poésie simple et vraie des détails, et le Ministre comprit que le langage révolutionnaire qu'on y parlait serait inoffensif : « l'effet un peu froid de la lecture fit juger la pièce sans inconvénients », dit Hallays-Dabot [1].

Rachel avait refusé le rôle de Charlotte. A. Houssaye pense « qu'elle eut peur de se trouver à la scène au milieu de toutes ces images tachées de sang »; la raison ne peut être admise, car, en 1854, Rachel jouera la *Rosemonde* de Latour-Saint-Ybars, drame féroce et hideux, dans lequel on voit Rosemonde refusant de boire dans le crâne de son père, et faisant assassiner par son amant le roi des Lombards, son maître et son vainqueur. Le véritable motif de ce refus était le désir qu'avait Rachel de se faire pardonner la *Marseillaise*, qu'un soir elle avait chantée, le drapeau à la main, sur la scène du Théâtre de la République, après une représentation de *Lucrèce* (6 mars 1848). Le parterre s'était habitué à redemander l'hymne national à la grande artiste, qui s'aperçut enfin qu'elle avait tort de servir les passions révolutionnaires. Ajoutons aussi que Rachel se trompa sur l'importance du rôle de Charlotte, qui ne lui

---

1. *Histoire de la Censure Dramat. en France*, p. 329.

paraissait pas comporter de grands effets ; ce n'est pas la première fois que Rachel s'illusionnait ainsi, et prouvait la faiblesse de son sens littéraire: parmi les pièces modernes qu'elle a jouées, de laquelle se souvient-on encore? est-ce du *Vieux de la Montagne*, de *Rosemonde*, de *Lady Tartufe*, de la *Czarine*?

On confia le rôle de Charlotte à Judith, qui accepta courageusement une tâche devant laquelle Rachel avait reculé. On ne savait à qui donner le personnage de Marat, qu'attendaient les antipathies du public ; Geoffroy s'offrit : c'était, après Samson et Beauvallet, le plus ancien sociétaire de la Comédie-Française, et il avait souvent fait applaudir ses qualités d'intelligence et de science théâtrale; comme il était un peintre distingué, il se préoccupa, pour composer son personnage, de mettre la plus grande vérité historique dans le costume et dans l'attitude: « il fit de Marat, dit A. Houssaye, un portrait vivant que David eût signé [1] ». Bignon joua Danton et Fonta Robespierre.

Le soir de la première représentation le pouvoir avait pris des mesures exceptionnelles pour prévenir le désordre ; mais le public conserva une attitude bienveillante et digne, pour écouter la tragédie de Ponsard.

Nous sommes au 22 septembre 1792, la République vient d'être proclamée par la Convention, et les Girondins, assis à la table de M°° Roland, célèbrent l'ère républicaine qui vient de s'ouvrir. Vergniaud porte un toast à la République naissante.

Danton, convoqué par Sieyès, vient offrir sa main

---

1. *Confessions*, III. p. 91.

en signe d'alliance aux Girondins; Vergniaud et Pétion l'acceptent; mais Barbaroux, Louvet et Buzot se détournent avec horreur; Danton s'éloigne, en proférant des menaces de guerre.

Les évènements se précipitent: la cohue populaire, soulevée par la Commune, exige de la Convention qu'elle livre les vingt-deux Girondins, désignés par Marat; quelques-uns se sont enfuis; Barbaroux, Louvet, Pétion, Buzot s'en vont à Caen, pour tenter un soulèvement contre les Jacobins. Ils sont rencontrés par Charlotte Corday, dont la foi patriotique s'émeut au récit des malheurs de la Gironde; cette jeune républicaine, en qui la solitude a exalté l'amour de la liberté et qui a fait, par l'imagination, des rêves de dévouement qu'elle brûle de traduire en actions, est obsédée par l'idée de délivrer la France. Lequel des triumvirs frapper? Elle interroge Barbaroux qui lui peint Danton, Robespierre et Marat; ce dernier, il le flétrit avec vigueur:

Marat! ce bandit, qui dans le sang se vautre,
Sans l'audace de l'un et sans la foi de l'autre!
Qui tue avec bonheur, par instincts carnassiers!
Qui prêche le pillage aux appétits grossiers!
Quoi que d'autres aient fait, il fait bien pis encore:
Eux déchiraient la France, et lui la déshonore [1].

Charlotte est fixée; elle part pour Paris. Là, de nouvelles hésitations traversent son projet; mais dans le jardin du Palais-Egalité, elle entend un orateur populaire exciter la foule contre les aristocrates, les riches, les accapareurs, les Girondins; le cri final

1. Acte III, sc. I.

de « septembrisons! » retentit, et cette meute, à qui l'odeur du sang est familière, roule dans la direction des prisons, où les « ennemis du peuple » sont entassés.

Après nous avoir fait assister à une belle conférence des triumvirs, Ponsard nous montre Charlotte se présentant chez Marat, insistant pour être reçue, et enfin se précipitant dans la salle de bain, où elle accomplit le meurtre.

A l'acte V, Charlotte est conduite à l'échafaud, après avoir adressé à Danton des conseils généreux :

Vivez, Danton; — vivez dans l'intérêt des autres,
Sauvez vos ennemis, quand même vous savez
Qu'ils vous outrageront, dès qu'ils seront sauvés.
......Méditez ces leçons de la tombe !.

Cette œuvre constitue une série d'épisodes, et non un drame.

Fait-on de Charlotte le personnage principal? alors tout le 1er acte, et, au 4e, la grande conférence, sont inutiles à l'action, sans parler des longueurs qui l'arrêtent, comme le récit de la chute de la Gironde, les portraits des triumvirs et la revue de Caen.

Si l'on veut chercher un autre principe d'unité, c'est à la Révolution française elle-même qu'il faut songer; quel sera le sort de cette République proclamée avec enthousiasme, bercée aux grondements victorieux du

---

1. Cette analyse est conforme au texte imprimé dans les Œuvres complètes de Ponsard (t. I); aux représentations, plusieurs scènes furent successivement coupées : cf. les notes de la 1re édition. Ponsard fit aussi des modifications à l'acte IV, qu'il arrangea « plus dramatiquement » à son gré; et il remplaça l'acte V par la séance du tribunal révolutionnaire, dans laquelle Charlotte fut condamnée.

canon de Valmy, mais qui voit sa jeune existence menacée par les fureurs de la Commune et des triumvirs. On aperçoit tout de suite le danger d'un sujet ainsi conçu, dont les limites flottantes peuvent s'étendre ou se restreindre au gré du poète. Les scènes ne seront plus reliées à un centre commun d'action, elles se juxtaposeront sans se pénétrer: Vergniaud et M⁽ᵐᵉ⁾ Rolland apparaîtront à l'acte I, pour ne plus revenir; Barbaroux lui-même quittera la scène à l'acte III; de nouveaux personnages les remplaceront, les uns anonymes et passagers, comme la foule, les autres ayant une personnalité, et jouant un rôle simplement épisodique comme Robespierre, ou essentiel, comme Marat. Ponsard lui-même avait prévu ces critiques, car il écrivait à A. Ricourt en lui parlant de sa pièce : « c'est affreusement difficile. Il n'y a pas de drame ; il y a mille dangers, enfin c'est effrayant; c'est égal, je continue ce sera plutôt une pièce sur la Révolution que sur Ch. Corday, et il va sans dire que mon héroïne ne sera pas une amoureuse de vaudeville. Enfin la question est de savoir si la lutte de la Montagne et de la Gironde est assez intéressante par elle-même pour remplir une pièce. Je n'en sais rien, mais j'essaierai; et dans tous les cas, si la pièce est impossible au théâtre, ce ne sera pas de la besogne perdue pour cela. Je la ferai imprimer comme un poème dramatique [1] ».

L'acte III est particulièrement vide d'action ; d'après la légende, le cœur de Charlotte avait battu plus d'une fois, mais les noms mis en avant ne reposent sur aucune preuve sérieuse: la Charlotte de Ponsard ne

1. Lettre publiée par J. Claretie, le Temps, 3) novembre 1880.

serait-elle pas plus grande, si elle n'avait pas même été effleurée par les hommages discrets de Barbaroux? En tous cas, puisque cet amour ne pèse pour rien dans la balance de ses hésitations, puisqu'il n'entrave ni n'avance son départ, on s'étonne que Ponsard ait jeté ce sentiment inerte et passif dans le cœur de son héroïne.

A l'acte IV, les triumvirs sont en présence, et Nisard jugeait ainsi leur conversation : « on pense aux maîtres et aux plus grands, en lisant l'admirable scène, où Danton, Robespierre et Marat, réunis dans la chambre de ce dernier, délibèrent sur ce qu'ils feront de la République, tombée entre leurs mains [1] ». L'éloge est mérité, et certes cette délibération en un sens, est supérieure à la grande scène de *Cinna*; car si Corneille institue une discussion pour ainsi dire académique sur les avantages réciproques de la république et de la monarchie, Ponsard traite des questions plus précises et plus vivantes : c'est le sort de la France qui se règle sous nos yeux, au milieu des rêves de sang de Marat, des déclamations de Robespierre et des apostrophes généreuses de Danton; le poète ici met en œuvre, non pas une matière froide et morte, mais une émouvante réalité, qui étreint nos intelligences et nos cœurs; malheureusement, cette scène reste à côté de l'action.

Cette inexpérience dramatique, qui nous avait été révélée déjà par *Lucrèce* et *Agnès de Méranie*, est compensée dans *Charlotte Corday*, par la force des situations et la grandeur du sujet. Quelle beauté, et quelle noblesse dans l'exposition ! Quels plus grands évènements à rassembler pour un lever de rideau: la

---

1. *Réponse au disc. de récept. de Ponsard*, Œuv. compl., t. I, p. 39.

proclamation de la République et la victoire de Valmy ; les chefs de la Gironde, soldats de l'équité, du droit et de l'honneur, célébrant, selon l'expression de Lamartine, « dans un recueillement presque religieux l'avènement de leur pensée dans le monde [1] » !

Quelle grâce et quelle fraîcheur dans le tableau de la rencontre de Charlotte avec les Girondins fugitifs ! La scène se déroule dans une prairie, au milieu de la senteur des foins, et sous la magie du soleil couchant ; Charlotte, du haut de son tertre de gazon, dicte aux députés leur devoir politique, et attache l'auréole de gloire au front des proscrits.

Puis la jeune républicaine redevient la nièce affectueuse de M⁽ᵐᵉ⁾ de Bretteville, et le poëte nous repose des préoccupations de la place publique, par la peinture discrètement émue d'un intérieur de famille, où quelques vieux amis, débris de l'ancien régime, gémissent sur les malheurs des temps nouveaux.

Un peu plus tard, dans le même salon de M⁽ᵐᵉ⁾ de Bretteville, nous entendrons les adieux de Charlotte et de sa tante : le poëte, répudiant la sobriété et la froideur de l'art classique, nous tirera des larmes sans effort, par la seule puissance du naturel et de la vérité. La même veine de sensibilité et le même goût des émotions de la vie de famille, ont inspiré au quatrième acte la ronde des petites filles et la conversation entre Charlotte et la jeune mère. J. Janin est sévère pour ce tableau, quand il le qualifie de « mignard et d'enfantin [2] » ; en effet, l'histoire ne nous apprend-elle pas que le sentimentalisme persiste en ces époques

---

1. *Histoire des Girondins*, t. III, p. 306.
2. *Journal des Débats*, 25 mars 1850.

troublées, où le sang versé et les berquinades se mêlèrent dans une étrange confusion?

L'idylle soudain fait place aux violences et aux suggestions criminelles. Ponsard a mis en scène la foule, et un véritable dialogue s'engage entre les citoyens et l'orateur jacobin. « Ponsard y parle, dit J. Janin, la langue rauque des palpitations populaires et des fièvres régicides ». Nous nous acheminons ainsi vers le meurtre final, au milieu des vociférations de la foule et des explosions de folie sanguinaire de Marat.

Charlotte Corday fut écoutée avec des préoccupations politiques, et ne satisfit personne, ni les républicains, ni ceux qui portaient dans leurs cœurs le deuil de la Monarchie de Juillet; car le poëte, loin d'enflammer son génie au sujet brûlant qu'il avait choisi, s'était trop efforcé vers l'impartialité.

Aujourd'hui, plus d'un siècle nous sépare de la Révolution, et pourtant les principes qui entrèrent en lutte à cette époque, sont la substance même de nos discussions, les drapeaux divers sous lesquels s'abritent les partis qui se heurtent dans la mêlée de la politique contemporaine. En 1850, la difficulté était plus grande pour un poëte qui s'adressait à une société, venant d'ébranler un trône aux accents mêmes du chant des Girondins.

Ponsard a mis dans la bouche de la muse Clio un prologue d'une haute inspiration, par lequel il essaye de calmer les appréhensions de son auditoire:

> Il n'appartient vraiment qu'aux races dégradées
> D'avoir lâchement peur des faits et des idées.

Sans doute, de nos jours, l'histoire ne ratifierait

pas absolument la conception que Ponsard s'est faite du grand duel, où les modérés furent vaincus par les Montagnards. Du moins, il avait consulté les historiens les plus autorisés, et même était remonté jusqu'aux sources originales.

Il a suivi de très près l'*Histoire des Girondins*: c'est au livre XXX que Lamartine nous a peint le tableau des Girondins rassemblés chez M*me* Roland; Ponsard a mis en vers le récit grandiose et pour ainsi dire lyrique de cette heure solennelle de notre histoire.

La tentative de réconciliation entre les Girondins et Danton, que M. Biré traite de légende [1], était considérée avant lui par tous les historiens comme « une vérité incontestable et incontestée ». D'ailleurs, l'argumentation serrée de M. Biré n'est pas absolument convaincante: s'il établit que les historiens ont arrangé et dramatisé la scène, il ne prouve pas que ces entrevues n'aient pas eu lieu. Or Ponsard avait le droit de s'emparer d'un épisode accepté par tous, et de l'entourer de tous les prestiges de l'art et de la poésie [2].

Pour *Charlotte Corday*, Ponsard s'est inspiré du livre XLIV de Lamartine; mais comme il s'est borné aux traits essentiels, il n'a pas reproduit les inexactitudes qui rendent ce chapitre très captivant, mais romanesque et faux. Tout au plus peut-on lui

---

[1]. Cf. *Légende des Girondins* (1881).
[2]. Sur ce point, il avait fait une enquête approfondie: il renvoie (p. 151, note 1) aux *Mémoires des Girondins*, surtout à ceux de Meilhan et aux *Mémoires de Garat*: « on est ainsi conduit, d.* M. Biré après avoir cité le témoignage de Meilhan, à admettre l'existence de tentatives de rapprochement entre Danton et les chefs de la Gironde, à reconnaître que l'initiative vint de Danton, et à constater que le refus des Girondins fut causé par leur défaut de confiance dans la sincérité des avances qui leur avaient été faites ».

reprocher d'avoir trop accentué les idées républicaines de son héroïne, car Marie-Anne-Charlotte de Corday d'Armont, fille de bonne et antique maison, avait deux frères sous les drapeaux de l'émigration, et leurs noms sont inscrits sur le monument funèbre d'Auray [1]. On regrette que le poète n'ait pas développé davantage les raisons qui la poussèrent au meurtre. Ceux qui ont cherché dans une aventure d'amour l'explication de sa conduite, ont fait fausse route; mais alors comment l'idée du crime a-t-elle germé dans cette jeune tête? Pourquoi ne s'est-elle ouverte à personne de son dessein? pourquoi a-t-elle commis cet assassinat inutile, qui met Marat au rang des dieux, et hâte la sinistre aurore de la Terreur?

Les Girondins ont, dans la tragédie de Ponsard, toutes les vertus: « tous les historiens de la Révolution, dit M. Biré, ont pris à tâche de leur témoigner une indulgence qui va jusqu'à la faiblesse, une sympathie qui va jusqu'à l'admiration ». Ponsard les représente dans la séance du 20 juin comme les défenseurs de la légalité, alors qu'ils ne surent au contraire que capituler devant l'émeute et avilir la représentation nationale. Les proscrits de Caen, sont, d'après Ponsard, soutenus par une grande idée politique et animés d'un zèle ardent. Or, les *Souvenirs de l'Insurrection Normande* de Vaultier [2] jugent très défavorablement leur attitude dans le soulèvement: « leur action se borna, dit-il, au succès de quelques discours... ils ne surent tirer aucun parti de ces circonstances et

---

[1]. Cf. Chéron de Villiers: *Marie-Anne-Charlotte de Corday d'Armont, sa vie, son temps, ses écrits, son procès, sa mort.* — in-8°, Amyot. — et aussi: Vatel : *op. cit.*

[2]. Publiés en 1859 par G. Mancel — p. 8 —

restèrent nuls au milieu d'un mouvement qu'on paralysa sous leurs yeux, sans qu'ils parussent en avoir le moindre soupçon ».

Les triumvirs: Danton, Robespierre et Marat, sont peints d'après l'idée que l'on se faisait d'eux vers 1850; Thiers, Mignet et Lamartine ont fourni à Ponsard la figure sympathique de Danton. Comme celui-ci n'était pas le prisonnier d'un système politique, et qu'il ne massacrait pas par théorie ou par fanatisme, il croit que l'heure est venue de pacifier la France et d'organiser la démocratie. C'est pourquoi il se tourna vers les Girondins: « vingt fois, dira-t-il plus tard, je leur ai offert la paix, ils ne l'ont pas voulue ». C'est pourquoi, lorsque Marat dresse la canaille sur un piédestal, que les nobles et les bourgeois salueront chapeau bas, il s'irrite et, dans un mouvement superbe d'éloquence, renverse l'idole de l' « ami du peuple »:

Morbleu! la liberté ne veut pas de despotes!...
Le peuple est tout le monde, et les nobles anciens,
Tombés nobles, se sont relevés citoyens....
Je veux tout simplement briser la tyrannie;
Qu'elle vienne d'en haut, qu'elle vienne d'en bas,
Elle est la tyrannie, et je ne l'aime pas! (IV, 7).

Pourquoi cette force fut-elle dérivée vers les éléments destructeurs? pourquoi Danton fut-il rejeté vers la bande de démagogues et de forcenés, que son audace déchaîna à travers la Révolution? Cependant Ponsard pousse trop loin le désir de réhabiliter Danton: à l'acte V, il le met face à face avec son héroïne; celle-ci ne perd-elle pas au contact du héros septembriseur, un peu de sa grandeur et de sa fierté généreuse, surtout lorsqu'elle parle ainsi:

> Soumettons-nous tous deux, Danton, à notre peine,
> Et sachons accepter, moi la mort, vous la haine [1].

Le portrait de Robespierre, moins flatté que celui de Danton, n'échappe pourtant pas au même reproche. Ponsard ne se trompe pas, quand il en fait l'élève de Rousseau [2]; c'est dans Rousseau qu'il a puisé ses utopies de vertu, sa vanité maladive et soupçonneuse, la croyance à sa mission providentielle. Mais comme le poëte ne lui prête que des discours inoffensifs, où ne retentit pas le bruit sinistre du couperet, surtout comme Marat détourne vers lui seul toute l'indignation du spectateur, Robespierre nous devient presque sympathique, et nous hésitons à croire qu'un cœur si « sensible » proscrivit en masse les Français, pour préparer l'ère de la félicité universelle.

Ponsard réserve toute sa sévérité pour Marat. Quel portrait terrible de ce bandit Barbaroux présente à Charlotte!

> Un visage livide et crispé par la fièvre,
> Le sarcasme fixé dans un coin de la lèvre,
> Les yeux clairs et perçants, mais blessés par le jour,
> Un cercle maladif qui creuse leurs contours,
> Un regard effronté, qui provoque et défie.
> L'horreur des gens de bien, dont il se glorifie,
> Le pas brusque et coupé du pâle scélérat,
> Tel on se peint le meurtre, et tel on voit Marat! — III, 1.

---

1. Ce n'est pas ainsi que Guillaume Tell, meurtrier de Gessler, accueille, dans le drame de Schiller, Jean le Parricide (V, 2): « j'ai vengé la nature sainte, dit-il, tu l'as déshonorée; il n'est rien de commun entre nous. Tu as assassiné, j'ai défendu ce que j'ai de plus cher... tu me fais horreur ».

2. « Robespierre, dit Sorel, est le messie dont Rousseau a été le précurseur »: L'Europe et la Révolution, t. III, p. 511.

Il se fait du mouvement révolutionnaire une conception toute différente de celle de Danton, il faut l'entendre dans les vers de Ponsard rugir sa déclaration de guerre à la noblesse et à la bourgeoisie :

> Je veux que la misère écrase l'opulence,
> Que le pauvre à son tour ait le droit d'insolence,
> Qu'on tremble devant ceux qui manqueront de pain,
> Et qu'ils aient leurs flatteurs, courtisans de la faim.
> Chapeaux bas, grands seigneurs, bourgeois et valetaille !
> Vos maîtres vont passer, saluez la canaille ! IV, 7.

Langage « atroce et ridicule », comme dit Robespierre, langage d'un fou, que torturent la fièvre et des démangeaisons terribles [1], et qu'exaspère encore l'idée de la mort prochaine. Marat, en effet, était à la veille de tomber dans la folie, et Charlotte n'a avancé que de quelques jours l'œuvre implacable de la maladie ; grâce au poignard de Charlotte, Marat emportait dans la tombe une intelligence qu'on croyait forte et lucide, et la tête du pauvre fou, sur son lit de parade, s'éclaire d'une lueur d'apothéose.

Nous avons dû, au cours de cette esquisse d'histoire, adresser quelques légers reproches à Ponsard ; cependant, bien qu'il soit coupable d'indulgence, il n'est pas tombé, comme Lamartine, dans le défaut d'idéaliser tous ses personnages, et d'écrire « la légende harmonieuse de la Terreur ». Contemporain de Lamartine, de Michelet, de L. Blanc, il a ramené à des proportions plus vraies ces héros de la Révolution

---

1. Cette lèpre intérieure, dont parle Ponsard, n'a pas existé : Cf. Dr Lacassagne, Revue d'anthropologie criminelle, VI, 630 (article intitulé : l'Assassinat de Marat).

qui avaient conquis l'imagination des historiens vers
1847, et s'imposaient presque indistinctement à l'admiration de la foule. Ponsard, au moins en ce qui
concerne Marat, réagit contre cette tendance, et dans
les pages haineuses de *l'Ami du peuple*, dont il avait
feuilleté toute la collection, son âme honnête puisa
ce flot d'indignation inspirée, qui d'un seul jet coula
dans l'airain le portrait du fou.

La pièce de Ponsard ne péchait certes pas par le
manque d'impartialité. On le vit bien, le 30 octobre 1880, lors de la reprise, qui fut faite à l'Odéon,
de *Charlotte Corday*. Dès qu'il fut bruit de cette
représentation, la *Commune* publia un réquisitoire
fulminant : « l'Odéon, dit ce journal, est un théâtre
subventionné. Est-il convenable, est-il honnête de se
servir de l'argent de la nation, pour travestir son
histoire et pour calomnier ses plus courageux défenseurs? Les battus de 1870 ont-ils le droit de faire
outrager les victorieux de 1793 ? » C'est en vain que
ce journal essaya de soulever l'opinion; M. Sarcey
nous dit que le spectacle ne fut pas troublé: « quelques spectateurs du « paradis » ont essayé d'applaudir
quelques-unes des insanités de Marat, mais le public
est resté d'un bout à l'autre fort calme »; et le critique
attribue comme une vertu d'apaisement à « la poésie
sérieuse, honnête et saine de Ponsard [1] ».

Cette tentative audacieuse de Ponsard, qui portait
sur la scène un événement récent et capital de notre
histoire, se déroulant, à la manière Shakespearienne,
en une suite de tableaux détachés, était comme
un gage donné aux romantiques. Ceux-ci, dès le

---

1. *Le Temps*, feuilleton dramatique, 1er et 8 novembre 1880.

début, accueillirent favorablement *Charlotte Corday*: Hugo, dans une lettre à Ponsard, en fit un bel éloge; Th. Gauthier, dans la *Presse*; P. de Musset, dans le *National*; M. P. Meurice, dans l'*Evènement*, rendirent justice au chef de l'Ecole du Bon Sens. Dès le soir même de la première, A. de Musset avait exprimé tout haut son admiration : « Avouons, s'écria-t-il, qu'un pareil langage ne s'était pas entendu au théâtre depuis Corneille », et comme on se récriait autour de lui, il dit, en se retournant sur l'escalier de l'Odéon : « Oui, messieurs, on n'a rien fait de plus grand, vous entendez, de plus grand, je maintiens le mot [1] ».

1. La *Liberté*, 13 mai 1850. — A l'étranger, la *Charlotte Corday* de Ponsard jouit d'une certaine notoriété; le 26 décembre 1850, on écrivait de Christiania que cette œuvre avait été représentée avec succès sur le théâtre de cette ville : « c'est la première pièce française, ajoutait-on, qui se soit encore produite sur notre scène »: cf. l'*Ami de l'ordre*, 9 janvier 1851. — En 1863, à Wiesbaden, le professeur J.-B. Magain lut une étude sérieuse sur Charlotte Corday (brochure parue à Wiesbaden, 1863, 82 p.) dans laquelle l'analyse tient plus de place que l'appréciation, mais qui contient des vues généralement justes. — Vatel, au tome I de son grand ouvrage, *Charlotte de Corday et les Girondins* (1861-1872) a donné une bibliographie très exacte de toutes les pièces françaises, allemandes, anglaises, danoises, dont Charlotte Corday a été le sujet; aucune, pas même celle du Girondin Salle, écrite au lendemain des évènements, par un de ceux qui y furent intimement mêlés, ne mérite un souvenir; l'œuvre de Ponsard rejeta dans l'ombre tous les essais de ses prédécesseurs; aussi Moreau-Chaslon l'éditeur de la tragédie de Salle (parue en 1864) dédia-t-il sa publication à Fr. Ponsard, comme « au dernier fils du grand Corneille, ayant eu Salle pour devancier ».

CHAPITRE III

LES ÉTUDES ANTIQUES

I. — Ponsard, pris entre les romantiques, ses alliés de la veille, et les classiques, ses anciens amis, se porte sur le terrain neutre de l'antiquité.
II. — *Horace et Lydie* (1850): lever de rideau fait pour Rachel. — *le Moineau de Lesbie* de A. Barthet. — Combien Ponsard est resté inférieur à Horace.
III. — *Homère*, poème qui sert de cadre à une traduction du chant VI de l'*Odyssée*. — *Ulysse* (1852), tragédie tirée de l'*Odyssée* — échec — faiblesse de la composition dramatique et de l'étude des caractères. — Ponsard victime d'un faux système de traduction. — Sévérité de la critique classique pour *Ulysse*.

I

Après *Charlotte Corday*, Ponsard se trouvait dans une situation fausse: d'une part, les romantiques avaient accueilli avec faveur une œuvre, dont le sujet, rebelle aux lois des unités, était plus audacieusement choisi que les sujets mêmes des pièces romantiques. D'autre part, le talent de Ponsard avait eu pour premiers admirateurs les classiques, dont quelques-uns lui restèrent fidèles après *Charlotte*; ainsi Patin venait de lui écrire une lettre très élogieuse; Rolle, qui par vingt-cinq ans de critique sérieuse, avait conquis le premier rang parmi les feuilletonistes classiques, n'avait pas ménagé ses éloges à ce drame, qui annonçait « un grand progrès dans le talent de M. Ponsard comme écrivain énergique et comme penseur ¹ ».

Ponsard, pris entre ses nouveaux alliés et les tendances classiques de son tempérament, chercha un terrain de conciliation, et crut le découvrir, en puisant directement son inspiration à la source antique.

En effet, l'antiquité était à la mode parmi les romantiques : en 1844, M.-P. Meurice et Vacquerie avaient traduit l'*Antigone* de Sophocle, et s'imaginant découvrir le théâtre grec, mal compris, d'après eux, par les classiques, avaient soutenu que les Grecs étaient les précurseurs de l'art romantique : ne trouvait-on pas dans leur théâtre, le mélange des genres, les personnages subalternes, la sincérité et même la trivialité du style, enfin la préoccupation du groupe et du costume, poussée si loin que le « drame proprement dit devenait presque un accessoire ² ». Ces « jeunes sicambres du feuilleton », comme les appelait ironiquement Ch. Labitte ³, se flattaient donc d'avoir démontré « l'intime parenté de la forme actuelle et de la forme grecque, sur tous les points où l'on a nié la forme actuelle ». Plaisante prétention, que de donner pour piédestal aux *Burgraves* le théâtre de Sophocle ! Quoi qu'il en soit, la simplicité et la familiarité des mœurs grecques, même défigurées, ou mieux travesties, avaient une saveur originale pour ces palais blasés, avides de sensations nouvelles.

Quant aux classiques, le retour de Ponsard à l'an-

---

1. *Constitutionnel*, 25 mars.
2. *Préface de la pièce, dans la 1ʳᵉ édition.*
3. *Revue des Deux Mondes*, 1ᵉʳ novembre 1844.

tiquité ne pouvait pas, à priori, les effaroucher ; les connaisseurs véritables devaient même, à bon droit, espérer plus de goût et plus de fidélité de la part d'un poète, familier avec les littératures anciennes.

Donc Ponsard, qui allait s'abriter derrière les noms d'Horace et d'Homère, ne s'aliénait ni les sympathies nouvelles des romantiques, ni la faveur de ses anciens amis.

II

Charlotte Corday menaçait de ne pas tenir longtemps l'affiche, car une pièce où Rachel ne jouait pas, était condamnée, sur la scène du Théâtre Français, à végéter, puis à mourir. Ponsard, épuisé par l'effort que sa tragédie lui avait coûté, et découragé par la froideur du public, n'était pas disposé à écrire une œuvre de longue haleine. Il prêta donc l'oreille à Rachel, qui regrettant d'avoir refusé le rôle de Charlotte, demandait au poète une petite pièce, écrite pour elle : il fit *Horace et Lydie*, jouée le 19 juin 1850 au Théâtre Français.

L'année d'avant, l'un des lyriques latins avait paru avec succès sur la scène : nous voulons parler de Catulle, principal personnage du *Moineau de Lesbie*, pièce en un acte, jouée le 22 mars 1849, et qui avait fait de son jeune auteur, Armand Barthet, un poète presque célèbre. Cette comédie était la paraphrase d'une élégie de Catulle :

> Lugete, ô veneres cupidinesque
> Et quantum est hominum venustiorum !
> Passer mortuus est meae puellae,
> Passer deliciae meae puellae, etc.

Le succès de A. Barthet [1], interprété par Rachel, fit éclore quantité de petits actes, que la grande actrice n'accepta pas ; enfin le poète de *Lucrèce* se mit lui-même sur les rangs, et offrit à Rachel *Horace et Lydie*, « comme un cantique à sa jeunesse, à sa beauté [2] ».

C'est l'ode 9 du livre III d'Horace que Ponsard a traduite et paraphrasée : il en a fait un petit drame, dans lequel il a intercalé la traduction des vingt-quatre vers d'Horace.

Lydie, à sa toilette, attend Horace, qui laisse passer l'heure du rendez-vous ; quand il paraît enfin, il est reçu avec indifférence ; mais ses flatteries ont un tour si adroit que Lydie oublie son grand courroux, passe un bras autour du cou de son amant, et le doux bavardage d'amour voltige sur ses lèvres.

Lydie veut écrire sur les tablettes du poète leurs serments d'amour, mais la cire en est barbouillée par une ébauche d'ode : Horace essaye de les soustraire à la curiosité de sa maîtresse, car ce sont des vers qui célèbrent Chloé, la rivale de Lydie. Il n'y réussit pas ; aussitôt l'amante dédaignée foule aux pieds les tablettes, et songe à se venger : Béroé, s'écrie-t-elle, à sa sui-

---

1. Voici quelques vers de Barthet, pénétrés d'une émotion gracieuse : Lesbie raconte l'histoire du moineau (sc. II) :

> Et comme il voletait de mon doigt sur le tien,
> Tu t'approchais de moi toujours plus près... si bien
> Que je sentais courir dans les fleurs de verveine
> Qui ceignaient mes cheveux, le feu de ton haleine,
> Et que toute à l'amour qui parlait dans ta voix,
> Je sentais mon cœur battre et trembler à la fois.

Rachel accepta le rôle de Lesbie ; elle l'interpréta 33 fois ; elle le jouait encore, le 23 juillet 1855, dans sa dernière représentation au Théâtre Français.

2. J. Janin : *Rachel et la tragédie*, p. 450.

vante, va chercher Calaïs ; Horace de son côté dit à l'esclave :

> Va chez Chloé,
> Et dis lui que j'irai, ce soir, souper chez elle.

Les deux amants restent seuls : Horace s'applaudit de pouvoir aimer désormais sans qu'on le querelle ; Lydie exhale la fièvre d'amour, dont son cœur brûle pour Calaïs, et savoure déjà la volupté des caresses, avivée par le mystère de la nuit et le parfum des verveines.

Horace s'émeut à cette déclaration qui ne lui est pas adressée ; il s'approche de sa belle maîtresse, lui baise la main, et exprime son indifférence pour Chloé, dont les mains sont plébéiennes, la taille épaisse et les cheveux achetés ; enfin voyant que le sacrifice d'une rivale ne suffit pas à Lydie, il s'exaspère et se retire, l'injure à la bouche : « adieu, fourbe ! parjure ! perfide ! »

La querelle atteint son paroxysme, pour aboutir tout à coup à la réconciliation, et le « donec gratus eram » jaillit des lèvres des amants en strophes alternées ; Calaïs et Chloé attendront.

Comme on le voit, Ponsard a mis à la scène un dépit amoureux quelconque, et il nous intéresse surtout au manège de la courtisane qui tâche de reconquérir son amant. Le dénouement surtout dénature le sens de l'ode d'Horace : à Lydie, qui malicieusement plaint le souper sans emploi de Chloé, le poëte répond :

> Eh ! non pas ! Calaïs le mangera pour moi.

Et Béroé aussitôt va proposer l'échange à Chloé. La plaisanterie est d'un goût douteux, et surtout elle altère la physionomie poétique d'Horace, à qui l'on donne le rôle d'entremetteur; or, à défaut de fidélité, l'amant de Lydie lui offrait du moins en hommage son esprit et son élégance.

Cependant J. Janin et Cuvillier-Fleury se sont acharnés avec trop de mauvaise humeur contre la petite pièce de Ponsard [1].

En effet, que de vers charmants ils auraient pu citer, écrits dans le vrai goût d'Horace! Ponsard en a reproduit l'aisance et la grâce, quand son héros invite Lydie à l'amour:

Le bonheur est d'aimer et de dire qu'on aime.
Les doux chuchotements qui s'éveillent la nuit,
La main mal dérobée au baiser qui la suit.
Voilà les jeux charmants, et la fête éternelle
Qui ne lasse jamais, toujours vieille et nouvelle (I, 2).

Il faudrait citer tout entier le long couplet de Lydie sur les poètes, « race égoïste et sans frein »; il porte ce cachet d'ironie piquante et d'élégance suprême, que ces maîtresses des poètes devaient savoir donner à l'expression de leurs dépits.

Enfin, la sensualité lascive s'exprime-t-elle dans les *Odes* d'Horace avec plus de feu et de passion sous une forme décente néanmoins, que dans l'extase où Lydie balbutie cet appel d'amour:

Oh! viens, cher Calaïs! Je compte les moments.
Mon cœur bondit déjà vers tes embrassements.
Vénus n'est plus à Chypre: elle est toute en mes veines.
Viens, ami! c'est pour toi que fument les verveines,

1. Cuvillier-Fleury alla jusqu'à écrire (*Journal des Débats*, 30 juin 1850): « M. Ponsard a délayé dans vingt-quatre pages de poésie frelatée vingt-quatre vers admirables ».

Pour toi que ces rideaux, mystérieux remparts,
Du passant indiscret repoussent les regards.
C'est pour toi que luira une clarté voilée,
Pour toi que s'éteindra la lampe reculée (I, 3).

Les romantiques, déjà gagnés par *Charlotte Corday*, se montrèrent indulgents à la petite comédie de Ponsard ; Th. Gauthier, M.-P. Meurice, Vacquerie rivalisèrent d'admiration pour *Horace et Lydie*.

Le public prit parti pour Ponsard, qu'interprétait Rachel. Voici le fragment d'une lettre écrite par l'auteur : « on vient de jouer *Horace et Lydie*. Ça a été bien reçu ; on a ri et applaudi. Rachel a été bien gentille, et l'acteur (Brindeau) a très bien joué... Nous faisons de belles recettes. Malheureusement Rachel s'en va. Elle ne donnera plus qu'une représentation, où elle jouera *Lucrèce* et *Horace et Lydie* ; mais elle reprendra la pièce l'hiver prochain [1] ».

III

Ponsard, continuant à chercher un terrain de conciliation entre les classiques et les romantiques, traduisit Homère ; il prit dans l'*Odyssée* le sujet de son poème d'*Homère* et de sa tragédie d'*Ulysse*.

Le poème d'*Homère* fut composé, nous dit l'auteur, « pour encadrer une traduction du sixième chant de l'*Odyssée* [2] ». Ponsard imagina, à la suite de Chénier,

---

1. *Lettre inédite* — la pièce en effet fut donnée le 18, le 21, le 22 juin ; le 26, dans une représentation extraordinaire, Rachel la jouait en même temps que *Lucrèce* ; puis elle partit. — *Horace et Lydie* resta au répertoire, sans interruption, jusqu'en 1876 ; reprise en 1891, elle n'a pas été jouée depuis 1892 ; Cf. Soubies, *op. cit.*

2. *Préface d'Homère*.

qu'Homère, vieux et aveugle, erre à travers les mers. Il vient d'être recueilli par le forgeron Tychius dans la ville de Cumes; l'aède offre aux habitants de Cumes de chanter leur ville, s'ils veulent lui promettre l'hospitalité. Cependant, pour lui donner un gage de son talent de poète, il chante devant eux l'épisode d'Ulysse et de Nausicaa. L'auditoire applaudit; le juge Œgyptius, vieillard vénéré, exhorte ses concitoyens à recevoir dans leurs murs le poète divin; mais, après lui, Mastor, fils d'Alcime, se lève; c'est un riche marchand, « qui n'aimait que le gain et n'estimait que l'or »; il se demande à quoi la poésie est bonne et se moque de l'immortalité lointaine; d'ailleurs, il faut éviter que Cumes devienne l'asile de tous les vagabonds affamés. Ce discours moqueur obtient un plein succès, et le Sénat refuse au poète l'hospitalité. Homère, honteux et courroucé, lance ses malédictions contre Cumes, qu'il condamne à l'éternelle obscurité, et part, promettant à Tychius de l'immortaliser dans ses vers.

La composition de ce poème d'*Homère* remontait très haut, car, en octobre 1843, Ponsard en récita des fragments en présence de Lamartine et de quelques notabilités de Mâcon [1]. Il y revint plus tard, lorsque, découragé par deux échecs dans le genre tragique, il s'interrogeait anxieusement, et doutait de son œuvre. Les admirateurs de *Lucrèce* ne s'étaient-ils pas trompés? Le poète, à son tour, ne faisait-il pas fausse route, quand il incitait sa Muse à chanter le moyen-âge ou la Révolution? Puisque son talent seul de poète n'était pas contesté, ne trouve-

---

1. Cf. *L'Union des provinces*, 29 octobre 1843.

rait-il pas dans Homère, à la fois le calme pour son imagination inquiète, et le souffle vivifiant pour son inspiration défaillante ?

A son poème d'*Homère*, il joignait une tragédie d'*Ulysse*.

Dès les premiers mois de 1851, il se préoccupait de l'œuvre nouvelle: le Théâtre Français lui avait fait des avances; Ponsard se mit au travail avec un entrain dont il ne se croyait plus capable: « Je vais retourner à Vienne dans deux ou trois jours, écrivait-il, le 28 avril 1851; j'y passerai un mois et demi pour faire un *Ulysse*, qu'on attend au Théâtre Français et qu'on représentera cet été..... Je suis allé vite en besogne cette fois-ci; j'ai pris dans Homère le plan et la plupart des idées, ce qui a singulièrement abrégé la besogne [1] ».

Cependant l'été était achevé quand le poète revint à Paris; la mise en scène contribua encore à retarder la représentation de la tragédie, qui fut donnée le 18 juin 1852.

La pièce est ainsi distribuée: un prologue, 3 actes et un épilogue. L'intrigue en est très connue; elle commence au milieu du chant XXIII de l'*Odyssée*, quand les voyages d'Ulysse sont terminés, et côtoie de près le poème jusqu'au dénouement. La partie du livre XXIII qui pourrait s'appeler *la reconnaissance d'Ulysse et de Pénélope*, a fourni l'épilogue du drame de Ponsard.

Les principaux rôles furent tenus par d'excellents acteurs: Ulysse fut joué par Geffroy, Télémaque par Delaunay, Eumée par Maubant, Pénélope par Judith.

1. *Lettre inédite.*

Malgré cet ensemble remarquable, la pièce fut médiocrement accueillie ; Ch. Reynaud écrivait à un de ses amis, le 2 juillet 1852 : « les ricanements des femmes du monde entretenues, et les plaisanteries des jeunes chevelus de l'école ultra-romantique ont fait ressembler la bataille à une défaite. Quand je suis parti, à la 4° représentation, cela prenait meilleure tournure ; j'espère que ce mieux aura continué [1] ».

En effet, à l'étonnement du public, succéda « une attention soutenue et sympathique » ; c'est Ponsard lui-même qui le constate [2], et il fait honneur de ce changement à la critique : « sympathique au travail, dit-il, la critique a su gré à l'auteur de sa tentative, elle en a excusé les faiblesses et les défauts..... s'il est vrai que sa mission soit autant d'encourager que de condamner, jamais elle n'a rempli son mandat d'une façon plus bienveillante ».

Un seul feuilletoniste se départit de cette indulgence, G. Planche, qui publia dans la *Revue des Deux-Mondes* un article très violent, qui concluait ainsi : « pour les profanes, *Ulysse* est une série de conversations sans intérêt et sans but, un assemblage de scènes cousues au hasard ; pour les connaisseurs de l'antiquité, c'est une impiété ».

La bienveillance du public ne fut pas de longue durée ; car la tragédie de Ponsard s'arrêta au chiffre de 26 représentations. Elle fut reprise en 1854, le 22 mars, et le succès fut plus médiocre encore, puisqu'elle ne fut jouée que 3 fois [3].

---

1. Lettre citée par A. Fabre, dans sa Notice sur Reynaud, mise en tête du volume de ce poète : *Epîtres, contes et pastorales* (p. XL).
2. Préface des *Études antiques*, p. 41.
3. « L'ouvrage, dit P. Foucher, non seulement fut écouté avec indifférence,

Seuls, les chœurs obtinrent du succès en 1852 comme en 1854; ils étaient l'œuvre de Ch. Gounod, musicien alors peu connu; les juges compétents s'accordèrent à les déclarer remarquables [1].

Nous ne pouvons que constater l'erreur de Ponsard, qui ne réussit pas à faire une œuvre tragique: la légende d'Ulysse convient médiocrement au théâtre [2], car si les aventures du roi d'Ithaque offrent au poète une matière féconde, le merveilleux s'y mêle perpétuellement au pathétique, Ponsard s'est efforcé de dégager l'élément humain, enfoui sous les fictions,

mais légèrement égayé, et l'on rit d'un prétendant rentrant en scène, percé d'une flèche qu'Ulysse n'avait pu réussir à faire tomber plus bas qu'à ses pieds », Entre cour et jardin, p. 223.

1. Voir surtout à l'acte I le 2⁰ chœur des porchers, qui, en 1856, obtint les honneurs du bis; il commence ainsi:

> O Dieu des Bacchantes!
> Par tes soins heureux,
> Les vignes grimpantes
> Ont couvert les pentes
> Des coteaux pierreux...

Une parodie d'Ulysse parut en 1852, sous ce titre: Ulysse ou les Porcs sages, par Louis Huart. (Brochure de 34 pages). Voici les commentaires qui accompagnent la liste des personnages:

Ulysse: bel homme portant bien ses 65 ans, — courageux, — aimant à voyager, — profond observateur, — mais un peu trop dissimulé en société.

Télémaque: adolescent, — ayant des cheveux blonds, frisés et retombant en tire-bouchons sur le cou, — fils respectueux, obéissant en tout à sa mère, et se laissant même coiffer d'un petit casque ridicule.

Pénélope: femme qui, par sa vertu, ferait honneur même à Nanterre; — bonne épouse, — bonne mère, — excellente femme de ménage, — ayant enfin toutes les qualités d'une épitaphe en us du Père Lachaise.

Les vers qui suivent répondent à ce début malicieux, et les critiques contre la tragédie de Ponsard s'y accumulent, serrées, vives et justes.

2. Pourtant cette légende, avant Ponsard, avait été souvent portée au théâtre; mais les tragédies, comédies, tragi-comédies, tragédies-opéras, opéras-comiques, composés sur ce sujet, au XVII⁰ et au XVIII⁰ siècle, ne valent pas qu'on les énumère; seule la tragédie d'Ulysse de l'abbé Genest (1686) mérite un souvenir, car Bossuet disait à son propos: « qu'il ne balancerait pas à approuver les spectacles, si l'on y donnait toujours des pièces aussi épurées ».

créées par le poète de l'*Odyssée*; mais il ne s'est pas souvenu que les lois du poème dramatique diffèrent de celles de l'épopée. Le poème épique, en effet, se complaît aux longs récits, aux descriptions colorées, aux retours mélancoliques vers le passé, aux menus détails de la vie prise sur le vif, observée dans sa vérité naïve et familière. De son côté, le théâtre exige l'étude des caractères et des passions, ainsi qu'une action fortement nouée.

Or l'action, dans *Ulysse*, est d'un médiocre intérêt; aucune péripétie n'est inventée par le poète, qui puise à pleines mains dans Homère, et rapproche avec un art souvent contestable les incidents que le poète grec avait semés dans un récit qui se déroule avec lenteur, et dans lequel « les grandes qualités dramatiques sont subordonnées d'une manière générale à la peinture délicate des sentiments [1] ». Ponsard n'a mis aucune gradation dans une intrigue, qui se déroule paisiblement au fil d'entretiens multiples, qui tiennent la place de l'action.

Quant à la peinture des caractères, on la chercherait vainement dans cette tragédie.

Ulysse, pour reconquérir son palais et son trône, doit se dérober à ses ennemis, même à ses amis : est-il insulté par Mélanthos, maltraité par Antinoos, il ne peut que garder le silence; est-il en présence de Pénélope, il se contient, et ne laisse pas s'échapper cette tendresse, dont son cœur déborde après vingt ans d'absence; les prétendants viennent-ils, le rire aux lèvres et l'insolence au front, déclarer à Pénélope qu'elle ait à choisir son époux le jour même, Ulysse

---

[1]. A. et M. Croiset: *Littérat. grecque*, t. I, p. 298.

présent entend cette mise en demeure brutale, et comprime l'explosion de ses sentiments intimes :

...Oh ! tais-toi, cœur grondant,
Ne rugis pas ; tais-toi, comme chez le Cyclope ! (II, 5).

Un héros tragique, constamment obligé de se replier sur lui-même, et qui traverse l'action sans qu'un mot échappe de ses lèvres, sans qu'un mouvement, un geste nous permette de pénétrer jusqu'à son cœur, est une énigme irritante pour le spectateur, qui voudrait percer le secret de cette âme inexorablement fermée.

Télémaque est dessiné sans relief et sans vigueur ; dans Homère, il est chef de famille : mûri de bonne heure par la situation particulière qui lui est faite, il sait commander et prendre des mesures ; et enfin sa mère qui le questionne attend qu'il consente à répondre ; au contraire le Télémaque de Ponsard ne sait qu'obéir à sa mère avec respect et déférence.

Une seule fois, il prend une attitude digne de son nom et de son rang : quand les prétendants envahissent l'appartement de sa mère, il les flagelle de son mépris, et ne sort qu'après les avoir regardés en face (II, 5). Mais si, en cette occasion, le « lionceau montre déjà la dent », Télémaque, ailleurs, ne joue qu'un rôle effacé, et ne sort pas de l'ombre que projette sur lui la gloire de son père.

Pénélope n'est pas tenue à la même réserve qu'Ulysse ; d'autre part, en l'absence de son époux et jusqu'au moment où celui-ci arrache son masque de mendiant, c'est elle qui doit être le personnage essentiel, et véritablement dramatique par les sentiments de pitié qu'elle inspire aux spectateurs. La poésie dramatique trouvait le meilleur emploi de ses effets dans la peinture de cette femme, type de la chasteté et de la fidélité conjugale. Ponsard aurait pu donner une sœur à notre Andromaque, et renouveler ce miracle de Racine dérobant à Homère et à Virgile l'une de leurs plus douces héroïnes, pour en faire cette inoubliable figure de l'épouse et de la mère. Il n'en est rien, et la Pénélope du poète français n'est qu'une héroïne banale et à peine étudiée. Elle entre en scène, accablée de douleur, refusant toute parure et écartant la pénible perspective d'un second hymen; mais elle ne nous dit rien de ses sentiments; elle ne prononce qu'un seul beau vers, cri d'un cœur possédé par une chère image, et attendri par un doux souvenir:

Parlez d'Ulysse encor. — Vos pleurs vont redoubler. —
J'aime que ce soit lui qui les fasse couler.

Comme Andromaque, Pénélope sera fidèle à son époux; mais que nous importe de connaître sa résolution, si nous ignorons les motifs qui l'ont déterminée ? Le massacre des prétendants accompli, Pénélope est en présence d'Ulysse; au lieu de tomber dans ses bras elle reste immobile; comme Télémaque s'étonne d'une pareille attitude, Pénélope lui répond :

Je me sens tellement émue à son approche,
Mon fils, que je n'ai pas la force de parler,
A peine si, de loin, j'ose le contempler.

A lire cette excuse banale, on se demande si Ponsard a compris le sentiment délicat de pudeur, la prudence poussée jusqu'à une défiance excessive, qui retient la

Pénélope d'Homère. Au moins dans l'épopée grecque, « quand cette défiance est dissipée, la tendresse éclate, et tous les sentiments contenus débordent à la fois [1]».

Ponsard, au contraire, se borne à l'expression d'une joie vulgaire, et qui se satisfait par quelques lieux communs.

G. Planche avait donc raison d'écrire: « Ponsard a oublié l'âme des personnages et l'analyse des sentiments qui les agitent, pour étudier la forme des manteaux, des armes et des meubles [2]. » Tous ces détails de la vie antique, reproduits par Ponsard, ne compensent pas pour nous l'absence de cette vérité humaine, qui seule donne aux œuvres d'art leur beauté.

Ponsard avait peut-être de moins hautes ambitions, et il ne s'était pas flatté d'atteindre à ce fond immuable de l'âme. « Je n'ai pas choisi, écrit-il, l'action de l'*Odyssée* comme action très dramatique, mais comme un moyen de montrer Homère aux spectateurs; par conséquent j'ai dû m'attacher avant tout à reproduire les mœurs de l'époque et le langage de mon modèle [3] ». Si Ponsard n'a voulu, comme on le voit, que donner une suite à son poème d'*Homère*, pourquoi intitule-t-il son œuvre « tragédie », et pourquoi la porte-t-il au Théâtre Français ? Mais l'indifférence du parterre fit suffisamment expier au poète son erreur; et, puisque la cause est jugée, il est inutile de récriminer à distance. Acceptons *Ulysse* comme une

---

1. A. et M. Croiset, *op. cit.*, p. 377.
2. *Revue des Deux-Mondes*, 1ᵉʳ juillet 1852.
3. Préf. des *Études antiques*, p. 27.

simple « étude antique », et voyons comment Ponsard a compris Homère.

Homère semble à Ponsard avoir été défiguré par tous ses traducteurs. Il a raison, quand il condamne cette école de traducteurs qui va de Lamotte à Bitaubé, qui, jugeant Homère avec les délicatesses du goût de leur époque, l'ont masqué d'un vernis d'élégance et de politesse. Il a raison encore, quand il dit son fait au « prince Lebrun », qui « approprie le bon Homère au goût français [1] ». On peut même accorder à Ponsard, malgré les réserves de Becq de Fouquières, qu'André Chénier a souvent reculé devant la brutalité d'Homère; « il est gracieux, ajoute-t-il, il est doux, poétique, sonore; il n'est pas simple. On entend dans le bruit de ses cadences un écho harmonieux de Virgile : l'élégance latine a passé par là, et la rudesse homérique a disparu [2] ». En effet, les juges les plus récents d'André Chénier ont montré que ce poète a goûté moins Homère que les Alexandrins et les élégiaques du siècle d'Auguste, et qu'à ses imitations antiques, il a mêlé les qualités de son esprit délicat, élégant et raffiné.

Mais qu'après avoir ainsi déblayé le terrain, Ponsard ait proclamé que seule Mme Dacier avait fait revivre « l'esprit d'Homère dans sa grâce ingénue », voilà une affirmation à laquelle personne

---

[1]. Lebrun, en effet, n'a osé introduire dans son Ulysse, ni le porcher Eumée, ni la besace du mendiant, ni le bain de pieds préparé par la nourrice, et le chien Argos ne paraît que dans une tirade d'Ulysse, parlant de ses amis :

Un seul m'était resté, non parmi les humains ;
Aux portes du palais, il m'a su reconnaître,
Il est mort de sa joie en revoyant son maître. — Acte II, sc. 1.

[2]. Préface, p. 21.

aujourd'hui ne saurait souscrire. L'erreur est d'autant plus regrettable que Ponsard ne lisait pas l'*Odyssée* dans le texte grec, et qu'il a simplement mis en vers la prose de M⁵⁵ Dacier. Or cette traduction de M⁵⁵ Dacier est un mélange de vulgarité familière et de prétention guindée.

« Je me suis efforcé, disait Ponsard, de ramener les vers du drame à une simplicité extrême, et je me suis donné pour arriver à ce résultat autant de peine que d'autres pour entasser les images éclatantes et les idées ambitieuses [1] ». Il a donc été victime d'un faux système de traduction; il a cru que toute la question d'Homère se ramenait à la réintroduction dans la poésie d'un certain nombre de mots bannis par notre délicatesse et qu'Homère ne se faisait aucun scrupule d'employer. Boileau affirmait, de sa propre autorité, que le mot de *sus* était fort noble en grec [2]; lui, Ponsard, part de ce principe, aussi contestable, que les mots, dans les langues différentes, ont exactement le même degré de bassesse ou de noblesse.

Certes, nous ne voulons pas dresser des barrières entre les mots; le romantisme a fait justice de ces hiérarchies arbitraires, créées à l'époque classique; il n'est plus, suivant la poétique expression de V. Hugo,

.... de mot, où l'idée au vol pur,
Ne puisse se poser tout humide d'azur [3].

Cependant certaines expressions, placées dans un vers, choquent inévitablement, et la poésie s'accom-

1. Préface, p. 23.
2. *Réflexions sur Longin*, IX.
3. *Contemplations*, I, 7.

mode mal de certains mots, ayant gardé de leur origine, comme une trace indélébile de vulgarité et de prosaïsme. Qui nous dira le cortège d'idées que traînait après lui tel mot grec, emprunté à la vie champêtre? Le mot correspondant du français se lie peut-être à des images bien différentes, et faussera dans l'esprit du lecteur l'impression qu'il y doit éveiller : par exemple, est-ce conserver à l'hospitalité antique son cachet de simplicité, que de faire dire à Eumée :

> Voici les restes froids du dîner de la veille,
> Et des morceaux de pain au fond de la corbeille (I, 2).

Parfois la platitude s'unit à la brutalité de la pensée ; voici en quels termes Ulysse questionne Eumée sur Pénélope :

A-t-elle à son mari gardé son lit fidèle ?
Ou bien a-t-elle fait comme tant avant elle ?
La solitude pèse aux femmes, et l'absent,
Quelques pleurs qu'on lui donne, a vite un remplaçant (I, 3)

Les vers de ce genre, privés de qualités poétiques, abondent dans la tragédie d'*Ulysse*. On souffre à voir Ponsard devenu le prisonnier de son système, car lorsqu'il s'en échappe, il écrit dans une langue solide et nerveuse :

> .... ah! chiens!
> Vous ne m'attendiez pas quand vous pilliez mes biens!
> Vous me croyiez encore sous les murs de Pergame,
> Lorsque, de mon vivant, vous poursuiviez ma femme,
> Sans pudeur, sans remords, sans avoir sous les yeux
> Le blâme des humains, ni le courroux des dieux !
> Ah! vous ne saviez pas qu'au jour de la justice,
> Terrible, armé du glaive, apparaîtrait Ulysse (III, 4).

Ailleurs, c'est un sentiment délicat qui est traduit avec une heureuse simplicité :

Toute femme regrette en sa douleur amère,
L'époux qui la prit vierge, et qui la rendit mère (II, 6).

Les chœurs, dans lesquels Ponsard parle « en son nom, et non plus au nom d'Homère », sont d'une réelle beauté. Alexandre Dumas qui fut un juge sévère d'Ulysse [1], ne manque jamais d'interrompre les reproches qu'il adresse à l'auteur, quand il rencontre l'un de ces chœurs. En effet, qu'il s'y souvienne d'Horace ou d'Euripide, Ponsard excelle à manier la strophe lyrique, qui se déroule, tantôt avec une douceur harmonieuse et légère, tantôt avec un rythme plaintif et douloureux.

La tragédie de Ponsard échoua, mais s'ensuit-il qu'il convînt de le traiter aussi sévèrement que quelques-uns le firent en 1852 [2]? Cuvillier-Fleury, dans un article sur la *simplicité homérique* [3], cite quelques lignes d'une lettre que lui écrivait un de ses amis, à propos des attaques qu'il avait lancées contre *Ulysse*: « à votre place, disait-il, j'aurais su plus de gré à M. Ponsard de ses efforts et de sa fidélité aux lettres antiques dans de pareils moments ». Cuvillier-Fleury se défend mal, quand il répond que Ponsard n'est pas

---

1. Cf. *Souvenirs dramatiques*, t. II, p. 335-339 (édit. Lévy).
2. Dans la préface de ses *Poèmes antiques* (1852), Leconte de Lisle jugeait ainsi cette prétendue résurrection d'Homère : « L'ignorance des traditions mythiques, et l'oubli des caractères spéciaux propres aux époques successives, ont donné lieu à des méprises radicales... Tentative malheureuse, où l'abondance, la force, l'élévation, l'éclat d'une langue merveilleuse ont disparu sous des formes pénibles, traînantes et communes, et dont il faut faire justice dans un sentiment de respect pour Homère ».
3. *Journal des Débats*, 21 novembre 1852.

inviolable, et que « la critique, quand elle est sérieuse et loyale, est le plus grand hommage qui se puisse rendre au talent ». Pourtant il n'obéissait pas, comme Alexandre Dumas jugeant *Ulysse*, à des rancunes personnelles; nul, mieux que lui, n'avait estimé à sa juste valeur le poëte de *Lucrèce*; nul ne devait encourager plus volontiers cette renaissance antique. Pourquoi préféra-t-il au rôle de guide indulgent celui de censeur acerbe? Son impartialité de critique n'aurait pas souffert à s'incliner devant la modestie d'un auteur qui présentait ainsi au public son poëme et sa tragédie: « sans doute je ne suis qu'un barbare gaulois traduisant un grec mélodieux. L'harmonie des vers d'Homère, leur force et leur grâce, l'esprit de la Muse, le parfum de la fleur, tout s'est évanoui; de ce butin cueilli au penchant du vieux Parnasse, il ne reste qu'un herbier desséché. Tel qu'il est, il a sa raison d'être; c'est pourquoi je l'offre aux quelques amis de l'antiquité, qui vont encore herborisant au sommet des grandes collines [1] ».

1. Préface, p. 25.

CHAPITRE IV

LES COMÉDIES

I. — Premier essai dans ce genre: *Molière à Vienne* (1851), pastiche improvisé de Molière.

II. — Comédies de mœurs : *l'Honneur et l'Argent* (1853), *la Bourse* (1856) — succès considérable. — La comédie en France en 1853. — Valeur littéraire de l'*Honneur* et de *la Bourse* : monotonie des procédés — intérêt qui s'attache aux personnages — étude des caractères — leçon morale.

III. — Quelques mots sur *Ce qui plaît aux femmes* (1860), et sur *Harmonie* (1863).

IV. — Comédie historique : *le Lion amoureux* (1866): pièce composée avec lenteur au milieu des tortures de la maladie. — Sujet heureusement choisi — forte conception des premiers actes — profondeur de la passion — beauté du tableau historique — succès du *Lion*.

I

L'échec d'*Ulysse* fut le signal d'une évolution inattendue dans le talent de Ponsard. Impuissant par sa dernière œuvre à ranimer ce qu'il croyait être la tragédie antique; froidement accueilli quand il avait jeté sur la scène avec impartialité des évènements presque contemporains, Ponsard put croire qu'il s'obstinait en vain à ressusciter un genre mort, et il chercha comme un renouveau de gloire dans la voie de la comédie où le public de son temps semblait entrer plus volontiers. Les triomphants débuts de son ami et disciple Emile Augier, l'engouement prodigieux qui saluait *la Dame aux Camélias* sur la scène du Vaudeville (2 février 1852), enfin quelques essais antérieurs tentés par lui-même dans le genre comique, contribuèrent à engager Ponsard dans cette voie. Les conseils de M⁻ d'Agoult ne furent probablement pas étrangers à cette détermination ; le 2 décembre 1851, elle écrivait au poète : « Vous savez que pour vous je suis d'avis de tenter la comédie. Cela reposera le public des applaudissements qu'il vous donne dans la tragédie [1] ».

Ponsard se souvenait que dans un jour de veine facile il avait, pour sceller sa réconciliation avec Rachel, écrit cette pièce d'*Horace et Lydie*, à laquelle les romantiques eux-mêmes avaient rendu les honneurs de feuilletons bienveillants. Il venait avec son *Ulysse*, de vivre au milieu de la simplicité antique et d'habituer sa Muse à descendre des hauts sommets de la poésie pour s'abaisser au style familier. Cette tragédie lui servit tout naturellement d'intermédiaire pour passer, sans une trop brusque transition, des grandeurs de *Charlotte Corday* aux peintures moins ambitieuses de *l'Honneur et l'Argent*.

De plus, en octobre 1851, il avait justement mis à l'épreuve, dans des circonstances inattendues, son talent d'auteur comique. Une troupe de Grenoble était de passage à Vienne ; elle crut flatter l'amour-propre de Ponsard en lui demandant l'autorisation de porter sur son affiche *Horace et Lydie*. Le poète vint à la répétition et constata que l'interprétation de

---

1. *Lettre inédite.*

la frêle et coquette bluette de Rachel tournait à la bouffonnerie. Ponsard, par bonté d'âme, ne voulut pas laisser dans l'embarras ces pauvres comédiens, et, pour sauver sa pièce d'une profanation, leur offrit en échange une pièce en prose qu'il leur serait plus facile de jouer. Cette petite comédie, improvisée et mise en scène en moins de huit jours, s'appela *Molière à Vienne*. Elle fut jouée à Vienne, le 9 octobre 1851 et publiée dans le *Journal de Vienne* du 12 octobre [1].

Ponsard, qui connaissait les traditions locales, s'autorise des indications contenues dans un livre de Chorier, *De Petri Boessatii vita* (1680), pour placer en 1651 un séjour de Molière à Vienne [2]. L'auteur engage Molière dans une intrigue, plus fantaisiste que vraisemblable, et conçue dans le goût du *Barbouillé*, du *Docteur amoureux* et du *Médecin volant*. Deux amoureux, séparés par l'avarice d'un père, viennent supplier Molière de les prendre sous sa protection et de les marier. Clysterion, au nom significatif, et qui n'est autre que le prétendu agréé par le père et refusé par Mlle Angélique, est berné de belle façon par Mlle Duparc, la coquette de la troupe et refuse de lui-même la main de Mlle Angélique. Aucun obstacle ne s'oppose plus au mariage et le rideau tombe.

« Cela n'a ni intrigue, ni style: c'est tout simplement un pastiche des farces de Molière » écrit Ponsard, et il ne se trompait pas. Les éloges dithy-

---

1. C'est donc à tort que dans les *Matinées Italiennes* (2ᵉ année, 1ᵉʳ volume, 31 Mars et 15 Avril...) où la pièce parut, il dit qu'elle était jusque-là inédite. Elle a été imprimée dans les *Œuvres complètes*, t. III, p. 185.
2. Nous croyons cette date fausse ; peut-être faut-il la remplacer par 1649 : cf. *Rev. d'Hist. litt.* 15 avril 1899.

rambiques de Lireux, qui proposait immédiatement de transporter cette farce sur un théâtre de la capitale, troublèrent le jugement de Ponsard, car, quelques années après, il proposait à Edouard Thierry *Molière à Vienne* comme lever de rideau. Plus tard, il l'offrait à son ami Ricourt, alors directeur de l'école lyrique et l'autorisait à faire jouer cette pièce par ses élèves, assistés de Bocage: « Ce serait curieux et cela pourrait vous attirer du monde, et vous faire gagner de l'argent à tous les deux [1] ».

Cette farce nous prouve combien Ponsard était familier avec l'œuvre de Molière, puisque, triomphant de ses lenteurs ordinaires, il l'avait pour ainsi dire écrite tout d'une haleine: les souvenirs de l'*Impromptu de Versailles*, et de la *Critique de l'école des Femmes* semblent venir d'eux-mêmes sous la plume de l'écrivain; l'œuvre si originale et si touffue de Molière y est jugée par un critique compétent.

Ainsi le poète, dont on avait dit qu'il avait retrouvé l'accent cornélien, jugea le moment opportun pour dérober à Molière le secret de sa manière, qu'il avait profondément étudiée.

Ici commence une seconde période de la vie littéraire de Ponsard, période qui se prolongea jusqu'à la mort même du poète, car, à partir de 1853, il n'écrira plus de tragédie. Mais pendant ces quatorze années (1853-1867) Ponsard produisit des pièces bien différentes, et si l'on peut ranger dans la même catégorie

---

1. Lettre citée par J. Claretie, *Le Temps*, 30 Novembre 1880. — Cette farce ne reparut que sur la petite scène de Mme de Solms à Aix-les-Bains, et la maîtresse de maison célébra elle-même dans un article des *Matinées d'Aix-les-Bains* (1er vol. 1890), pages 157-163) les beautés de ce pastiche qu'elle appelle un « chef-d'œuvre ».

l'*Honneur et l'Argent* et *la Bourse* qui sont des comédies de mœurs et d'observation, il faut mettre à part *Ce qui plaît aux Femmes*, pièce difficile à classer; le *Lion Amoureux*, qui appartient au genre de la Comédie historique, et *Galilée*, drame philosophique, peu fait pour le théâtre et qui ne fut joué que dans la louable intention d'adoucir les derniers moments de Ponsard torturé par la maladie.

Nous allons passer en revue ces œuvres non moins différentes par l'inspiration que par la valeur dramatique.

II

Le 31 août 1852, le *Courrier de l'Isère* publiait cet entrefilet: « M. Ponsard vient de terminer une pièce nouvelle qu'il doit lire prochainement au Théâtre Français. C'est une comédie en cinq actes et en vers qui a pour titre: la *Comédie Bourgeoise* ». En effet, la pièce intitulée d'abord *Georges ou la Comédie Bourgeoise*, fut présentée rue de Richelieu, et le registre des délibérations de la Comédie Française mentionne qu'elle fut reçue le 2 novembre 1852. Comment se fait-il donc qu'elle ait été jouée à l'Odéon? Quelques jours après le triomphe de cette comédie sur la scène de la rive gauche, le Théâtre Français pour répondre aux reproches et aux moqueries de ceux qui l'accusaient d'avoir méconnu le chef-d'œuvre de Ponsard, ainsi que la *Philiberte* d'Augier, jouée presque en même temps au Gymnase, communiqua à la presse la note suivante: « Quelques journaux ont dit que les comédies de MM. Ponsard et Augier, jouées à l'Odéon et au Gymnase, avaient été refusées par le Comité du Théâtre Français. La vérité, c'est que le Comité a reçu l'*Honneur et l'Argent*, et que *Philiberte* ne lui a pas même été présentée ». Ponsard a « sans amertume » comme il le dit, rétabli la vérité des faits [1]. L'*Honneur et l'Argent* ne fut d'abord acceptée qu'avec correction; ensuite, pour adoucir un refus blessant, on reçut la comédie à condition que Ponsard reconnût au directeur le droit de ne pas la jouer [2]. Le Théâtre Français devait porter durement la peine de ce refus maladroitement déguisé.

Des offres vinrent à Ponsard du Gymnase et de l'Odéon. Ponsard écrivait à Bocage: « Montigny voulait très sérieusement jouer la pièce, mais seulement en avril; j'ai mieux aimé être joué de suite à l'Odéon où on me donne d'ailleurs une prime ». Ponsard lut sa pièce au Comité et entra immédiatement en répétitions; cette comédie fut portée sur l'affiche le 11 mars 1853, avec ce nouveau titre que Jules Janin se vante d'avoir découvert: l'*Honneur et l'Argent* [3]. Deux artistes de premier ordre avaient été engagés spécialement pour jouer l'*Honneur et l'Argent:* Laferrière apporta dans le personnage de

---

1. Lettre de Ponsard à l'*Entr'acte*, et publiée dans l'*Assemblée Nationale* du 31 mars 1853.
2. Ceci est confirmé par un étrange billet de Ponsard à Houssaye (directeur de la Comédie Française), conservé aux archives de la Comédie.
3. Le héros de la pièce, Georges, qui accepte d'être ruiné pour sauver l'honneur de sa famille, voit s'éloigner de lui tous les amis qui, autrefois, le flattaient et le comblaient d'éloges; il perd sa fiancée, Laure, car son futur beau-père, M. Mercier, ne se soucie pas de donner sa fille à un homme ruiné. Georges n'est soutenu dans son épreuve que par un ami véritable, Rodolphe, et par la sœur de Laure, Lucile, qui admire sa vertu et relève son courage. A force de travail, Georges regagne la fortune perdue et épouse Lucile dont l'estime l'avait aidé à supporter cette crise.

Georges une distinction un peu prétentieuse, mais une chaleur et une conviction entraînante [1]; Tisserand, dans le personnage de Rodolphe, révéla des qualités exceptionnelles d'intelligence et de sensibilité.

Le public s'arrachait les loges et les stalles: « c'est un gros, gros succès, écrivait Ponsard (25 mars 1853): c'est exactement celui de *Lucrèce*. Tous les jours nous faisons le maximum de la recette. On refuse des spectateurs, et ceux qui peuvent entrer applaudissent comme des enragés [2] ».

Le 16 avril, Ponsard constatait que l'enthousiasme était plus grand encore que pour *Lucrèce*; à la 36ᵉ représentation (25 avril), le théâtre assiégé refusait quantité de spectateurs. Les premiers jours de chaleur firent un peu baisser la recette, mais la foule revint avec le mauvais temps: à la 91ᵉ représentation, c'était encore salle comble, et on applaudissait comme au premier jour.

Pendant les mois d'été, Tisserand et Laferrière firent applaudir l'*Honneur et l'Argent* sur toutes les scènes de province [3]. A la saison suivante, le nouveau directeur de l'Odéon, M. Royer, s'empressa de remettre sur l'affiche l'*Honneur et l'Argent*. Cette reprise (1ᵉʳ février 1854), fut une véritable fête, et répondit victorieusement aux esprits chagrins qui accusaient le public d'engouement; le succès dépassa celui de 1853 et fut

---

1. Voir les *Mémoires* de Laferrière (2 vol. Dentu) et surtout la page fiévreuse dans laquelle l'acteur raconte de quelle façon il jetait au public, au quatrième acte, la fameuse apostrophe aux « pieds plats ».

2. *Lettre inédite.*

3. Dès le 8 avril, la pièce avait été jouée à Bruxelles, et l'*Indépendance Belge* écrivait à ce propos : « Tous les artistes ont tenu à honneur de se charger d'un rôle, si peu important qu'il fût, dans la comédie de M. Ponsard : c'est un juste hommage rendu au poète et qui atteste avec quel soin sera interprétée cette œuvre remarquable ».

consacré par les applaudissements du parterre et par les éloges de la critique [1].

Le Théâtre Français, dont le jugement était ainsi cassé de façon éclatante, fit des avances à Ponsard. « Le Théâtre Français m'a écrit, disait-il, et m'a rendu visite, pour se rapatrier avec moi. Bref, il m'a demandé pardon. J'aurais été méchant si j'étais tombé ; mais je suis disposé à la miséricorde [2] ». Longtemps Ponsard résista aux sollicitations des directeurs de la rue de Richelieu, qui lui demandaient sa comédie. L'Odéon, de son côté, n'était pas disposé à laisser partir l'*Honneur et l'Argent*. C'est seulement le 21 janvier 1862, que l'*Honneur et l'Argent* parut sur la scène du Théâtre Français. Le ministre Walewski s'était pris d'une passion inouïe pour cette comédie, l'avait enlevée d'autorité à l'Odéon, et suspendant au Théâtre Français toutes les pièces nouvelles, avait mis à la disposition de Ponsard le théâtre et les acteurs [3].

C'était une bataille décisive que Ponsard venait de livrer avec l'*Honneur et l'Argent*. Tous ses amis en attendaient l'issue dans la plus grande inquiétude, car ils savaient bien que le poète ne se relèverait pas

---

[1]. Les rares attaques qui se produisirent contre la comédie de Ponsard passèrent inaperçues. Le *Journal Amusant* du 9 avril 1853, publia une parodie, — non représentée d'ailleurs, intitulée : l'*Honneur et l'Argent*, comédie écrite de souvenir, par Talie, dessinée par Marcelin, et l'auteur signe : Ch. Philippon. C'est de l'esprit très ordinaire, qui s'exerce sur les défauts les plus saillants de la pièce. On peut citer encore : une *Epître à M. Ponsard sur sa comédie de l'Honneur et l'Argent*, par A. Guichon de Grandpont (Rochefort, 1856). L'auteur écrivit en avril sa brochure mais par déférence pour Ponsard, en retarda la publication ; il n'avait pas à craindre cependant que sa faible diatribe entravât le succès de la pièce.

[2]. Lettre inédite du 25 mars.

[3]. Depuis cette date jusqu'en 1876, la pièce ne sortit pas du répertoire et fut jouée 113 fois : Cf. Soubies, *op. cit.*

d'un échec, et que, la pièce mal reçue, son talent était à jamais perdu pour la scène française. Or, le succès était venu soudain, enthousiaste, inouï; comme aux beaux jours de *Lucrèce*, le nom de Ponsard était sur toutes les lèvres; tous les gens de goût, les amateurs de théâtre avaient les yeux fixés sur lui et se demandaient quelle œuvre nouvelle suivrait un début aussi éclatant. Pourtant Ponsard attendit trois ans avant de donner une seconde comédie.

La *Bourse* ne fut commencée que dans l'hiver de l'année 1855. Emprisonné par la neige à Mont-Salomon, Ponsard n'allait plus même à Vienne, et travaillait douze heures par jour. Son œuvre avançait rapidement : « J'ai fait des prodiges, écrit-il. Ce matin même, mon quatrième acte est complètement fini. Oui, voilà quatre actes faits, quatre gros actes. J'aurai tout fini dans quinze jours au plus tard, et je partirai vite pour Paris afin d'être joué le plus tôt possible. Je ne comprends pas comment j'ai pu abattre tant de besogne. Il est vrai que le sujet prêtait beaucoup, que les situations naissaient toutes seules, et que j'ai énormément travaillé [1] ».

En trois mois, cette comédie fut achevée [2]. Un

---

1. *Lettre inédite* du 15 janvier 1856.
2. Léon Desroches aime Camille, la fille de M. Bernard, son voisin de campagne; mais trop pauvre pour l'épouser, il vend ses terres et vient à Paris trouver son ami Delatour, agent de change, afin de quintupler sa fortune à la Bourse. D'abord il gagne; M. Bernard, venu à Paris, est lui aussi pris par la passion du jeu. Camille, qui veut arrêter cet entraînement, exige de son fiancé le serment qu'il ne jouera plus. Léon promet; mais il manque à sa parole. Le voilà ruiné. Pour obéir aux ordres de son ancienne fiancée, il accepte la place de contremaître dans une mine appartenant à Reynold, cousin de Camille. Le mariage de Camille et de Reynold est décidé; mais Léon expose sa vie pour sauver dix ouvriers pris dans un éboulement. Camille, pleine d'admiration, lui rend son estime, et Reynold se sacrifie généreusement au bonheur des deux amants.

instant, Ponsard s'imagina qu'il serait arrêté par la censure : « Soyez un tantinet viril, écrivait-il à J. Janin, et on vous étouffe entre deux matelas ». Ces craintes étaient chimériques, et le pouvoir montra bien par l'accueil qu'il fit à l'œuvre de Ponsard qu'il l'aurait encouragée plutôt que persécutée.

Jamais pièce n'avait excité plus vive et plus ardente curiosité ; on la parodia avant même qu'elle fût sur la scène [1]. L'entreprise était audacieuse, en effet, et la Bourse tenait tant de place dans la vie de la nation que Ponsard était sûr à l'avance d'être écouté avec passion. Le jeu de la Bourse créé en 1825 n'avait pas tardé à fournir des sujets aux auteurs comiques: *le Spéculateur*, de Riboutté (1826); *l'Agiotage*, de Picard et Empis (1826); *l'Argent*, de Casimir Bonjour (1826), et *le Mariage d'argent*, de Scribe (1827) témoignent que cette plaie de la société fut signalée dès son apparition. Mais ces leçons restèrent impuissantes à lutter contre les intérêts et les convoitises, ligués pour défendre et exploiter ce vice dont les racines sont si profondes dans notre société contemporaine [2]. Plus hardi que ses prédécesseurs, Ponsard osait s'en prendre à l'idole elle-même; aussi la *Bourse* parut-elle (6 mai 1856) sur la scène de l'Odéon, devant l'auditoire le plus brillant et le plus recueilli. L'Empereur assistait à la soirée, ainsi que le roi de Wurtemberg, le prince Jérôme, le prince Lucien, le prince Murat, les ministres, les dignitaires de l'Etat,

---

[1]. *Les colles des Boursiers*, par Paul Delaunet.

[2] « Le vent est à la conquête des richesses, écrivait Léon Faucher en 1845 ; nous faisons des chemins de fer ; nous sommes dans une veine miraculeuse de prospérité... on ne pense plus qu'à s'enrichir, et l'on ne mesure plus les évènements qu'au thermomètre de la Bourse »: cité par Thureau-Dangin : *Histoire de la Monarchie de Juillet*, t. VI, p. 50.

le comte Orloff, portant le grand cordon de la Légion d'honneur; enfin, les savants, les littérateurs et les artistes: Villemain, Saint-Marc-Girardin, Scribe, J. Janin, Ach. Ricourt, Th. Gauthier, Fiorentino, Méry, Lireux, etc.

Cette comédie obtint un succès tel que Ponsard fut considéré comme le premier poète comique de l'époque. Les journaux: *la Presse théâtrale, l'Indépendance Belge, la Patrie, la Presse, le Constitutionnel, le Moniteur*, etc., furent unanimes dans l'éloge. L'Empereur fit dire à Ponsard que « sa pièce était admirable, pleine de beaux sentiments exprimés en beaux vers [1] ».

Pour expliquer l'enthousiasme du public à l'apparition de *l'Honneur et l'Argent* et de *la Bourse*, il n'est pas inutile de rappeler brièvement la situation de la comédie en France vers 1853. Le Théâtre Français montait en l'espace de quelques mois deux comédies importantes, et qui semblèrent un moment destinées à renouveler le succès obtenu l'année précédente par *Mademoiselle de la Seiglière*. C'était *le Cœur et la Dot*, de Félicien Mallefille (24 décembre 1852), et *Lady Tartufe*, de Mme E. de Girardin (10 février 1853). La première était une œuvre d'une portée sérieuse, dans laquelle l'amour lutte contre les pièges que dressent autour de lui l'intrigue et la cupidité; la seconde était remplie par la seule peinture d'une femme hypocrite, et, si l'action en était

---

[1]. La pièce imprimée parut le 19 mai, et fit rapidement le tour de l'Europe, pendant qu'on la parodiait à Paris, sur le théâtre du Luxembourg (*La Bourse ou Paris*, 1 acte en vers, par Alexandre Flan), et aux Variétés (*La Bourse du village*, farce plaisante: cf. Ponsard, par Paulin Blanc, 76). Moins heureuse que sa devancière, *la Bourse* ne fut pas représentée au Théâtre Français.

mince, en revanche l'esprit, la grâce, la délicatesse et la gaieté y étaient semés avec profusion. Quelle que soit la valeur littéraire de ces deux comédies, l'une et l'autre sont éclipsées par *l'Honneur et l'Argent*: la comédie de Ponsard traite avec plus de force et plus d'éclat que *le Cœur et la Dot* la lutte de l'amour et de l'argent, et dans *Lady Tartufe*, l'hypocrisie du personnage principal est si odieuse et si exagérée, l'intrigue si lâche, que sans le grand talent de l'interprète principale, Rachel, bien secondée d'ailleurs par Régnier, le public aurait été dérouté dès le premier jour.

Si du théâtre de la rue de Richelieu nous passons aux scènes secondaires, qui connaît aujourd'hui *les Familles* de E. Perret, drame joué à l'Odéon en 1852 et couronné par l'Académie Française; *l'Exil de Machiavel* de Léon Guillard, *les Vacances de Pandolphe*, pastorale en 3 actes, de Georges Sand, dont la naïveté fit sourire le public? Le théâtre du Palais-Royal, fidèle à la tradition du rire, continuait la série de ses farces osées et spirituelles; mais ces productions légères n'amusent que la génération qui les a vues naître. Une seule pièce, *la Dame aux Camélias* d'A. Dumas, avait, en 1852, obtenu un triomphe durable; mais pendant que tout Paris s'attendrissait chaque soir, au Vaudeville, sur l'agonie et la mort d'une courtisane, les esprits sérieux, qui s'effrayaient de ces libertés d'un art brutal et réaliste, criaient à la profanation et appelaient de leurs vœux une œuvre élevée qui ne surprit pas le cœur par des émotions malsaines et dangereuses.

L'Honneur et l'Argent donna le signal de cette réaction, et le public, toujours favorable aux écrivains qui savent satisfaire son besoin d'admiration et d'idéal, se laissa prendre de bonne foi à ces beaux sentiments d'une âme honnête, à cette vigueur d'une poésie sobre et sincère. Trois ans après, il accueillait *la Bourse* avec la même sympathie et la même joie. Aujourd'hui, après quarante ans écoulés, la critique n'a plus à redouter les erreurs de l'engouement : elle ne cache pas que l'intrigue de ces comédies est souvent invraisemblable, que la convention s'y allie à la vérité dans la peinture des caractères, enfin que la satire sociale y manque de profondeur, et pourtant elle répète sur elles le mot de Nisard, quand il y découvrait « une image brillante de la haute comédie [1] ».

Le sujet de *l'Honneur et l'Argent* est mal préparé, et les tirades philosophiques s'y succèdent suivant le bon plaisir de l'auteur. Les dissertations de l'acte I roulent sans doute sur les idées qui, plus tard, soutiendront l'action : l'auteur nous donne ainsi comme le canevas philosophique de son sujet ; mais pourquoi la discussion de Georges et de Rodolphe s'arrête-t-elle sur ce prétexte futile que Rodolphe « a quelque part un rendez-vous urgent ? » Les deux amis se séparent pour six mois, et Georges attendra jusque là pour réfuter les théories de Rodolphe. Il en est de même dans *la Bourse* : un dîner a rassemblé chez Delatour des banquiers, des artistes et des hommes du monde : aussitôt la conversation s'engage et chacun étale cette soif dégradante de l'or amassé sans peine, que flétrit le poète par la bouche de Reynold. Ponsard a multiplié ces réunions d'inter-

---

1. *Discours en réponse à Ponsard*, t. I, p. 41.

locuteurs et ces défilés de personnages. Il distribue l'ordre de ses scènes dans un parallélisme fatigant : ainsi la *Bourse* est, pour employer l'expression de J. Janin, « un jeu en partie double », qui commence au lever du rideau et ne finit qu'à la dernière scène. On dirait que Léon et son domestique Pierre sont unis par la même destinée, et que le valet reçoit le contre-coup de tous les évènements qui arrivent à son maître.

Les deux comédies de Ponsard ne se ressemblent pas seulement par l'ordonnance générale : on dirait presque qu'il a mis deux fois à la scène, avec de légères différences, le même sujet.

Les personnages de Georges et de Léon, de Rodolphe et de Reynold se répètent d'une pièce à l'autre : jetés dans des situations analogues, ils traversent les mêmes péripéties, pour arriver au même dénouement. Deux fois Ponsard a condamné l'hypocrisie des usages du monde et la tyrannie de l'argent; deux fois il a peint la jeunesse battue par les secousses trop violentes de la tempête de la vie, cherchant le calme et le repos au sein du travail et de la modeste tâche vaillamment acceptée.

Si la souplesse et la richesse manquent au talent dramatique de Ponsard, l'intrigue de l'*Honneur et l'Argent* et de la *Bourse* offre pourtant des qualités de premier ordre : la simplicité et l'intérêt. Les coups de théâtre, les surprises, tous ces procédés piquants qui stimulent l'attention du spectateur, sont dédaignés par le poète, qui rétablit dans ses droits la simplicité austère et la sobriété de l'art classique. Le premier acte de l'*Honneur et l'Argent* a le mérite de faire penser au *Misanthrope*, et au quatrième dans le sourire d'une jeune fille qui réconforte le pauvre désespéré, Ponsard a su trouver les effets les plus gracieux et le revirement le plus complet:

La beauté, la jeunesse! O charme tout-puissant!
O reines de ce monde! O soleils de la vie!
Quand vous resplendissez, l'âme est épanouie;
Tout ce qu'on fait de grand éclôt à vos clartés;
Nous nous purifions en vos sérénités;
Et les mauvais instincts, le dégoût, l'ennui sombre
Chassés par vos rayons rentrent au sein de l'ombre (IV, 2).

Avec quel intérêt nous suivons les phases successives de la destinée de Georges, dont l'âme confiante s'ouvre à toutes les illusions et à toutes les générosités; quand la violence de l'épreuve le fait crier de douleur, comme nous partageons ses angoisses; avec quelle joie nous applaudissons à sa victoire définitive! « Le bonheur de Georges est aussi celui de Rodolphe et de Lucile, et notre désir de voir tous ces personnages récompensés de leurs vertus, se trouve satisfait. Le secret est là, dit Th. Gauthier, le public aime Rodolphe, et Georges, et Lucile [1] ». Dans la *Bourse*, les sentiments élevés et le noble langage de Reynold vont également au cœur des spectateurs, et si Léon par ses faiblesses, décourage un peu la sympathie, nous hâtons néanmoins de nos vœux un mariage dont il est peu digne pour sa part, mais qui doit faire le bonheur de la vertueuse Camille.

A l'intérêt qui s'attache aux combinaisons dramatiques, Ponsard s'est efforcé de joindre la vérité de l'observation et la science des caractères. Sur ce point, « la critique a fait des réserves », comme le disait

---

1. *Moniteur*, 3 février 1854.

Nisard, en recevant Ponsard à l'Académie: « Les héros de la tragédie peuvent venir d'eux-mêmes visiter le poète dans sa province: témoins Cinna, les Horaces, Polyeucte qui apparurent au grand Corneille dans sa maison de Rouen. Mais les héros de la comédie ne sont pas si commodes. Il faut les aller chercher de sa personne au milieu du monde, et à Paris où se trouvent les plus illustres... Si donc, Monsieur, vous voulez satisfaire les plus difficiles, imitez les peintres qui rapportent dans l'atelier les esquisses prises au dehors et dont ils feront des tableaux; emportez de Paris de vigoureuses ébauches, pour en faire des portraits à Vienne [1] ».

Pour discuter cette insuffisance de l'observation, nous indiquerons les principaux types que ces comédies contiennent. Mentionnons d'abord les deux pères, M. Mercier et M. Bernard, qui sont franchement comiques, sans tomber dans la charge ou la caricature. Ils amusent par leur bonhomie et par leurs contradictions: scrupuleux à leur manière, ils ne conçoivent pas d'autre honnêteté que celle du commerçant qui fait honneur à ses affaires, et sont convaincus que la fortune est indispensable au bonheur; aussi leur idéal de gendre est-il singulièrement bourgeois et même vulgaire. M. Mercier n'a pas assez de mépris pour les artistes; voici par quelles qualités M. Richard l'avait séduit:

> Il possédait si bien la langue des affaires,
> Etait si positif, riait tant des chimères,
> Traitait la poésie avec tant de mépris,
> Que j'ai cru qu'il serait le meilleur des maris (V, 1).

[1]. *Discours en réponse à Ponsard*, t. I p. 41.

Bien qu'un peu conventionnels, ces pères du théâtre de Ponsard rappellent par certains côtés les bourgeois de 1850, et le Péponet des *Faux Bonshommes* semble avoir été tracé sur leur modèle.

Les amoureux, Georges et Léon, ont comme nous l'avons vu le don d'intéresser, mais l'inconsistance de leurs caractères est telle qu'on les dirait façonnés par les situations et inventés pour servir de support à l'intrigue. Georges, à 28 ans, ne sait encore rien du monde : intransigeant sur les principes d'honneur, il s'imagine que la pratique de la vertu est toute naturelle. Naïf et plein d'illusions, il croit à la sincérité des conventions sociales et à la reconnaissance des hommes. Voilà pourquoi le choc de la réalité est si rude pour lui; comblé d'abord de toutes les faveurs de la fortune, il s'irrite contre les obstacles qui naissent soudain sur sa route; mais enfin le hasard, un notaire complaisant, la perspicacité de son ami Rodolphe, arrangent les choses, et, l'épreuve finie, il se retrouve riche et heureux. Léon, plus encore que Georges, flotte au gré des évènements : c'est un caractère faible et sans ressort. Au début, on l'excuse de jouer par amour; mais ensuite, il est riche, il se sait aimé, et pourtant il n'a pas la force de fuir le mirage des millions gagnés en un instant. De la faiblesse il descend jusqu'à la lâcheté, quand, infidèle à son serment, il risque sur un calcul douteux le reste de son patrimoine et une partie de la fortune de son beau-père. Il n'était pas dans la logique de son caractère, mais dans celle de l'action, qu'il se conduisît ainsi.

Les jeunes filles de ce théâtre, Laure, Lucile et Camille sont en général moins insignifiantes que les ingénues du théâtre classique [1]. Laure manque de naturel et de vie : sa nonchalance et son apathie en font un caractère aussi peu dramatique que possible, s'il est vrai que la scène demande des volontés agissantes, capables de réagir contre les évènements, et de leur donner une impulsion personnelle. Lucile est plus décidée, et par suite plus dramatique ; elle sait qu'une jeune fille ne doit pas en face de la vie prendre une attitude passive, et que le bonheur ne se mérite qu'au prix de l'effort ; comme sa sœur elle a le charme qui vient de l'innocence et de la beauté, mais elle y joint une bonté active, qui console les malheureux.

Ce n'est pas non plus une ingénue banale que le personnage de Camille dans *la Bourse* : sa grandeur et sa noblesse font songer aux héroïnes de Corneille. Son amour ne se laisse jamais décourager par les déceptions : elle a donné son cœur à Léon parce qu'elle le jugeait plus grand et plus vertueux que tous, et pour tenir sa promesse elle entraine son père à la recherche de son fiancé. Craint-elle que celui-ci ne succombe aux séductions de la Bourse, elle lui offre l'appui d'un amour immuable et d'un serment solennel. Elle hausse le ton de la comédie jusqu'aux accents les plus pathétiques et les plus élevés ; on croit entendre l'écho de ces déclarations fières et touchantes

---

[1]. Une tradition conservée dans la famille du poète rapporte que sous le nom de Laure et de Lucile, Ponsard a peint non des êtres de fantaisie mais deux cousines qu'il avait successivement aimées, et que les circonstances l'avaient empêché d'épouser : elles habitaient une petite ville de province dont elles étaient l'ornement par leur science, leur grâce et leur beauté. On n'eut pas de peine à les reconnaître sous les traits de Lucile et de Laure, tant l'allusion était peu voilée, et dans le cercle intime de leurs relations, elles étaient quelquefois saluées de leur nom de théâtre.

que le poëte avait mises dans la bouche de Lucrèce, d'Agnès ou de Charlotte.

Les caractères de Rodolphe et de Reynold sont empreints de la même élévation : semblables aux *raisonneurs* du théâtre classique, leur rôle consiste à dégager la vérité morale enfouie sous les ridicules ou sous les préjugés mondains, et à traduire la pensée même du poëte. L'un et l'autre sont purs de la corruption générale, et se posent en prédicateurs et en redresseurs de la société. Quand, autour d'eux, les travers et les vices se sont donné libre carrière, on entend s'élever leur voix qui flétrit l'hypocrisie et la bassesse des mœurs. Ainsi Rodolphe ne peut taire son indignation devant un père qui marie sa fille sans s'occuper des penchants de son cœur, et qui prend un gendre « non pour ses qualités, mais pour l'argent qu'il montre [1] ».

Reynold, dans *la Bourse*, est un modèle d'abnégation ; il donne sa fiancée à son rival, et contemple de ses yeux le bonheur qu'il a préparé et qu'il ne pouvait réaliser que par l'absolu sacrifice de lui-même. De là cette attitude raidie où l'injustice de Léon ne voit que du pédantisme ; de là cette hauteur surhumaine qu'il atteint sans effort.

Puisque ces *raisonneurs* sont « la morale vivante du drame », selon l'expression de Sainte-Beuve [2],

---

[1]. J. Janin nous dit (*J. des Débats*, 15 mars 1853) que Ponsard a peint en Rodolphe son ami Ricourt, « un bohémien, un aventurier de la poésie et des beaux-arts..., qui s'oublie dans les musées, dans les ateliers de peinture, à Meudon, à Versailles, à St-Cloud, à Fontainebleau, quand la forêt est pleine de poésie et de soleil » ; ainsi Rodolphe est à la fois Ricourt et la personnification du devoir et de la loyauté : de là vient que ce caractère est gâté par une certaine indécision.

[2]. *Causerie du Lundi*, t. X, appendice, p. 501.

c'est dans leur rôle surtout qu'il faut chercher la pensée du poète, et l'enseignement qu'il a voulu donner. Quand il défend contre l'esprit positif de l'époque la jeunesse et le cœur, Rodolphe ne sort pas de la banalité; mais sa morale ne se renferme pas dans ces étroites limites. C'est dans l'épreuve, dit-il, que la vertu s'affirme véritable :

Celle-là seulement vaut qu'on la glorifie
Que la lutte grandit et le choc fortifie (I, 3).

Reynold, à son tour, développe cette théorie de l'idéale vertu : l'expiation qu'il indique à Léon, c'est le travail obscur et sans gloire:

Etre soldat n'est point une œuvre expiatoire ;
Ce n'est pas une peine, enfin, c'est une gloire ;
Mille en cette carrière accourent pleins d'ardeur
Et le monde à leur sort attache la grandeur ;
Mais l'œuvre dédaignée, obscure, opiniâtre,
Et dont nul coup d'éclat n'illustre le théâtre,
Voilà le devoir froid, après la passion,
L'inverse de la faute, et l'expiation. (IV, 9).

Lieu commun, dira-t-on ; oui, sans doute, mais n'est-ce pas le rajeunir que de l'exprimer avec tant de vigueur et de conviction ? Quels plus mâles enseignements, quelles leçons mieux appropriées au besoin de la vie pourrait-on souhaiter? Ajoutons que le poète, tout en flétrissant la cupidité, accorde à l'argent la place qui lui est nécessaire dans la société et « ne tombe pas, comme dit Th. Gauthier, dans le banal éloge de la mansarde, des chaussettes percées et de la poche vide ». Ce même bon sens se retrouve dans *la Bourse*. Des critiques prendront contre lui la défense de la spéculation; c'était inutile, car Ponsard avait nettement distingué le crédit public de l'agiotage, et réservé toute son indignation pour les gains illicites, et les moyens peu louables de s'enrichir :

> Je ne confondrai pas dans le même anathème
> Les marchés sérieux avec le jeu lui-même.

Cette impartialité donne aux leçons de Ponsard plus d'autorité, car cette morale qui se tient à égale distance de tous les excès prend un caractère réel et pratique pour le plus grand profit des spectateurs.

Pourtant, la leçon qui se tire de la *Bourse* ne satisfait pas Th. Gautier: « l'idée, plus pratique que morale, dit-il, peut s'en résumer dans cette maxime: quand on a gagné 300.000 francs à la Bourse, on ferait bien de se retirer avec son gain, et d'aller vivre à la campagne, après avoir épousé celle qu'on aime [1] ». Il faut toute la malice du spirituel feuilletoniste pour découvrir un pareil enseignement dans la comédie de Ponsard; la soudaineté du gain trouble à ce point l'esprit faible de Léon qu'il est incapable désormais de s'arrêter dans cette voie qui conduit infailliblement à la ruine: « Je suis convaincu, avec beaucoup d'autres, dit Ponsard [2], que l'extrême cupidité allumée par la Bourse, étouffe les élans généreux et les beaux sentiments: c'est cette face particulière de la question que j'ai voulu surtout envisager ». Un spectateur de bonne foi ne s'est jamais trompé sur la morale que le poëte y prêchait, et c'est pourquoi l'Empereur tint à honneur de l'en

---

1. *Moniteur*, id.
2. *Entr'acte*, 12 juillet 1856: lettre en réponse à un négociant de Marseille, converti par la lecture de la *Bourse*.

féliciter: « J'ai été vraiment heureux, lui écrivait Napoléon III, de vous entendre flétrir de toute l'autorité de votre talent, et combattre par l'inspiration des sentiments les plus nobles, le funeste entraînement du jour ».

Ce qui est à regretter, c'est que Ponsard n'ait pas cru devoir fouiller plus profondément cette étude du monde de l'argent et qu'il n'ait pas pénétré à l'intérieur de la Bourse. Pourquoi n'a-t-il pas mis en scène les boursiers, les courtiers, les agioteurs, les tripoteurs? Si Léon nous eût été présenté dans la compagnie des croupiers et des coulissiers, nous aurions compris par quels germes malsains l'atmosphère du jeu corrompt les âmes honnêtes. La *Bourse* manquait donc aux promesses de son titre. Bien que Ponsard ait ainsi restreint le sujet de sa pièce, la *Bourse* mérite encore d'être appelée une belle œuvre et une bonne action. Il en est de même de l'*Honneur et l'Argent*. Les gens de goût auraient voulu que le poète fît effort pour atteindre à plus d'originalité et à plus de profondeur; mais ils conviennent que la banalité du sujet est rachetée par la sincérité de l'inspiration. Le spectateur croit avoir sa part de collaboration dans une œuvre qui lui renvoie fidèlement sa propre pensée, et dans laquelle le poète a su marquer au coin d'une langue énergique et forte la vérité que chacun découvre dans le fond de sa conscience. Aussi la voix publique avait-elle, en 1854, désigné l'*Honneur et l'Argent* au choix de la Commission qui, dans le sein de l'Académie, était chargée de décerner les primes aux ouvrages dramatiques [1]; et Nisard, en recevant son

---

1. Cf. le rapport de Sainte-Beuve (1854): *Causeries*, t. X, appendice.

nouveau collègue, louait dans ces comédies, « ces vives sorties satiriques contre le mal du temps, et ces heureux vers qui soulagent les honnêtes gens, et intéressent leur esprit aux répugnances de leur probité ».

III

Les préoccupations d'amour et d'argent qui absorbèrent Ponsard pendant la période qui suit la *Bourse* l'empêchèrent de s'appliquer efficacement à quelque œuvre littéraire; néanmoins, quand la vivacité de son désespoir se fut un peu apaisée, il se tourna vers le théâtre: n'était-ce pas le meilleur moyen d'oublier le vide de son cœur et de payer ses dettes? En mai 1857, il s'engage à écrire une pièce pour le Théâtre Français : il ne songea même pas à discuter les conditions qui lui étaient faites, tant il avait besoin d'accepter la prime que lui offrait le ministre d'Etat. Mais l'inspiration semblait l'avoir abandonné. Il écrit à Bocage : « De temps en temps je secoue cette atonie et je barbouille fiévreusement du papier. J'ai commencé, abandonné, repris, déchiré, recommencé plusieurs choses. Je suis seul, livré à moi-même, malade d'esprit; j'aurais besoin que quelqu'un fût là; j'aurais besoin d'avis, car je ne sais plus distinguer le bon du mauvais [1] ».

Cette période de tâtonnements fut longue; après un an d'efforts et plusieurs mois passés à Mont-Salomon, dans la solitude, il n'avait encore rien produit.

---

1. *Lettre inédite.*

Enfin, en 1860, le Vaudeville joua cette pièce étrange : *Ce qui plaît aux femmes* [1].

Elle a trois actes, qui font en réalité trois pièces distinctes par la forme et le ton et à peine reliées entre elles par un fil léger : du marivaudage des salons nous passons à la féerie pour tomber enfin en plein réalisme.

Nous sommes d'abord dans le salon d'une comtesse veuve, jeune et riche : tout l'ennuie, malgré l'empressement de ses nombreux adorateurs. L'un d'eux, son cousin Gontard, qui l'aimait avant son mariage, mais n'avait osé prétendre à sa main, lui conseille pour se distraire, d'assigner une journée à chacun de ses rivaux et de se marier avec celui qui aura trouvé le secret de lui plaire. Les adorateurs arrivent : la comtesse leur fait sa singulière proposition, et le steeple-chase aux galanteries va commencer.

Le vicomte d'Artas a préparé dans son château, en l'honneur de la comtesse, la représentation d'une féerie. Plusieurs fées débitent tour à tour des couplets gracieux, et viennent rendre leurs hommages à la reine des fées [2]. Celle-ci aime Olivier, « un jeune

---

[1]. Royer (*Histoire du Théâtre contemporain*, t. I, p. 262) a l'heureuse idée de rapprocher la pièce de Ponsard d'une comédie héroïque donnée au théâtre du Marais en 1675 par Th. Corneille et Visé. Cette comédie en 5 actes et en vers, avait pour titre : *l'Inconnue* et était mêlée de chants et de danses ; Cf. Léris : *Dict. des Théâtres*.

[2]. Ponsard emprunta l'idée de cette féerie à Shakespeare : Cf. 2e vol. de la traduction de Fr.-V. Hugo : la reine des fées, c'est Titania ; et Robin, c'est Puk. Jamais la poésie de Ponsard n'avait trouvé des rythmes plus légers et des images plus gracieuses ; ainsi une fée chante ces jolies strophes :

> Moi, pour rafraîchir ma toilette,
> J'ai dépouillé les verts sentiers ;
> J'ai poursuivi la violette,
> Dans son nid, sous les églantiers.

homme, un enfant de la terre », et pour éprouver son cœur elle lui apparaît sous trois formes successives: l'amour des voluptés, l'amour de l'or et l'amour du pouvoir. Olivier, qui poursuit l'amour, le véritable amour, repousse ces formes mensongères. Alors la reine, satisfaite que son amant ait fui les fausses ivresses, se montre à lui dans l'éclat de sa beauté, et Olivier apercevant la pure vision de son rêve, lui tend les bras en exprimant l'extase de son cœur: la reine s'approche et met sa main dans celle d'Olivier.

Les autres adorateurs de la comtesse épuisent à leur tour les ressources de leur imagination. Gontard, admis à concourir, amène sa cousine dans une mansarde, où une jeune ouvrière, Louise, travaille malgré le froid et la faim, pour gagner son pain et celui de sa sœur malade. Une marchande à la toilette est venue tout à l'heure essayer sur elle les séductions de la vanité; mais la courageuse enfant a repoussé le déshonneur, a fait honte à cette Macette, du honteux métier qu'elle exerce, et lui a défendu sa porte. Elle est sauvée par la comtesse, que le spectacle de cette affreuse indigence remue profondément, et qui laisse sa bourse à l'ouvrière, en lui promettant qu'elle la défendra contre la misère. Gontard s'applaudit d'avoir deviné le noble cœur de sa cousine, et celle-ci, heu-

> Des papillons coupant les ailes,
> Je m'en suis fait un éventail;
> Aux cuirasses des coccinelles
> Je dois mon collier de corail.
>
> J'ai trouvé mes boucles d'oreille
> Dans la rosée, au fond des fleurs;
> J'ai pris au dragon qui sommeille
> L'escarboucle aux mille couleurs.

reuse de connaître les émotions de la véritable charité, lui accorde sa main [1].

La pièce eut d'abord du succès : « les vingt premières représentations, écrivait Ponsard, ont produit beaucoup d'argent (cinquante mille francs) au théâtre ». Une interdiction momentanée de la pièce servit d'ailleurs ses intérêts. « Le 3e acte, écrivait l'auteur, représente la misère des ouvrières, et quoique ce soit un appel à la charité, et par conséquent a[ux no]bles sentiments, on a craint que ce tableau, prése[nté] vivement, ne fût dangereux sur la scène. Le ministre me disait à ce sujet : *nous voulons que le théâtre amuse, et non qu'il remue les idées* [2] ». Sans relever ce que cette phrase officielle a de blessant pour le théâtre, borné au rôle d'amuseur public, il est certain que le réalisme violent de l'acte III pouvait impressionner désagréablement les spectateurs ; la deuxième représentation fut troublée par des murmures ; et après la quatrième, plus orageuse encore, la censure intervint et supprima la pièce [3]. Pour la

---

1. Donc *Ce qui plaît aux femmes*, d'après Ponsard, c'est la bienfaisance : conclusion qui ne ressemble pas à celle du joli conte de Voltaire. Une femme d'esprit disait, avant la première représentation : « J'ignore ce que M. Ponsard montrera dans sa pièce, mais je crois que ce qui plaît par dessus tout aux femmes, c'est.... de plaire » : cf. Corsesan, *Vérités et sévérités* (1861).

2. *Lettre inédite*. — Voici le rapport officiel de la Censure : « la peinture de l'excessive misère de la jeune ouvrière est un de ces tableaux navrants qui irritent l'esprit public et que nous avons toujours eu pour instruction d'écarter du théâtre, parce que, quelles que soient les bonnes intentions de l'auteur, il en résulte une sorte d'acte d'accusation contre une société impuissante à assurer le moyen de vivre honnêtement aux femmes des classes déshéritées, et une justification indirecte de la prostitution de celles qui succombent » : *La Censure sous Napoléon III*, anonyme, 1892, p. 156.

3. Cf. Hallays-Dabot : *La Censure dramatique et le théâtre* (1850-1870), p. 76.

sauver, Ponsard se soumit à des corrections et à des
atténuations; mais il la fit imprimer telle qu'elle
avait été jouée d'abord.

Rendons justice à la forte conviction de l'auteur
et à la pureté de ses intentions morales ; mais il avait
exagéré les pires effets mélodramatiques par l'incohérence de l'action, le heurt des idées et la crudité de
l'observation. Les amis mêmes du poète étaient
déro... : il est déplorable, écrivait J. Janin, de
v... confusions, ces doutes, ce grand malaise, et
le poète éperdu au milieu d'un chemin sans issue et
de toutes sortes de petits sentiers qui le mènent à
l'abîme [1] ».

En 1861, Ponsard songea de nouveau à mettre les
ouvriers sur la scène; mais il n'avait pas le courage
de se donner sérieusement au travail; avant le *Lion
amoureux*, il n'écrivit qu'une charade: *Harmonie*;
voici dans quelles circonstances.

En décembre 1863, Ponsard fut invité à suivre la
Cour à Compiègne [2]. Sollicité par ses hôtes impériaux
d'écrire quelque chose en leur honneur, Ponsard, en
deux nuits, improvisa une charade, en vers, et composée de trois tableaux. Au premier (*arme*), un chevalier arme un néophyte; au second (*au nid*), les
nymphes sont à la recherche de l'amour, dont le nid
est caché sous un buisson d'églantiers; le troisième
tableau (*harmonie*) groupe autour de la Muse tous
les personnages, et la charade se termine par un

---

[1]. *J. des Débats*, 6 août 1860. — « Il est facile, disait Monselet, de provoquer l'attendrissement par ces procédés extrêmes. L'art n'est pour rien là dedans. Un cadavre n'a pas besoin d'être signé Ponsard, pour exciter la terreur et la pitié ». *Les premières représentations célèbres*, p. 165.

[2]. Cf. A. Leveaux: *Le Théâtre de la Cour à Compiègne pendant le règne de Napoléon III*; et *Revue Biblio-iconographique*, novembre 1897.

chœur général [1]. N'attachons pas plus d'importance qu'elle n'en mérite à cette improvisation, dont Ponsard disait lui-même : « ce sont des vers de confiseur »; les quelques couplets gracieux qui s'y distinguent sont empruntés à l'acte II de *Ce qui plaît aux femmes*. Ajoutons cependant que les applaudissements de son illustre auditoire firent sur l'esprit de Ponsard la meilleure impression, et l'engagèrent à écrire des œuvres plus sérieuses.

IV

En même temps que son cœur, si longtemps torturé, trouvait le repos dans l'amour de sa vaillante femme, l'esprit de Ponsard s'arracha aux langueurs de la paresse et aux vagabondages de la fantaisie, pour reprendre les habitudes de sa jeunesse studieuse. Il avait négligé la gloire, et déjà la gloire s'éloignait de lui : l'enthousiasme soulevé par *Lucrèce* et *l'Honneur et l'Argent* était tombé, et Ponsard avait à reconquérir une réputation perdue par tant d'années de silence et d'effacement. Il lui fallait aussi sortir au plus tôt de ses embarras d'argent, qui avaient plus d'une fois stérilisé son imagination, et qui apportaient à son foyer comme un souffle malsain du passé. Ed. Thierry, son admirateur et son ami, lui ouvrit toutes grandes les portes du Théâtre

---

[1]. L'imprimerie impériale tira cette charade à cent exemplaires ; l'auteur s'en réserva dix, et les autres furent distribués aux invités. M. Chaper possède un de ces exemplaires (in-8°, 39 p.), illustré par un artiste dauphinois : vingt-et-un dessins, dont quelques-uns sont remarquables par la finesse, ornent ce superbe volume, et commentent pour les yeux les vers du poète.

Français, dont il était directeur. Ponsard quitta Paris et chercha un isolement favorable à l'inspiration.

Le 6 janvier 1864, il écrivait : « Nous allons passer trois mois au bord de la mer, à Tréport, dans une belle maison que nous cède et nous fait arranger un de nos amis. J'aurais été trop troublé à Paris, et je le serais trop même à Vienne, par les visites et les invitations, pour pouvoir travailler à mon aise. Ma femme accepte avec joie ces trois mois de solitude, en face de l'Océan et des tempêtes [1] ».

Cette maison du Tréport appartenait à Paul Bapst, et J. Janin a rappelé le souvenir de ces quelques mois de travail et de bonheur, dans la dédicace qu'il a mise à l'un de ses romans : le Talisman (1866). Mais ici comme toujours, J. Janin a cherché l'éloquence et le lyrisme plus que l'exactitude ; car il n'est pas exact que Ponsard ait rapporté du Tréport les cinq actes de son *Lion amoureux* [2] : « il travaille absolument de toute son âme et de toutes ses forces, écrivait Mme Ponsard à J. Janin. Si j'ai fait ouvrir le cahier, je voudrais quelquefois maintenant le tenir fermé : nulle relâche. On ne se couche plus guère, on ne dort plus ; lui qui aimait tant les grandes courses à travers la campagne, avec son fusil sur l'épaule et son chien aux côtés, ne voit plus le ciel

---

1. *Lettre inédite.*
2. Cette légende s'est perpétuée, grâce surtout au quatrain que le père de P. Bapst fit graver sur un marbre, à la louange de sa maison du Tréport :

    Ici Ponsard collaborant
    Avec un complice charmant,
    A mis au monde, en moins d'un an,
    Une belle œuvre, un bel enfant.

que de derrière ses vitres [1] ». Mais la Muse, si longtemps délaissée, ne vint pas au premier appel du poète, et Ponsard dut lutter contre l'inspiration qui se dérobait sans cesse. Peut-être même en quittant le Tréport, n'était-il pas encore fixé sur le sujet et sur la forme de sa prochaine pièce, puisque le *Courrier de l'Isère* (17 mai 1864) publiait cette note : « Une correspondance parisienne annonce que M. Ponsard vient de mettre la dernière main à une grande pièce de théâtre intitulée *Lazare Hoche*. Il s'agit du général républicain, et la pièce est, dit-on, en prose ».

Ce n'est que six mois après, que la nouvelle se répandit que Ponsard allait rentrer dans la littérature active par une comédie en cinq actes et en vers, le *Lion amoureux*.

Ces tergiversations du début avaient retardé l'œuvre, qui continuera d'ailleurs à n'avancer que lentement. A la fin de 1864, le premier acte seul était complètement fait ; le 2ᵉ et le 3ᵉ étaient ébauchés ; quant au 4ᵉ et au 5ᵉ, Ponsard n'y avait même pas réfléchi et il devait expier cette imprudence par bien des tâtonnements. En janvier 1865, il espérait pouvoir livrer sa pièce au Théâtre Français dans les premiers jours d'avril ; la représentation en était déjà fixée au mois de novembre suivant ; mais Ponsard était malade. Alors commença pour le poète un long martyre de la pensée.

Oh ! les angoisses de la création littéraire, quand la tête est en feu, et quand le corps crie de douleur sous l'étreinte de la maladie ! Un jour, dans un moment

---

[1] Cf. *Ponsard*, par J. Janin, p. 89.

de mauvaise humeur, il déchire le manuscrit du *Lion amoureux*; le lendemain, il reprend son travail, mais l'élan est tombé, la verve est épuisée : « ah ! le Lion ! il me dévore ! il me déchire avec ses vilaines griffes ! quelle laide bête: il y a quatre jours sur six où je voudrais le jeter au feu ! » [1]. Puis le trouble s'apaise, la douleur physique lui laisse un peu de repos, et le poète voit se lever dans son cerveau la gracieuse vision des images et des rimes. Il se dit qu'il n'a pas le droit de faillir aux travaux forcés de la gloire et aux espérances de ses amis : « je sais, écrit-il à Ed. Thierry, combien vous êtes bon et sympathique pour moi, et quel chaud intérêt vous prenez au succès de ma pièce. C'est précisément parce que je ne voudrais pas tromper vos espérances que l'ouvrage n'a pas marché bien vite; j'ai fait et refait, corrigé et recorrigé, afin que cela ne fût pas tout à fait indigne de vous et du Théâtre Français » [2].

L'exécution du *Lion amoureux* fut donc de la part du poète un miracle de bonne volonté et de patient travail; pendant six mois, il correspond avec Ed. Thierry, sollicite des retards, lui promet son manuscrit, et lui envoie les actes l'un après l'autre [3]. Le 31 octobre, Ed. Thierry avait reçu les trois premiers actes, les deux derniers n'étaient pas achevés, mais Ponsard comptait que les répétitions des autres prendraient les vingt jours qui lui semblaient nécessaires pour corriger son brouillon.

L'acte IV exigea des retouches infinies : « les trois

---

1. *Lettre inédite* (à J. Janin).
2. *Lettre inédite*, 2 juin 1865.
3. Ces lettres de Ponsard sont conservées aux Archives de la Comédie Française.

premiers et le cinquième, écrivait Ponsard, sont dans un courant forcé, qui n'admet guère que des corrections de détail; mais que faire du 4°? ¹ ». Il hésita longtemps avant de savoir s'il le remplacerait par un simple tableau, où s'il le fondrait dans le 3° ²; puis, mécontent, il cessa de poursuivre une amélioration qu'il désespérait d'atteindre, et conserva les scènes primitives, après les avoir simplement corrigées. L'acte IV parvint donc le dernier au théâtre ³.

Enfin le manuscrit était complet, et Ponsard pouvait pousser un cri de délivrance, mais il ne songeait pas sans frémir aux doutes et aux angoisses qu'il venait de surmonter : « quoi qu'il en soit, écrit-il à Ed. Thierry, bien ou mal, j'ai fini ma tâche et vous avez à l'heure qu'il est l'œuvre complète entre les mains. Je suis sur les dents et bien peu capable maintenant d'un long travail, car je suis toujours malade. Je ne vous le disais pas, de peur de vous inquiéter sur l'achèvement de la pièce. Comme elle est finie, je puis vous dire que je souffre toujours beaucoup; la guérison a fait bien peu de progrès, si elle en a fait ». Qui n'admirerait la vaillance de cet homme, domptant le mal, étouffant ses cris de douleur, pour ne pas affaiblir chez les autres la foi en son œuvre et en son talent ?

1. A Ed. Thierry, 4 novembre.
2. Les archives de la Comédie contiennent un manuscrit de Lion, sur lequel Ed. Thierry, consulté par Ponsard, a écrit les observations suivantes : « mauvais, à retrancher, mettre autre chose à la place de toute cette scène, refaire la première moitié de l'acte ». Or toute cette partie, formellement condamnée par Thierry, se retrouve à peu près sans changement dans la rédaction définitive.
3. D'Heylli (Journal intime de la Comédie Française 1852-1871, p. 151, note) et G. Schéfer : Ed. Thierry et la Comédie Française (1896, p. 29), n'éclaircissent pas suffisamment ce point, et laissent croire que les tâtonnements du poète ont porté sur le 5° acte.

La générosité et le dévouement de ses amis l'aidèrent à supporter cette épreuve. Ed. Thierry se prêta de bonne grâce à tous les délais qui lui étaient demandés; il alla jusqu'à se mettre lui-même dans l'embarras pour obliger Ponsard. En effet, le manuscrit du *Lion* n'arrivant pas, et les intérêts du théâtre exigeant que, pour la saison d'hiver, on adjoignît une seconde pièce à *Henriette Maréchal* (jouée le 5 décembre), le comité de lecture reçut le *Baron d'Estrigaud* d'Augier (devenu bientôt la *Contagion*); mais, comme Ponsard acheva sa pièce en temps opportun, Augier retira sa pièce et la porta à l'Odéon.

Augier d'ailleurs ne garda pas rancune au *Lion amoureux*, qui le forçait à émigrer vers un autre théâtre. Il surveilla les répétitions et la mise en scène de la comédie de Ponsard [1]. D'autres encore, C. Doucet, Meissonier, Hetzel, Ducuing, avaient été consultés en diverses circonstances [2]. J. Janin se surpassa : avant la première représentation, il publia un *Avant-propos du Lion amoureux*, non pas pour déflorer l'intrigue, mais pour éclairer l'opinion sur le moment historique choisi par Ponsard, et pour recommander le poète aux respects du parterre [3].

Henriette Maréchal ayant, quelques semaines auparavant, déchaîné les haines politiques, on put

---

1. « Non seulement je vous autorise à vous entendre avec Augier, écrit Ponsard à Ed. Thierry, mais je vous le demande instamment ».
2. Augier, Meissonier, Hetzel, Ducuing approuvaient la fusion du 3e et du 4e acte. — Thierry, Augier, Meissonier Doucet, Tony Révillon, M. Léry, ainsi que les trois principaux acteurs de la pièce: Bressant, Leroux et Coquelin, furent consultés pour savoir si l'on conserverait le rôle de Bonaparte : 6 voix se prononcèrent pour, et 4 contre la suppression; Thierry s'abstint; Ponsard, resté juge, maintint le rôle : cf. *Événement*, 25 janvier.
3. *Journal des Débats*, 15 janvier 1866.

craindre un instant que la pièce républicaine de Ponsard fût arrêtée par le pouvoir. En réalité, le seul rôle de Bonaparte causa quelques appréhensions; Ed. Thierry, pour couvrir sa responsabilité, adressa le manuscrit de la comédie à l'Empereur lui-même, qui fit répondre le 2 janvier par C. Doucet que l'Empereur approuvait l'œuvre entièrement. La note parue au *Constitutionnel* du 8 était donc l'expression même de la vérité: « quelques journaux ont parlé à tort de menaces d'interdiction; jamais la représentation de cette pièce n'a été mise en question ! ».

La pièce se passe après le 9 thermidor, au moment où l'élégance et les plaisirs renaissaient. Il s'agit, comme le titre l'indique, d'un républicain, d'abord âpre et rude, qui est adouci, façonné et complètement subjugué par une ci-devant.

Ponsard a mis en présence la France monarchique et la France régénérée par le grand souffle révolutionnaire, le passé et l'avenir se heurtant dans un drame intime et s'unissant l'un avec l'autre dans un mutuel apaisement. Humbert, membre de la Convention et

1. Ponsard n'était arrivé à Paris que le 15 décembre 1863, alors que les répétitions étaient commencées. Quand la pièce n'était encore qu'ébauchée, il s'était déjà préoccupé de choisir les acteurs qui l'interpréteraient: ni Bressant, ni Delaunay ne lui paraissaient contenir pour le personnage d'Humbert, l'un qui manquerait de la brusquerie et de la passion nécessaires, et l'autre n'ayant ni la taille, ni la figure, ni la rudesse du rôle; il désirait Berton. Pour la marquise de Maupas, gracieuse, enjouée et même coquette, qui choisir? M⁰⁰ Plessy, Madeleine Brohan, Victoria Lafontaine? Quand la pièce eut été reçue par le comité de lecture, les acteurs s'en disputèrent les rôles: sur l'avis de Thierry, Ponsard offrit le rôle d'Humbert à Bressant Madeleine Brohan ayant parlé comme d'un déshonneur de ne pas jouer le rôle de la marquise de Maupas, Thierry le lui confia. A la suite d'une intervention ministérielle, M⁰⁰ Riquer obtint le rôle de M⁰⁰ Tallien. Leroux, sur la demande de M. Lévy, fut chargé du personnage de Hoche; enfin Coquelin prit le rôle d'Aristide

du Comité de Salut Public, environné par le double prestige de l'éloquence et de la victoire, aime la marquise de Maupas, se fait aimer et accepter comme époux : c'est le vieux thème de l'union de la roture et de la noblesse, traité souvent au XVIII° siècle, mais rajeuni par le voisinage de ces évènements qui avaient remué dans ses couches profondes l'ancien édifice social, et sur les débris des vieilles races impuissantes et vaincues avaient élevé des générations neuves, enflammées de toutes les ardeurs, prêtes à tous les héroïsmes.

L'époque choisie par le poète était très favorable au drame : au lendemain des grands bouleversements, la société, ébranlée sur ses bases, n'a pas encore retrouvé son équilibre; les principes qui jusque-là suffisaient à la conduite de la vie, ont perdu leur force, et ne s'adaptent plus aux institutions et aux mœurs; tant de préjugés ont été subitement ruinés, que la notion du devoir s'agite, dans les consciences, vague et confuse. Quel beau rôle pour le poète de porter la lumière dans cette obscurité, et de dégager la loi morale des erreurs ou des intérêts qui la cachent aux yeux! Ajoutez que les agitations politiques allument dans les cœurs un foyer brûlant d'énergie, et surexcitent toutes les forces vives des individus; les caractères et les passions, qu'un égoïsme mesquin n'enchaîne plus, se développent librement; les personnages, mis en scène, prennent donc un relief plus accusé et frappent plus fortement l'imagination.

Une fois déjà, Ponsard s'était inspiré des évènements de la période révolutionnaire; mais un sujet tel que *Charlotte Corday* avait le grave inconvénient d'offrir au poète une action très connue, dont les moindres péripéties et le dénouement étaient imposés à l'avance:

Ponsard avait dû prendre dans l'histoire le canevas de son drame, et porter au théâtre des personnages comme immobilisés dans des attitudes consacrées. Il faillit emprisonner encore son imagination dans les étroites limites de scènes historiques, puisqu'il nous a confié lui-même qu'il avait projeté un drame « grand et émouvant sur Mme Tallien, Tallien et la mort de Robespierre [1] ». Avec Humbert et la marquise de Maupas, il avait les coudées franches, et pouvait laisser venir l'inspiration, sans l'asservir à l'histoire. Si héroïque à sa manière qu'ait été Mme Tallien, si grande que fût l'influence dont Tallien disposa dans la Convention après le 9 thermidor, ces personnages ne peuvent porter sans fléchir le poids du drame formidable qui se déroule au sein de l'assemblée et sur la place de la Révolution : le 9 thermidor est un de ces bouleversements, qui ne sont ni voulus, ni dirigés par une volonté d'homme, et qui éclatent sous l'irrésistible poussée des événements ; les acteurs, qui sont au premier plan, n'ont qu'une conscience obscure des transformations qui s'agitent dans les profondeurs de la société ; tous, vainqueurs et vaincus, sont roulés pêle-mêle au milieu des flots, qui submergent les uns et dressent les autres sur des ruines. Le sujet du *Lion amoureux* était beaucoup plus heureux : les événements extérieurs n'avaient pas une importance telle, qu'on ne pût, à côté d'eux, intéresser au drame intime de

---

1. Lettre à J. Janin : Cf. *Ponsard*, par J. Janin, p. 90. — A. Houssaye, dans une note de *Notre-Dame-le-Thermidor*, confirme ce renseignement : « Le lendemain de la représentation du *Lion amoureux*, Ponsard, qui me savait depuis longtemps occupé à écrire l'histoire de Notre-Dame-de-Thermidor, me dit que son succès ne l'empêchait pas de regretter vivement de n'avoir pu mettre en scène le vrai lion amoureux : Tallien devant la marquise de Fontenay » : Cf. *La Revue du Siècle*, 1866, 1er mai, p. 213.

deux cœurs ; pourvu que Ponsard suivît la donnée générale de l'histoire, et reproduisît la physionomie de l'époque, il avait rempli ses obligations envers l'histoire : les faits restaient le support de son drame, mais les personnages n'en étaient pas écrasés.

Nous suivons avec intérêt le combat qui se livre dans l'âme d'Humbert, entre ses convictions politiques et son amour : d'abord c'en est fait des résistances et des ardeurs du « lion » ; il subit sans réserve le charme de la marquise, et, dans le salon de Mme Tallien, ne proteste que par de brèves interruptions contre ceux qui outragent son parti et ses idées. Ses rugissements ne se font entendre que lorsqu'il est blessé au plus vif de sa passion par les moqueries de son rival : alors le tribun endormi se réveille ; il passe fièrement devant le front de l'état-major de la réaction, et sort, après avoir jeté l'anathème sur ces lâches Mirmidons, qui rêvent d'escalader le Titan révolutionnaire [1].

L'acte III renferme une scène de premier ordre : Humbert ouvre son cœur à la marquise ; tout le sépare d'elle : esprit, mœurs, langage, origine ; enfin

---

[1]. C'est la fameuse tirade d'Humbert, qui, en face des royalistes et des muscadins, fait le panégyrique des Conventionnels :

> L'Europe se ruait tout entière sur nous ;
> Ils ont fait se dresser, juste au mois où nous sommes,
> Quatorze corps d'armée et douze cent mille hommes,
> Qui, la pique à la main, en haillons, sans souliers,
> Ont repoussé l'assaut de dix rois alliés...
> Allez ! assaillez-nous d'injures ; évoquez
> Le souvenir d'excès par vous seul provoqués ;
> l'ous qu'un rugissement faisait rentrer sous terre,
> Agacez aujourd'hui le lion débonnaire ;
> La Convention peut, comme l'ancien Romain,
> Sur l'autel attesté posant sa forte main,
> Répondre fièrement, alors qu'on l'injurie :
> « Je jure que, tel jour, j'ai sauvé la patrie ! » II, 5.

n'est-elle pas fiancée? et la fureur contenue de sa jalousie s'exaspère à cette idée; les mots amers, les reproches sortent de sa bouche, pour se briser dans une plainte d'une tendresse et d'une mélancolie déchirante:

>Moi, soldat endurci par le métier des armes,
>Peu s'en faut à vos pieds que je ne fonde en larmes.

La marquise, émue, s'approche du malheureux, lui tend la main, le fait asseoir à côté d'elle, lui offre une amitié de sœur, et, semblable à la Pauline de Corneille, entraîne son amant aux plus hauts sommets de la générosité humaine:

>Croyez-moi, croyez-en l'instinct sûr d'une femme,
>N'écoutez en ceci que votre grandeur d'âme,
>Et, par cette raison que vous êtes jaloux,
>Délivrez le rival qui sera mon époux...
>Songez, si vous m'aimez, que de votre conduite
>Dépendra mon estime augmentée ou détruite,
>Que votre attachement, selon qu'il doit agir,
>Va me glorifier ou me faire rougir,
>Et qu'il peut être doux, ne m'ayant pas pour femme
>De me laisser du moins quelque regret dans l'âme (III, 5).

C'est ainsi que l'héroïne de Corneille ambitionne elle aussi la gloire d'avoir, dans le passé, donné son cœur au plus magnanime chevalier de Rome. L'âme enthousiaste d'Humbert est mieux préparée à subir cette loi d'héroïsme, que l'esprit sceptique de Sévère. Aussi la marquise, qui suivait anxieusement sur le visage d'Humbert la marche de la lutte morale qu'elle avait déchaînée, ne peut retenir un cri d'admiration quand elle voit Humbert sortir triomphant de l'épreuve; emportée du même élan de sacrifice, elle brise les chaînes qui la liaient encore à son origine, à son éducation, à ses rancunes, et abandonne sa main aux baisers de son amant.

Mais le comte d'Ars, père de la marquise, intervient et exige une rupture. A partir de ce moment, l'intrigue faiblit; et la nouvelle entrevue des deux amants, si belle par certains côtés, offre moins d'intérêt: car si l'explosion et les fureurs finales d'Humbert ont un admirable accent de sincérité et de désespoir, quelle peut être l'attitude de la marquise? En échange d'une passion si profonde, elle donne bien peu la patricienne que retient le scrupule de sa race et de son loyalisme, la fille, dont le père fut sauvé par Humbert. Rodrigue et Chimène, eux aussi, sont séparés par des obstacles infranchissables; ils se rejoignent pourtant, s'inclinent devant l'inflexible devoir qui les sépare, et, miracle de l'amour! ils murmurent l'évocation mélancolique du passé:

> Rodrigue, qui l'eût cru! — Chimène, qui l'eût dit,
> Que notre heur fût si proche, et sitôt se perdît.

Mettez en regard les paroles de la marquise:

> Devant Dieu qui m'entend, je t'aime et je te fuis!

Cet adieu est peut-être d'une moralité plus haute, mais il est dur, et n'a pas même, comme celui d'Amaury dans la *Fille de Roland*, l'excuse d'être définitif.

Avions-nous, en effet, besoin d'un autre dénouement? Quelle péripétie nouvelle peut modifier la situation ? Mme de Maupas est engagée par un serment solennel : même si son fiancé tombe sur le champ de bataille, elle ne recouvre pas sa liberté, et jamais elle n'aura le droit d'écouter son cœur et d'épouser Humbert. Ainsi, vers la fin, l'intrigue tourne à la sentimentalité mélodramatique ; l'acte V amène la cinquième entrevue de Mme de Maupas et d'Humbert. Le procédé, certes, est monotone ; ici, il nous déplaît d'autant plus que la situation des deux personnages est très pénible, et que les sentiments de la marquise sont artificiels. Quand elle supplie Humbert de consentir à un mensonge, en proclamant qu'il a permis aux émigrés, échappés au massacre, de capituler, quand elle évoque les souvenirs d'enfance qui, à l'acte I, avaient touché le cœur d'Humbert, et qu'elle lui offre sa main comme prix de la trahison, nous sommes tout à fait déroutés, nous ne comprenons rien à ces exigences d'enfant gâtée : « Je veux mon père, moi », dit-elle, et nous nous irritons qu'elle s'obstine à mettre une auréole d'indignité au front de son héros. Comment la pièce aurait-elle pu finir, si Hoche, dont le poète s'était déjà servi à l'acte IV pour faire avancer l'action, ne venait encore aider au dénouement, en accordant la vie sauve au comte d'Ars, qui, grâce à Humbert, n'était plus sur les listes des émigrés ?

Ainsi s'achève, à travers ces lenteurs et ces artifices, une pièce dont les trois premiers actes prouvaient une heureuse conception dramatique et une grande habileté d'exécution. M. Sarcey était injuste, quand il reprochait à Ponsard de n'avoir pas su mettre de « progression » dans son *Lion amoureux* : « la même scène, dit-il, entre Humbert et la marquise se reproduit à chaque acte; la pièce tourne sur elle-même [1] ». Nous lui accordons qu'après l'acte III, le mouvement se ralentit; les ressorts d'intérêt et de curiosité paraissent comme se détendre, et nous assistons aux vains efforts d'un dramaturge qui ne sait comment remplir les vides de l'action; mais cette maladresse du dénouement ne doit pas nous fermer les yeux aux mérites solides, à la beauté tour à tour gracieuse et touchante des trois premiers actes.

Jamais encore Ponsard n'avait su varier avec plus d'art l'expression des sentiments de l'amour; jamais le coup d'œil dont il sondait le cœur humain, n'avait paru plus pénétrant. Avec quelle intensité de vie, Ponsard a peint les effets de la passion, qui s'empare d'une âme neuve, et en allume toutes les ardeurs! Déjà, dans *Lucrèce*, le poète avait fait parler à Tullie le langage d'un amour vrai; dans *Agnès*, il avait peint une victime touchante de la passion; mais sa Muse n'avait jamais encore chanté des tendresses aussi vives, pleuré des larmes aussi brûlantes. On croit entendre comme l'écho des douleurs personnelles que Ponsard, au jour de la rupture, avait immortalisées en son admirable adieu à Mme de Solms.

Comme pour *Charlotte Corday*, Ponsard préluda à son œuvre par des recherches consciencieuses, et apprécia les hommes et les évènements avec impartialité. L'érudition la plus scrupuleuse n'a pu relever qu'un petit nombre d'erreurs, et même insignifiantes dans le *Lion amoureux*. Une seule mérite d'être signalée: Ponsard confondit deux Humbert, l'un, Amable Humbert, volontaire en 1792, général de

1. *L'Opinion Nationale*, 22 janvier 1872.

brigade en 1794[1]; l'autre, Sébastien Humbert, conventionnel de la Meuse et membre du Comité des Finances de l'an III[2].

Une fois la vérité rétablie sur cette confusion, que les érudits seuls peuvent apercevoir, il faut ajouter que Ponsard a peint la physionomie de son héros sous des traits justes: Humbert fut un républicain passionné, ayant l'horreur de la guillotine: « Vive la République, s'écriait-il dans un banquet à Remiremont, mais non la République avec ses mains tachées de sang[3] ». Il fit avec Hoche la campagne de Vendée, et y porta des paroles de conciliation et de paix, voulant, disait-il, « faire acclamer la République par ceux-là même qui ne prononçaient son nom qu'avec horreur ».

C'est dans l'histoire de Thiers que Ponsard puisa des renseignements sur l'affaire de Quiberon; de nos jours, l'érudition ne trouverait rien à reprendre à l'acte V du *Lion amoureux*; car si quelques écrivains royalistes ont défendu la légende de la capitulation, l'historien le plus compétent de cette période, M.

---

1. Le *Moniteur de l'Armée* publia les états de service du général Humbert, et conclut que Ponsard l'avait surfait; c'est juste: car si l'on parcourt les notices que l'érudition locale a consacrées à ce personnage, on démêle facilement, à travers l'admiration enthousiaste des compatriotes, qu'Humbert fut plus grand par le caractère que par le talent guerrier: — cf. H. Le Vosgien: *Le général Humbert* ...., Mirecourt, 1906. — *Annuaire des Vosges* (1882: *Notice sur Humbert*, par L. Jouve. — *Le général Humbert en Irlande*, traduit de l'anglais, par L. Jouve, dans les *Annales de la Société d'émulation du département des Vosges*, 1897, p. 279-332. (Je dois ces indications bibliographiques à une obligeante communication du conservateur de la bibliothèque publique de Nancy). — Voir aussi sur Humbert la *Revue des Revues* (1er et 15 février 1898): *les Français à la délivrance de l'Irlande; le centenaire d'un héros oublié.*

2. Sur cette confusion, voir H. le Vosgien, article cité, et l'*Intermédiaire des chercheurs et des curieux*, p. 159, t. III (15 mars 1905).

3. Cf. H. Le Vosgien, p. 85.

Ch.-L. Chassin la réfute par les explications mêmes du comte de Contades [1]; Hoche d'ailleurs protesta toujours contre la capitulation: « j'étais, dit-il, à la tête de sept cents grenadiers qui prirent M. de Sombreuil et sa division; aucun soldat n'a crié que les émigrés seraient traités comme prisonniers de guerre, ce que j'aurais démenti sur le champ [2] ».

Ponsard a rendu la couleur de l'époque où l'action se déroulait, avec la même fidélité et la même précision. L'action ne se passe pas sous le Directoire, comme on l'a si souvent imprimé, mais au lendemain du 9 thermidor, dans cette époque troublée de réaction contre le mouvement révolutionnaire personnifié en Robespierre; le parti des comités, fidèle à l'esprit de Robespierre, dont il n'avait pourtant ni les haines, ni la soif de sang, entrait en lutte avec le parti thermidorien, plus modéré et désireux d'établir un ordre de choses plus stable et plus libéral.

Térésia Cabarus, d'abord marquise de Fontenay, puis femme du représentant Tallien, fut, de thermidor an II, jusqu'à vendémiaire an III, véritablement la reine de la France; elle eut le privilège de réconcilier, dans un même goût d'art et de plaisirs, les farouches ennemis qui s'égorgeaient la veille, et inclina discrètement la République vers une forme plus douce, où la femme reprit son légitime empire, où la danse et les bals, proscrits depuis les massacres de la Terreur, revenaient de l'émigration, où enfin l'austère Sparte cédait la place à la souriante Athènes. L'aurore de ce changement, dont la révolution de

---

1. *Les pacifications de l'ouest*, t. I, 1896.
2. Lettre de Hoche, 3 août, citée par Chassin.

thermidor donna le signal, éclaire de ses douceurs le 1ᵉʳ acte de la comédie de Ponsard. Du groupe des invités de Mᵐᵉ Tallien, Ponsard a détaché le voluptueux Barras « cet Alcibiade de caserne », comme disent les Goncourt[1]: puis une jeune femme qui brûle un peu d'encens aux pieds de l'autel si longtemps déserté de la grâce et de l'élégance, et réclame des bals et des fêtes ; enfin un muscadin qui vante, en son parler zézayé et mourant, les exploits de ses pareils: ils ont rossé les Jacobins dans le Palais Royal et aux Tuileries; ils iront bientôt les assiéger jusque dans leur repaire, leur fameux club, d'où la menace terroriste est toujours suspendue sur Paris ; en attendant ils jettent le discrédit sur la Convention, dont le sein a vomi la Terreur, et sonnent le glas de ce régime détesté qui, battu en brèche, s'écroulera au milieu des sifflets, des applaudissements et des cris de : Vive la République !

A ces éléments si divers d'une société qui cherche à se recomposer, Ponsard ajoute la silhouette du républicain, resté pur de tout crime, et ayant gardé comme au premier jour la foi en la justice de sa cause. Humbert, comme plusieurs autres, a traversé le salon de Mᵐᵉ Tallien ; « ce n'était pas pour leur mérite personnel, dit le conventionnel Thibaudeau, ni pour le plaisir qu'ils procuraient, qu'on y attirait les révolutionnaires ; on ne les caressait, on ne les fêtait que pour en obtenir des services, ou pour corrompre leurs opinions. En face, on les accablait de toutes sortes de séductions, et par derrière on se moquait d'eux:

---

1. *Histoire de la Société Française sous le Directoire*, p. 270.

c'était dans l'ordre ¹ ». Le comte d'Ars est de la race de la vieille noblesse provinciale, opiniâtre dans ses préjugés, mais admirable par son héroïsme, et qui mourut sur les champs de bataille de la Vendée. Le vicomte de Vaugris est un de ceux auxquels l'émigration n'avait rien appris: insouciant, spirituel et brave, il raille l'inélégance des conventionnels, crie tout haut ses espoirs de conspirateur, et meurt, le sourire aux lèvres, comme le marquis de Saverny dans *Marion Delorme*. Hoche représente l'armée, que les crimes de l'échafaud n'ont jamais souillée, et qui, esclave de la discipline, fit passer dans l'atmosphère de sang de la Terreur, comme un souffle de clémence et d'humanité. La marquise de Maupas épouse un conventionnel, mais elle a reçu les dures leçons de l'exil et de la pauvreté, et elle ne donne son amour qu'à l'homme dont la générosité arrache les victimes à la guillotine. Enfin le rôle de Mᵐᵉ Tallien fut si heureusement composé par Ponsard, que la famille consentit, après quelques pourparlers, à laisser mettre sur l'affiche le nom de Mᵐᵉ Tallien ².

Le *Lion Amoureux* soulevait des questions délicates : ce fut la gloire et l'honneur de Ponsard, que le public l'ait écouté sérieusement, et se soit laissé ravir par lui jusqu'à ces hauteurs sereines de la poésie, où

---

1. *Mémoires sur la Convention*, 1824, p. 131.
2. Voici la lettre que Mᵐᵉ de Brunetière, née Tallien, écrivit à Ponsard le 22 janvier 1866 : « Fille de Mᵐᵉ Tallien, portant son nom, vous comprenez la retenue que me dictait le souvenir de ma mère, dont la mémoire ne peut être qu'une oraison de tous à la noble femme, sublime dans ses séductions, qui, pour sauver des familles, s'immolait elle-même, et dont le courage viril se dérobait sous ses admirables charmes. Aujourd'hui je viens vous remercier et m'unir à tous les éloges qui saluent votre magnifique comédie ». *Lettre inédite*.

ne monte plus le bruit des discussions politiques, où les désaccords d'opinion se fondent dans l'harmonie d'une admiration générale et d'un unanime respect : « ce qui est sincère et grand n'est jamais dangereux », écrivait M. de Bornier [1]. Ponsard n'a pas fait œuvre de pamphlétaire, ou même de satirique, mais d'historien et de philosophe; la pente naturelle de son esprit l'a porté vers cette époque de calme et d'apaisement : le vaincu est fier dans sa défaite, comme le vainqueur est clément dans sa victoire. Le poète a prononcé les mots qui guérissent les blessures des haines et qui sonnent l'appel à la concorde :

Quand pourrons-nous, cherchant de moins tristes succès,
Sous les mêmes drapeaux ranger tous les français !

M. J. Lemaître regrette que Ponsard n'ait pas peint l'orgie qui suivit le 9 thermidor : « la furieuse poussée de vie animale après les épouvantes de l'échafaud, dit-il, la rage de jouissance et de revanche sur la mort qui s'empara des hommes sous le Directoire, tout cela se traduit en conversations innocentes dans le salon singulièrement décent de Mme Tallien [2] ». Malheureusement, l'ingénieux critique se place à un point de vue faux, pour juger le *Lion amoureux*; il s'obstine à placer l'action de la pièce sous le Directoire; s'il en était ainsi, nous aurions le droit de réclamer au poète et les innombrables bals publics qui s'ouvrirent alors, et les divorces qui furent

---

1. *La Liberté*, 22 janvier 1896.
2. *Impressions de théâtre*, t. II, p. 57.

prononcés, et la débauche des femmes, qui paraissaient à l'Opéra et aux Champs-Elysées en culotte de soie rose et en fourreau de gaze. Nous aurions le droit de protester contre « cet immense baiser Lamourette qui voltige sur toutes les lèvres », quand la réalité exigerait que le poëte nous eût fait frissonner d'horreur aux crimes de la « Terreur blanche », ou de pitié à l'abjection d'un peuple en haillons, qui courbe le dos sous le fouet des aristocrates. Mais l'action de la comédie de Ponsard a précédé ces meurtres et ces ignominies: le poëte a choisi l'heure où l'hymne à la modération sort de toutes les bouches, où les femmes réconcilient les élégances du passé avec les vertus du principe nouveau; le même rêve de concorde séduit toutes les imaginations : égoïsme, sensualité, férocité, se sont tus pour un instant dans les cœurs; demain la sinistre lueur de sang empourprera de nouveau l'horizon; mais aujourd'hui l'on s'enivre d'union et d'oubli, et la Révolution tend la main à l'ancien régime.

La maladie de Ponsard et sa longue absence de la scène ne contribuèrent pas moins que son talent de poëte, à l'empressement du public, le soir de la première représentation (18 janvier 1866). L'Empereur, l'Impératrice et la princesse de Hohenzollern occupaient la loge impériale; le prince Napoléon, la princesse Mathilde, le comte de Walewski, les plus brillants représentants de la critique et des lettres, vinrent assister à cette fête de l'intelligence et de la poésie. Détail plus piquant: on se montrait dans l'assistance le comte des Roys, petit-fils de Hoche, et le docteur Cabarus, fils de Mme Tallien.

Le succès fut grand, et les feuilletonistes, sauf

M. Sarcey, partagèrent l'enthousiasme du parterre [1]. J. Janin, qui savait la situation embarrassée de Ponsard et sa promptitude au découragement, s'écriait : « Ah! que nous sommes heureux, nous autres, qui savions la nécessité de cette grande victoire, et qui la voulions pleine, entière, unanime [2] ».

La pièce fut jouée 120 fois de suite, sans que l'affluence du public diminuât un seul instant [3]. Le surintendant général des théâtres, Baciocchi, permit à Ed. Thierry, par une lettre du 27 janvier, de jouer le *Lion amoureux* cinq fois par semaine; cette mesure exceptionnelle était prise, dit-il, « en présence du grand succès obtenu par une œuvre de la plus haute portée littéraire [4] ».

---

1. On lit sur une note trouvée dans les archives de la Comédie-Française: « presse très bonne... Seul, Sarcey écrase la pièce et les acteurs. Son article est à la fois bête et odieux : il y a quelque chose là dessous; c'est l'opinion générale du foyer ». Ainsi Sarcey attribuait à Augier le cri de *vive le roi!* poussé par le vicomte de Vaugris, qui marche à la mort (*Opinion nationale*, 5 mars); l'*Entr'acte* (7 mars) publia une rectification de Ponsard.
2. *J. des Débats*, 22 janvier 1866.
3. De la 70ᵉ à la 80ᵉ, les recettes encaissées par le Théâtre Français sont encore de 39,765 francs. — Les cent premières (jusqu'au 10 juin) rapportèrent 476,006 francs. — Cf. *Archives de la Comédie Française*.
4. La brochure du *Lion amoureux* parut le 21 janvier, et aussitôt les scènes de province préparèrent l'œuvre nouvelle : à Rouen, à Marseille, à Lyon, à Grenoble, la pièce obtint le plus vif succès. Sur les représentations du *Lion* à Paris, voir les tableaux de Soubies.
Enfin, le *Lion amoureux* passa la frontière : l'*Unité française* du 15 avril 1876 annonce que la pièce vient d'être traduite en allemand, et jouée avec succès à Vienne (Autriche).

CHAPITRE V

UN DRAME: *Galilée* (1869)

Pièce écrite d'abord en vue de la lecture, et non de la représentation. — Galilée, personnage peu fait pour la scène. — Ponsard a-t-il écrit un pamphlet contre l'Église ? — Accueil du public. — Projet d'un drame de *Galilée*, par Proudhon. — La poésie scientifique en France.

Le succès du *Lion amoureux* stimula Ponsard, et lui rendit des forces pour soutenir sa lutte héroïque contre la maladie. Depuis longtemps il avait conçu le projet de porter à la scène la grande figure historique de Galilée: « je suis possédé de l'idée d'un *Galilée*, écrivait-il, en 1854, à Mᵐᵉ d'Agoult. C'est pour moi la date de la révolution rationaliste [1] ».

Mais Ponsard négligea, dans le tourbillon de la vie mondaine et de la passion, un sujet qui paraissait l'intéresser si vivement. Cependant il ne l'abandonnait pas ; car Mᵐᵉ de Solms nous affirme que Ponsard avait, auprès d'elle, esquissé le plan d'une pièce de *Galilée* [2]. De plus, la publication des autographes

---

[1]. Cf. Préf. des *Œuvr. comp.*, t. I, p. XIX. — Il put être mis sur la voie d'un pareil sujet par les nombreux écrits relatifs à Galilée qui paraissaient à cette époque : *Notices biographiques* d'Arago, t. III, 1854; V. de Bonald, dans le *Correspondant*, 25 décembre 1854, etc.; mais surtout par les expériences assez récentes de Foucault, qui, en 1850, montra à tous les yeux le mouvement de rotation de la terre, en faisant mouvoir un pendule sur la coupole de Sainte-Geneviève.

[2]. Cf. *Matin. Ital.*, 1ᵉʳ et 9 mai 1870.

d'Ad. Crémieux nous a révélé que le fameux monologue de Galilée fut composé en partie dans l'automne de 1859 [1]. Ponsard était venu passer quelques jours à la campagne, dans la Drôme, chez son ami l'illustre Crémieux ; un soir, le poëte et l'avocat pénétrés du charme des nuits méridionales, s'abandonnèrent à une longue causerie sur les mondes inconnus du ciel ; le lendemain au déjeuner, Ponsard offrit des vers à Crémieux : « j'ai essayé, mon cher maître, lui dit-il, de mettre en vers notre conversation d'hier ; voulez-vous les accepter en souvenir de votre bonne hospitalité [2] ».

En 1864, quand il revint au travail, il redemanda à Mme de Solms son manuscrit ébauché, et mena de front ces deux œuvres: *Lion amoureux* et *Galilée*. Il avait même une prédilection particulière pour cette dernière pièce, qui ne lui coûta pas, comme le *Lion*, des efforts désespérés. Il ne connut cette fois, semble-t-il, ni les dégoûts, ni les découragements, et s'il douta jusqu'à la dernière heure du mérite du *Lion*, il parlait non sans orgueil de son *Galilée*, avant même qu'il fût achevé.

Primitivement, Ponsard avait écrit son drame, sans avoir l'intention de le faire représenter : « je ne puis guère espérer, écrivait-il à J. Janin, le faire jouer dans un théâtre. La censure est suspendue sur notre tête. Et puis l'intrigue est bien mince, les développe-

---

[1]. Cf. *Revue bleue*, 22 août 1885.
[2]. Le fragment publié par la *Revue bleue* compte 52 vers, dont beaucoup ont trouvé place dans la pièce de Ponsard ; d'autres vers, au contraire, ont subi des modifications sérieuses. Dans ce fragment, l'expression est encore comme enveloppée et nuageuse ; le poète enfle le ton ; on dirait qu'il veut écraser l'imagination, par un amas de Soleils, de Saturnes, de Mercures, etc... Dans son drame, au contraire, l'effort a disparu, et le vers s'élève avec aisance jusqu'à la grandeur.

ments astronomiques sont bien longs. Ne vaut-il pas mieux juger d'abord de l'effet dans un simple salon [1] ».

Il arriva précisément que le prince Jérôme, l'un des premiers admirateurs de *Galilée* [2], exprimait à Ponsard son intention de faire jouer ce drame dans son hôtel, si Ponsard ne songeait pas à le porter sur une scène publique. Le poète agréa d'abord ces propositions, et pria le prince de communiquer son manuscrit à Geffroy, et de s'entendre avec lui pour la représentation : « M. Geffroy est enchanté de votre œuvre, lui répondait le secrétaire particulier du prince (22 décembre 1864), et croit qu'elle convient tout à fait à un théâtre de société ; il se chargera très volontiers du rôle de Galilée ».

Mais, ce qu'il fallait à Ponsard, ce n'était pas un succès de salon, si distingué qu'il dût être ; il voulait les applaudissements du grand public, pour être enfin rétabli dans sa gloire. Aussi, laissa-t-il provisoirement de côté son drame philosophique, pour s'absorber dans le *Lion amoureux*. Plus tard, dans l'orgueil de sa victoire, il eut l'ambition d'affronter à nouveau les hasards de la scène. Comme pour tâter l'opinion, il offrit à M⁻ᵉ d'Agoult de faire chez elle une lecture de son *Galilée*. M⁻ᵉ d'Agoult a raconté elle-même cette soirée : « Bien que ce dût être pour lui une fatigue, dit-elle, les médecins n'ayant plus le moindre espoir, non seulement de guérir, mais d'atténuer le

---

1. *Catalogue d'autographes* de la collection Borel. — Lettre datée du 6 septembre 1865. (La date est probablement fausse ; les autres détails que la lettre contient sur le *Lion* semblent indiquer qu'elle appartient à l'année 1866).

2. Il lui écrivait le 19 novembre 1861 : « Votre *Galilée* m'a plu infiniment ; c'est élevé ; vos vers sont admirables ; c'est bien dit, parceque c'est bien pensé ».

mal, ne s'opposaient point à cette lecture, qui lui serait peut-être, hélas ! une dernière joie... Cette lecture du poète mourant, entouré, à cette veille de la mort, d'un groupe d'amis illustres, MM. Littré, Renan, Berthelot, Bertrand, Carnot, Henri Martin, etc., eut quelque chose de solennel, d'infiniment triste et doux pourtant, qu'aucun de nous ne saurait plus oublier. A mesure qu'il lisait, interrompu souvent par des murmures flatteurs, Ponsard élevait sa voix qui prenait des accents plus métalliques, ses joues pâles se coloraient de rougeurs rapides, son œil brillait. Assis à ses côtés, M. Renan lui prenait des mains, un à un, dès qu'ils étaient lus, les feuillets. Derrière eux, Holbein eût vu le fatal squelette, qui, de ses doigts décharnés, saisissait le dernier feuillet, avec un sourire affreux. L'impression fut profonde, et nous parut à tous un gage certain de la bonne issue de *Galilée* à la représentation [1] ».

Le fameux monologue de Galilée, préparé dès 1859, fut envoyé par Ponsard à l'Académie française; comme il arriva pendant une séance, M. Legouvé, sur l'invitation de ses collègues, le lut immédiatement; et Patin, secrétaire perpétuel, exprima au poète l'admiration de la compagnie pour « la grandeur et la magnificence du tableau, l'élévation du ton, et la beauté du style [2] ». Mais M. Legouvé n'était pas satisfait de sa lecture improvisée, et il étudia de près le monologue, pour le lire à la séance publique du mois d'août. Il a lui-même raconté dans son *Art de la Lecture*, tout le travail de préparation et de médi-

---

1. Préf. des Œuvr. comp., p. XXVI et XXVII.
2. Lettre inédite, du 5 août 1866.

tation, qui lui permit de mettre en relief les beautés de ce long morceau de 120 vers. Le succès fut grand, et Ponsard reconnaissant écrivit à M. Legouvé : « vous avez suspendu mes douleurs pendant toute une journée ».

Le poëte, sentant venir la mort, redoublait d'héroïsme pour mettre la dernière main à son drame ; et il insistait auprès d'Ed. Thierry pour qu'il commençât de suite les répétitions: « pouvez-vous, lui écrivait-il, me mettre tout de suite à l'étude ? on me dit que vous avez une grande pièce sous la main, et que vous songez à la monter avant *Galilée*. En tout autre moment, je me serais fait un plaisir de laisser la Comédie Française maîtresse absolue d'agir comme il lui conviendrait, et j'aurais laissé très volontiers passer l'autre pièce avant la mienne, surtout si, comme on le dit, elle est de Laya que j'aime beaucoup. Mais je sais de source certaine que, dès que le moment de l'exposition sera arrivé, on ne permettra plus au Théâtre Français de jouer de nouvelles pièces, parce qu'on veut offrir aux étrangers un choix de pièces déjà établies par le succès. Il s'ensuit évidemment que si *Galilée* ne passe pas à l'heure qu'il est il ne passera pas de cette année. Or, la nature de la pièce est telle, que je dois profiter du bon vouloir de l'Empereur et de l'opportunité des circonstances. Je ne puis donc, malgré tous les liens de reconnaissance et même d'affection qui m'attachent à vous et à la Comédie Française, accepter un ajournement qui équivaudrait à un retard d'un an. Si des raisons majeures vous engagent à donner la priorité à une autre pièce, ce que vous ne ferez qu'à regret, je le sais, souffrez que je me considère comme libre et que je puisse profiter d'offres qui me viennent d'ailleurs, pendant qu'il en est temps encore. Je n'ai pas besoin de vous dire que ce ne sera qu'une infidélité, que la faute n'en sera qu'aux circonstances, que je resterai toujours attaché corps et âme à la Comédie Française, et que je lui reviendrai après cette excursion forcée, avec la même ardeur, la même affection et le même dévouement [1] ». Ed. Thierry acquiesça à tous les désirs du poète, et la 1re représentation eut lieu le 7 mars 1867.

Ponsard nous a montré sur la scène les tortures, les déchirements, les humiliations intérieures de Galilée, sûr de tenir la vérité et contraint de la désavouer : il cède aux menaces du tribunal de l'Inquisition et aux supplications de sa femme Livie, de sa fille Antonia, de son disciple Vivian.

« Qu'on nous donne, en guise de drame, ce poème dialectique s'écrie M. Sarcey, non, en vérité, cela ne saurait se souffrir... l'héroïsme est certes une belle et bonne chose : un poète le met sur la scène, tant mieux, il est goûté de la foule, tant mieux encore... Mais pourquoi le faire si ennuyeux ? ma foi, le mot est lâché, et je ne m'en dédis pas [2] ». L'exécution est sommaire, et cependant on est bien obligé de convenir que M. Sarcey a presque raison. Il ne s'ensuit pas qu'il faille, comme l'ajoute le critique, à *Galilée* préférer « un vaudeville de Labiche » ; mais Ponsard

---

1. *Lettre inédite, Archives de la Com. Fr.*. — La pièce de Laya était *Mme Desroches* (primitivement *la Femme d'affaires*), qui ne fut jouée que le 21 décembre 1867. — Quant à l'interdiction dont parle Ponsard, on nous dit en effet que la censure avait, à plusieurs reprises, menacé *Galilée* ; la presse cléricale se livra même à de si violentes attaques qu'un moment on put croire à un ajournement indéfini de la pièce : cf. G. Schéfer, *op. cit.*, p. 32.

2. Cité par d'Heylli : *Journal intime de la Com. Fr.*, (1852-1871), p. 476.

avait écrit un poëme et non un drame ; et il eût été
bien inspiré de publier en volume son *Galilée*, comme
il en avait eu lui-même l'intention. Il était difficile,
en effet, de soutenir l'intérêt et la curiosité avec ce
seul personnage de Galilée, occupé de ses découvertes
et les défendant contre Rome.

Ponsard avait vu le danger, et avait essayé de
mettre, auprès de Galilée, un certain nombre de personnages qui représentent des sentiments plus généraux que celui de l'enthousiasme pour la vérité.

D'abord il a donné à Galilée une femme ; mais
qu'est-ce que vient faire dans l'action ce personnage
inventé de Livie, à moins que Ponsard n'ait voulu
souligner l'ironie de la fortune qui souvent à l'homme
de génie, Socrate ou Racine, donne une compagne
bornée ou acariâtre. Tandis que Galilée s'exalte au
spectacle de la Lune et chante, avec des mots cares-
sants, son éblouissante amie, Vénus, « reine de
Chypre, émule de Phœbé », Livie au contraire
s'opiniâtre à regarder la terre, s'irrite de manger un
dîner froid, et, comme le bonhomme Chrysale, maudit ces lunettes, qui engloutissent l'argent du ménage
et la dot de sa fille.

Pompée, le moine et l'inquisiteur sont des comparses, qui ne font pas progresser l'action. Vivian tient
une plus grande place dans la pièce ; pourtant l'amour
qu'il ressent pour Antonia ne produit aucune consé-
quence.

Th. Gautier faisait remarquer justement que « l'on
se passionne moins pour une découverte scientifique
que pour les péripéties d'une intrigue amoureuse [1] ».

1. *Moniteur Universel*, 11 mars 1867.

C'est pourquoi Ponsard a lié l'anecdote de l'abjuration aux péripéties que traversent les amours de Taddéo et d'Antonia. Il s'est efforcé de donner à ces amours une couleur originale, et au début, il a renouvelé avec bonheur la peinture souvent banale de ce sentiment ; la poétique envolée d'Antonia vers les mondes lointains, où l'on aime, et où le cœur peut se donner librement, emporte l'imagination vers cet infini, que la pensée du grand astronome a sondé victorieusement : nous sommes comme pénétrés d'une atmosphère particulière au sujet. Mais bientôt nous retombons dans la monotonie, et les amours de Taddéo et d'Antonia ne sont plus que la fable enfantine inventée par l'auteur pour donner à son œuvre le mouvement et la vie du drame. Si Ponsard eût connu la véritable fille de Galilée, cette sœur Marie-Céleste, que des publications récentes nous ont montrée [1], il aurait pu trouver dans l'étude de ce cœur de jeune fille la matière de développements plus dramatiques. Enfermée dans un couvent à l'âge de 13 ans, par un père qui ne voulait pas s'inquiéter de son éducation, sœur Marie-Céleste avait hérité de l'intelligence de son père, et fut la confidente de ses travaux scientifiques. Elle lisait ses livres, s'informait de ses découvertes, et quand vint l'épreuve terrible de 1633, son affection soutint Galilée contre le découragement, pendant qu'elle faisait disparaître de sa maison les papiers compromettants, et qu'elle suggérait aux amis de son père les démarches qui pouvaient le sauver ou du moins adoucir son sort. Après la condamnation,

---

[1]. A. Favaro a publié en 1895 une édition des lettres écrites à Galilée par sa fille, sœur Marie-Céleste, religieuse au couvent de San Matteo in arcetri : cf. *La fille de Galilée*, par Arvède Barine, *Revue de Paris*, 15 mars 1895.

elle aima mieux croire à l'innocence de son père, que de s'incliner devant le jugement de l'Église, mais tant d'émotions l'avaient brisée: et trois mois après que son père eut obtenu la permission de rentrer dans sa campagne d'Arcetri, sœur Marie-Céleste mourut. Ainsi la courageuse jeune fille donna tout à son père : son cœur, son intelligence, sa foi, et même sa vie. Une fois encore, comme pour *Agnès de Méranie*, la réalité était supérieure aux inventions du poète, et la destinée si touchante de sœur Marie-Céleste eût avantageusement remplacé la pâle Antonia.

Les amours d'Antonia et de Taddéo ne sont donc qu'un moyen dramatique très insuffisant: le défaut paraîtrait moins, si la grande figure de Galilée concentrait sur elle un intérêt qui ne s'attache pas aux autres personnages. Malheureusement, il n'en est rien; et Ponsard s'était trompé, en croyant qu'un pareil sujet pût être porté au théâtre. Challemel-Lacour a très bien mis en relief la « contradiction violente, irrémédiable qui devait exclure ce sujet de la scène »: « la puissance de son génie, dit-il, et la solennité des épreuves qui lui ont été imposées placent Galilée au niveau des plus grands hommes; la manière dont il les a supportées l'abaisse au rang des plus ordinaires [1] ». Ponsard voulait faire de Galilée un héros, un apôtre de la vérité, luttant pour les droits de la raison humaine et de la science contre le fanatisme; mais son personnage ne soutient pas ce rôle jusqu'au bout; le poète, pour excuser cette défaillance, l'a mise sur le compte des affections sacrées de la famille. M. Sarcey,

---

1. *Revue des Deux-Mondes*, 15 mars 1867.

toujours intraitable quand il s'agit de défendre les droits du théâtre contre ceux de l'histoire, aurait souhaité que Ponsard fît bon marché de l'abjuration, et que son Galilée luttât jusqu'au bûcher même contre l'inquisition [1]. Ce dénouement aurait révolté le public, pour qui l'abjuration est inséparable du nom de Galilée.

Fallait-il donc rabaisser le héros aux proportions les plus bourgeoises, et substituer un drame vulgaire d'intérieur à cette lutte, qui mêla les intérêts supérieurs de la foi et de la science? Non; et Ponsard, avec plus d'habileté, n'aurait pas ainsi humilié son personnage. D'abord il pouvait se dispenser de mettre dans sa bouche ces fières déclarations d'apôtre sur la science et sur l'amour de la vérité :

> Science, amour du vrai, flamme pure et sacrée,
> Sublime passion par Dieu même inspirée,
> Contre tous les périls arme-moi, soutiens-moi ;
> Élève ma constance au niveau de ma foi !
> Et puisse le bûcher expier mon génie
> Avant que ton arisant, vérité, te renie! (III, 1).

Ici, Galilée exprime un sentiment moderne, et que l'Italie du XVIIᵉ siècle n'aurait pas compris. Qui, parmi ses contemporains, eut l'idée de gémir sur cette abjuration et d'accuser Galilée de faiblesse? Descartes, vers la même époque, ne se retirait-il pas en Hollande, sous prétexte « qu'il faisait trop chaud pour lui en France », mais en réalité pour échapper à l'intolérance du Parlement de Paris et de la Sorbonne? De plus, Ponsard n'avait pas à le représenter comme un

---

1. Cf. *Revue des Cours littéraires* (23 mars 1867).

homme simple, toujours rêveur, aussi peu versé que possible dans les secrets de la diplomatie et dans les habiletés de la prudence humaine. Galilée, en réalité, avait l'esprit souple et délié; ses principaux ouvrages (le *Nuntius Sidereus*, le *Saggiatore* et le *Dialogue* de 1633), ne sont pas seulement remarquables par la profondeur ou la nouveauté des idées; mais aussi par la grâce et l'ironie du style: n'eut-il pas la suprême habileté de faire agréer par Urbain VIII le *Saggiatore*, où il faisait entendre clairement ce qu'il pensait sur le système de Copernic et surtout de dicter pour ainsi dire au P. Riccardi la préface que celui-ci croyait lui imposer pour son *Dialogue* [1]. Galilée était donc un homme de son temps: il avait la finesse de sa race, et il connut l'art des négociations subtiles; s'il abjura, s'il eut moins de caractère que de génie, c'est qu'en réalité on fausse sa physionomie, quand on veut le poser en martyr de la science. Mais au lieu d'attribuer son abjuration à la source égoïste des intérêts de la famille, le poète eût été mieux inspiré de nous dire comment Galilée fut amené à se parjurer, par le milieu même dans lequel il a vécu, et par la conception qu'on se faisait autour de lui de la science. La fermeté de caractère était ignorée dans cette Italie du XVIIe siècle, et Galilée partagea les faiblesses de son époque. Donc Ponsard eût gagné à se tenir plus près de la vérité historique, et si le fait de l'abjuration le forçait à rapetisser son héros, il aurait du moins mis en lumière les raisons qui l'expliquent.

Aucun sujet n'a excité autant de controverses que celui de Galilée; on peut dire que le célèbre procès,

[1.] Cf. L'Épinois, *Rev. des Questions historiques*, 1er juillet 1867.

engagé en 1633 par l'inquisition de Rome, est encore pendant devant la postérité. Savants, littérateurs et artistes, se sont tournés vers cet homme, dont le génie a fécondé la science moderne. Mais les uns ont vu en lui un perturbateur dangereux des dogmes et de la foi, tandis que les autres ont exalté l'indépendance de sa pensée et sa rébellion contre le joug de l'autorité [1]. Ponsard, fidèle à sa méthode ordinaire, s'est efforcé d'être impartial; et Chalkemel-Lacour, dans son compte rendu de la pièce, rassurait ceux que le titre avait alarmés: « il a été représenté, dit-il, ce *Galilée*, qu'on voulait proscrire comme un injurieux défi jeté à une puissance trop éprouvée, et dans le succès qu'il vient d'obtenir, il n'y a rien qui soit de nature à porter ombrage au respect des plus délicats pour l'autorité romaine [2] ».

Les catholiques ne furent cependant pas de cet avis: « c'est un pamphlet contre l'Eglise catholique », déclarait L. Gautier [3], et H. de l'Epinois concluait ainsi, avec une modération plus feinte que réelle, une étude sur la pièce de Ponsard: « *Galilée* est un drame assez insolent contre l'Eglise, assez neutre pour les bourgeois neutres, assez sereinement contempteur pour satisfaire M. Renan, pas assez criard pour la tourbe criarde des francs ennemis de la religion [4] ».

On cherche vainement les raisons pour lesquelles un certain parti s'obstine à voir dans cette pièce non

---

1. Voir une très longue notice bibliographique sur Galilée dans le livre de H. Martin: *Galilée, les droits de la science et la méthode des sciences physiques* (p. 291-419), 1868.
2. Article cité, p. 691.
3. *Revue des Questions historiques*, 1867, t. II, 659.
4. *Le Galilée de M. Ponsard ou le Polycrate de l'astronomie*, brochure de 67 pages, in-8°, 1867.

seulement « un mauvais drame », mais encore « une mauvaise action ». Est-ce que personne ne peut toucher à la question de Galilée, sans qu'il soit aussitôt soupçonné de vouloir abriter derrière ce nom des passions ou des rancunes? La science sera donc éternellement coupable d'hérésie, quand elle se heurtera contre la foi? Dans ces conflits, on pourra toujours l'accuser de provocation; car la foi, immuable dans ses dogmes, a pour essence l'immobilité, et son prosélytisme ne s'étend qu'à conquérir des âmes à des croyances fortement appuyées sur l'autorité et sur la tradition. La science, au contraire, connaît toutes les audaces; elle n'existe même qu'à la condition d'être téméraire et novatrice.

Ponsard a consacré une erreur, quand il donne pour conclusion à son drame le fameux: *Et pourtant elle tourne*; mais il a rejeté la légende de la torture, de l'abjuration en chemise, en un mot de toutes les accusations calomnieuses dirigées contre Rome; s'il a touché les cœurs par la peinture des angoisses qui accablent l'infortuné vieillard, agenouillé devant le Tribunal du Saint-Office pour abjurer sa foi scientifique, et s'engager à trahir ses disciples, il ne doit pas être accusé d'avoir écrit « un pamphlet insolent contre l'Eglise ». Dans l'affaire de Galilée, l'Eglise a cru travailler au salut des âmes; mais deux siècles et demi plus tard, quand un poète vient proclamer que la révolte de Galilée était légitime, il faudrait vouloir fermer les yeux à l'évidence, pour mettre en doute sa sincérité, et attribuer à de bas motifs son enthousiasme pour le vrai et son admiration pour le génie qui créa la méthode des sciences expérimentales.

Galilée tient une place à part dans l'œuvre dramatique de Ponsard: le parterre salua de ses applaudissements, non pas les qualités scéniques que cette pièce ne renfermait pas, mais les beautés d'inspiration et la haute poésie qui s'y révélaient avec tant d'éclat. La critique elle-même, qui d'ailleurs eut la délicatesse d'avoir égard à la situation douloureuse du poète, fut indulgente à *Galilée*, et l'auteur pouvait écrire à un ami : « *Galilée* a réussi beaucoup plus que je ne pouvais l'espérer [1] ». Ponsard n'assista pas lui-même à son triomphe: couché sur son lit de douleur, il n'entendit même pas l'écho des applaudissements que lui faisait parvenir l'excellent Augier dans des bulletins, après chaque acte; car il n'eut pas la force de décacheter ces télégrammes [2].

Avant Ponsard, le sujet de *Galilée* avait tenté le socialiste Proudhon. M. E. Lepelletier a publié dans la *Nouvelle Revue* (1ᵉʳ et 15 février 1895) le scénario inédit de *Galilée*, tracé par Proudhon, et il affirme que le drame à la fois philosophique et humain de Proudhon eût été bien supérieur à celui

---

[1]. *Lettre inédite*.

[2]. La pièce parut en librairie le 11 mars, et deux éditions s'enlevèrent en deux jours. Le 18 mars, on annonçait que le tableau de Claudius Jacquand, qui représentait Galilée la veille du jugement, allait être exposé dans le foyer du Théâtre Français. Cependant les recettes des représentations n'atteignirent jamais 5,000 francs, et dès le 22 mars, *Galilée* fut accompagné sur l'affiche de *Cas de conscience* d'Octave Feuillet; cf. d'Heylli, op. cit. p. 172.

Un professeur de littérature dramatique à l'Université de Florence, Dall'Ongaro, poète connu par une traduction de *Phèdre*, que jouait Mᵐᵉ Ristori, traduisit aussitôt la pièce de Ponsard.

E. Paulay, directeur du Théâtre National de Budapest (1876-1896) fit jouer une traduction de *Galilée*: cf. J. Kont: *Le Hongrie littéraire et scientifique*, 1896, p. 253.

En France, les théâtres de Strasbourg, de Nancy, de Lyon, de Marseille, etc., se hâtèrent de mettre *Galilée* en répétition. Sur la scène de la Comédie-Française la pièce ne fut jouée que vingt-cinq fois.

de Ponsard. Cette affirmation est bien téméraire, car la lecture du scénario de Proudhon donne plutôt l'idée d'un drame mort-né, conçu par un cerveau puissant, mais ignorant des conditions de l'art dramatique, et s'attachant aux règles purement extérieures du théâtre. Où est la vie, où est le mouvement dans les dissertations philosophico-scientifiques, dont est encombré le plan de Proudhon ? Ponsard n'a donné à son héros qu'un semblant de vie théâtrale ; puisse M. Lepelletier, développant, comme il l'a promis, le scénario de Proudhon, nous rendre un Galilée plus vrai, plus profondément étudié et surtout plus dramatique. En attendant qu'un écrivain ose enfin porter sur la scène les personnages historiques envisagés, non plus du côté anecdotique, mais dans toute la grandeur de leur pensée et de leur action sur le monde, faisons honneur à Ponsard de son *Galilée*, qui engageait le théâtre, comme dit M. Lepelletier, dans la voie des « luttes de l'esprit et des agitations de la pensée ».

Avec *Galilée*, Ponsard transportait dans notre langue quelques-unes des beautés de la grande poésie de Lucrèce et de Virgile. A ce genre de poésie didactique ou scientifique appartenaient déjà, en France, plusieurs fragments d'André Chénier ; quelques-unes des rêveries singulières de N. Lemercier, en sa *Panhypocrisiade* ; un court développement de A. Soumet, dans sa *Divine Épopée* ; une admirable pièce d'A. de Vigny, la *Bouteille à la mer*, et l'hymne d'adoration de Lamartine, l'*Infini dans les cieux*.[1]

---

[1]. Le *Galilée* de Ponsard ne doit rien ni à Chénier, ni à Lemercier, ni à Soumet, ni à Vigny ; mais le fameux monologue, moins complaisamment prolongé que l'*Harmonie* de Lamartine, ayant par suite plus de vigueur et

De plus, à l'époque même où Ponsard chantait ainsi l'amour de la science et les beautés du ciel révélé par l'astronomie, M. Sully-Prudhomme commençait à écrire ses poèmes scientifiques, dans lesquels les définitions les plus précises sont elles-mêmes emportées dans un véritable mouvement lyrique.

Ce serait donc exagérer que de saluer en Ponsard un précurseur; pourtant ne pourrait-on pas dire que Renan se souvenait de *Galilée*, lorsqu'il écrivait ses drames philosophiques: *Caliban, l'Eau de Jouvence, le Prêtre de Némi* ? Sans doute Renan n'eut jamais l'idée de faire jouer ses drames, bien qu'il les ait conçus, dit-il, « à la façon de Shakespeare [1] ». Il cherchait seulement le moyen de rendre toutes les nuances de sa pensée, ondoyante et subtile, et pour la présenter sous toutes ses faces, il croyait préférable d'en confier l'expression à plusieurs personnages. Il s'inspira d'abord de Platon, et, à la suite du philosophe grec, composa des *Dialogues Philosophiques*, puis, surpris qu'on continuât à lui attribuer les opinions qu'il mettait dans la bouche des personnages abstraits de ses *Dialogues*, il voulut dégager plus complètement sa responsabilité. C'est alors qu'il choisit la forme du drame, qui lui permit d'engager dans une action des personnages plus vivants, et exposant leurs idées pour leur propre compte. Mais ces drames « libres et sans couleur locale » ne conviennent pas à la scène, et jusqu'à nos jours la tentative de Ponsard est restée isolée dans le domaine de l'art.

plus de relief, lui doit néanmoins des idées, l'ordre des développements, et parfois même des images et des mouvements poétiques.

1. Préface du *Prêtre de Némi*, p. IV.

CHAPITRE VI

LES THÉORIES DRAMATIQUES DE PONSARD

I. — Ponsard, théoricien dramatique dans quelques articles, dans ses préfaces, dans son *discours de réception à l'Académie française*, dans quelques lettres inédites.
II. — Sa conception de la tragédie : à égale distance de l'*Art poétique* et de la *Préface de Cromwell* — goût excessif de la simplicité d'action — peinture superficielle des caractères — fidélité relative de l'étude historique — en somme, effort consciencieux vers la nature et la vérité.
III. — Sa conception de la comédie : Ponsard a trop respecté les lois de la comédie suivies par Molière.
IV. — Jugement sur le théâtre de Ponsard.

I

Telle est l'œuvre de ce poète qui, en 1867, était encore considéré par de bons esprits comme le roi du théâtre contemporain. Pourtant Dumas fils avait déjà écrit ses grandes comédies : le *Demi-Monde*, la *Question d'argent*, le *Fils naturel*, l'*Ami des Femmes*, les *Idées de Mᵐᵉ Aubray*; Augier avait, lui aussi, dégagé sa personnalité des tâtonnements de ses débuts, et le *Gendre de M. Poirier*, les *Effrontés*, le *Fils de Giboyer*, *Maître Guérin*, révélaient un tempérament d'observateur et de peintre dramatique. Néanmoins, la génération qui avait applaudi *Lucrèce*, discutait encore Dumas et Augier, tandis qu'elle gardait à son poète une admiration particulière. Qu'*Agnès de Méranie* fût tombée, que *Charlotte Corday*, dans sa grandeur épique, n'eût pas entraîné le parterre, qu'*Ulysse* ne se fût soutenu quelque temps que grâce à la musique de Gounod, que la *Bourse* n'eût fait que répéter *l'Honneur et l'Argent*; enfin que *Galilée*, beau poème de la science, mais drame froid et sans vie, n'eût été applaudi que par déférence, on ne se souvenait plus de ces jours obscurs, et les yeux se reportaient aux trois dates lumineuses, qui éclairaient de leur rayonnement la carrière littéraire de Ponsard. En 1843, avec *Lucrèce*; en 1853, avec *l'Honneur et l'Argent*; en 1866, avec le *Lion amoureux*, Ponsard avait eu le bonheur de parler de près à l'esprit et au cœur de ses contemporains; trois fois il avait élargi l'horizon dramatique; trois fois il avait été salué comme le sauveur du théâtre français: *Lucrèce* fut une victoire du bon sens sur les excentricités du drame romantique; *l'Honneur et l'Argent* protestait avec éloquence contre les lâchetés et les capitulations de la conscience publique, énervée par le culte de la richesse; le *Lion amoureux* ramenait les grands sentiments et la haute poésie sur une scène que les audaces du réalisme avaient déjà compromise.

Que reste-t-il aujourd'hui de ces succès qui furent, à leur époque, des évènements? Seule la bluette, écrite pour Rachel, *Horace et Lydie* est inscrite au répertoire du Théâtre Français, et encore, depuis 1892, la néglige-t-on absolument. M. A. Soubies, qui fait la même constatation ajoute: « de V. Hugo deux drames seulement sont joués couramment; d'Alfred de Vigny et de C. Delavigne, il ne demeure rien ; de Dumas père et de Scribe, il ne subsiste que trois ou quatre pièces [1] ». Ponsard, en somme, n'a pas été plus maltraité que les plus célèbres dramaturges de son siècle.

Ponsard, parlant de l'*Omasis* de Baour-Lormian, faisait cet aveu mélancolique : « si elle reparaissait aujourd'hui sur la scène, quel accueil lui ferait-on ? Je ne sais ; cinquante ans ne passent guère sur une œuvre dramatique sans lui laisser quelques rides. Sans doute, l'estime des gens de goût ne lui ferait pas défaut ; mais cette espèce de succès ressemble fort au respect dont on entoure les femmes qui ont été belles. Les sympathies du public sont ailleurs [2] ». L'œuvre de Ponsard a traversé la même crise d'indifférence. Faut-il croire que notre fin de siècle, prompte à tenter l'aventure, et comme attirée par les lueurs d'un art nouveau, dédaigne le passé mort ? Non, car notre époque, où les révolutions littéraires se succèdent pourtant avec une incroyable rapidité, se plaît à jeter parfois un regard en arrière ; elle exhume pieusement de l'oubli les pièces de théâtre qui, en leur temps, ont déterminé vers elles un courant d'admiration. Ne se trouvera-t-il donc pas un directeur de théâtre pour nous rendre, non pas *Lucrèce*, qui n'est « une date littéraire » que pour avoir coïncidé avec l'échec du théâtre romantique ; ni même *l'Honneur et l'Argent*, comédie vieillie prématurément pour être écrite en vers ; mais *Agnès de Méranie*, que Ponsard considérait comme sa plus belle œuvre, ou bien *Charlotte*

1. *La Comédie française depuis l'époque romantique*, 1896, p. 154. — Nous avons vu reprendre *Chatterton* et *Louis XI*.
2. *Disc. de récep. à l'Académie*, p. 26.

Corday, « grande et forte étude dramatique » au jugement d'Ed. Thierry, épopée majestueuse, où circule un souffle cornélien; et surtout le *Lion amoureux*, où la froideur de l'histoire s'échauffe à la flamme de passion qui jaillit brûlante du cœur des personnages; jamais le vers de Ponsard n'avait eu plus d'éloquence, un lyrisme plus vibrant, plus de souplesse et d'éclat que dans cette dernière pièce : si bien que le *Lion amoureux* reste, après 30 ans écoulés, comme le chef-d'œuvre du drame historique en France.

Pénétrons plus avant dans son œuvre; jetons un coup d'œil général sur ce théâtre, à qui la variété, sinon la fécondité, ne fait pas défaut, et voyons quelles théories dramatiques Ponsard a défendues de l'autorité de son nom et de l'effort de son talent.

Ses idées sur le théâtre, Ponsard les a exprimées pour la première fois dans un article de la *Revue de Vienne* : de Mlle Rachel, de Corneille, de Racine, de Shakespeare. Plus tard, bien qu'il proclamât son dédain pour les préfaces [1], il ne sut pas résister à la tentation de mettre quelques observations en tête de ses pièces : c'est ainsi qu'il écrivit au rédacteur en chef du *Constitutionnel* une longue lettre, qui devait précéder la tragédie d'*Agnès*, publiée dans la *Bibliothèque dramatique* de ce journal (mars 1847) [2]. Le prologue de *Charlotte Corday* peut être considéré comme une préface, dans laquelle la muse Clio justifie l'audace du poète; le volume d'*Études antiques*

---

[1]. Cf. Préface d'*Études satiriques* : « je suis de cet avis que c'est à l'œuvre à parler pour l'œuvre; l'auteur produit, la critique discute, le public juge, et tout est dans l'ordre », p. 1. — La pièce parut sans préface.

[2]. Elle a été reproduite, Œuv. compl., t. III, p. 15.

s'ouvre par une longue préface. Vers la même époque, remplaçant au *Constitutionnel* son ami Lireux, absent de Paris, il écrivait (février 1852) un article sur la *Dame aux Camélias*, de Dumas fils, et sur quelques mélodrames ou bouffonneries des théâtres secondaires [1].

Le 4 décembre 1856, Ponsard, dans son *Discours de réception à l'Académie* fit, à propos de l'*Omasis* de Baour-Lormian, une longue digression sur la tragédie : la franchise et l'expérience du poète donnaient à cette dissertation une saveur particulière.

Enfin les lettres inédites de Ponsard nous aident à compléter ces déclarations, et nous montrent un écrivain, qui avait réfléchi sur les conditions de son art, et qui s'était fait un idéal de la beauté dramatique.

II

Cependant ces doctrines de Ponsard ne forment pas, à proprement parler, un système. Il n'est qu'un point sur lequel Ponsard n'a jamais varié : la « liberté dans l'art », cette ancienne devise de l'école romantique lui paraît sacrée. Que de fois il a condamné tous les « fétichismes » et toutes les « routines », de ceux qui acceptent aveuglément les anciennes idées, et de ceux qui courbent la tête sous le joug des idées modernes. Pour lui, l'*Art poétique* est abrogé ; mais la *Préface de Cromwell* n'est pas l'arche de la loi sainte, hors de laquelle il n'y a pas de salut [2].

---

1. Cf. *Œuv. compl.* t. III, p. 359 - 373.
2. La *Préface de Cromwell* elle-même manque d'idées arrêtées, et on y chercherait vainement un code dramatique : elle a la sonorité de l'éloquence, l'entraînement de l'inspiration, mais non l'autorité et la raideur de la loi.

Avant 1830, on copiait Racine; pourquoi copier Shakespeare, après 1830? Toutes les écoles ont eu leurs Campistrons, obscurs imitateurs, qui se gardent de l'originalité comme du premier des défauts. Ponsard qui avait salué avec enthousiasme les débuts du mouvement de 1848, mais s'était retiré, quand ses nobles illusions se heurtèrent au fanatisme des énergumènes de tous les partis, rapprochait volontiers les révolutions littéraires et les révolutions politiques: celles-ci, dit-il, « se font au nom de l'ordre et de la liberté », comme celles-là, « au nom de la vérité et de la nature », et puis, « une fois victorieuses, les unes et les autres aboutissent souvent à l'arbitraire et à l'intolérance [1] ». Ponsard ne s'incline donc devant aucune autorité; il cherche le beau en toute sincérité d'âme et de goût, et ne lie pas lui-même son inspiration dans les chaînes des règles.

Ce libéralisme tient Ponsard à égale distance du classicisme et du romantisme [2]. Ainsi il rejette un certain nombre de conventions de l'ancien théâtre: « l'asservissement aux unités de temps et de lieu, et les sacrifices faits à cette règle, peu fondée en raison, les confidents, les longs récits [3] ».

Lui-même, dans son œuvre, s'est mis fort à l'aise avec les unités: dans *Charlotte Corday*, la scène passe

---

1. *Disc. de récept.*, p. 36.
2. « Si je me souviens bien, écrivait-il en 1860, on distinguait autrefois des classiques et des romantiques, ou des gens qu'on appelait à peu près ainsi », *Rev. de Vienne*, t. III, p. 690.
3. *Disc. de récept.*, p. 30. — Nisard prit spirituellement contre Ponsard la défense des unités, auxquelles se sont soumis, dit-il, « les deux chefs-d'œuvre de notre théâtre et de tout théâtre, *Polyeucte* et *Athalie* »: « si les unités, ajoutait-il, n'ont pas nui à leur perfection, ne se pourrait-il pas qu'elles y eussent servi ? » (*Œuv. compl.*, t. I, p. 5.

de Paris à Caen, pour revenir de Caen à Paris, et
même les changements de lieu se produisent plusieurs
fois dans un seul acte. De même, il s'écoule un temps
bien long dans les entr'actes: l'action, commencée le
22 septembre 1792 ne se termine que le 17 juillet
1793. *Agnès de Méranie* se rapproche beaucoup plus
de la formule classique, et la scène y conserve la
même décoration pendant quatre actes, pour se transporter seulement au 5°, dans une autre salle du palais;
cependant les évènements demandent plusieurs mois
pour s'y accomplir; car le légat a fait, entre l'acte I
et l'acte III, un voyage à Rome.

Ces promenades à travers l'espace et cette extension
dans le temps ont permis au poète d'échapper parfois
aux longs récits, et de mettre en spectacle ce qu'un
poète classique aurait reculé loin des yeux: la tragédie
de *Charlotte Corday*, par exemple, ouvre aux regards
des perspectives pittoresques sur l'état d'esprit des
Girondins, sur la mélancolie rêveuse de Charlotte,
sur le défilé des volontaires normands, sur les groupes
de citoyens qui s'agitent au jardin du Palais Egalité.

Quant aux confidents, Ponsard ne regrette pas
qu'ils aient été abolis; mais, dit-il, « aime-t-on
beaucoup mieux les longs monologues ou les groupes
de personnages qui viennent s'entretenir sur la place
publique, des affaires d'autrui, et mettent, ainsi, le
spectateur au courant de ce qu'il doit savoir [1] ».
Ponsard, dans *Lucrèce* et dans *Agnès*, a conservé ces
personnages, qui n'ont d'autre rôle actif que de fournir
un prétexte aux confidences des personnages plus importants. Avec *Charlotte Corday*, Ponsard, plus hardi ou

1. *Discours de récep.* p. 31.

mieux inspiré, laisse de côté ces personnages subalternes, impersonnels et abstraits, mais cette suppression a pour rançon un grand nombre de personnages, dont les uns ne font que traverser l'action, et dont les autres, entrevus un instant, reparaissent beaucoup plus tard. A partir de *Charlotte Corday*, le poète témoigne d'une prédilection monotone pour les soirées, les bals, les dîners, qui lui permettent de grouper une foule de personnes, utiles à son exposition ou complétant la galerie des originaux dont il peint les ridicules.

Voilà sur quels points Ponsard s'est séparé de l'école classique; on se tromperait donc en croyant que Ponsard a demandé exclusivement au passé son idéal dramatique, et qu'il se soit imposé la tâche de le reproduire servilement; au contraire, son imagination, de bonne heure, avait pris contact avec les hardiesses de Shakespeare, de Byron, de V. Hugo, et il tenta de concilier la formule ancienne et la formule moderne: « l'école de M. Hugo, écrivait-il en 1840, a rendu à l'art d'importants services... Sans doute, on est allé trop loin. Mais les excès sont inséparables de l'ardeur d'une révolution. Il fallait un coup de vigueur exagérée pour secouer les esprits engourdis [1] ». Devant l'Académie, il posa nettement la question entre la tradition et la liberté d'examen, et il les unit dans une admiration commune; on croirait entendre l'écho du discours par lequel A. de Vigny, dans la même enceinte, célébrait le romantisme: « les illustres chefs de cette école, s'écrie Ponsard, ont laissé leur empreinte ineffaçable à tout ce qu'ils ont touché: à la

---

[1]. *Revue de Vienne*, III, 601. — Cf. Et. ant. préf. p. 27.

poésie lyrique, au roman, au théâtre [1] ». Pourtant il blâmait, dans le drame romantique, le lyrisme, la fantaisie, l'exagération des sentiments, l'emploi excessif de la couleur et de l'image, la recherche fatigante de l'esprit; aussi essaya-t-il de réaliser cette conciliation qu'en 1840 il appelait déjà de ses vœux : « l'ébranlement a été donné, disait-il, puis viendra la réaction, si elle n'est déjà venue; puis la littérature, longtemps oscillante, se reposera dans les bienfaits de l'éclectisme [2] ».

D'abord il emprunte aux grands maîtres du XVIIe siècle ce nom de tragédie que tant de chefs-d'œuvre ont consacré: « je comprends, dit-il, la différence qui existe entre la tragédie et le mélodrame, mais je n'aperçois pas celle qui sépare le drame de la tragédie [3] ». Il n'a pas de peine à montrer que ces étiquettes de drame et de tragédie ont été posées arbitrairement sur certaines œuvres; et il conclut: « qu'est-ce donc que le drame, si ce n'est la tragédie affranchie de ses entraves et débarrassée de quelques formes convenues, ...choses accessoires, qui ne touchent point à l'essence de la tragédie ». Ponsard a eu raison de soutenir qu'après tout, le drame était plus voisin de la tragédie que les novateurs de 1830 ne l'avaient cru, et

---

1. *Discours de récep.*, p. 37.
2. *Revue de l'Isère*, t. III, p. 193. — En 1840, il souhaitait un poète qui « corrigeât Shakespeare par Racine, et qui complétât Racine par Shakespeare »; plus tard, il renia le *Dieu Shakespeare*, et le maltraita fort devant l'Académie; Nisard lui-même, le paladin des classiques, vint au secours de Shakespeare : « Shakespeare, dit-il, a eu la même destinée qu'Homère... Comme Homère, après une querelle qui a moins duré, Shakespeare nous apparaît, à son tour, dans un lointain mystérieux et paisible, se dérobant à la curiosité de l'érudition qui se fatigue à chercher un homme où il n'y a qu'une des plus grandes sources de la poésie créatrice », (*Œuv. compl.*, t. I, p. 67.
3. *Disc. de récept.*, p. 35.

que le *Cid* et *Hernani* ne sont pas séparés par des barrières infranchissables [1]. Cependant la distinction du drame et de la tragédie est fondée, s'il est vrai que personne aujourd'hui ne songe plus à imiter Racine et que la *Lucrèce* même de Ponsard et aussi son *Agnès de Méranie* ne sont pas conçues dans le même système que sa *Charlotte Corday* [2].

Le drame éliminé, la tragédie reste seule en face du mélodrame. On ne peut qu'approuver la distinction très nette que Ponsard établit entre ces deux formes de l'art théâtral : « ou l'on ne se propose, dit-il, que d'amuser le spectateur et de tenir sa curiosité en éveil par des coups de théâtre multipliés et des intrigues bien embrouillées; alors il faut renoncer au développement des sentiments et des caractères, à la peinture des mœurs et des idées d'une époque, car toute la place est prise par la préparation des incidents, les transitions, les explications et les combinaisons... ou bien il s'agit de représenter les mœurs d'un siècle, en les résumant dans les hommes célèbres qui en sont comme la personnification; il s'agit de développer un caractère, une passion ou un sentiment; en ce cas, on n'a pas le loisir d'amasser des incidents et des complications; on va droit au cœur, droit à l'idée... dans ce système, l'action naît du choc des intérêts ou des passions; elle se déroule par la seule logique des

---

1. « Ce n'est pas la charpente du drame ou de la tragédie qui est à mes yeux une question d'école. Qu'on fasse comme on voudra, pourvu que le langage soit simple et naturel, pourvu que les incidents soient possibles, et que les caractères et les passions se développent avec vérité ». — Cité par Mme d'Agoult, préf. p. XVI.

2. Si Ponsard appelle le *Lion amoureux* une comédie, c'est que les personnages d'Aristide, d'Épictète et de Cérès, parlent une langue trop vulgaire pour qu'on puisse les hausser jusqu'à la dignité tragique. *Galilée* est un drame ; mais la pièce était faite pour être lue et non pour être jouée.

choses et l'opposition des caractères [1] ». Ainsi Ponsard ne s'est pas élevé à la conception d'un système qui combinerait les qualités du mélodrame et de la tragédie, et qui engagerait dans une action rapide et mouvementée des personnages soumis à la logique de l'intelligence ou du cœur, et s'opposant aux événements, au lieu de les subir: c'eût été le drame idéal, dont on peut dire que l'école romantique ne nous a donné que l'ébauche, et que Ponsard, par impuissance ou par théorie, n'a pas réalisé dans son œuvre. Le théâtre contemporain qui s'est lancé courageusement dans tant de voies, est encore à la poursuite de cette formule dramatique, qui pourrait servir d'épigraphe au théâtre de Shakespeare: les caractères, en effet, s'y développent, sans nuire à la marche de l'action; la curiosité et l'intelligence des spectateurs sont également mises en éveil, jusqu'à ce que le double mouvement des passions et des péripéties, s'étant compliqué du dedans et de l'extérieur, aboutisse au dénouement.

Après avoir lu les déclarations de Ponsard, nous ne serons pas étonnés qu'il néglige l'un des deux éléments essentiels du théâtre: l'intrigue. Quels que soient les avantages qu'un sujet puisse offrir pour l'étude d'un sentiment ou d'une situation sociale, il le dédaigne du moment qu'il l'expose à combiner trop de péripéties et de coups de théâtre [2]. De là, cette faiblesse de l'action que nous avons dû reconnaître dans chacune des pièces de Ponsard. La tragédie de *Lucrèce*, à ce point de vue, est particulièrement intéressante: le

1. Préf. d'*Etudes antiques*, p. 31 et 32.
2. Il dit à Bocage: « j'ai pensé à une *Demoiselle de compagnie*; mais c'était trop mélodramatique, et puis c'étaient des aventures, et, selon moi, l'art n'est que dans les mœurs et les caractères », *lettre inédite*.

poète n'a pris aucune précaution pour lier entre eux les deux faits sur lesquels repose l'action, d'un côté la conjuration préparée par Brutus, et de l'autre, l'attentat qui tout à coup la précipite; et c'est le hasard seul qui conduit les évènements; les personnages épisodiques pénètrent à chaque instant dans le mécanisme de la pièce, sans qu'ils servent à le ralentir ou à le précipiter. Tous ceux qui ont connu Ponsard, savent qu'il avait une prédilection marquée pour *Agnès de Méranie*: or ce qui caractérise cette tragédie, c'est l'absence d'intrigue et de mouvement scénique. Enfin, le goût de Ponsard pour l'extrême simplicité, on pourrait dire pour l'absence de l'action, l'entraînera à porter sur la scène les derniers livres de l'*Odyssée*. De là encore, la faiblesse des dénouements dans le théâtre de Ponsard: celui de *Lucrèce* est rempli par de longs et froids discours; Agnès meurt, comme la plus vulgaire héroïne de mélodrame; l'acte V de *Charlotte Corday* a été refait tout entier par l'auteur, sans que l'action ait gagné en intérêt ou en mouvement; les mariages qui dénouent l'*Honneur et l'Argent*, ainsi que la *Bourse*, sont romanesques et mal préparés; les deux derniers actes du *Lion* sont le fruit d'un travail pénible qui faillit ne pas aboutir.

La critique a donc pu justement reprocher à Ponsard de manquer d'invention. Ce dédain du métier, des procédés à la Scribe, sera érigé en théorie par toute une école: celle des romanciers réalistes, qui n'ont pas assez de mépris pour la « ficelle de l'ancien roman, qui avait nom l'intrigue [1] ». On a essayé de transporter au théâtre cette déclaration de Guy de

---

[1]. Guy de Maupassant: *Pierre et Jean*, préf. p. XIV.

Maupassant: « au lieu de machiner une aventure et de la dérouler de façon à la rendre intéressante jusqu'au dénouement, il (le roman réaliste) prendra son ou ses personnages à une certaine période de leur existence et les conduira, par des transitions naturelles, jusqu'à la période suivante [1] ». M. H. Becque inaugurera au théâtre avec les *Corbeaux* (1882) cette nouvelle manière qui méprise l'habileté de l'exposition, les péripéties ingénieusement inventées ou débrouillées, l'action, en un mot, pour y substituer « la tranche de vie », sans intrigue, sans dénouement. L'intrigue, sans doute, est secondaire, mais elle sert à mettre en valeur les caractères, et communique à l'ensemble ce mouvement justement appelé dramatique parce qu'il distingue l'homme de théâtre du moraliste ou du philosophe.

C'est par théorie surtout que Ponsard a négligé cet art de la composition [2]. Une seule fois il a traité un sujet vraiment dramatique par des moyens dramatiques; c'est le *Lion amoureux*, dont les trois premiers actes sont emportés d'un mouvement irrésistible et nécessaire; mais avec l'acte IV, ont recommencé les incertitudes et les faiblesses ordinaires de l'auteur. Aussi la critique impartiale blâme-t-elle d'abord dans le théâtre de Ponsard l'immobilité des personnages et la froideur de l'action.

En outre, il n'a pas été un créateur d'âmes : ses héros ne vivent pas d'une vie personnelle, qui les élève, pour ainsi dire, au-dessus des conditions de

---

1. Guy de Maupassant: *Pierre et Jean*, p. XII.
2. « Avant de choisir une action, dit-il, j'ai toujours choisi une époque, et me suis déterminé à traiter un sujet plutôt pour tracer la physionomie d'un siècle que pour combiner une intrigue », préf. d'*Et. Ant.*, p. 38.

temps et d'espace, les rapproche de nous, et les fait contemporains de toutes les époques, vrais chez tous les peuples. Shakespeare et Racine ont laissé tomber volontairement tous ces détails qui assignent une date et localiseraient sur un point de l'espace l'action de leurs drames; l'histoire, quand ils lui ont emprunté des sujets, n'a été pour eux qu'un répertoire de situations, dans lesquelles ils ont placé des personnages, observés dans la réalité, enrichis et fécondés par la méditation du génie, enfin projetés au dehors avec cette intensité de vie, cette plénitude de vérité, qui leur assurent l'immortalité.

Ponsard s'est efforcé sincèrement d'être vrai; mais, comme s'il se défiait de sa puissance d'observation et d'invention, il a cherché la vérité dans l'histoire, et a étayé ses personnages de l'appui des documents; il a, aussi fidèlement que possible, « traduit la physionomie d'un siècle »; mais il n'a fait dans l'âme humaine aucune de ces découvertes, qui sont des conquêtes réelles, et comme une prise de possession de ce domaine, toujours exploré et pourtant toujours ouvert, des sentiments et des passions; il n'a pas lu dans le secret des grandes âmes qu'il empruntait à l'histoire: Lucrèce et Brutus ne sont marqués d'aucun de ces traits qui enfoncent profondément en nous la physionomie d'une héroïne de la chasteté ou d'un héros de la liberté; il ne nous a pas dit le sentiment mystérieux dont l'âme passionnée de Charlotte Corday s'est nourrie, quelles confidences ont murmurées à son oreille les harmonies de la nature et les livres de ses auteurs aimés, enfin, d'où est venue cette force, qui soudain, arme le bras de la jeune fille comme pour une mission sainte. C'est seulement dans l'étude d'Agnès et d'Humbert que Ponsard a trouvé quelques-unes de ces révélations qui contribuent à l'enquête psychologique de l'humanité; le poète a vu, pour ces deux personnages, par delà les documents et les faits: sur Agnès, l'histoire était presque muette; Humbert, pour le public, n'était qu'un inconnu; Ponsard, tout en s'appuyant sur l'histoire, avait reconquis sa liberté de créateur, et il sut animer ces âmes d'une passion profonde, qui parle le langage le plus touchant et le plus vrai. A part ces exceptions, Ponsard n'a pas su hausser un sentiment individuel jusqu'à la généralité, créer les types d'un vice ou d'une vertu ; il a négligé cette tragédie, que Voltaire appelait si heureusement : « une expérience sur le cœur humain [1] ».

Aristote avait raison d'écrire : « que la poésie était plus philosophique que l'histoire [2] » ; car la vérité historique est en voie perpétuelle d'évolution, tandis que de la vérité humaine, si complexe et si fuyante, on peut néanmoins fixer quelques aspects ; et tous les poètes dramatiques, depuis Eschyle jusqu'à Racine, depuis Shakespeare jusqu'à Gœthe, n'ont pas eu d'autre ambition que celle-là. Au XIX° siècle, la renaissance des études historiques parut transformer et renouveler le drame. Nous avons vu que le Romantisme échoua dans cette tâche de replacer les personnages de l'histoire dans leur cadre réel, ou plutôt que cette tentative, faite avec des documents suspects et insuffisamment contrôlés, n'avait abouti qu'à une falsification de l'histoire.

Mais on comprend que cet échec n'infirmât en rien

---

1. *Commentaire sur Médée.*
2. *Poétique*, IX, 17.

la théorie de la couleur locale; et l'on fit honneur à Ponsard d'avoir, dans *Lucrèce*, rendu assez fidèlement les usages, les mœurs, les détails de la vie romaine. Pour *Agnès de Méranie* et pour *Charlotte Corday*, il se livra à de patientes et minutieuses recherches, si bien qu'après avoir préparé la seconde de ces tragédies, il pouvait, nous dit-on, se rendre à lui-même ce témoignage : « je connais mon histoire de la Révolution aussi bien que M. Thiers ». Peut-être même avait-il trop pris au pied de la lettre le conseil de Sainte-Beuve, qui ne cessait d'opposer aux drames romantiques n'ayant tiré de l'histoire que « le grossier et le repoussant [1] », les deux beaux échantillons de tragédie historique, donnés par Manzoni : *Carmagnola* et *Adelchi*.

Manzoni, dans sa *Lettre à M. Chauvet*, saluait l'avènement du drame historique, et proscrivait ces « succès de théâtre qui ne sont fondés que sur l'ignorance du parterre [2] »; il était encore plus affirmatif dans son étude sur le *Romantisme en Italie :* « le faux peut plaire, dit-il, mais ce plaisir est accidentel. Celui qu'engendrent le vrai historique et le vrai moral, est au contraire durable, et d'autant plus vif, que l'esprit qui le goûte est plus avancé dans la connaissance de la vérité : c'est ce plaisir que la poésie et la littérature doivent se proposer de faire naître [3] ». Aussi apporta-t-il dans ses deux drames un respect absolu de l'histoire : il s'était entouré de tous les documents, et avait cru composer ses caractères d'après des données

---

[1]. *Chron. paris.*, p. 312.
[2]. Cité par Waille, le *Romantisme de Manzoni*, (Alger, 1899), p. 38.
[3]. Id. p. 69.

réelles ; mais quand il s'aperçut que les historiens eux-mêmes ne se défiaient pas assez de la fantaisie, il fut le premier à blâmer la couleur romanesque qu'en les suivant il avait donnée à ses œuvres. Ces deux drames n'ont pas été représentés, et leur auteur avouait que « peut-être ils ne pourraient l'être ». Quoi qu'il en soit, ce grand effort vers le vrai historique n'avait pas abouti, et Gœthe pouvait dire à Eckermann : « les faits que Manzoni met en œuvre peuvent bien être historiques, mais ses caractères ne le sont cependant pas plus que mon Thoas ou mon Iphigénie [1] ».

Ponsard qui apporte dans la préparation de ses tragédies les mêmes scrupules que Manzoni, est tombé dans un grave défaut : il a négligé le vrai moral, ou mieux le vrai dramatique pour la vérité de l'histoire. Nulle part ce défaut n'est plus accentué que dans *Charlotte Corday* ; là, les évènements et non les personnages sont chargés de nous émouvoir ; les faits mis en scène sont trop grands, pour pouvoir s'absorber dans une seule âme, ils la dépassent, ils ne peuvent être contenus que par l'âme d'une nation entière : la proclamation de la République et les victoires des jeunes volontaires de Dumouriez émeuvent, sans doute, d'abord les Girondins, parce qu'ils ont eux-mêmes proclamé la République, ensuite Danton parce qu'il a plus que tout autre contribué à lancer à la frontière les quatorze armées de volontaires. Mais ces émotions grandioses ne dépassent-elles pas les héros du drame ? C'est à nous directement que le poète s'adresse ; les personnages comme absorbés par les

1. Cité par Waille, *id.* p. 134.

faits disparaissent, et l'émotion du spectateur est épique, mais non dramatique, c'est-à-dire qu'elle ne nous est pas communiquée par un personnage, qui le premier recevrait le contre-coup des événements.

Cependant cette ferveur de couleur locale se calmait, à mesure que Ponsard avançait dans la carrière dramatique ; il n'attachait à cette prétendue conquête du XIXᵉ siècle qu'une importance secondaire : « quant à la couleur locale, disait-il en 1856, devant l'Académie, nous en avons tous usé et abusé, et nous savons combien est facile cet étalage d'érudition ; ce n'est pas qu'il faille en proscrire l'emploi ; on peut en tirer d'excellents effets... Mais enfin il n'importe pas extrêmement que les héroïnes de Racine parlent comme des Grecques ou comme des Françaises ; ce qui importe, c'est qu'elles parlent comme des femmes passionnées, car l'accent de la passion est le même dans tous les pays. Une faute contre le costume et la couleur historique est un péché véniel ; une faute contre le cœur est un vice radical [1] ».

On ne pouvait mieux dire ; et nous louons Ponsard de n'avoir pas eu la superstition de l'exactitude historique. Malheureusement il n'a pas su atteindre jusqu'à la vérité morale et proprement humaine. Il a répandu les couleurs de la poésie sur les héros qu'il avait tirés de l'histoire ; mais il n'a pas amené au grand jour leurs sentiments, ce fond intime de l'âme, qui se dérobe à l'observation matérielle, et qu'il n'appartient qu'aux génies supérieurs d'atteindre, par un véritable instinct de divination.

---

1. *Disc. de récept.*, p. 31.

Voilà le côté faible de ce genre de la tragédie historique, que retrouvait Ponsard, et qui, après lui, tiendra encore dans l'histoire de notre théâtre, une place importante. En effet, si le drame historique a paru oublié en France depuis *Charlotte Corday* jusqu'au *Lion amoureux* [1], Ponsard lui a rendu la vie, et lui a préparé une fortune florissante : M. Sardou dans *Patrie* (1869) et la *Haine* (1874), M. Parodi dans *Rome vaincue*, M. de Bornier dans la *Fille de Roland* (1875), et plus près de nous, M. Coppée dans *Severo Torelli* (1883), les *Jacobites* (1885), *Pour la couronne* (1895), ont obtenu des succès considérables [2]. Ils ont suivi l'exemple que leur donnait Ponsard, dans son *Lion amoureux* : comme lui, ils ont préféré les sujets d'invention, plus souples et dans lesquels l'imagination peut se mouvoir avec aisance; comme lui, s'ils n'ont pas renoncé aux effets secondaires et matériels du décor et du costume, ils ont, du moins, intéressé notre âme à l'action, en mettant sur la scène des personnages qui nous élèvent jusqu'aux nobles conceptions du devoir et de l'héroïsme.

La tragédie, du moins sous cette forme, n'est donc pas morte ; ce qui est irrémédiablement tombé, c'est l'idéal dramatique du XVIIe siècle; Racine restera éternellement digne d'être imité pour la perfection de son

---

1. On ne peut citer, dans cet intervalle, que *Diane* d'E. Augier (1852) et la *Conjuration d'Amboise*, de L. Bouilhet (1866).
2. M. Faguet, invoquant le succès de *Madame Sans-Gêne* et de *Louis XI*, constate que « le public ne demande qu'à s'amuser avec des événements historiques tournés en histoires romanesques et des personnages historiques présentés habilement, avec un mélange de souvenirs et d'imagination ». *Journal des Débats*, 3 octobre 1898.

goût et pour la suprême beauté de ses œuvres; mais, outre qu'un pareil équilibre de facultés ne s'emprunte pas, la vie moderne s'éloigne trop de celle du XVII° siècle, pour que Racine soit l'inspirateur de nos poètes du genre sérieux. Shakespeare, mieux que Racine, a peint la vie dans sa complexité, et les passions dans toute leur profondeur ; il sera le maître incontesté de tous ceux qui voudront apprendre l'art de féconder une intrigue, d'illuminer le passé des reflets de la poésie et de jeter le masque éclatant de la vie sur les grandes figures, dont l'histoire a fixé les traits. Ponsard n'a pas réalisé son ambition de compléter Racine par Shakespeare, l'irréprochable beauté de l'un par la profondeur déconcertante de l'autre ; du moins, il les a proposés à notre admiration : « ni l'un ni l'autre, dit-il, n'ont échappé à l'influence de leur siècle, et l'un et l'autre vivront, parceque, sous les formes accidentelles, sous la dignité trop élégante, comme sous la brutalité trop grossière, on voit, on entend, on touche la nature et la vérité [1] ».

Nature et vérité: voilà le pôle autour duquel tournent les théories dramatiques de Ponsard. Il a cherché la vie de bonne foi ; il a essayé de la faire jaillir du sol de notre passé national ; mais *Agnès* et *Charlotte Corday* ont trompé ses désirs. Alors il s'est tourné vers la comédie, espérant qu'une étude consciencieuse de la réalité contemporaine lui obtiendrait les suffrages que la critique lui avait refusés jusqu'alors [2].

---

1. *Disc. de récept.*, p. 32
2. « J'ai trouvé dur, écrivait-il à Mme d'Agoult (17 juin 1853), de tracer des caractères exacts et d'écrire des vers vigoureux, pour des gens qui ne voyaient là dedans que des tragédies de rhétorique »; Œuv. comp., t. I, p. XVIII.

III

Les comédies de mœurs, de Ponsard, vraiment supérieures en leur temps, à toutes les productions du même ordre, n'étaient pas plus riches que ses tragédies en promesses fécondes pour l'avenir. A cette époque, la comédie indécise cherchait sa voie : les brutalités du réalisme naissant révoltaient les esprits, que ne satisfaisaient plus pourtant l'art piquant de l'intrigue et la délicatesse étudiée de l'esprit, où se bornait l'ancienne école. Ponsard pressentit cette forme de la comédie, qu'A. Dumas exagérait avec l'audace d'un débutant, et qu'E. Augier poursuivait à travers toutes sortes d'incertitudes. Il devina que la comédie du XIXe siècle s'orientait vers la peinture des milieux et vers la prédication morale; mais il ne fit de la société qu'une étude très superficielle, attaqua les travers et les vices que révèle une observation banale, ou se contenta d'effleurer les sujets, quand par hasard il entrait au vif des mœurs modernes.

D'abord il eut le tort de ne pas secouer le joug de l'art classique, et d'imiter de trop près Molière. Il avait étudié consciencieusement l'œuvre du grand poète comique, et il en reproduit les traits d'observation, la marche des scènes, le tour du style, et, par endroits même, la philosophie [1]. Mais ces archaïsmes de Ponsard, que la tragédie pouvait tolérer en une certaine mesure, sont singulièrement déplacés dans une comédie. « C'est le privilège de Ponsard, écrit J. Janin ; dans ses œuvres, on retrouve l'étude, la copie

[1]. Ed. Thierry (*Assemblée nationale*, 11 mars 1853) a insisté sur ces rapprochements entre Molière et Ponsard.

et l'obstination du chef-d'œuvre; il ressemble aux grands poëtes... Il a au plus haut degré cette propriété du thé vert qui va prendre à volonté l'odeur du thym ou de la rose. *Je ne suis pas la rose, mais j'ai habité près d'elle!* disait un poëte persan [1] ». L'image est gracieuse; mais J. Janin se trompe, en concluant que ceci n'infirme en rien l'originalité de Ponsard. Au contraire, nos poëtes comiques, pendant deux cents ans, ont porté la peine de la perfection même de Molière; ils se sont condamnés à l'imitation du maître, et c'est pourquoi la comédie s'est traînée dans un esclavage laborieux, et n'a produit que des pastiches plus ou moins réussis de Molière. La comédie moderne ne prit conscience d'elle-même que le jour où, se pénétrant d'une intelligence plus large des chefs-d'œuvre classiques, elle prit à Molière sa méthode d'observation et sa *vis comica*, pour les appliquer à l'étude des travers contemporains.

Ponsard respecta les lois de la vieille comédie, et ses admirateurs prirent pour une rénovation ce qui n'était qu'un retour à la tradition. Ainsi quelques-uns lui firent un mérite d'avoir retrouvé la sobriété de l'action; sans doute un grand nombre de personnages, des incidents, des coups de théâtre gênent l'étude des caractères et l'exposé des idées philosophiques, et l'on comprend que Ponsard, prenant au sérieux son rôle de moraliste, dût s'abandonner à la tirade, et laisser souvent en scène ses Rodolphe et ses Reynold. Mais quand on a l'ambition de peindre les égoïsmes et les cupidités du siècle, d'étaler à nu tous les vices qu'engendre une institution sociale

1. *Journal des Débats*, 16 mars 1852.

comme la Bourse, l'action ne peut plus être sobre, sans paraître sèche et pauvre: les personnages ne peuvent plus rester pour ainsi dire figés dans des attitudes immobiles et raides. « Quelquefois, écrit Diderot, j'ai pensé qu'on discuterait au théâtre les points de morale les plus importants, et cela sans nuire à la marche violente et rapide de l'action dramatique [1] ». On sait quel démenti le *Père de Famille* et le *Fils naturel* devaient infliger à cette théorie de Diderot; mais A. Dumas fils lui-même n'a qu'incomplètement réussi, malgré ses aptitudes dramatiques et son instinct du théâtre, à ne pas entraver la marche violente et rapide de l'action par les tirades de ses personnages. Ponsard, en ses comédies, fut avant tout moraliste; il était au-dessus de ses forces de rajeunir une forme dramatique tombée en désuétude et impuissante à rendre l'agitation même et la complexité de la vie moderne. Avec plus d'habileté, Augier et Dumas accordèrent les nécessités de la scène et leurs tendances de moralistes, mais pour cela il leur fallut rejeter les vers de la comédie et demander aux ressources de la prose le moyen d'engager l'action dans un mouvement tel que la prédication morale ne pût le ralentir.

Ponsard eut le pressentiment que ses comédies seraient vite frappées de mort. Ed. Thierry nous en a laissé un témoignage curieux; « en 1865, dit-il, Ponsard arrivait à Paris, apportant le manuscrit du *Lion amoureux*; le soir de son arrivée, il alla au théâtre, où il pleura; pourquoi pleurait-il? Il pleurait (la jalousie n'était pour rien dans ses larmes), il

---

[1] *De la poésie dramatique — du drame moral.*

pleurait des applaudissements qu'il donnait le premier au *Supplice d'une Femme*. *Hélas! disait-il, la vie est là! Elle palpite, Elle tressaille. On la sent sous la main, et ce que j'ai fait n'a pas la vie*[1]. Aveu d'une sincérité noble, mais poignante : le poëte marquait lui-même les bornes de son talent, et proclamait que l'art suprême consiste à saisir la réalité et la vie.

IV

Voilà pourquoi l'œuvre de Ponsard pourrait manquer à l'histoire de notre théâtre, sans que celui-ci perdît rien de son originalité et de sa grandeur. Le nom de Ponsard ne sera jamais écrit à côté de ceux qui ont jeté l'art dans des voies nouvelles, qui l'ont tiré de son épuisement et l'ont poussé vers la réalisation de l'idéal antique ou moderne. *Lucrèce* a la froideur du marbre; *Charlotte Corday* n'est que de l'histoire, merveilleusement dialoguée, mais non construite d'après les lois du théâtre; *Agnès*, la meilleure de ses tragédies, n'est pas supérieure aux œuvres secondaires du théâtre classique, et tiendrait une place honorable à côté de *Zaïre*. La *Bourse* n'est qu'une pâle copie de l'*Honneur et l'Argent*, et cette comédie elle-même rappelle plutôt Molière par les côtés imitables de son talent, qu'elle ne porte en elle le germe de la comédie réaliste. Avec le *Lion amoureux*, Ponsard était sur la voie du véritable drame historique; mais la maladie et ce suprême effort l'avaient épuisé, et il mourut sans écrire ce chef-d'œuvre dont son beau talent eût été digne.

1. *Paroles prononcées sur la tombe de Ponsard*, 9 juillet 1867.

Il serait injuste pourtant de dire qu'il ne reste rien de ses œuvres. Sans parler du talent de poète qui est remarquable en Ponsard, son théâtre se distingue par l'élévation morale et par le souci de la dignité de l'art.

Nous avons vu quelle illusion ce fut à V. Hugo de croire que son théâtre était une école de vertu, ou du moins de prédication populaire. Ponsard eut la même conception que lui du rôle du poète; comme tous les grands dramaturges, depuis Corneille jusqu'à Al. Dumas fils, il crut que le théâtre devait agir sur la société, et contribuer à éclairer l'esprit public sur ses préjugés ou ses erreurs. Ponsard ne fut jamais qu'un homme de lettres; mais à exercer cette fonction, il apporta sa conscience d'honnête homme et sa conviction de penseur. Il faut entendre avec quelle fierté il répudie cette littérature qui s'enferme volontairement dans un monde imaginaire, et n'a pas de relations avec les idées du monde réel : « la littérature, dit-il, ainsi dégradée de noblesse, serait un jeu indigne d'un esprit élevé, un son et non plus une pensée, un art matériel comme ceux qu'on abandonnait, dans Rome, aux esclaves et aux affranchis. Non ; les lettres dégénèrent et meurent quand elles ne sont plus nourries du lait robuste des idées; on est homme avant d'être poète; on est une âme avant d'être une voix, et l'on ne devient même un grand écrivain qu'à la condition de croire à quelque chose; le fond seul peut donner de l'ampleur et de la puissance à la forme [1] ».

Cette mission — qu'importe si le mot fait sourire les dilettantes des lettres! — cette mission, Ponsard l'a remplie avec orgueil. Depuis *Lucrèce* jusqu'à *Galilée*,

1. *Disc. de récept.*, p. 7.

son œuvre a célébré les aspirations les plus généreuses de la nature humaine, et a protesté contre toutes les tyrannies qui dégradent l'esprit aussi bien que le cœur. Sa voix a retenti dans toutes les causes, où se sont débattus les intérêts de la morale et de la raison : Brutus travaille à l'avènement de la liberté de Rome ; Philippe-Auguste risque sa couronne, pour maintenir l'indépendance de son pouvoir contre des empiètements indiscrets ; *Charlotte Corday* nous apprend à vénérer ces grands ouvriers de la première République et à maudire les pourvoyeurs du tribunal révolutionnaire, les tyrans qui ont humilié la France sous le joug de la Terreur. L'*Honneur et l'Argent* fut couronné par l'Académie, moins pour ses mérites littéraires que pour sa valeur morale ; la *Bourse* remporta le même succès de probité : « ce que le public y applaudit, lui disait Nisard, ce sont les nobles sentiments qui vous l'ont inspirée [1] ». Quand il prêcha dans le *Lion amoureux* l'oubli des haines fratricides et l'union de tous les Français, comme il fut écouté ! comme la critique rendit justice à cette inspiration élevée, à ce souffle de noblesse et de grandeur, qui traversait l'épopée révolutionnaire, et en purifiait l'atmosphère chargée de rancunes et de crimes [2]. Que dire maintenant de ce drame de *Galilée*, par lequel Ponsard, dédaignant l'actualité et le succès d'à-propos, transporte son auditoire jusqu'aux sommets de la pure spéculation et de l'idéale pensée [3] ?

Les esprits les plus nobles ne crurent pas déroger,

1. Cf. Œuv. complèt., I, p. 62.
2. « Il était temps, lui écrivait Dumas fils, de renouveler l'air dramatique, ça sentait un peu le renfermé. Tout cela est clair, ferme, net, conciliant, noble » — *lettre inédite*.
3. « Imposer à ce public dégradé, lui écrivait O. Feuillet, une œuvre de

en mêlant leurs applaudissements à ceux de la foule, et surtout en venant, par des lettres particulières, exprimer avec complaisance leur admiration pour le poëte. Gounod, après *Galilée*, écrivait à Ponsard une lettre qu'il faut citer en entier, et qui est le plus beau témoignage dont puisse s'enorgueillir un poëte : « Votre *Galilée* a, comme toutes les œuvres vraiment supérieures, la calme fierté de la conviction; c'est dédaigneux des faciles et fragiles appâts, parce que c'est substantiel et résolu; c'est plein d'honneur et de sérénité; c'est tranquille et haut; c'est viril et sage. Votre langage a cette mâle simplicité qui passe par dessus la foule et qui ne court pas après les faveurs d'*aujourd'hui*, parce qu'elle se sent fille de la vérité d'*hier* et de *demain* ¹ ».

Les plus grands parmi les contemporains de Ponsard se sont ainsi plu à lui décerner des lettres de noblesse littéraire et morale; ce mot d'*honneur* qui vient sous la plume de Gounod, pourrait servir d'épigraphe à ce théâtre; voilà le sceau dont sont marquées ces œuvres, si diverses par l'intérêt et par le mérite, mais si semblables par la générosité de l'inspiration. Pourquoi faut-il que Ponsard, écrivant pour le théâtre, ait ignoré le secret des maîtres, celui de donner à sa pensée la puissante assise de l'intrigue et de la composition dramatique? pourquoi ses pièces ne sont-elles jamais emportées de ce mouvement scénique, qui éveille toutes les énergies de l'âme, et les entraîne victorieusement à la poursuite des beaux sentiments et des nobles idées?

---

cette sérénité, le forcer de la goûter et de l'applaudir, c'est un miracle de talent, mais aussi de conscience et d'honneur » — *lettre inédite*.

1. *Lettre inédite*.

CHAPITRE VI

LANGUE ET STYLE DE PONSARD

I. — Ponsard proscrit la fausse élégance classique et le lyrisme exubérant de l'école moderne. — Sa théorie de la « simplicité nue » d'Homère.
II. — Défauts de son style : prosaïsmes inévitables dans la comédie en vers. — Incorrections.
III. — Qualités : simplicité, netteté, force. — Ponsard très docile à la critique. — Il est un véritable poète.

I

Avant d'étudier le style de Ponsard, il n'est pas inutile de chercher quelles étaient les théories du poète sur l'art d'écrire.

Là encore, Ponsard se défend d'accepter, sans y rien changer, l'héritage des classiques. Ce qui est mort à tout jamais d'après lui, c'est « la mauvaise élégance, la périphrase, la dignité emphatique, la pauvreté d'idées vêtue de lieux communs et de lambeaux de rhétorique, l'horreur ou l'ignorance du mot propre [1] ».

Il n'aura donc pas, comme l'école de l'Empire, le culte des périphrases routinières et d'une élégance pâle et énervée; il soutient que les vers de Corneille

---

[1] Disc. de récept., p. 30.

et de Racine puisent « leur noblesse dans l'idée, et
non pas dans des expressions distinguées, alignées
par un chevillage de convention »; pour que Rachel
remît la tragédie classique en honneur, il a suffi que,
sur les traces de Talma, elle substituât une diction
naturelle à l'emphase déclamatoire qui en travestis-
sait les beautés.

C'est aussi l'étude des vrais classiques qui empê-
chera le poète de tomber dans les excès de l'école de
V. Hugo : car si le romantisme a rendu la vie à
notre langue épuisée d'élégance et d'abstraction, les
disciples de V. Hugo n'ont pas su mettre un frein
aux fantaisies de leur imagination, et le moment est
venu d'opposer une barrière à toutes ces audaces et
à tous ces excès. La sobriété d'ornements des classiques de l'Empire était une indigence ; mais de quel
nom appeler la parure dont les romantiques ont
embelli la poésie? Tous ces faux brillants, tous ces
colifichets qu'ils ont trop aimés, sont indignes de la
poésie. Ponsard voulant, en 1847, définir le *style
moderne*, énumère les conditions auxquelles les initiés reconnaissent un des leurs: « il leur faudrait,
dit-il, des amplifications à perte de vue, sous prétexte
de lyrisme, des conversations impossibles, des métaphores disparates entassées les unes sur les autres,
des comparaisons grotesques, des plaisanteries qui
ont envie d'être gaies, des contrastes forcés, une
intention continuelle et fatigante de produire de
l'effet [1] ». Le portrait n'est-il pas ressemblant? tous les
bons juges ne s'accorderont-ils pas à proclamer que
les innovations romantiques, pour excellentes qu'elles

1. Œuv. comp., t. III, p. 354.

fussent, fatiguaient et torturaient la langue française ?
V. Hugo lui-même, dans le feu de la création, n'a-t-il
pas poussé la grandeur de l'idée jusqu'à l'hyperbole,
l'originalité de l'image jusqu'à l'obscurité et l'incohérence ? Ponsard est sévère pour ces écrivains qui
« croient que la force est dans l'exagération, l'emploi
excessif de la couleur et de l'image, et la recherche de
l'esprit [1] ».

Le jargon romantique, il le met dédaigneusement
à côté du jargon précieux, et c'est avec des armes
empruntées à Molière qu'il attaque ses adversaires:

> Vous vous êtes réglés sur de méchants modèles,
> Et vos expressions ne sont point naturelles.
> Ce style figuré dont on fait vanité,
> Sort du bon caractère et de la vérité;
> Ce n'est que jeux de mots, qu'affectation pure,
> Et ce n'est pas ainsi que parle la nature [2].

Reprenant pour son compte le mot de Pascal:
« les meilleurs livres sont ceux que ceux qui les
lisent croient qu'ils auraient pu faire », il s'est fait
du style une conception tout à fait originale vers
1850: rejetant tous les alexandrinismes et toutes les
maladies qui caractérisent les littératures à leur
déclin, c'est-à-dire l'emphase, les débauches d'imagination, les idées confuses qui prétendent à la profondeur, tous les excès d'un génie emporté et sans règles,
il est revenu à l'idéal classique, pur de contours et
sévère de lignes, et dans son *Discours à l'Académie*,
il inscrivait cette déclaration qui ne manquait ni de
hardiesse, ni de saveur: « la force consiste à prêter

1. *Disc. de récept.*, p. 38.
2. Cité par Ponsard : *Œuv. compl.*, t. III, p. 355.

aux personnages un langage si juste, que chaque spectateur se dise en lui-même: c'est bien ainsi qu'ils ont dû parler; la force n'est pas dans les figures ambitieuses, mais dans les pensées solides, énoncées en termes propres, vifs et précis [1] ».

Propriété, vivacité, précision de l'expression: c'est un idéal qui pouvait satisfaire le goût étrangement sévère et un peu étroit d'un critique du XVII° siècle; mais, s'il convient à la prose de tous les temps, n'est-il pas impuissant à contenir les légitimes conquêtes de la poésie, en notre siècle; et même Corneille, Racine et Molière, que Ponsard se plaît à invoquer comme ses maîtres, n'ont-ils pas connu des secrets plus délicats de l'art des vers? N'ont-ils pas, l'un par la fierté audacieuse et novatrice du style, l'autre par les ressources infinies d'un génie souple et varié, le dernier enfin par la vie et l'originalité native de sa langue, donné les modèles d'une poésie, à laquelle n'ont manqué ni l'élévation, ni l'éclat, ni la vie? La conception de Ponsard s'arrête aux qualités moyennes d'un poète de second ordre, mais elle ne se hausse pas jusqu'aux grands coups d'aile des créateurs et des maîtres.

On sera plus frappé de l'insuffisance d'une formule, où la frugalité des ornements est érigée en principe, si l'on étudie dans la préface d'*Ulysse* les théories poétiques de Ponsard [2].

---

1. P. 38.
2. Il y développe, en prose et avec l'appareil du raisonnement, ces quelques vers, qu'il avait insérés en 1852 dans la Revue de l'année (t. I, p. 65).

La pensée est pour moi comme une jeune fille :
Je veux que sur ses traits sa virginité brille.
Effacer cette empreinte, en lui plâtrant le front,
C'est effacer l'honneur pour imposer l'affront.

Il s'appuie sur un mot de Patin, qui avait parlé de la « simplicité nue » d'Homère [1]. Il prend au pied de la lettre cette expression, et expose une théorie radicalement fausse de la simplicité homérique: « son style, dit-il, est très simple, très familier, très naïf... il parle tout bonnement parce qu'il a quelque chose à dire, et, comme il est plein de ses idées, il ne s'inquiète pas des expressions qui s'arrangent d'elles-mêmes, toujours justes et pittoresques [2] ». Une fois engagé dans cette voie, on ne s'arrête plus, et Ponsard en vient à formuler ce paradoxe: « on peut remarquer, en passant, au sujet de la forme, que moins on la cherche, mieux elle vient [3] ». D'un mot, Ponsard proscrit tout le travail du style, cette recherche pénible, mais féconde, d'où la pensée jaillit avec plus de relief et d'éclat. Il se trompe; car la rhétorique n'est pas toujours une amplification creuse et stérile; la réflexion qui vient s'ajouter à l'inspiration, n'a pas pour unique résultat de l'étouffer ou de la déformer; toutes les alliances de mots ne sont pas les produits frelatés d'une imagination qui se laisse séduire par des sonorités ou par des contrastes; enfin il est même des périphrases, dont l'idée s'enveloppe comme d'une parure. En un mot, l'art, l'art véritable existe, et l'on n'est un grand écrivain, que pour en avoir possédé tous les secrets. Homère, naïf et simple, pratique cependant les habiletés du style, et les rhéteurs

Le fard peut rajeunir la vieillesse ridée.
Mais il défeutrerait la jeune et fraîche Ilée.
En elle tout est beau de sa propre beauté;
Elle n'a pas besoin d'ornement emprunté.

1. Études sur les tragiques grecs, t. I, p. 16.
2. Préf. d'Études antiques, p. 8.
3. id., p. 11.

anciens cherchaient dans l'*Iliade* et l'*Odyssée* les règles de l'art d'écrire [1] : « il est devenu très difficile, depuis Homère, disait un jour spirituellement M. J. Lemaître, d'être poète sans être aussi rhéteur [2] ».

Heureusement, la muse de Ponsard brisa souvent ces étroites limites, dans lesquelles le poète avait voulu l'emprisonner, et comme Ponsard travaillait surtout à mettre sa pensée d'accord avec les mots, il lui arriva, pour exprimer des idées fortes, de trouver des expressions véritablement poétiques. Nous allons essayer de déterminer les défauts et les qualités de cet écrivain, sur lequel pèse le poids d'une légende, qui a fait de lui « un réprouvé de la poésie », et nous n'aurons pas de peine à montrer que le style de Ponsard vaut mieux que sa réputation.

II

Les défauts les plus ordinaires du style de Ponsard sont le prosaïsme et l'incorrection.

Dans ses tragédies, Ponsard n'a pas craint de descendre à la simplicité du détail familier. Shakespeare lui ouvrait la voie aux scènes de la vie intime, d'où se dégage un parfum vrai et pénétrant de poésie domestique. Mais ce ton familier du dialogue, qui était une des plus heureuses conquêtes du romantisme, s'abaisse trop souvent dans les tragédies de Ponsard jusqu'à la trivialité; sous le prétexte de reposer le spectateur de la pompe et de la solennelle

---

1. « Il y a de l'art dans Homère et beaucoup d'art, art profond et savant, mais si intimement uni et confondu avec la nature, qu'on ne saurait les distinguer »: H. Rigault, *Œuvr. compl.*, t. II.
2. *Journal des Débats*, 21 octobre 1901.

périphrase des classiques, le poète a manqué au plus impérieux de ses devoirs, et s'est contenté de rimer de la prose, comme dans ces quelques exemples :

Vos repas guerriers sont conçus de façon
A couper vaillamment le vivre et la boissson ;
Le courage, à ce compte, a dérangé son centre,
Et le cœur aujourd'hui se loge dans le ventre. (*Lucrèce*, I. 2).

C'est comme il vous plaira, madame ; examinez
Les raisons en vous-même, et vous déterminez. (*Agnès*, II, 4).

C'était une si grande et si pleine victoire,
Que naguère pas un ne l'aurait osé croire,
Ou que, si cet espoir eût pu luire à nos yeux,
Pas un n'eût souhaité quelque chose de mieux. (*Ch. Corday*, I. 1).

Ce défaut, très saillant dans la tragédie, qui exige un ton soutenu, ou du moins toujours poétique, s'exagère encore dans la comédie, où l'auteur se croit moins tenu de se surveiller : là, Ponsard ne recule devant aucune platitude, aucune trivialité.

Th. Gautier disait, à propos de l'*Honneur et l'Argent* : « il faut savoir un gré infini au poète qui tente cette entreprise périlleuse d'une comédie moderne en cinq actes et en vers... la poésie au théâtre a besoin d'une certaine perspective et d'un certain costume [1] ». Rien n'est plus vrai ; et le poète comique flotte constamment entre deux écueils : l'emphase et la platitude. Ponsard ne les a évités ni l'un ni l'autre. Que les tirades de Rodolphe, de Reynold et même de Camille s'élèvent jusqu'à la solennité, ce langage ne nous surprend pas,

---

1. Feuilleton de la *Presse*, 15 mars 1853.

car il paraît tout naturel, pour traduire les sentiments généreux qui animent ces personnages. Mais souvent la comédie de Ponsard hausse le ton sans nécessité; ainsi, quand il fait dévoiler par Delatour les secrets de la Bourse, il prend le ton d'un prêtre levant pour un profane le voile qui recouvre les mystères de son culte [1].

Quant à la platitude, elle a été si vivement reprochée à Ponsard, qu'il est inutile d'insister et qu'il serait cruel de renouveler les plaisanteries dont il fut poursuivi pour avoir écrit ce vers, entre beaucoup d'autres :

Notre ami, possesseur d'une papeterie (*H. et A.*, V., 2).

Les locutions triviales et vulgaires s'étalent à chaque page des comédies de Ponsard; elles sont innombrables dans la *Bourse*, qui porte les marques d'une exécution hâtive. Ainsi, au lever du rideau, le valet Dubois se laisse aller à des rêves de fortune devant un de ses amis, et dans les vers qu'il débite, on cherche en vain la poésie :

Un jour, mon cher pays, on se retirera;
Je ne servirai plus, mais on me servira;
Je dormirai chez moi, sous de riches tentures;
Mes valets monteront derrière mes voitures...
J'aurai beaucoup d'amis, des vins de toute sorte,
Et mangerai les mets que maintenant j'apporte [2]. (I, 1).

---

1. Il songeait à Voltaire, comme en témoigne ce post-scriptum d'une lettre écrite à l'un de ses amis : « Tu as eu tes vers :

Si j'avais devant moi tout autre neophyte
J'abreuvais le Dieu dont l'autel me profite, etc...

C'est le même mouvement que les vers de Zopyre ».
2. Cf. les projets d'avenir que fait Hector dans le *Joueur* de Regnard, à

Les vérités prudhommesques, les naïvetés viennent sous la plume du poète, sans même qu'il s'en aperçoive, et il écrit gravement des vers comme ceux-ci :

Quand la borne est franchie, il n'est plus de limite. (*H. et A.*, III, 5).
C'est un fardeau qui pèse à celui qui le porte. (*Bourse*, I, 5).

Dès qu'un écrivain comique veut serrer de près la réalité, et peindre les mœurs de son temps, l'emploi de la poésie est dangereux pour lui.

Au XVIIe siècle, la comédie de caractères s'écrivait en vers, parce qu'elle étudiait les travers généraux de l'humanité et qu'elle portait à la scène non pas le résultat direct de l'observation, mais le travail que la pensée de l'écrivain avait fait subir à ces matériaux fournis par la vie elle-même: le poète, s'élevant de l'individu au type, détachait ses peintures sur un fond de maximes, de sentences et de réflexions morales. La comédie de mœurs, au contraire, celle que Ponsard tentait dans l'*Honneur et l'Argent*, s'accommode infiniment mieux de la prose. Aussi les comédies de Ponsard ont-elles vieilli, moins par la pauvreté de l'intrigue et la banalité de l'observation, que par la forme commune, vulgaire et traînante, qui en est le caractère distinctif.

D'une façon générale, dans l'œuvre de Ponsard, chaque fois que la pensée ne soutient pas l'expression, le style devient hésitant et faible. Les périodes poétiques y sont parfois gauchement amenées ; d'autres se déroulent avec une lourdeur et un embarras extrême;

la première scène ; on y verra combien Regnard est supérieur, en tant qu'écrivain, à Ponsard.

ici, une inversion pénible, là une ellipse peu justifiée, arrêtent le lecteur; les impropriétés y sont en si grand nombre qu'il serait fastidieux d'en dresser l'inventaire, et, ce qui est plus grave encore, souvent elles dégénèrent en incorrections. Voici, par exemple, quelques vers de *Lucrèce* qui appellent toutes les sévérités:

La maison de l'épouse est un temple sacré,
Où même le soupçon ne soit jamais entré,
Et son époux absent est une loi plus forte
Pour que toute rumeur se taise vers sa porte. (I, 1).

Les solécismes et les barbarismes se rencontrent même dans cette tragédie d'*Agnès de Méranie*, que Ponsard avait particulièrement travaillée; ils abondent dans les comédies:

J'ai l'humeur grognon, l'esprit maussade,

s'écrie un personnage du *Lion amoureux*[1].

III

Les critiques du temps s'élevèrent avec tant de force contre ces défauts, que Ponsard en vint à manquer de confiance en lui-même: « on m'a tant découragé, écrivait-il à J. Janin vers 1865, tant battu, tant moqué, et *poète bourgeois* par ci, et *notaire* par là, et *honnête rimeur*, et *pauvre diseur de choses banales*, et *style terne*, et *pensées communes*, et *phrase incolore*, etc., etc., que je tremble et doute de moi, et trouve mauvais tout ce que je fais, et le

---

[1]. Maret-Leriche a relevé bon nombre d'incorrections de Ponsard: Cf *Examen critique de la Bourse de M. F. Ponsard*, 1856.

déchire, et finis par croire que ce sont les autres qui ont raison [1] ». Quand on a entendu l'accent sincère de ce désespoir, on ne peut s'empêcher de dire qu'une certaine critique a manqué envers le poète d'égards, et même de justice, car si les prosaïsmes et les incorrections déparent souvent la langue de Ponsard, il avait pourtant reçu le don poétique.

En effet, le mérite que les critiques sérieux ont le plus unanimement reconnu à l'œuvre de Ponsard, est celui du style. J. Sandeau, qui se refusait à voir dans *Lucrèce* le « présage d'une révolution dramatique », en loue sans restriction et sans réserve le langage « trempé aux sources les plus pures, ce bel et bon langage, franc et net, sobre et ferme, ne disant que ce qu'il veut dire, le disant bien, et ne laissant jamais la pensée s'égarer en de vains détours [2] ». En effet, les développements drus, les raisonnements copieux, les tirades abondent dans sa tragédie, et *Lucrèce* ne doit pas être rangée parmi ces pièces applaudies sur la scène, pour lesquelles l'impression est un écueil; au contraire, la lecture lui fut plus favorable que la représentation.

Ces qualités précieuses d'écrivain s'affirmèrent avec éclat dans *Agnès de Méranie*, et des juges difficiles, comme G. Planche, n'hésitaient pas à reconnaître que « le style était la partie la plus recommandable du drame nouveau [3] », et que « le talent poétique de Ponsard n'était pas remis en question ». En effet, le style de la pièce avait été consciencieusement travaillé par l'auteur, et *Agnès* reste l'un des meilleurs titres

---

1. Lettre citée par J. Janin, *Journal des Débats*, 22 août 1871.
2. *Revue de Paris*, 30 avril 1843, p. 302.
3. *Revue des Deux Mondes*, 1er janvier 1847.

de gloire d'un écrivain qui, sans atteindre à la perfection souveraine des maîtres, sut parler une langue saine, forte, colorée et poétique.

Charlotte Corday marque un nouveau progrès dans la manière de Ponsard: si le style y faiblit dans les scènes d'exposition et dans la longue conversation de Barbaroux et de Charlotte qui ouvre l'acte III, en revanche, la scène des faneuses, par la douceur élégiaque et la rêverie champêtre, rappelle les meilleures pages d'André Chénier; et la délibération des triumvirs est digne de Corneille par sa vigueur et son élévation. Aussi Nisard saluait-il dans l'auteur de *Charlotte Corday*, non seulement un historien, mais encore un poète, et il lui disait de son héroïne, la « vierge terrible et charmante » : « elle a grandi depuis que vous lui avez mis au front l'auréole de la poésie durable [1] ».

Ulysse, comme nous l'avons vu, fut l'erreur d'un admirateur trop convaincu de la simplicité homérique; et pourtant les traits énergiques, les vers carrés et solides, n'y manquent pas.

Dans les comédies, le style de Ponsard est mieux qu'un pastiche de Molière, car le poète y a porté ses qualités ordinaires de netteté, de force et de sobriété; et, en outre, il a fait preuve d'une aisance, d'une souplesse, d'un enjouement, qui étaient comme la révélation d'un talent nouveau.

Les dernières œuvres de Ponsard trahissent çà et là une hâte fiévreuse, défavorable à la beauté du style ; mais, en même temps que la langue ferme et sobre du poète excelle à rendre la vigueur et l'élévation des

---

1. *Œuv. compl.*, t. I, p. 81.

pensées, sa physionomie se pare de traits nouveaux: dans le *Lion*, la passion, tantôt souriante, tantôt impétueuse, parle un langage profondément vrai; et dans *Galilée*, la muse de Ponsard se revêt de splendeurs inattendues, elle nous entraîne à travers les espaces illimités et nous fait tressaillir du frisson poétique de l'infini.

Les qualités les plus ordinaires du style de Ponsard sont la simplicité, la netteté et la force.

Sans effort, Ponsard se joue avec grâce au milieu des détails de la vie familière: ainsi la tragédie de *Lucrèce* s'ouvre par une peinture d'intérieur, souverainement calme et pénétrante; la description du bonheur d'Agnès, entre son mari et ses enfants; les scènes d'églogue ou d'intérieur qui, dans *Charlotte Corday*, s'intercalent au milieu des situations les plus dramatiques: voilà des beautés que la tragédie grecque et Shakespeare avaient connues, et que Ponsard, mieux que les romantiques, nous a rendues. Cette simplicité, Ponsard, à tort ou à raison, croyait la trouver dans Racine; en tous cas, elle a de nos jours définitivement pris sa place au théâtre; et Ponsard a fourni les premiers modèles d'une manière, que V. Hugo avait en vain cherchée, et dont, plus près de nous, M. H. de Bornier et M. Fr. Coppée devaient tirer d'heureux effets.

Quant à la netteté du style, Ponsard l'obtient par un effort continu vers la justesse de la pensée et l'exacte adaptation du mot à l'idée. Nul plus que lui n'a méprisé la périphrase, qui cache le mot propre sous un faux vernis d'élégance; nul n'a protesté avec plus de force contre le vain cliquetis des mots, où l'affectation et la bizarrerie ont plus de part que la nature et la vérité. Le style de Ponsard a des contours précis ; le poète ne doit rien à la rime, et, médiocre ou bon, son vers tâche toujours à signifier quelque chose.

Il doit aux romantiques le souci de la couleur, que la poésie dramatique du XVII⁰ et du XVIII⁰ siècle avait trop négligée ; mais les images, dont il use sobrement d'ailleurs, ne sont jamais ambitieuses et ne pèchent pas par l'incohérence. Nous ne parlons pas ici du bavardage, la plupart du temps insignifiant, qu'il met dans la bouche de ses amoureux, et où l'image tient la place du sentiment. Mais Ponsard a fait une place suffisante au lyrisme, à la rêverie, aux effusions vagues et poétiques. Ecoutez Brute peignant son avilissement :

> On dit que le lion, qui s'abreuve de sang,
> Quand il trouve en chemin un cadavre gisant,
> Après avoir flairé, d'une avide narine,
> S'il ne reste plus d'âme au fond de la poitrine,
> Repousse avec dédain le corps inanimé,
> Et, réservant pour mieux son courroux affamé,
> Cherche ailleurs une proie, où sa dent assouvie
> Sous l'ardente douleur fasse frémir la vie,
> Et déchire une chair dont le tressaillement
> Prouve qu'elle a senti chaque déchirement.
> Tarquin, le roi superbe, est le lion ; de sorte
> Qu'étant lui le lion, je suis la bête morte,
> Et que Tarquin-lion, quand il m'eut bien tourné,
> Ne trouvant nulle part une âme, a pardonné (I, 3).

Ailleurs, c'est un thème archéologique que Ponsard développe pour lui-même sans qu'il serve à l'action (*id.*, II, 4) ; dans *Agnès*, la peinture de l'interdit (II, 1), le monologue du moine (III, 1), sont des morceaux qui épanchent magnifiquement un flot de poésie. *Charlotte Corday*, le *Lion*, *Galilée*, offrent un grand nombre de ces développements poétiques, dans lesquels l'image donne à l'idée plus de relief, et la détache sur le tissu plus sévère de la composition.

C'est l'énergie et la force, qui donnent au style de Ponsard le plus d'originalité. Sans doute, on s'est plu à reconnaître dans son œuvre des accents cornéliens; mais c'est le diminuer que d'attribuer à l'imitation, si réussie qu'elle soit, la qualité la plus haute d'un écrivain, qui a trouvé en lui-même le secret de la grandeur; la fierté et la virilité du style conviennent en effet à la hauteur de cette âme, pleine de sentiments généreux et capable de tous les élans [1].

Ajoutez enfin que jamais écrivain ne fut plus docile à la critique, et ne s'inclina plus complaisamment devant les observations qui lui paraissaient justes. Ainsi Ch. Magnin, ayant signalé plusieurs incorrections dans *Lucrèce*, Ponsard les fit disparaître, quand il édita ses *Œuvres complètes*. Lorsque parut *Agnès de Méranie*, les amis du poète s'empressèrent

1. La douceur et la grâce n'ont pas manqué à Ponsard; bien que nous nous occupions surtout de son théâtre, on nous permettra de citer ici le joli sonnet qui sert de préface au *Cahier bleu du poète* (*Petite Revue Interartistique*, 6 juin 1897):

Prenez ces vers, madame, ainsi qu'un souvenir.
Je vous eus bien souvent présente à ma pensée;
Souvent, quand j'écrivais, ma phrase commencée
Rencontra votre image et ne put se finir.

Cette image, je vous désormais la feuair,
Car toujours, quand j'aimai, ce fut chose insensée;
Le bonheur, ici-bas, c'est une fine glacée.
Mais prenez ces adieux pour que, dans l'avenir,

Lorsque vous atteindrez le bout de la carrière,
Vieillie et regardant longuement en arrière,
Quand vous n'entendrez plus le langage d'amour,

Vous puissiez retrouver dans ces feuilles fanées
Un peu du doux parfum de vos jeunes années,
Et dire : Je fus belle et bien aimée un jour.

de lui signaler nombre de fautes de style: Dufaï fut au premier rang de ces juges bienveillants, et la plupart de ses conseils déterminèrent dans le texte définitif d'heureuses corrections [1]. Le succès de l'*Honneur et l'Argent* fut tel que Ponsard se crut le droit de fermer l'oreille aux observations; quant à la *Bourse*, composée très vite, elle appartient à une période, où le poète n'avait pas le loisir, ni même le goût de revenir sur ses œuvres antérieures. Nul doute, au contraire, que Ponsard n'eût soumis le *Lion* et *Galilée* à une révision sérieuse, si la mort ne l'en eût empêché. On peut regretter qu'il n'ait pas exercé sur l'ensemble de son œuvre le même contrôle que sur les tragédies de début; le lecteur serait moins souvent arrêté par ces imperfections trop nombreuses, dont nous avons parlé, et il aurait mérité plus complètement cet éloge que faisait de lui, au lendemain du *Lion*, Ed. Fournier: « Ponsard n'a pas, une seule fois, sacrifié à ce qui sent la complaisance littéraire, la hâte, la marchandise, le rabais. Il est resté fidèle à l'art improductif et difficile... C'est un incorrigible de la haute et pure littérature, un entêté du beau langage, un impénitent des hautes œuvres [2] ».

Tel qu'il est pourtant, on peut affirmer qu'il est un poète. Il avait l'instinct du rythme, et il était sensible

---

[1]. Ainsi l'on chercherait vainement dans le texte des *Œuv. compl.* quelques-uns des tours vicieux, dont Dufaï dressait la liste (page 67). — Ponsard ne s'est cependant pas toujours rendu aux observations de son admirateur, et il a maintenu ces deux prétendus solécismes signalés par Dufaï:

Du haut de sa ruine, elle écoute, isolée,
L'écho retentissant de sa grandeur croulée. *(III, 3).*

C'est donc fait! pour croître encor mon supplice,
De tout ce que je perds je sens mieux le délice. *(III, 7).*

[2]. Feuilleton de la *Patrie*, 22 janvier 1866.

au charme qui réside dans certaines consonances. Parle-t-il de Baour-Lormian, ce poète « au vers plein, sonore et mélodieux », il écrit ces lignes, qui sont la révélation d'une nature poétique: « la poésie, qui doit parler au cœur et à l'intelligence, est faite aussi pour enchanter l'oreille. Il y a dans la mélodie de certains mots heureusement disposés un charme indéfinissable, comme dans certains bruits de la nature; et si le frémissement des peupliers et le murmure d'une cascade lointaine éveillent en nous des rêveries poétiques, il est poète aussi celui qui a le secret de la cadence et du nombre [1] ». A. de Vigny, cet artiste amoureux de la forme, ce divin évocateur de la mélodie des mots, ne croyait pas s'abaisser, en invitant Ponsard à venir « parler avec lui de ces mystères de la poésie connus des seuls initiés ».

Assurément l'harmonie est quelquefois négligée dans les vers de Ponsard [2]; on pourrait même y découvrir des hiatus [3], des rimes transgressant les règles de la prosodie [4]; mais ces taches légères qu'une révision scrupuleuse eût fait facilement disparaître, ne doivent pas nous cacher le talent poétique de

---

1. Disc. de récept., p. 12.
2. Cf. la Bourse (I, 1):

...ce ton, ce naturel exquis,
Qui ne s'acquièrent pas, mais les secrets acquis.

Cf. Agnès (I, 2): « pourtant je m'en afflige, en m'en émerveillant »; etc.
3. « Peu à peu — oui, oui — ah! oui — eh! assez, etc... »
4. Ponsard admet la rime du simple avec le composé: lustre et illustre (Bourse, I, 5), chambre et antichambre (id., V, 1); des composés d'une même racine: comprendre et surprendre (Lucr., I, 3); des brèves et des longues: hausse et négoce (Bourse, I, 1), cajole et épaule (Lion), compatriote et hôte, (id.), etc. Il juge la rime pour l'œil suffisante, alors que la prononciation des mots est différente: Camille, dans la Bourse, rime avec docile, mille, ville, etc.

Ponsard. Il a su se servir des libertés que A. Chénier avait restituées à l'alexandrin, et que V. Hugo avait déjà transportées dans le drame: par exemple, les césures mobiles et les enjambements abondent dans *Lucrèce* [1]: Ponsard a su varier son vers et s'approprier la souplesse de tour, et la facilité, tantôt simple, tantôt savante, dont Hugo avait donné le modèle avant lui. Si ses rimes sont parfois défectueuses, en revanche certains passages trahissent la préoccupation de la rime riche, et sont des modèles de versification. Nous n'en citerons qu'un seul exemple emprunté à *Lucrèce*, c'est une tirade de Sextus!

Voici comment nous vint, Lucrèce, cette idée :
Depuis un an, bientôt, nous assiégeons Ardée ;
Et n'avons rien à faire en nos retranchements,
Qu'à bloquer l'ennemi, qu'on prive d'aliments.
Or, se croiser les bras dans une palissade,
Pendant tout un hiver est chose fort maussade.
Donc, pour tromper l'ennui, nous étions en festin,
Mes frères que voici, moi, Brute et Collatin,
Et nous passions le temps à puiser dans les cruches
Les meilleurs vins sabins, mêlés au miel des ruches. (I, 2).

Il fut de mode, au temps des rivalités ardentes, de médire de la poésie de Ponsard; mais ces préventions ne doivent pas tenir devant l'évidence. Un jour, V. Hugo plaça Ponsard en compagnie de poètes

---

[1]. En voici quelques-uns :

...nous assissis
Avait fui, me laissant un poignard dans le sein. (IV, 1).

Je serai roi, vous dis-je, et vous, Lucrèce, vous
Reine. — Je serai, moi, fidèle à mon époux (IV, 3).

et enfin cette coupe peu justifiée :

...ô puissant

Jupiter (V, 3).

illustres: « Racine, dit-il, est un poëte bourgeois. Il répond à un besoin : le besoin de la poésie bourgeoise. Les bourgeois veulent avoir leur poëte, leur bon petit poëte sage et médiocre, qui ne les dépasse pas trop, et leur présente un ordre de beauté moyenne, où leur intelligence soit à son aise : Racine est ce poëte par excellence. La famille des poëtes bourgeois commence à Racine et finit à Emile Augier en passant par Casimir Delavigne et Ponsard [1]». Ce témoignage, dans lequel V. Hugo mettait un mépris fort peu déguisé, aurait amplement satisfait Ponsard, et il suffit à sa gloire. Que son nom ne brille pas dans la pléiade poétique de ce siècle, nul ne songe à s'en étonner, et nul ne réclame pour lui l'honneur d'être mis au même rang que V. Hugo, Lamartine ou Vigny. Sa place est au-dessous de ces incomparables poëtes. Mais si le génie lyrique, avec ses élans et parfois ses étrangetés, lui fut refusé, du moins il porta sur la scène les qualités d'un style ferme, robuste et éclatant, dans la mesure où il peut s'allier aux nécessités dramatiques, et ne pas détourner vers lui un intérêt qui doit aller avant tout vers la marche de l'action et la peinture des caractères.

1. Conversation de V. Hugo, rapportée par P. Stapfer, dans *Racine et V. Hugo*, 2ᵉ éd t.., p.5, et citée déjà dans les *Artistes Jugés et Parties* (1874).

LIVRE III

Influence de Ponsard sur le Théâtre Français

CHAPITRE I

LA RÉACTION CONTRE LE ROMANTISME : SES CAUSES GÉNÉRALES

I. — Renaissance spiritualiste au XIXᵉ siècle. — Idéal des romantiques: « poétiser le siècle »; leur mépris pour l'argent, pour la politique, pour le bourgeois.
II. — La bourgeoisie toute puissante sous la monarchie de Juillet. — La politique du « juste-milieu » est surtout une politique d'affaires. — Développement de la prospérité du pays. — L'idéal bourgeois en littérature.
III. — Retour à la tradition dans la peinture et dans la sculpture. — Réaction générale contre le romantisme. — Naissance du « naturalisme ».

I

« La littérature est l'expression de la société », a dit de Bonald. Cette formule, dont on ne saurait contester la vérité, bien qu'elle ne fasse pas sa part à l'influence que les lettres à leur tour exercent sur les mœurs, jouit d'une très grande faveur en France, de 1820 à 1830. La fameuse définition que Stendhal a donnée du romantisme en est inspirée directement; tous les critiques novateurs, ceux du *Globe*, l'auteur anonyme de l'*Essai sur la littérature romantique* (1825), se l'approprient, et en font leur principal argument, pour démontrer que la France de la Restauration ne ressemblant pas à celle de 1780, doit avoir une littérature nouvelle.

Le caractère général de la société, au début du XIXe siècle, fut la renaissance du spiritualisme. Cette victoire de l'esprit sur la matière, passant de l'ordre métaphysique et social dans l'ordre littéraire, prépara l'éclosion d'une poésie plus élevée, plus idéale que celle des élégiaques de l'âge précédent, disciples de Dorat ou de Parny. V. Hugo ne s'est pas trompé sur les ancêtres véritables du romantisme; il écrit dans la préface de *Littérature et philosophie mêlées* : « la philosophie du XVIIIe siècle n'est pas moins hostile à la poésie qu'à la religion..... au XIXe siècle un changement s'est fait dans les idées à la suite du changement qui s'était fait dans les choses. Les esprits ont déserté cet aride sol voltairien, sur lequel le soc de l'art s'ébréchait depuis si long-temps pour de maigres moissons. Au vent philosophique a succédé un souffle religieux..... Il est apparu des hommes doués de la faculté de créer et ayant tous les instincts mystérieux qui tracent son itinéraire au génie... L'art qui, depuis cent ans, n'était plus en France qu'une littérature, est redevenu une poésie [1] ».

Jamais en effet la poésie ne connut d'adeptes plus fervents que les Romantiques. C'est en vain que

---

1. Éd.t. Hachette (1854), t. I, p. 17.

Stendhal, dont la pensée ne s'était pas encore suffisamment dégagée de l'influence du XVIIIe siècle, avait essayé de pousser l'art nouveau dans les voies de la prose; la semence poétique, que les grandes secousses de la Révolution et de l'Empire avaient déposée au fond des imaginations, leva tout à coup, et produisit une magnifique floraison de rythmes et d'images. Les poètes associèrent les peintres à leur enthousiasme, et ces deux groupes d'artistes, unis par la fraternité du beau, s'abandonnèrent à l'enivrement des formes et des couleurs. Ils aimèrent l'art d'un amour exclusif; et, comme leurs aînés de 1792, qui brûlaient de la passion généreuse de briser les chaînes des peuples, les romantiques firent le rêve d'émanciper les hommes du joug des besoins et des soucis matériels. Aucune tâche ne leur parut plus séduisante que celle de « poétiser » le siècle, et Philothée O'Neddy chantait:

> Est-ce qu'épris enfin d'un plus sublime amour,
> L'homme régénéré ne criera pas un jour:
> Devant l'art-Dieu que tout pouvoir s'anéantisse;
> Le poète s'en vient; place pour sa justice ! [1]

Dans leur exaltation poétique, prenant pour une supériorité ce qui n'était peut-être que le sentiment de leur inaptitude aux affaires, ils professaient pour l'argent un fier mépris: « Je ne crois pas, disait Pétrus Borel, qu'on puisse devenir riche à moins d'être féroce; un homme sensible n'amassera jamais. Pour s'enrichir, il faut avoir une seule idée, une

---

[1]. *Feu et Flamme*, 1re nuit, — cité par Ch. Asselineau: *Bibliographie romantique*, p. 202.

pensée fixe, dure, immuable, le désir de faire un gros tas d'or... et quand cette montagne d'or est faite, on peut monter dessus, et, du haut du sommet, le sourire à la bouche, contempler la vallée de misérables qu'on a faits[1] ».

Ils n'avaient pas assez de sarcasmes contre la politique, qu'ils abandonnaient aux intelligences médiocres; ce n'est pas sous le drapeau du parlementarisme ou de la liberté qu'ils marchaient à la conquête du siècle; les « doctrinaires » de la Restauration attiraient aussi peu leurs sympathies que les « libéraux »; l'art était leur unique croyance:

> Seule, la poésie, incarnée en Hugo,
> Ne nous a pas déçus, et de palmes divines,
> Vers l'avenir tournée, ombrage nos ruines[2].

Aussi quel dédain ils avaient voué à ceux de leurs contemporains, qui se laissaient absorber par le problème politique et social, ou qui, moins ambitieux, confinaient leur activité dans le soin de leurs intérêts matériels! Pour désigner l'ἄμουσος ἀνήρ, ils avaient emprunté à l'Allemagne un terme de mépris: le *Philistin*, c'est ainsi qu'ils appelaient le bourgeois, qu'un idéal esthétique ne tourmentait pas: « Le bourgeois, dit Th. Gautier, c'était à peu près tout le monde; les banquiers, les agents de change, les notaires, les négociants, les gens de boutique et autres, quiconque ne faisait pas partie du mystérieux cénacle et gagnait prosaïquement sa vie[3] ». Pour

---

1. Préface de *Champavert*, p. 25, éd t. Pendüel, 1833.
2. Th. Gautier: *Poésies complètes*, édit. Charpentier, 1890, t. I, p. 105 (sonnet VII dans les *Poésies*, 1830-1832).
3. *Histoire du Romantisme*, p. 135. — cf. Asselineau. op. cit., p. 310.

n'avoir rien de commun avec des hommes aussi vulgaires, ils s'en distinguèrent par les excentricités du costume, s'habillant de manteaux drapés à l'espagnole, de gilets rouges en forme de pourpoint, portant sur la tête le feutre plat à larges bords, ou le couvre-chef en cuir bouilli des *Bousingots*. En haine des vertus bourgeoises, ils se livraient à des orgies, dont Philothée O'Neddy et Th. Gautier nous ont livré la description, plus littéraire que véridique [1]. Convaincus que le bon sens est un attribut bourgeois, ils s'enchantèrent de toutes les folies de leur imagination. P. Borel, Gérard de Nerval, Lassailly, comme si leur cerveau eût été intoxiqué par une trop forte dose de parfum poétique, écrivirent de véritables rêves d'halluciné; ces enfants perdus du romantisme poussèrent à leurs dernières limites les principes de l'école à laquelle ils appartenaient, et n'en firent que mieux prévoir la destinée éphémère [2].

Dans ce duel entre l'esprit poétique et l'esprit

---

1. Cf. Th. Gautier, *les Jeune-France*, et Ph. O'Neddy (Théophile Dondey), *Feu et flamme*; celui-ci écrivait :

Et jusques au matin les damnés Jeune-France
Nagèrent dans un flot d'indicible démence,
Échangeant leurs poignards, promettant de percer
L'abdomen des chiffreurs, jurant de dépenser
Leur bave à guerroyer contre le siècle stérile.

Cité par Asselineau, id. p. 216.

2. M. J. Claretie, dans son étude sur *Petrus Borel, le Lycanthrope* (1865), vient de citer quelques-unes de leurs excentricités, et il ajoute : « le tout pour rire, n'en doutez pas, et pour le plaisir d'arriver premier dans ce steeple-chase à l'originalité, qu'on avait alors affiché dans ce nouveau cénacle. Ils étaient là, tous, en effet, un groupe ardent, bouillant, spirituel ; enragés de nouveautés, de curiosité, de couleur et de rimes riches, enfiévrés de rénovation, de formules non vieillies, de phrases non clichées. Affiliés à la Marianne romantique, ils avaient juré haine et malheur à cette société de bourgeois, à cet art de philistins, à cette littérature de gens enrhumés », p. 28.

bourgeois, celui-ci l'emporta. Dès 1833, Sainte-Beuve notait les premiers symptômes de l'effondrement de l'idéal romantique; il écrivait: les « naïves chimères de la tentative de Poétisation du siècle, ne sont séduisantes qu'une fois. Il y a mieux à faire : vivre, puisqu'il le faut, de la vie de tous, subir les hasards, les nécessités du grand chemin, recueillir les enseignements qui s'offrent, y fournir au besoin sa tâche de pionnier; puis, se dédoubler soi-même, et dans une part plus sereine, réserver ce qui ne doit pas tarir, l'employer, l'entretenir, s'il se peut, à l'amour, à la religion, à la poésie [1] ».

II

Jetons un coup d'œil sur la société française, aux environs de 1840, et nous comprendrons pourquoi le romantisme fut impuissant à refaire le monde selon son idéal de poésie et d'art.

L'établissement de la Monarchie de Juillet avait marqué le triomphe de la bourgeoisie; au lendemain du régime impérial, comme l'aristocratie, décimée par la Révolution, avait été chassée par elle des sphères du gouvernement, et que le peuple n'était pas encore arrivé à la vie politique, seule la bourgeoisie fut en mesure d'exercer le pouvoir. Sous la Restauration, la royauté essaya en vain de reprendre sur elle quelques-unes des prérogatives qu'elle lui avait octroyées par la charte; la Révolution de Juillet vint ruiner ces projets d'absolutisme. C'est ainsi que la monarchie cons-

---

1. Article sur M⁻ᵐᵉ Desbordes-Valmore (1833), *Portr. contemp.* t. II, p. 97 (édit. de 1870).

titutionnelle de Louis-Philippe amène au premier plan de la scène politique cette classe moyenne, pour laquelle en définitive la Révolution de 1830 semble avoir été faite.

L'origine de cette monarchie nous explique l'esprit nouveau qui dirigea sa politique. Au nom de quel droit supérieur la bourgeoisie avait-elle appelé au pouvoir le duc d'Orléans? Est-ce au nom d'une tradition religieuse, qu'il fût nécessaire de restaurer pour arrêter la corruption du pays? Mais la bourgeoisie était indifférente en matière de religion, pour ne pas dire hostile; car l'influence de Voltaire, un moment combattue par Chateaubriand, dominait les esprits des classes moyennes; et nul mieux que Louis-Philippe ne représentait cette tradition du dernier siècle, un rationalisme tolérant. Avait-on, pour choisir Louis-Philippe, invoqué le droit divin? Non, car selon les paroles de Dupin, « ce n'est pas *parce que* Bourbon, mais *quoique* Bourbon, qu'il arrivait au trône ». La bourgeoisie s'était imposée du seul droit de sa richesse et de l'influence politique qu'elle devait au cens électoral; au monarque de son choix, elle confiait la défense de ses prérogatives et de son argent.

Donc ce gouvernement était un fait; aussi les faits vont-ils diriger sa conduite : il ne suivit pas une politique de principes, mais une politique d'intérêts.

Le maintien de l'ordre, tel fut, en somme, la « pensée du règne »; le parti avancé, déçu dans ses espérances, se souleva à diverses reprises, en 1832, en 1834, en 1839; ces tentatives furent sévèrement réprimées, et les intérêts matériels n'eurent plus à s'alarmer des convoitises de la démocratie.

De même, pour que la prospérité nationale continuât à s'accroître, Louis-Philippe maintint la paix à tout prix: il fit à la paix des sacrifices qui humilièrent notre amour-propre. En 1844 surtout, dans l'affaire Pritchard, la faiblesse du Ministère Guizot fut flétrie par l'opinion: « Heureux pays! heureux roi! heureuse France! s'écriait A. Karr. Voici la paix assurée! Honneur au Ministre qui procure à son pays tous les avantages — et qui prend sur lui la honte de certaines concessions! — Décius ne s'était que jeté dans un gouffre!.... Il n'a pas écouté ceux qui disaient: « La guerre est un grand malheur et une grande sottise; — mais le pays a son honneur,— et le pays préfère la guerre à une lâcheté ». Ce grand citoyen a dit: « Je prends la lâcheté sur moi, et le pays aura la paix [1] ».

Le gouvernement représentatif usait sa force à lutter contre les évènements de chaque jour; guidé par le seul empirisme, il ne travailla pas en vue d'un idéal supérieur; comme l'a dit A. Bardoux: « Qu'étaient par dessus tout les bourgeois au pouvoir? D'incomparables hommes d'affaires. Leur esprit étendu, mais positif, ardent, mais pratique, remplaçait l'imagination inventive par l'élévation des facultés usuelles, portées à leur plus haute puissance. Les faits exerçaient un empire prédominant sur leur intelligence; et leur bon sens, supérieur quand il s'agissait des réalités tangibles, maîtrisait tout en eux, aussi bien les théories que l'enthousiasme [2]. »

Cette atonie de la vie politique laissait le champ

---

1. *Les Guêpes*, novembre 1844.
2. *La Bourgeoisie française 1789-1848*, p. 309.

libre à la soif d'argent qui dévorait la classe bourgeoise. Celle-ci en effet se révéla très habile au commerce, et jamais la fortune publique n'avait encore, en notre pays, reçu un développement aussi considérable. L'ère des chemins de fer s'ouvrait: l'État ne s'étant pas chargé de leur exploitation, une foule de sociétés particulières furent fondées, et l'agiotage retrouva les beaux jours de la rue Quincampoix. La fièvre de la spéculation gagna les esprits les plus modérés; les progrès des sciences exactes, les découvertes de toutes sortes, les circonstances économiques avaient préparé un magnifique épanouissement de l'industrie. L'exemple venait de haut à cette bourgeoisie : le roi lui-même montrait un appétit insatiable d'argent, et ce n'est pas oublier les services rendus à la France par la monarchie de Juillet, que d'accuser Louis-Philippe d'avoir, sur ce point, aidé à la corruption des mœurs françaises. Sainte-Beuve, observateur désintéressé, le constate en ces termes, à propos d'une note insérée au *Moniteur* en 1844: « Le roi Louis-Philippe, non content de ses millions, en redemande d'autres et raconte ses secrets de ménage, ses gênes domestiques. L'impression qu'une pareille absence de dignité et d'élévation produit en France, même sur les amis du trône, est au-delà de tout; il y a là une méconnaissance complète de l'esprit national, un oubli singulier du dégoût que l'on cause. C'est le cas d'appliquer un mot énergique de M. Royer-Collard: l'abaissement éclate de toutes parts, à commencer par la tête ! »

1. *Chroniques parisiennes*, 6 juillet 1844. — Quelques années auparavant, H. Heine, protestant de son admiration pour la tragédie française de

Loin de nous la pensée de condamner l'activité industrielle de la France de 1840; nous qui avons vu toute l'ampleur de ce mouvement, nous ne pouvons considérer ses origines qu'avec sympathie. Avouons pourtant que cette exhortation donnée du haut de la tribune du Parlement aux bourgeois de 1830 : « Enrichissez-vous ! » ne pouvait porter ses fruits, sans que l'esprit de la nation fût modifié. Toutes les forces vives du pays s'orientèrent vers un idéal mesquin de prospérité matérielle; l'argent, le plus grand des corrupteurs, quand il n'est convoité que pour lui-même, devint la préoccupation principale de la classe dirigeante. Ces ardeurs de générosité, ces envolées chevaleresques, ces folies de désintéressement, qui favorisent la conception d'un haut idéal poétique, paraissaient d'un autre âge aux bourgeois de 1840 [1]; de même que l'ère semblait passée des grandes luttes pour une idée, des sacrifices féconds offerts à une cause supérieure, de même la faculté poétique en France fut comme paralysée. Le culte de l'art chez un peuple va de pair avec sa dignité morale.

De bonne heure, Alfred de Vigny avait jeté un cri d'alarme: alors que la France n'était encore qu'au début de l'ère industrielle, le poëte avait protesté contre

---

Corneille et de Racine, ajoutait qu'elle avait fait son temps, parce que le parterre n'avait plus de sympathie pour ses héros : « la vieille aristocratie est morte, disait-il; Napoléon est mort aussi, et le trône n'est plus qu'un fauteuil de bois recouvert de velours rouge, et maintenant règnent la bourgeoisie et les héros de Paul de Kock ». *De la France*, p. 292, édit. Lévy (1856), dans la 6ᵉ des lettres adressées à M. A. Lewald (1834).

1. Ponsard dans son feuilleton sur la *Dame aux Camélias*, écrivait: « La littérature n'est pas en grande faveur auprès de la bourgeoisie, et on a beau la déguiser sous le nom ingénieux de commerce des lettres, cette espèce de commerce n'a jamais été aussi considérée que les autres »: *Œuvr. compl.*, t. III, p. 361.

le matérialisme des chiffres et de l'argent, qui commençait à corrompre les cœurs. Son *Chatterton* dénonçait l'indifférence d'une société positive, tournée vers le gain, et montrait la poésie tuée par les travaux exacts [1]. Avec cette hauteur dédaigneuse dont il avait le secret, Vigny faisait dire à son héros : « les hommes d'imagination sont éternellement crucifiés, le sarcasme et la misère sont les clous de leur croix » (acte III, sc. 2).

Sous le règne de l'esprit bourgeois éclata, avec une évidence singulière, la vérité de cette affirmation. Veut-on mesurer le chemin parcouru par la pensée française entre 1835, date de la première représentation de *Chatterton*, et 1857, date de la reprise de cette pièce? Th. Gautier, témoin de la triomphante apparition de *Chatterton* sur la scène, écrivait, vingt-deux ans plus tard : « John Bell, l'exact, le positif, le juste selon la loi, avec ses raisonnements pratiques, et à peu près irréfutables, excitait autrefois une répulsion violente... maintenant il semble le seul personnage raisonnable de la pièce... Kitty Bell aime chastement un jeune homme qui n'a pas un penny, ne fait que des vers et se promène en gesticulant ou en déclamant, maigre sous son habit noir râpé. Aucune femme ne la comprend et les jeunes filles mêmes la trouvent absurde [2] ». En 1835, Vigny signalait le péril couru par l'intelligence dans une société qui commençait à perdre de vue l'idéal; en 1857, l'évolution était

---

[1]. « Jamais, disait Chatterton, je ne pus enchaîner dans des canaux étroits et réguliers les débordements tumultueux de mon esprit, qui, toujours, inondait ses rives malgré moi. J'étais incapable de suivre les lentes opérations des calculs journaliers, j'y renonçai le premier »; acte I, sc. 5.

[2]. Article du *Moniteur*, 14 décembre 1857, reproduit dans l'*Hist. du Rom.*, p. 157.

accomplie, et l'on ne comprenait plus les hautes préoccupations artistiques dont la pensée de Vigny était hantée, et volontiers, quand Chatterton, glorifiant le rôle du poëte s'écriait: « Je lis dans les astres la route que nous montre le doigt du Seigneur », on lui eût répondu, avec le lord-maire: « Imagination, mon cher! ou folie, c'est la même chose; vous n'êtes bon à rien [1] ».

Quelle littérature allait se donner une société où triomphaient, suivant l'expression de H. Heine, « les étroites et froides idées boutiquières »? Le journal avec lequel la bourgeoisie se solidarisa fut le *Constitutionnel*: celui-ci défendit le *juste-milieu* en littérature comme il le faisait en politique. Il faut voir quelles épithètes les caricaturistes de l'époque ont lancées contre la feuille ministérielle: *bourgeois, épicier, crétin, idiot, gâteux*, c'est ainsi que Daumier, Traviès ou Henry Monnier qualifiaient couramment l'infortuné journal, célèbre par l'emphase vulgaire de ses métaphores, « l'horizon politique se rembrunit », ou: « le char de l'État est arrêté par le débordement de toutes les passions [2] ».

1. Acte III, sc. 6. — Juge-t-on suspect le témoignage de deux poëtes romantiques: Vigny et Gautier? Ponsard lui-même va nous renseigner sur le matérialisme de la société bourgeoise: dans son poëme d'*Homère*, le vieux poëte demande l'hospitalité aux habitants de Cumes; le juge Œgyptius vient de prononcer en sa faveur un chaud plaidoyer, quand se lève Mastor, « habile marchand », « ardent à s'enrichir », le frère des bourgeois de 1850, et qui condamne la poésie en ces termes:

—Je ne sais à quoi la poésie est bonne,
Mais jamais les chansons n'ont enrichi personne;...
Vous serez, vous dit-on, immortels dans son livre;
Avant d'être immortel, il importe de vivre,
Et l'immortalité semble une triste fin,
Quand, pour y parvenir, il faut mourir de faim. (Chant IV).

2. Cf. Champfleury, *Histoire de la caricature moderne*, p. 90. — Sur le

La vogue du roman-feuilleton, que les journaux les plus sérieux contribuèrent à développer, nous renseigne sur le niveau intellectuel d'une classe, à laquelle des écrivains médiocres ou des improvisateurs jetaient en pâture une marchandise aux effets habilement calculés, à la corruption savamment dosée. Les aventures de la *Goualeuse* ou du *Chourineur*, deux héros d'Eugène Sue, voilà l'engouement qui, sous la monarchie de Juillet, avait remplacé les passions généreuses dont les cœurs s'enflammaient sous le premier Empire, pour les victoires de nos armées, sous la Restauration, pour la charte et pour la liberté [1].

Chaque jour le fossé se creusait plus profond entre la bourgeoisie et les artistes. Parmi ceux-ci en effet, il devint bien vite de mode de railler cette bourgeoisie souveraine. Pendant que Balzac peignait les bourgeois contemporains dans *César Birotteau* et dans la *Cousine Bette*, et avant que G. Flaubert eût immortalisé Bouvard et Pécuchet, les caricaturistes et les humoristes de la monarchie de Juillet avaient mis en relief les ridicules de Robert Macaire, de Joseph Prudhomme et de Jérôme Paturot. Daumier éleva à la hauteur d'un symbole ce personnage de Robert Macaire, que Frédérick-Lemaître venait d'illustrer sur la scène, et, sous ce nom, il flétrit la poursuite des intérêts matériels, l'appétit d'argent et les filouteries sans nombre, nées

---

Constitutionnel, voir: Véron: *Mém. d'un bourgeois de Paris*, t. III; Hatin, *Hist. de la Presse*, t. VIII, passim.

1. « Un matin, le ministre, M. Duchâtel entrait précipitamment dans le cabinet de ses attachés, avec un air qui semblait annoncer un gros événement politique : Eh bien, dit-il, vous savez ! La Louve est morte ! La Louve était une des héroïnes des *Mystères de Paris* »: Thureau-Dangin: *Hist. de la monarchie de Juillet*, t. VI, p. 75. — Cf. E. Legouvé, *Soixante ans de souvenirs*, première partie, p. 237.

de la spéculation. Henry Monnier mit vingt ans pour esquisser et conduire à la perfection son Joseph Prudhomme, type du bourgeois emphatique, vulgaire et mesquin [1].

Les caricaturistes ont-ils été injustes dans leur haine contre les classes dirigeantes? Le duc d'Orléans, fils aîné de Louis-Philippe, dont la fin tragique fut un malheur pour le pays et surtout pour la dynastie régnante, avait, de bonne heure, jugé la bourgeoisie à sa valeur: « je suis de ceux, écrivait-il en 1835, pour qui la révolution de Juillet n'a pas produit tout ce qu'ils en avaient attendu, fort à tort sans doute; et quand, après cinq ans, la fumée qui nous entourait s'est peu à peu dissipée, que chacun a quitté son masque et que j'ai vu clair, alors j'ai été profondément pénétré de dégoût. On s'attache à briser cet élan qu'avait la nation ; les idées les plus mesquines et les plus étroites ont seules accès dans la tête de nos législateurs. La classe que la révolution a élevée au pouvoir fait comme les castes qui triomphent: elle s'isole en s'épurant et s'amollit par le succès... Chaque victoire remportée depuis quelque temps par les hommes qui sont au pouvoir, leur ôte de la considération, et le peu qui leur reste sera bientôt dépensé [2] ». La révolution de 1848 devait justifier ces pressentiments d'une haute intelligence. En vain, la monarchie de Juillet donnait à la France dix-huit années de prospérité matérielle: elle oublia, suivant l'expression de M. E.-M. de Vogüé, que les « hommes

---

1. Cf. *Grandeur et décadence de M. Joseph Prudhomme*, comédie en 5 actes, jouée à l'Odéon le 23 novembre 1852; les *Mémoires de M. Joseph Prudhomme* (1857). — Sur les caricaturistes de ce temps, voir Champfleury, livre cité.
2. *Lettres du duc d'Orléans (1825-1842)*, publiées en 1889, p. 169.

ont d'autres besoins, besoins d'idées, d'imagination, de sentiment [1] »; et c'est pourquoi en politique comme en littérature, elle abaissa le niveau intellectuel de la nation.

Dans l'ordre spéculatif, le spiritualisme passionné des romantiques, auquel l'éclectisme avait essayé de donner une assise philosophique, commençait à se sentir ébranlé. Une doctrine nouvelle, le Positivisme, allait s'emparer des positions mal défendues par la pensée vague et indécise de Victor Cousin, le représentant éloquent du spiritualisme. On fermait l'oreille aux séductions de la rêverie métaphysique; on ne ne voulait plus étudier dans l'univers que des faits et les relations de ces faits entre eux. Avant que l'influence de la pensée d'Auguste Comte eût pénétré au sein des masses, déjà le Saint-Simonisme et le Fouriérisme avaient préparé les esprits à cette platitude d'un idéal, fait avant tout de bien-être matériel et de jouissance égoïste; les précurseurs du socialisme, eux aussi, avaient dédaigneusement signalé la frivolité de l'art: « Nous avons eu souvent, écrivait un anonyme dans la *Revue Encyclopédique*, l'occasion de nous élever contre les vaines et dangereuses idées répandues dans ces dernières années au sujet de la poésie; nous nous sommes plaints de l'immoralité de cet art sans but et de l'absurdité de cette idolâtrie exclusive de la forme [2] ».

Comme pour donner raison à ce blasphémateur de la poésie, les grands poètes de la Restauration abais-

---

1. *Un historien de la monarchie de juillet*, article de la *Revue des Deux-Mondes*, 15 juin 1892.
2. Article de la *Revue Encyclopédique*, signé T..., et portant la date d'août 1833, cité par Ch. Asselineau: *Bibliot. romant.*; p. 304.

saient leur idéalisme au niveau des ambitions politiques. Lamartine, le premier, avait commis cette apostasie; et V. Hugo faisait toutes sortes d'avances au pouvoir, pour en obtenir la pairie. De leurs bouillants disciples, les uns, comme Gérard de Nerval et Lassailly, s'étaient réfugiés dans la mort; les autres s'étaient résignés au fonctionnarisme, comme Pétrus Borel, qui accepta une place d'inspecteur de la colonisation à Mostaganem; d'autres enfin s'étaient isolés comme A. de Vigny, ou, comme Th. Gautier, restaient debouts, tristes et mélancoliques, vivant dans le regret d'un passé mort :

Mes vers sont les tombeaux tout brodés de sculptures;
Ils cachent un cadavre, et sous leurs fioritures
Ils pleurent bien souvent en paraissant chanter.

Chacun est le cercueil d'une illusion morte;
J'enterre là les corps que la houle m'apporte
Quand un de mes vaisseaux a sombré dans la mer;

Beaux rêves avortés, ambitions déçues,
Souterraines ardeurs, passions sans issues,
Tout ce que l'existence a d'intime et d'amer [1].

III

La poésie ne fut pas seule à subir le contre-coup de ces transformations sociales; en effet le mouvement de recul du romantisme se dessine dans tous les arts. La peinture, que les romantiques avaient tant aimée, et qui, comme nous l'avons dit, contribua puissamment à la réforme littéraire, revient, sous la monarchie

---

1. *La comédie de la mort*, pièce intitulée : *Portail*.

de Juillet, à la tradition, c'est-à-dire à l'imitation et à l'étude de l'antique. Vers 1820, pendant que les réformateurs accusaient la tragédie d'avoir tué la poésie en France, les peintres novateurs se révoltaient contre la dictature exercée depuis trente ans par David et accablaient de leurs railleries le système de cet artiste, « qu'ils appelaient *classique*, mot qui alors, et dans l'opinion des romantiques, ne voulait dire autre chose que faux, usé et hors de la sphère des idées reçues [1] ». Le salon de 1824 avait mis aux prises les deux écoles, celle qui se réclamait de David et celle qui voulait secouer le joug de l'art grec et romain. Les partisans de l'« expression », conduits par Géricault et Delacroix, avaient, pendant de longues années, ébloui le public de l'originalité de leurs inventions, de la franchise et de la liberté de leurs attitudes, de l'éclat de leurs coloris. Quelques obstinés cependant restaient fermement attachés à la tradition et attendaient qu'on s'aperçût enfin que leurs adversaires, « enivrés de littérature, épris de curiosités, visant la passion, le drame, l'effet à tout prix, négligeaient tous, plus ou moins, le côté solide et indispensable de l'art, l'étude de la nature et l'étude du dessin, pour ne songer qu'à l'éclat des tons, à la vivacité des allures, à la bizarrerie des accessoires [2] ». Ce fut l'honneur d'Ingres de conserver l'admiration pour les merveilles des anciens, de maintenir l'étude patiente du nu, la poursuite infatigable de la vérité plastique. S'il n'eût pas la faveur du monde officiel, du moins il obtint ce résultat que l'exemple de

---

1. E. Delécluze : *Louis David, son école et son temps*, p. 388.
2. G. Lafenestre : *La tradition dans la peinture française*, p. 68.

Delacroix fut balancé par une influence, égale au point de vue du talent, et incontestablement moins dangereuse. Quelques-uns, Horace Vernet, Ant. Scheffer, Paul Delaroche, et ceux-là eurent la popularité, cherchèrent à concilier les traditions académiques et les tendances novatrices; avant l'avénement de l'école réaliste du second Empire, ces trois peintres possédèrent des qualités de modération, d'équilibre, de « juste-milieu », et surent, la fougue romantique une fois calmée, fondre en un ensemble harmonieux la vérité du dessin, la clarté et le mouvement.

La sculpture, qui, vers 1830, avait eu aussi son heure d'ardeur novatrice, avec David d'Angers, Aug. Préault, et surtout Barye, ne tarda pas à revenir à la tradition. Nul sculpteur ne fut plus épris de l'antiquité que Simart, un élève d'Ingres, qui voulut entraîner les esprits, disait-il, « dans cette voie sacrée de l'antique, sillonnée par les plus grands génies de tous les siècles [1] ». Simart ne fut pas un artiste de génie, car il ne sut pas s'affranchir des beautés conventionnelles d'imitation: ainsi, quand on le chargea de décorer le tombeau de Napoléon Ier, au lieu de s'inspirer de la vie prodigieuse de son héros, c'est à l'art grec qu'il demanda de féconder son imagination, emprisonnée dans les motifs allégoriques et les formes convenues. Cependant, Simart prouva, par son exemple, qu'il n'est pas de meilleure école de sculpture que celle des anciens, qui aimèrent par dessus tout l'art et la vérité. L'esprit bourgeois, qui volontiers s'effarouche de

---

1. Cité par G. Eyriès: *Simart sculpteur* (1860), p. 366. — « Simart, dit Th. Gautier, fut proclamé comme le sauveur des bonnes doctrines; et on le fit servir, bien malgré lui, à une sorte de réaction pareille à celle de la tragédie contre le drame, de Ponsard contre Hugo ». *Portr. comp.*, p. 356.

l'originalité, et qui ne sait comprendre ni la secrète harmonie d'une composition désordonnée, ni la puissance évocatrice d'un coloris expressif, se retrouvait dans ces œuvres, dont la sagesse, la sobriété, la clarté s'adaptaient à sa conception de la beauté [1].

C'est ainsi que les lettres et les arts étaient entraînés d'un même mouvement, qui les ramenait loin de l'idéal de 1830, vers une tradition longtemps négligée. Sainte-Beuve l'a dit dans sa langue flexible et imagée : « rien de mieux durant les récréations du cœur que de se plaire à quelques sentiers favoris hors des grands chemins auxquels il faut pourtant bien, tôt ou tard, se rallier et aboutir; mais ces grands chemins, c'est-à-dire les admirations légitimes et consacrées, à mesure qu'on avance, on ne les évite pas impunément; tout ce qui compte y a passé, et l'on doit y passer à son tour; ce sont les voies sacrées qui mènent à la Ville Eternelle, au rendez-vous universel de la gloire et de l'estime humaine [2] ».

Pardonnons donc à l'idéal bourgeois de la monarchie de Juillet sa timidité, son étroitesse, son prosaïsme même, en faveur de cette communion avec l'idéal antique. Il fit redescendre l'art des Hugo, des Delacroix, des Barye, des hauteurs où la fougueuse exaltation de ces maîtres l'avait porté.

« Aux environs de 1850, — entre 1848 et 1855, —

---

[1]. Louis-Philippe aima les arts, et, malgré sa réputation de roi économe, il consacra plusieurs millions à la création du musée de peinture de Versailles. Horace Vernet fut son artiste favori. Le roi était peu séduit par les qualités de forme et de style, et il admirait surtout la peinture d'histoire. En musique, il raffolait des productions d'Adam, le populaire auteur du Chalet (1834) et du Postillon de Longjumeau (1836): Cf. Véron, Mém. d'un bourgeois de Paris, t. IV, p. 117.

[2]. Cité par G. Eyriès, op. cit.

dit M. Brunetière, la réaction déjà commencée contre le romantisme se poursuit et s'achève dans tous les genres à la fois[1] ». Une littérature « impersonnelle » et « scientifique » s'élevait, dont les *Poèmes antiques* (1852), le *Demi-Monde* (1855) et *Madame Bovary* (1857), furent les premières œuvres retentissantes. Ce « naturalisme » avait sa source dans l'évolution sociale accomplie sous la monarchie de Juillet : à cette époque, en effet, les mœurs ne furent plus en harmonie avec le lyrisme grandiose, étrange, démesuré, qui avait fait l'orgueil des romantiques, et le positivisme de la politique se répandit dans toutes les sphères de la vie intellectuelle. On put craindre un moment que la poésie, exilée de son sublime domaine, dût se flétrir dans l'atmosphère scientifique ; il n'en fut rien ; avec les *Poèmes antiques*, l'esprit français continua son noble rêve de beauté.

Au théâtre, le lyrisme fut vaincu ; car la scène ne supporte qu'une dose assez faible de poésie. C'est ce qu'avait oublié V. Hugo, quand, au nom de l'imagination insurgée, il avait violenté le drame ; son rival de 1843, Ponsard, vint rendre aux qualités proprement dramatiques leur place légitime, qui est la première. Il indiqua la voie aux créateurs du théâtre social, Augier et Dumas fils, dont le dernier surtout devait avec quelque violence peut-être, mais combien heureusement, renouveler l'art dramatique.

---

1. *Manuel de l'Histoire de la Littérature française*, p. 477.

CHAPITRE II

LA RÉACTION AU THÉÂTRE : LES INDÉPENDANTS

I. — Mme de Girardin. — Ses relations avec Rachel. — Echec de *Judith* au Théâtre-Français (18 avril 1843). — Succès éphémère de *Cléopâtre* (1847). — Quelques poètes tragiques secondaires: Charles Lafont, Victor Séjour, Reboul.

II. — Rachel (1843-1858). — Ses relations avec Ponsard — Elle continue à jouer le répertoire classique. — Elle s'essaye dans quelques œuvres modernes. — Ses tournées en province, en Europe, en Amérique. — Ce que lui doit la tragédie française.

I

Pendant que Ponsard s'essayait avec *Lucrèce* à retrouver le secret de la tragédie du XVIIe siècle, la même tentative séduisait une des femmes les plus distinguées de Paris par la beauté et par l'esprit, Mme de Girardin.

Delphine Gay, qui épousa, en 1831, Emile de Girardin, avait d'abord prêté aux romantiques l'appui de sa grâce et de son talent; célèbre par ses *Essais poétiques*, liée avec Lamartine et V. Hugo, elle assista à la première représentation d'*Hernani*; Th. Gautier nous l'a peinte, « ce soir-là, ce grand soir à jamais mémorable d'*Hernani* », applaudissant « comme un un simple rapin entré avant deux heures avec un billet rouge, les beautés choquantes, les traits de génie révoltants [1] ».

Or, en 1843, elle faisait jouer une tragédie de *Judith* au Théâtre-Français. Les succès de Rachel lui inspirèrent le désir d'écrire dans ce genre ; avant même que l'actrice eût été accueillie par les salons du faubourg Saint-Germain, Mme de Girardin avait, dans une de ses *Lettres parisiennes*, vanté non seulement le talent de Rachel, mais encore sa distinction et son élégance, « le haut rang de la personne », pour employer son expression, car ajoutait-elle, « chacun est, pour ainsi dire, doué en naissant d'un rang individuel dont il ne peut méconnaître les exigences, soit qu'elles l'entraînent à descendre, soit qu'elles l'obligent à monter [2] ».

Tant de chaleur et tant de délicatesse dans l'éloge attirèrent à Mme de Girardin la reconnaissance de Rachel. Aussitôt, nous voyons celle-ci encourager les ambitions dramatiques de son illustre amie ; en sa faveur, Rachel oublie ses préjugés contre les pièces modernes, et, infidèle pour la première fois aux anciens dont elle avait jusque-là servi exclusivement la gloire, elle s'engage à jouer un rôle dans sa future tragédie, *Judith* [3].

Plus Mme de Girardin avançait, plus elle semblait hésiter à affronter le jugement du parterre ; enfin, quand l'œuvre fut achevée, elle réunit, pour leur soumettre sa pièce, ses amis, poètes, artistes et

---

1. *Hist. du Romantisme*, p. 111.
2. 23 mars 1849 — t. II, p. 308 et 310, édit. Lévy, 1857.
3. Cf. Imbert de St-Amand : *Mme de Girardin, avec des lettres inédites de Lamartine, Chateaubriand, Mlle Rachel* (1876) ; voir les lettres du 24 juillet, 9 et 15 août 1841.

amateurs du beau monde, Lamartine et Hugo, entre autres : « jamais, s'écrie J. Janin, elle n'avait été plus belle que le soir de cette lecture ; jamais plus éclatante et plus inspirée. Ses grands cheveux blonds flottaient çà et là, sur sa poitrine agitée ; son grand œil bleu était rempli d'un feu inaccoutumé ; son geste était éblouissant de volonté et de passion ; ajoutez qu'elle lisait à merveille de très beaux vers, d'une voix nette, sonore, éloquente, avec une conviction si vive de l'œuvre qu'elle avait faite, qu'il était presque impossible de ne point partager cet enthousiasme intérieur [1] ».

Donc, c'est sous les auspices mêmes des poètes romantiques que la tragédie de M⁽ᵐᵉ⁾ de Girardin se produisait en public : l'attitude de Lamartine ne nous étonne pas, puisque, au même moment, il applaudissait à *Lucrèce* ; mais Hugo avait-il, ce jour-là, oublié ses haines littéraires ? Non ; mais inquiet du bruit qui se faisait autour de la *Lucrèce* de Ponsard, il prenait ses précautions contre le succès de son rival : d'abord il se ménageait des alliés, les rédacteurs de la *Presse* ; ensuite, la tragédie de M⁽ᵐᵉ⁾ de Girardin manquait de puissance dramatique et d'originalité ; et vraiment *Judith*, tout en servant les intérêts de la réaction, ne faisait courir aucun danger à l'art romantique. C'est ainsi qu'en ces temps troublés, les intérêts des coteries

---

1. *Rachel et la tragédie*, p. 332. — Le 7 avril, dans le salon de M⁽ᵐᵉ⁾ de Récamier, Rachel, à qui M⁽ᵐᵉ⁾ de Girardin donnait elle-même la réplique, récitait le premier acte de la pièce ; Sainte-Beuve nous dit que le succès fut parfait : « c'est une rentrée dans la langue française », disait M. de Barante — « quelle noble trilogie de femmes ! » s'écriait un autre : Judith, M⁽ᵐᵉ⁾ de Girardin et M⁽ˡˡᵉ⁾ Rachel » (*Cl. Chr. paris.*, p. 19). Sainte-Beuve ne partageait pas cet enthousiasme ; il savait combien les applaudissements du théâtre sont plus difficiles à calculer que l'approbation d'une réunion d'intimes : « mais, dit-il, la pièce n'a que trois actes ; le premier est bien posé, ce qui fera passer les deux autres » (*id.*, p. 20).

et les intrigues des salons rapprochaient Mᵐᵉ de Girardin et Hugo, c'est-à-dire la tragédie et le drame, tandis que *Lucrèce* et *Judith*, ces deux sœurs faites, semble-t-il, pour s'entendre et s'aider, entraient en hostilité avant même d'avoir paru sur la scène; et, nouvelle preuve d'anarchie littéraire, Rachel prenait en main la cause de Mᵐᵉ de Girardin, pendant que *Lucrèce* se produisait sur un théâtre rival.

Judith fut jouée le 18 avril 1843; c'est un sujet banal que Mᵐᵉ de Girardin a traité, sans se laisser arrêter par les insuccès des nombreux poètes qui avaient montré sur la scène le pauvre Holopherne « si méchamment mis à mort par Judith »; elle ne trouva même pas le succès de larmes, qui, malgré l'épigramme de Racine, a rendu célèbre la *Judith* de l'abbé Boyer.

Aucun mérite, en effet, ne distingue cette tragédie, correctement versifiée, mais à laquelle la couleur biblique fait défaut. Le personnage de Judith n'intéresse pas, bien que l'auteur ait cru devoir lui donner un commencement d'amour pour sa victime; son crime est atroce, et l'amour même de la patrie ne l'excuse qu'imparfaitement.

Holopherne manque de vie et de vérité; on souffre à l'entendre prodiguer à Judith les galanteries et les madrigaux:

Ce tigre rugissant du désert descendu
Ne sait plus que gémir comme un agneau perdu. (II, 9).

A aucun moment, l'auteur n'a trouvé les accents de la passion vraie; c'est au poète des *Odes et Ballades* que Mᵐᵉ de Girardin a demandé le secret de ces âmes d'Orient, qui, énervées par la sensualité de leur passion, descendent jusqu'à l'abaissement le plus indigne [1].

La critique respecta le nom de Mᵐᵉ de Girardin, et n'attaqua son œuvre qu'avec discrétion [2]. La plupart des journaux néanmoins ne purent se défendre d'opposer la chute de *Judith* au triomphe de *Lucrèce*, et Mᵐᵉ de Girardin en conçut du dépit contre Ponsard [3].

Donc, si en 1843, on pouvait se demander qui, de Mᵐᵉ de Girardin, appuyée sur la classique Rachel, ou de Ponsard, secondé par les acteurs romantiques Bocage et Dorval, aurait l'honneur de conduire la réaction et de bénéficier du discrédit où était tombé le théâtre de V. Hugo, la question désormais était tranchée.

Cet échec ne découragea pas Mᵐᵉ de Girardin, dont une *Cléopâtre* fut jouée le 13 novembre 1847 [4].

L'auteur dans une *Lettre parisienne* du 20 février 1841, a dépeint la fameuse reine d'Egypte, « gracieuse jusque dans sa violence, séduisante jusque dans sa haine, délicate jusque dans sa cruauté ». Tel est le caractère que Mᵐᵉ de Girardin donne à l'héroïne de sa tragédie: c'est dire assez qu'elle ne nous a rendu qu'imparfaitement le beau récit de Plutarque ou la

---

1. Comparer la fille d'O-Taïti (*Odes et Ballades*, IV, 7) et les supplications de Phédyme à Holopherne (acte III, sc. 3).
2. Cf. Sainte-Beuve, *Chr. par.*, p. 27, et Th. Gautier, *Art dram.*, t. III, p. 62.
3. Ponsard fut présenté chez la duchesse de Grammont: à l'apparition du poète, ce fut un élan universel; on l'entoura, on le fêta, on l'appela le restaurateur des lettres; une seule femme n'avait pas quitté son fauteuil: c'était Mᵐᵉ de Girardin: Cf. Sirtéma de Grovestins: les *Gloires du Romantisme*, t. II, p. 337; et *Chr. par.*, p. 50.
4. Une lecture de *Cléopâtre* chez l'auteur précéda la représentation: Cf. un article spirituel et même un peu méchant de A. de Pontmartin: les *Jeudis de Mᵐᵉ Charbonneau* (1862), p. 81.

merveilleuse tragédie de Shakespeare; les grands intérêts qui agitent le monde à l'époque du second triumvirat, les orgies scandaleuses dont Antoine et Cléopâtre donnèrent le spectacle à l'Orient, et qui aujourd'hui encore déconcertent l'imagination, sont reléguées au second plan. L'auteur a donné une place importante au personnage d'Octavie, la femme d'Antoine; à l'acte III, Cléopâtre, déguisée en esclave, va jusqu'au sein du foyer domestique, à Tarente, chercher son amant, et la lutte s'engage entre la femme légitime et la maîtresse. Au dénouement, lorsque Antoine s'est tué, et que Cléopâtre se lamente auprès du lit de mort de son amant, Octavie, en habits de deuil, apparaît, et réclame le cadavre de son époux, revendiquant le droit de posséder mort celui qui, vivant, appartint à une autre. Aussi, J. Janin a-t-il raison de dire que cette pièce est moins une tragédie qu'une élégie touchante [1].

Rachel déploya des qualités supérieures de majesté, d'ironie, de passion, de coquetterie souple et charmante; dès le premier jour, elle s'était passionnée pour ce rôle de Cléopâtre, qui était sa plus impor-

---

[1]. Voici quelques vers de l'imprécation lancée par Cléopâtre contre le ciel d'Orient (acte III, sc. 7):

O soleil africain! dieu du jour! dieu du feu!
Des plus chastes efforts, toi qui te fais un jeu,
Et sans pitié, riant de nos promesses vaines,
Fais courir les ardeurs dans le sang de nos veines,
Sois maudit...
Sois maudit!... Puisse un jour ta fatale clarté
Disparaître... et manquer au monde épouvanté!...
Je voudrais assister à ta dernière aurore,
Voir sombrer dans les flots ton sanglant météore,
Et seule, au bord des mers, loin du monde et du bruit,
Respirer la fraîcheur de l'éternelle nuit!

tante création dans le répertoire moderne; mais elle devint malade, et, le 13 décembre 1847, elle avouait à son amie « qu'elle ne se sentait plus assez de force pour rendre son beau rôle comme il doit être rendu »; enfin après 13 représentations, *Cléopâtre* fut retirée de l'affiche.

Mᵐᵉ de Girardin ne devait pas cesser d'écrire pour le théâtre, où elle rencontra même des succès plus mérités, avec *Lady Tartuffe* et surtout la *Joie fait peur*; mais *Cléopâtre* fut sa dernière tragédie.

A côté de Mᵐᵉ de Girardin, faut-il citer Charles Lafont avec son *Daniel* (1848), V. Séjour avec sa *Chute de Séjan* (1849), Reboul avec son *Martyre de Vivia* (1850)?

Au jugement d'Ed. Thierry, Charles Lafont ne s'est pas écarté de la formule du XVIIIᵉ siècle.

V. Séjour emprunte de tous côtés, à Racine, à V. Hugo, à Ponsard, et embrouille si bien l'intrigue de sa pièce, qu'il ne la fait avancer qu'au prix d'invraisemblances choquantes. Un songe, une entrevue de Séjan et d'une Sibylle, un placage de couleur locale, une longue tirade sur l'état de l'Empire, perdu au milieu de populations barbares, voilà de quoi est faite cette œuvre, écrite dans le style le plus prosaïque et le plus impropre.

Reboul, le poète-boulanger, trouva en J. Janin un admirateur; en effet, quelques morceaux brillants de sa tragédie peuvent mériter l'attention; mais l'ensemble en est faible, et Lireux, feuilletoniste du *Constitutionnel*, avait raison de s'élever, à propos du *Martyre de Vivia*, contre la « fausse tragédie », qui se marque, dit-il, « par l'absence de toute invention, de tout intérêt et de toute situation ».

II

En présence d'œuvres aussi insignifiantes, on ne saurait trop regretter, dans l'intérêt même du théâtre, que Rachel ne se soit pas associée à Ponsard, et que ces deux champions du classicisme aient combattu sur des champs de bataille séparés.

Ils commencèrent par être ennemis, car Ponsard, en donnant sa *Lucrèce* à l'Odéon, dérobait à Rachel un succès sur lequel elle se croyait des droits incontestables. Puis les envieux se mirent de la partie, et d'une brouille passagère firent une inimitié véritable, que *Ch. Corday* aurait irrémédiablement aggravée, si d'obligeants amis n'avaient enfin mis la main de Ponsard dans celle de Rachel.

Après la réconciliation, qui fut scellée par *Horace et Lydie*, Rachel et Ponsard auraient pu se rencontrer dans une œuvre de haute portée ; ce fut l'un des rêves du poète, car l'amour qui le lia pour un temps à l'actrice, ne le détourna pas des préoccupations sérieuses de la littérature. Il lui écrivait : « c'est mon plus vif désir et ma dernière ambition, et je ne me considérerai comme ayant fourni ma carrière, que lorsque nous aurons couru ensemble les chances d'une première représentation. Il faut que nous soyons associés dans une œuvre importante, dans un désastre ou dans un succès [1] ».

Mais, en face d'une œuvre de longue haleine, d'une sœur d'Agnès ou de Charlotte, Rachel était reprise par ses craintes, ses tergiversations, ses doutes. Assu-

---

1. *Lettre inédite.*

rément si elle eût répondu aux avances de Ponsard, celui-ci, après l'*Honneur et l'Argent*, fût revenu à la tragédie. Mais Rachel prétexte ses tournées, qui de Londres la conduisent à Bruxelles, en Hollande, en Russie ; c'est de là, que le 20 janvier 1844, elle écrit à Ponsard : « Je ne puis t'engager à travailler pour moi, le temps me manquerait pour te jouer proprement ; je ne puis même plus penser jouer la *Médée* de Legouvé [1] ». Et pendant que Rachel gaspillait ainsi son talent et sa santé, la lassitude venait à Ponsard. « J'essaye de travailler, écrit-il, je n'y ai pas grand courage. Décidément je n'aime plus la littérature. Ce n'est pas que j'aie à me plaindre. On me donne des prix, on me fait toute espèce de gracieuseté. Mais je crois que c'est trop tard, et les amertumes et les chagrins et les ennemis de toute sorte que j'ai eus pendant longtemps avaient, à ce qu'il paraît, éteint l'ardeur [2] ».

Ainsi les circonstances, le caprice de Rachel et le découragement précoce de Ponsard les empêchèrent de s'unir pour tenter un effort suprême en faveur de la tragédie ; ils continuèrent, chacun de leur côté, leur campagne classique. Nous avons vu avec quelles alternatives de confiance et de dégoût Ponsard conduisit la lutte ; Rachel ne fit pas preuve de plus de vaillance, et n'aboutit pas à des résultats plus durables.

Après 1843, elle fit reprendre quelques œuvres du répertoire classique, *Bérénice* (1844), *Don Sanche d'Aragon* (1844), *Oreste* (de Voltaire, 1845), *Athalie* (1847) ; le rôle seul d'Athalie valut à Rachel un succès. Puis elle parut dans des pièces modernes :

1. *Lettre inédite.*
2. *Lettre inédite.*

Judith et *Cléopatre* de Mme de Girardin, *Catherine II* de Hipp. Romand (1844); *Virginie* (1845), *le Vieux de la Montagne* (1847), *Rosemonde* (1854) de Latour Saint-Ybars, etc. Si quelques-unes de ces pièces se maintinrent sur l'affiche, elles le durent au talent de Rachel; mais aucune ne révéla un grand poète tragique. J. Janin se plaignait avec amertume que « pour plaire à la multitude, la tragédienne fût descendue de son Olympe [1] ». Enfin, elle termina sa carrière par la *Czarine* de Scribe (15 janvier 1855), qui fut, au dire des témoins, l'une des plus belles créations de Rachel; elle en interrompit les représentations en plein succès, pour faire ses adieux au public de Paris dans l'ancien répertoire.

Un moment Rachel, gagnée par les avances que V. Hugo lui-même voulut bien lui faire, se rapprocha du drame [2]. L'actrice et le poète se rencontrèrent un jour dans le cabinet d'A. Houssaye, directeur de la Comédie-Française : « Vous m'apparaissez, dit Houssaye, comme les deux symboles de mon idéal au théâtre; le monde antique et le monde nouveau, Eschyle et Shakespeare. — Eh bien, dit Rachel, la fille d'Eschyle va embrasser Shakespeare [3] ». Dans cette entrevue d'une heure, Rachel promit de jouer *Angelo, Marion Delorme, Hernani* et même *Lucrèce Borgia* [4]. En réalité, elle ne joua de V. Hugo que la

---

1. *Rachel et la tragédie*, p. 426.
2. V. Hugo avait dit de sa tentative de ressusciter la tragédie : « c'est dommage ! ».
3. A. Houssaye : *Les Confessions*, t. II, p. 400.
4. Le 29 octobre 1849, elle écrivait à Mme de Girardin : « je repasse mon répertoire et j'apprends: *Marion Delorme, Desdemona* et *Mlle de Belle-Isle* », cf. D'Heylli, *Rachel d'après sa Correspondance*, pp. 67 et 68. — Ce dernier rôle seul fut joué par Rachel, comme on sait.

Tisbé (1850); et Th. Gautier écrivait de cette création : « en jouant la Tisbé, Mlle Rachel s'est emparée du drame comme elle s'était emparée de la tragédie. Elle règnera désormais sans rivale sur l'empire romantique, comme elle régnait naguère sur l'empire classique [1] ».

Si Rachel « ouvrait ainsi sa fenêtre sur le monde moderne », comme l'a dit spirituellement A. Houssaye, c'était avec l'arrière-pensée d'obtenir de V. Hugo une pièce écrite pour elle ; car, vers ce temps-là, Rachel demandait des tragédies ou des drames à tous les écrivains en vogue, se réservant d'ailleurs de les refuser, quand elle les aurait reçus. Mais elle ne réussit pas à ramener V. Hugo sur la scène. Qu'eût produit la collaboration de ces deux génies, si peu faits pour se comprendre ? J. Janin déplore qu'ils ne se soient pas rencontrés : « cette joie, dit-il, a manqué au poète, et de cet insigne honneur la comédienne fut privée [2] ».

Il ne faut peut-être pas le regretter, car Rachel y eût perdu ces belles poses sculpturales dont elle avait le secret, et elle n'eût pas interprété le drame échevelé d'un V. Hugo, avec cette puissance dramatique, cet emportement de l'âme et des sens, qui fit de Dorval la prêtresse de l'art moderne.

D'ailleurs le moment vint très vite, où l'actrice applaudie, fêtée, adulée, n'eut plus de loisir pour les créations désintéressées. Elle n'a pas eu l'amour profond de son théâtre, et, faut-il le dire, de son art lui-même. Nous ne reviendrons pas sur ces soirées du

---

1. *L'Art dramatique en France*, t. VI, p. 191.
2. *id.*, p. 475.

Faubourg Saint-Germain, où Rachel compromit une santé frêle, et déjà minée par les misères de son enfance. Bientôt elle ne se contenta pas de rentrer chez elle à deux ou trois heures du matin, elle se mit encore, pendant ses congés, à courir la province, et à s'imposer un labeur écrasant : le 26 mai 1849, elle écrivait au docteur Véron, et lui dressait l'itinéraire du voyage qu'elle allait entreprendre, soixante-dix représentations en quatre-vingt-dix jours, y compris les voyages, et la lettre se terminait ainsi : « quelle route, quelle fatigue!! mais quelle dot !!! [1] ».

Comment l'en croire, lorsqu'elle prétend que les voyages lui « faisaient grand bien », que « le mouvement, l'agitation chassent les malaises, les mauvaises pensées, et font taire les mauvais penchants » ; au contraire, ces odyssées devaient user ses forces, et il est merveille que son tempérament ait résisté si longtemps à un pareil surmenage [2]. Pour sa gloire, pour sa fortune surtout, Rachel crut bon de parcourir le monde : l'Angleterre, la Belgique, la Hollande, l'Allemagne, la Russie et l'Amérique [3] la fêtèrent

---

1. *Mémoires d'un bourgeois de Paris*, t. IV, p. 171.
2. « Le lendemain d'une représentation d'*Andromaque*, de *Bajazet* ou d'*Horace*, dit Mantel, elle gardait le lit toute la matinée. Souvent après la chute du rideau, ou chez elle, à la suite d'un long travail, la paume de ses mains se mouillait, ses lèvres s'agitaient convulsivement, ses yeux jetaient un éclat inaccoutumé », Rachel, *détails inédits* p. 51.
3. Cf. Léon Beauvallet : *Rachel et le Nouveau-Monde*, 1856 ; Rachel fit ce voyage par dépit du succès qu'obtenait une artiste italienne, la Ristori, à la salle Ventadour, depuis l'ouverture de l'Exposition (1855) ; Lamartine, Th. Gautier, Fiorentino, J. Prémaray, Léon Gozlan, P. de St-Victor, J. Janin, l'acteur Samson, Alex. Dumas surtout la célébrèrent avec enthousiasme. A propos de ces triomphes, Ponsard écrivait d'Aix à Rachel : « J'ai vu ici beaucoup d'Italiens et de Piémontais. Ils sont tout abasourdis, ils ne comprennent rien au langage des journaux et au succès de leur actrice. Leur premier mot, c'est le vôtre, c'est celui de la situation : à savoir que vous êtes pour les trois quarts dans ce mouvement, et que c'est une réaction. Les

successivement. La tournée fatigante d'Amérique acheva la pauvre Rachel, qui alla vainement demander la santé au climat d'Egypte (1856), et qui mourut au Cannet, le 3 janvier 1858.

C'est ainsi que Rachel, aux dernières années, songeait plus à ses intérêts personnels qu'aux destinées de la tragédie. A aucune époque de sa vie, bien que plus d'une fois elle ait été en coquetterie avec le drame, elle n'a servi l'art romantique; et les critiques de cette école l'accusèrent d'avoir entravé le mouvement novateur au théâtre: « quel grand rôle a-t-elle créé? s'écrie Vacquerie. Pour quel début discuté, menacé, visé, blessé, a-t-elle combattu? elle a aidé la mort contre la vie. Ses morts étaient hostiles et ne ressuscitaient que pour tuer [1] ». Quant aux coryphées de la réaction dramatique, Rachel ne les accepta qu'à son corps défendant, et encore ne choisit-elle pas les meilleurs: « Mme Rachel, dit Ed. Thierry, se réservait toute à elle-même, et, tant que dura la gloire de son règne, il y eut deux choses également difficiles pour les auteurs dont les pièces devaient être jouées au Théâtre Français; l'une, d'obtenir le concours de la grande actrice; l'autre, de réussir sans son concours [2] ». Par caprice, par défiance d'elle-même et de son talent, fait surtout pour rendre la vie aux chefs-d'œuvre du passé, Rachel n'a pas servi, dans la mesure de ses forces, la réaction dont ses propres succès donnaient le signal en 1838. Que ne pouvait-

---

Athéniens en veulent à Phidias de leur avoir fait tant de chefs-d'œuvre, ils s'insurgent contre leur propre admiration. Mais Phidias n'en est pas moins Phidias »; lettre inédite. — Cf. Adélaïde Ristori, Études et souvenirs.

1. Profils et grimaces, p. 237.
2. Rapport, p. 161.

on espérer d'une actrice dont un critique, Désiré Nisard, disait plus tard: «cette petite fille m'a montré que je n'entendais rien à Racine et à Corneille [1] »? Et cependant, l'art classique parut plus épuisé en 1858 qu'en 1838, comme si Rachel ne l'eût galvanisé que pour une résurrection passagère.

1. Cité par M. A. Filon : *Journal des Débats*, 16 décembre 1896.

CHAPITRE III

LA RÉACTION AU THÉATRE (suite) : LES DISCIPLES DE PONSARD
ÉCOLE DU BON SENS

I. — L'Ecole du Bon Sens, niée par beaucoup de critiques, a réellement existé.
II. — Sa poétique, définie par Emile Augier, dans le *Spectateur républicain*. — Elle proteste de son amour pour la démocratie moderne ; — restaure la morale sociale, — répudie les excès des romantiques, — prétend revenir à la vraie tradition française.
III. — Sa lutte contre les derniers représentants du romantisme. — La bataille de *Tragaldabas* (1848). — Vacquerie et la *Gabrielle* d'Augier. — Les hostilités, suspendues après *Charlotte Corday*; reprennent à la suite de l'*Honneur et l'Argent* et de *Philiberte* (1853). — Fin de l'Ecole du Bon Sens.
IV. — Les œuvres de l'Ecole du Bon Sens dans la tragédie : Latour (Saint-Ybars) : *Virginie* (1844), jouée par Rachel, imitation mal réussie de *Lucrèce*. — Echec du *Vieux de la Montagne* (1847). — Arthur Ponroy : le *Vieux Consul* (1844), les *Atrides* (1847), deux chutes lamentables.
V. — Dans la comédie : Emile Augier. — Ce qu'on peut appeler sa « première manière ». — De la *Ciguë* à *Gabrielle*. — Influence de Ponsard sur la conception dramatique d'Augier avant le *Gendre de M. Poirier*.

I

Ponsard, avec *Lucrèce*, n'avait servi qu'en volontaire la cause de la tragédie, et il essaya d'abord de se défendre contre les menées des classiques, qui voulaient le hausser à la dignité de chef d'école; mais comment résister à l'entraînement d'admirateurs qui paraissaient convaincus, et surtout d'amis qui, à la sympathie, joignaient la fougue et l'enthousiasme de la jeunesse? Le paladin Ricourt, toujours à l'avant-garde des mouvements d'opinion, se jeta dans la réaction classique avec l'ardeur dont il s'était autrefois épris pour *Hernani* et le *Roi s'amuse*. Il anima de son feu les jeunes qu'il avait menés à la bataille de *Lucrèce*, et dont il avait fait comme la garde d'honneur du poète dauphinois; et tous, Latour (de Saint-Ybars), A. Ponroy, J. Barbier, Adrien Decourcelle, Édouard Foussier, Augier enfin, saluèrent de leurs acclamations la nouvelle école, qu'ils mettaient sous le patronage de Ponsard, l'*École du Bon Sens*.

Ponsard n'a jamais formellement revendiqué le titre de chef de cette école; ce n'est pas qu'il ait rougi d'abriter ses œuvres sous le drapeau du bon sens, et de n'opposer aux « artistes », ses adversaires, que cette qualité éminemment « bourgeoise »: « pour ma part, dit-il, je n'admets que la souveraineté du bon sens; je tiens que toute doctrine, ancienne ou moderne, doit être continuellement soumise à l'examen de ce juge suprême [1] ». Mais, bien qu'il s'inclinât devant cette autorité, il n'a jamais eu la prétention de croire que lui ou les siens en avaient le monopole: il a su éviter le ridicule d'enfermer le bon sens dans les limites d'une doctrine littéraire.

Néanmoins, l'École du Bon Sens a existé, que Ponsard ait accepté formellement ou non de la

---

1. *Œuv. compl.*; t. III; p. 202, préface d'*Agnès*.

diriger. Elle a existé d'abord dans la pensée de ceux qui la composaient, et c'en est la première condition. Augier, en effet, écrit à Ponsard le 26 mai 1844 : « j'ai fait connaissance avec un aimable et fort poète, Latour. Nous avons conclu une alliance offensive et défensive dans laquelle nous avons pris la liberté de vous mettre. Nous voulons ramener les bonnes lettres sur le théâtre. Gardez ce paragraphe pour vous : on rirait de ma prétention au rôle de restaurateur [1] ».

Ainsi un triumvirat, qui comprenait l'illustre poète de *Lucrèce*, l'auteur applaudi de la *Ciguë*, et Latour, écrivain « fort bien posé », disait Augier, puisqu'il a « une *Virginie* reçue aux Français et dans laquelle Rachel a un rôle » : voilà ce que fut l'Ecole du Bon Sens à ses débuts. M. Ed. Grenier nous a parlé de ces soirées hebdomadaires, dont il fut le témoin, et dans lesquelles se réunissaient Ponsard, Augier, Latour, Reynaud, Meissonnier, Hetzel, John Lemoinne et quelques autres [2] : l'Ecole du Bon Sens eut, elle aussi, son cénacle, dont les habitués se donnaient toutes les fêtes de la jeunesse et de l'esprit.

Ensuite elle a existé dans l'opinion de ses adversaires : Michiels, Vacquerie et Gautier. Donc, l'Ecole du Bon

---

1. Lettre publiée par M. J. Claretie, le *Temps*, 25 mai 1891. — Cette citation contredit une affirmation de M. Montégut : « Augier, dit-il, n'eut jamais la modestie mal avisée d'accepter avec enthousiasme ce rôle médiocrement flatteur de porte-drapeau d'une réaction, dont sa sagacité sentit, sans doute, la pensée mal assurée et l'avenir borné. Il eut donc l'art pendant ces premières années de garder une réserve habile ; de manière à tenir ses liens de coterie assez peu serrés pour qu'ils se pussent dénouer d'eux-mêmes, et que sa personnalité pût s'en dégager, lorsque l'heure en serait venue sans paraître démentir son passé » : *Dramaturges et romanciers*, p. 317. « Ayez donc un peu la conscience de ce que vous êtes, disait Augier à Ponsard, j'entends le premier poète de l'époque. Récriez-vous tant qu'il vous plaira : ni mes amis, ni moi n'en démordrons », *id.*

2. *Souvenirs littéraires*, chap. VIII.

Sens mérite qu'on la prenne au sérieux, et qu'on essaye d'en étudier les principes, l'histoire et l'influence.

II

L'Ecole du Bon Sens n'échappa pas à cette loi générale, qui veut que toute réunion d'un certain nombre d'esprits soit faite pour diriger, vers un même but, des efforts qui s'useraient par la dispersion, et pour systématiser des préférences ou des tendances, dont les unes s'ignorent, et dont les autres, isolées, ne s'affirmeraient qu'imparfaitement. Elle fut un syndicat de forces littéraires, rapprochées par des affinités, et liguées par le besoin de commune défense : coterie, si l'on veut, mais qui ne dégénéra jamais en société d'admiration mutuelle. Jamais cette école n'essaya, par le nombre ou par le bruit, d'imposer au public les œuvres sorties de son sein. Le désintéressement et la vérité étaient les principes dont s'inspiraient les amis de Ponsard. N'est-ce pas Alex. Dumas, qui, dans les premiers mois de 1843, chez Ledru-Rollin, entendant Reynaud réciter en entier et de mémoire toute la *Lucrèce*, s'écriait stupéfait: « un ami qui sait par cœur, un ami qui récite, qui s'exalte ainsi, qui se fait le clairon, le commis-voyageur de la gloire d'un autre, c'est plus grand et plus beau que nature ! Je n'ai jamais vu cela [1] ».

Nous avons vu sur quel ton de déférence Augier écrivait à Ponsard ; de son côté, Ponsard avait pour le talent d'Augier une estime, dont on pourrait dire

---

1. Cité par Ed. Grenier, *Il.*, p. 26).

qu'elle fut prophétique; dans une lettre à Bocage, directeur de l'Odéon, Ponsard insiste pour qu'une pièce d'Augier, l'*Homme de Bien* probablement, soit reçue, et il dit : « je serais fâché qu'Augier ne s'entendît pas avec vous. C'est un très bon cœur et un gaillard très fort. Ah! il est bien plus fort que moi, vous verrez. Je soutiens que c'est l'héritier de Molière. Laissez-le faire [1] ». Augier soumettait à Ponsard sa comédie de la *Ciguë*; Ponsard annotait de sa main tout le manuscrit, et Augier, docile, faisait les corrections indiquées par le « maître ». Latour (de Saint-Ybars) témoignait à Ponsard le même respect; un soir, il l'entendit lire sa tragédie d'*Agnès de Méranie*, « il avait la tête dans ses mains, dit M. Grenier, pour mieux écouter. La pièce finie, il écarta les mains pour applaudir avec nous, et je vis son visage inondé de larmes d'admiration [2] ». Tous ceux qui assistaient aux dîners du vendredi, ou qui venaient passer l'été dans la propriété de Ch. Reynaud, à la Roche-Sanglard, ont vanté le charme et la cordialité de ces réunions. Suivant un joli mot rapporté par M. Grenier, l'Ecole du Bon Sens aurait dû s'appeler l'Ecole du Bon Cœur.

Augier nous a dit plus haut, mais en termes très vagues, quel fut le programme de la nouvelle école : « ramener les bonnes lettres sur le théâtre ». Ses adversaires ont essayé de faire croire qu'il s'agissait

---

1. *Lettre inédite.* — Déjà, dans une lettre antérieure à Bocage, il avait écrit : « je suis enchanté que vous soyez bien avec Augier. Rappelez-vous ma prophétie. Dans cinq ans, vous reconnaîtrez que je suis comme les sorcières de Macbeth. C'est un gaillard qui ira loin. Vous verrez que c'est le successeur immédiat de Molière »; *lettre inédite.*
2. *Il.*, p. 232.

d'une réaction classique. Th. Gautier, par exemple, la définissait ainsi : « école qui s'est séparée du grand mouvement littéraire romantique, et qui a obtenu un succès de réaction. Cette école n'admire guère que les anciens et les poètes du XVII⁰ siècle ; quelque talent qu'elle puisse reconnaître à Victor Hugo, elle ne l'admet pas comme un maître, et rejette ses doctrines [1] ». En réalité, les disciples de Ponsard aimaient les grands maîtres du XVII⁰ siècle; mais à l'exemple de leur chef, ils avaient conscience des besoins littéraires de leur génération, et ne s'absorbaient pas dans la contemplation d'un idéal mort à jamais. Ponsard et les siens ne doivent pas être confondus avec ces classiques attardés, Ancelot et consorts [2], qui n'avaient pas su infuser la sève de vie à leurs œuvres, et qui avaient déclaré la guerre à l'esprit moderne. L'opposition que ceux-ci faisaient au romantisme n'avait aucune chance de succès ; au contraire, l'École du Bon Sens opposait aux novateurs un corps de doctrines, où le respect du passé s'alliait au sentiment des goûts contemporains.

En effet, l'École du Bon Sens fut, comme nous dirions, attentive à l'« actualité ». Ses adeptes, au lieu de s'isoler dans leur « tour d'ivoire », vécurent de la vie de leur temps ; ils se jetèrent dans la lutte des partis, et fondèrent un journal le *Spectateur Républicain* où l'on trouve mêlé à la politique le manifeste littéraire de l'École [3].

1. *L'Art dramatique en France*, t. VI, p. 313, article de février 1852.
2. Quand V. Cousin proposa à l'Académie (séance du 6 mai 1843) de décerner à Ponsard le prix de tragédie, on ne vit s'opposer à la proposition que deux académiciens, auteurs de tragédies, l'un était Ancelot, pendant que V. Hugo y adhérait de bonne grâce.
3. Le rédacteur en chef était : Louis Jourdan ; les principaux rédacteurs :

L'École du Bon Sens se réclame du progrès et de la démocratie.

Aux adversaires qui lui reprochent son classicisme, et, par suite, son goût pour le passé, elle répond que cette critique s'adresse plutôt au romantisme : les écrivains de cette école, en effet, se sont engagés et compromis avec tous les pouvoirs ; ils sont coupables de n'avoir pas, « dans un temps où il y avait quelque mérite à le faire, jeté un cri en faveur de la liberté et de la patrie ». Ponsard et ses disciples rejettent toute compromission avec les conservateurs de toutes nuances ; ils n'ont pas pour le trône et l'autel cette admiration ou du moins ce respect que professèrent le premier et même le second cénacle ; eux, ils sont fils de 89 et le souffle démocratique est passé dans leurs vers : *Lucrèce* était un chant en l'honneur de la liberté ; *Agnès de Méranie* fait entendre le cri légitime de révolte du pouvoir civil, foulé et brisé par le pouvoir de Rome ; et déjà, Ponsard médite *Charlotte Corday*, cette épopée qui célèbre l'héroïsme des Girondins, les fondateurs de la République.

Ce sentiment démocratique, et c'est par là qu'il se

Th. Lavallée (histoire politique), Taxile Delord (courrier de Paris), G. Planche (critique des livres), E. Augier (critique théâtrale), Ponsard (variétés), etc. Le 1ᵉʳ numéro parut le samedi 29 juillet 1848 ; mais le journal n'eut qu'une existence très éphémère : la collection qui s'en trouve à la Bibliothèque Nationale comprend 41 numéros, et s'arrête à la date du 7 septembre. Aucun article n'est signé du nom de Ponsard : il faut probablement lui attribuer un article anonyme intitulé : « du parti démocratique en France et de l'école romantique » (8 août). Augier y a écrit trois feuilletons sur el théâtre : n° 5, sur *Tragaldabas* ; n° 10, sur Casimir Bonjour ; n° 17, sur Alfred de Musset ; Augier, dans le cours de sa carrière dramatique, n'a pas abusé de préfaces ; et rarement il s'est ouvert au public de ses goûts et de ses principes esthétiques, c'est donc une bonne fortune de trouver dans le *Spectateur Républicain*, à l'heure où il vient de débuter, l'écho des ambitions qui s'agitaient en lui.

hausse jusqu'à la noblesse, s'allie au respect de la morale. La crise de 1848 fut avant tout politique ; mais quand les désordres de juin eurent compromis la République, et montré le poids néfaste dont pèsent dans la balance des nations les appétits déchaînés et les instincts brutaux, penseurs et moralistes s'effrayèrent du désordre des mœurs ; ils comprirent avec effroi que la littérature de l'âge précédent avait, par son scepticisme, préparé la ruine des institutions et l'abaissement du niveau moral. Il y eut donc, vers 1850, comme une crise de la vertu publique, un besoin de revenir aux croyances et peut-être même aux préjugés qui président à l'existence d'une société. Avant qu'Octave Feuillet se fût ingénié, dans ses *Proverbes*, à combattre la sentimentalité perverse, mise à la mode par G. Sand et Balzac, l'Ecole du Bon Sens prit en mains la cause du devoir, de la loi, de la conscience publique. Les romantiques avaient exalté l'individu et avaient proclamé les droits souverains de la passion ; dans le roman, sur le théâtre, ils avaient réhabilité l'amour libre, mis une auréole de chasteté au front de la courtisane, ébranlé les fondements de la famille, et prodigué partout ce que Chateaubriand appelle « l'insulte à la rectitude de la vie ». C'est alors que l'Ecole du Bon Sens vint rappeler les droits méconnus de la raison et du devoir : le Sextus de Ponsard perdait une couronne pour avoir outragé une femme ; *Agnès de Méranie* était un hymne aux vertus douces et modestes de la famille ; enfin l'amour lui-même, ce dieu des romantiques, allait, dans *Charlotte Corday*, s'abaisser devant le sentiment de la patrie. Pendant ce temps, Augier écrivait *Gabrielle*, apologie des vertus bourgeoises, de la poésie dans le ménage : avec le romantisme, l'individu avait été affranchi de toutes les tyrannies de la société : l'École du Bon Sens pose, au contraire, la supériorité de l'institution sociale, et lui immole les prétendus droits de l'individu : « dans la lutte de l'individu contre la collectivité, dit M. Doumic, c'est pour la collectivité qu'Augier se prononce. C'est à ce point de vue de l'intérêt social qu'Augier se place toujours et uniquement [1] ».

Le théâtre de Ponsard et d'Augier s'opposait encore au romantisme, parce qu'il portait le même besoin d'ordre et de mesure dans la nature de l'action dramatique. Augier et Sandeau firent jouer sur le théâtre des Variétés, le 20 février 1851, une comédie-vaudeville, la *Chasse au Roman*, dans laquelle ils ont ridiculisé les procédés romantiques. La jeune Louisianne est mariée ; deux hommes ont été tués près d'elle, sans qu'elle soupçonne l'auteur et le motif de ces crimes ; sa belle-mère, à son lit de mort, le lui explique : « Ma fille, sais-tu qui tu as épousé ? Le dernier des Pigliaspada. Il a tué Edmond Dudley par le plomb ; il a tué Giacomo Doria par le fer ; il tuera tous ceux que tu aimeras. Si le fer et le plomb lui manquent, il a le poison des Borgia. S'il ne t'a pas tuée, c'est que chez nous on ne tue pas les femmes ; mais il te tuera dans ton cœur. Tous ceux qu'il attire près de toi sont des victimes vouées à sa vengeance. Défie-toi de ta beauté, défie-toi de ta jeunesse, ton amour donne la mort [2] » On s'éveillait enfin de ce cauchemar mélodramatique, et l'on ne pouvait plus prendre au sérieux

---

1. *Portraits d'écrivains*, (1892), p. 81.
2. On a reconnu la parodie d'une tirade d'*Angelo*, journée III, partie I sc. 3.

le poison des Borgia et les bonnes lames de Tolède. Trop longtemps la fantaisie avait régné au théâtre; les actions exceptionnelles et bizarres devaient céder la place à des intrigues vraisemblables. Les romantiques avaient choisi leurs personnages dans une humanité d'exception; il fallait revenir aux types généraux; le comique devait être substitué au grotesque, et le pathétique aux effusions d'un lyrisme effréné; car le parterre n'est pas composé d'intelligences d'élite, avides des subtilités d'analyse et des raffinements d'invention; les amateurs de pathologie morale n'y sont qu'en infime minorité; comme le dit E. Augier: « il s'établit au théâtre un nivellement des âmes », le « spectateur-type » veut des sentiments qui ne soient ni trop hauts, ni trop bas. Restons donc dans cette moyenne de l'humanité, féconde en observations et accessible à tous les esprits.

L'Ecole du Bon Sens veut aussi ramener le style à la même sobriété: elle proscrit les ornements, moins par indigence d'imagination que par crainte des excès, dont les romantiques, au dire même de Th. Gautier, n'ont pas su se défendre. E. Augier critique vivement le jargon des amoureux de Vacquerie, dans *Tragaldabas*; comment supporter en effet le « phœbus » de la déclaration d'amour faite par Eliseo à dona Caprina? celle-ci doute du cœur de son amant, et Eliseo proteste dans un galimatias puéril:

...tu veux des preuves, je t'en donne;
Mais pourquoi t'en faut-il? Comment, chère madone,
On te dit qu'on t'adore, et cela te surprend?
C'est si l'on te disait qu'on est indifférent,
Que la parole aurait besoin d'être prouvée!
Tu doutes, toi que tout aime! à ton arrivée

Il s'est fait dans le bois comme un frémissement,
Les oiseaux ont soudain chanté plus doucement,
Et frissonnant de joie, ô déesse mortelle,
Les branches se disaient à voix basse : C'est elle! (II, 1).

Même en amour, les poètes de l'École du Bon Sens veulent que la raison dirige le cœur et surveille l'effusion sentimentale : le lyrisme nuageux des jeunes premiers romantiques, éblouis par la beauté du ciel, les parfums des fleurs et la magie de la nature, leur paraît manquer de sincérité et même de probité : car pour émouvoir le cœur, ils appellent à l'aide les séductions du décor et la volupté troublante qui, à certaines heures, émane des choses.

D'un mot, Ponsard et ses disciples ont essayé de revenir à la tradition française. Le goût des littératures étrangères ne suffit pas à définir le romantisme; cependant il faut reconnaître que l'école de V. Hugo avait témoigné d'une prédilection excessive pour les œuvres des peuples voisins; et l'on pourrait montrer quelle part Shakespeare, Byron, Walter Scott, Calderon et Lope de Véga, ont eue dans la formation de l'idéal romantique [1]. Cette influence exotique, niée par Sainte-Beuve, qui n'avait peut-être pas l'esprit assez libre pour résoudre impartialement la question [2], n'avait pas échappé aux poètes de l'École du Bon Sens, et c'est contre elle qu'ils ont relevé les droits de la tradition française. E. Augier, présentant aux lecteurs le *Spectateur Républicain*, écrit ces lignes

---

[1]. M. J. Texte l'a fait récemment avec éclat pour les écrivains d'Allemagne : Cf. *Rev. des Deux Mondes*, 1ᵉʳ décembre 1897. — Voir aussi L. Maigron, le *Roman historique à l'époque romantique* (1898), et Parigot : le *Drame d'Alexandre Dumas* (1898).

[2]. Cf. William Reymond : *Corneille, Shakespeare et Goethe*, 1864, préface.

caractérisques: « Ami lecteur, je n'ai pas trouvé de meilleure entrée en matière que cette salutation gauloise. Nos pères l'affectionnaient, et si je ne suis Gaulois comme eux, au moins voudrais-je l'être. Voilà l'alpha et l'oméga de ma profession de foi littéraire. Elle est courte, mais elle dit tout ce que je veux dire, ni moins, ni plus, et je n'en veux pas d'autre... Depuis vingt ans surtout, les cultes étrangers ont fait invasion dans notre littérature; nos plus francs poètes ont apostasié et ont entrepris de plier l'esprit français aux rites anglais et germaniques. Entreprise téméraire! L'esprit français, qui a conquis l'Europe, veut bien s'enrichir de ses dépouilles, mais à la manière des Romains qui prenaient leurs dieux aux vaincus en leur donnant des noms latins et en les ajustant au culte de Rome. Le XVII° siècle a commencé ces victorieux emprunts vis-à-vis de l'Espagne et de l'Italie; continuons-les avec l'Angleterre et l'Allemagne, mais aussi fièrement que nos pères, et portons nos dépouilles opimes comme des trophées et non comme des livrées. En un mot, restons Gaulois et que tout ce que nous touchons le devienne ».

Sans doute, l'exotisme des Hugo et des Dumas n'est que superficiel; leur génie est foncièrement français, et ils ont adapté à notre goût les emprunts qu'ils ont faits aux littératures étrangères; mais leurs disciples n'ont pas eu la même réserve, et les plus dociles ont abdiqué leur personnalité et surtout leur nationalité. Lorsque Vacquerie vient étaler sur la scène dans *Tragaldabas*, la bassesse, le phœbus et le grotesque, il s'imagine peut-être avoir imité Shakespeare; mais il se trompe, car il a éliminé du personnage tout ce qui le rattachait à l'humanité; aussi « Vacquerie est anglais, plus que Shakespeare, car, en moins que lui, il n'a pas l'élément universel [1] »; et si le parterre a sifflé *Tragaldabas*, c'est qu'il était révolté qu'on lui présentât « le goût anglais dans toute sa crudité ». Augier rencontre-t-il, au contraire, un poète vraiment français, aussitôt il s'abandonne à la joie de pouvoir entrer en communion avec lui et de reconnaître en lui les qualités nationales; c'est pourquoi il appelle Musset « le plus grand poète de notre temps »: « il tend la main à nos pères, dit-il; il continue cette glorieuse chaîne d'esprits gaulois, qui commence à Rabelais... La Fontaine, Molière, Jean-Jacques, Diderot et même Voltaire sourient au poète, et disent: Celui-ci est des nôtres. — Non, cependant, qu'il n'ait eu quelque commerce avec Shakespeare, Gœthe, Byron et Jean Paul; mais il leur a emprunté comme il sied à un descendant de nos fiers poètes, en frappant leur or à l'effigie de la France [2] ». Donc le romantisme n'est pas français, s'il faut en croire l'Ecole du Bon Sens; Shakespeare et Byron, Gœthe et Schiller, classiques dans leur pays d'origine, ont des qualités de terroir, que nous tenterions en vain de nous assimiler, et dont le mélange corromprait le vieux fonds gaulois. Revenons à nos ancêtres, renouons la chaîne de la tradition; couronnons de fleurs les poètes d'outre-Rhin et ceux d'outre-Manche, mais n'hésitons pas à les exiler de la république littéraire de France.

1. *Spect. républ.*, 2 août 1849.
2. *Id.*, 16 août 1849. — On remarquera dans cette énumération le nom de J.-J. Rousseau; singulière inadvertance, puisque cet écrivain a, le premier, inoculé des germes de « cosmopolitisme » à notre littérature: Cf. J. Texte: *J.-J. Rousseau et les origines du cosmopolitisme littéraire en France* (1895).

III

Ce n'était pas un danger imaginaire que cette imitation des littératures étrangères faisait courir à l'esprit français autour de 1850. En effet le *Tragaldabas* de Vacquerie était représenté à la Porte-St-Martin le 28 juillet 1848, et l'apparition du *Spectateur Républicain* coïncidait à peu près avec la fondation de l'*Evènement*, rédigé par P. Meurice, Charles et Victor Hugo fils, Vacquerie, Gautier, Amédée Achard, Méry, Karr, Balzac, etc., en un mot les plus attitrés représentants du romantisme.

La bataille de *Tragaldabas*, pour être moins célèbre et moins significative que celle d'*Hernani*, est néanmoins très importante dans l'histoire du théâtre au XIX⁰ siècle : « le drame passa un mauvais quart d'heure, disait plus tard Vacquerie, en rappelant ces faits. Il va sans dire qu'il se défendit, et rudement. Ce fut des deux côtés une lutte à outrance [1] ».

Vacquerie nous a fait lui-même l'histoire de la première représentation de sa pièce : aucun de ses amis, et de ceux qui allaient composer la rédaction de l'*Evènement*, ne manquait à cette soirée ; Hugo lui-même était venu. De son côté, l'Ecole du Bon Sens était représentée par ses chefs, Ponsard et Augier.

Nous ne ferons pas l'analyse de cette pièce, où s'agitent, au milieu d'une action confuse et mal conduite, des êtres impossibles : Tragaldabas est un fou, un fantoche, qui dépasse les limites de la bouffonnerie, un glouton, un ivrogne, un monstre avorté,

---

1. *Le Rappel*, 4 juin 1891.

un rudiment d'humanité; au dénouement, il retombait dans la bête, d'où il était sorti, et s'affublait de la peau d'âne qu'il n'aurait jamais dû quitter. Qu'après cela, les « traits spirituels, les vers gracieux et coquets, les plaisanteries hyberboliques, les grosses farces, les rimes rares, et les accouplements de mots singuliers¹ » ne manquent pas à la comédie de Vacquerie, nous ne le contesterons pas, bien que la bouffonnerie y extravague jusqu'à l'incohérence, et que le comique s'y raidisse et s'y glace, plus encore que dans l'acte IV de *Ruy Blas*. Mais qu'on vienne comparer Vacquerie à Shakespeare, c'est une duperie.

La pièce de Vacquerie tomba d'une chute retentissante; il serait déplacé qu'on la tirât de l'oubli, pour s'acharner après elle; mais il faut le dire hautement, cette comédie n'était pas un accident dans la pensée de son auteur; elle était l'aboutissement inévitable d'une certaine tendance d'esprit, et la critique s'appuya sur elle pour formuler des théories qui pouvaient ruiner notre théâtre: « le danger, dit Th. Gautier, n'est pas dans les folies, il est dans la banalité. En art, l'extravagant vaut mieux que le plat..... tel qu'il est, *Tragaldabas*, applaudi et sifflé, loué et déchiré, a cette qualité suprême qui efface tant de défauts aux yeux des artistes, il n'est pas commun. Les parties mauvaises ou détestables (il y en a) viennent d'un esprit sérieux, savant et cultivé² ». Voilà qui est net: en vain le public s'était irrité des bizarreries d'Hugo, que masquait pourtant la beauté souveraine d'une langue écrite de génie; ses disciples

---

1. Th. Gautier, *L'Art dramatique*....., t. V, p. 391.
2. id., t. V, p. 391.

n'avaient rien appris, et continuaient à s'abandonner aux pires excès. L'Ecole du Bon Sens s'indigna, et ce jour-là formula la protestation du goût français, et même du goût universel: « Ô Aristote! ô Horace! ô Boileau! esprits communs et lumineux comme le soleil », s'écriait Augier, au sortir de *Tragaldabas*.

L'alarme avait été si chaude au camp de Ponsard, qu'en mai 1849, deux des amis du poète, Jules Barbier et Michel Carré firent jouer à l'Ambigu une pièce, le *Drame de famille*, où Vacquerie était directement attaqué. Cet épisode montre combien la querelle était aiguë; le théâtre semblait retrouver une violence inconnue depuis Aristophane, et les personnalités s'étalaient sur la scène. Pour que l'Ecole du Bon Sens en vînt à cette dénonciation publique, il fallait qu'elle fût bien exaspérée. A distance nous ne pouvons que condamner ces procédés, par lesquels on cloue au pilori un homme ou une œuvre ; mais, dans l'entraînement de la lutte, les adversaires eux-mêmes ne songèrent pas à s'étonner de l'audace de Barbier et de Carré. L'ère des grandes batailles semblait ouverte de nouveau.

Vacquerie prit sa revanche au lendemain de *Gabrielle*. La comédie d'Augier, jouée le 15 décembre 1849, fut sévèrement jugée par le feuilletoniste de l'*Evènement*; le public, dit-il, vient d'applaudir *Gabrielle*, car « rien n'est d'un effet plus immanquable au théâtre que les maximes de morale courante, l'éloge de l'obéissance, l'exaltation du terre-à-terre, le lyrisme du pot-au-feu [1] ».

La pièce d'Augier choquait violemment les doctri-

---

1. *Profils et Grimaces*, p. 86.

nes chères à Vacquerie, parce qu'elle exaltait le mariage, et contre les folies de la passion élevait le rempart des joies de la famille. Nous reconnaissons qu'il y a plus de récits que d'action dans la comédie d'Augier, qu'elle manque de mouvement, que certaines péripéties et le dénouement même en sont moins imprévus qu'on ne souhaiterait; mais quelle élévation de sentiments, quels accents convaincus et touchants pour célébrer la sainteté du foyer conjugal! Lucrèce, la chaste matrone romaine, était la sœur de Julien, qui mettait toute son âme à plaider la cause de la famille et qui ramenait au devoir sa femme, déjà gagnée par le vertige de l'adultère.

L'année d'après (1850), au lendemain de *Charlotte Corday*, ces querelles, comme nous l'avons vu, perdirent leur âpreté. Enfin, Ponsard fit un pas de plus du côté de ses adversaires, et sembla les convier à la paix en s'aventurant lui-même, avec *Horace et Lydie*, sur le terrain de la fantaisie. Cette petite bluette déplut à la presse classique, pendant que les romantiques l'applaudissaient. Ponsard qui n'avait pas le tempérament d'un batailleur, et qui au fond était très flatté d'avoir conquis à la fois l'amitié de Rachel et l'estime des romantiques, écrivit à Vacquerie une lettre, qu'on ne peut pas lire sans un serrement de cœur, tant il est pénible de voir un combattant renier son drapeau. Après l'explosion de son mécontentement contre ses anciens défenseurs, et en particulier contre Rolle (du *Constitutionnel*), il ajoutait: « Je n'ai trouvé d'amis que chez mes ex-ennemis, Gautier, Meurice et vous. Mais je n'ai pas perdu au change. Les autres s'étaient servis de moi, mais ne m'avaient jamais franchement accepté. Je crains bien qu'au fond ils ne détestent la poésie... Enfin, c'est de votre côté, seulement de votre côté, qu'est la vie, avec la passion, la colère, la générosité, l'amour de l'art, en un mot tout ce qui s'appelle la vie. Cette année a été pour moi une bonne année, puisqu'elle a amené un rapprochement qui devait se faire tôt ou tard, et qui chez moi est déjà de l'amitié, et une sincère amitié [1] ».

Quelle abdication ! Comment comprendre cette volte-face, que n'explique pas suffisamment un désaccord léger entre les classiques et celui dont ils se glorifiaient comme de leur chef ? Quelle étrange erreur de la part de Ponsard, de croire qu'il y avait plus de talent à composer *Horace et Lydie* que *Lucrèce* ? Si les hardiesses de *Charlotte Corday* avaient inquiété Rolle et les autres, n'est-ce pas que le poète y avait détendu les liens de l'action, au point de les relâcher tout à fait ? Mais qui donc avait de meilleur cœur applaudi les grandes scènes, et surtout la délibération des triumvirs, que les fidèles de Corneille, ceux qui lisaient encore *Cinna* ?

Mais l'idéal romantique ne convenait pas au tempérament de Ponsard, quelque effort qu'il fît pour s'y plier. Aussi ne devons-nous pas nous étonner que l'alliance solennellement scellée par la lettre à Vacquerie n'ait pas été de longue durée.

En 1852, *Ulysse* et *Diane* échouèrent ; l'année suivante (1853), au contraire, le triomphe de l'*Honneur et l'Argent* sur la scène de l'Odéon coïncida avec le succès de *Philiberte* au Gymnase. Aussitôt les fanatiques des deux partis reprirent la lutte ; Lireux, celui-là même qui avait lancé *Lucrèce* sur le romantisme

---

1. Lettre publiée par Vacquerie, dans le *Rappel*, 6 juin 1891.

expirant, écrivait, après l'*Honneur et l'Argent* : « le succès est tel qu'il laissera, je crois, peu de prise même à ceux qui, mal disposés de parti pris, voudraient continuer une puérile guerre d'école. Quand le bon sens triomphe, il faut s'humilier devant lui, et la fantaisie n'a rien de mieux à faire que de s'atteler à son char [1] ». C'est à tort que Gautier et ses amis expliquaient le déclin momentané du romantisme par l'absence de V. Hugo ; leur chef présent, il est probable qu'ils n'auraient pu lutter avec avantage ; Ponsard et Augier, par deux œuvres, d'inégale valeur sans doute, s'étaient, pour ainsi dire, partagé le domaine comique : l'un entrait au vif des mœurs contemporaines et présentait à la société le tableau de ses vices ; l'autre avait évoqué la vision du dernier siècle, et composé un chef-d'œuvre de grâce et d'esprit.

Leurs amis ne pouvaient manquer cette occasion de triompher bruyamment : « on ne se bat pas encore, écrivait J. Janin, on se battra avant qu'il soit peu. On s'étudie, on se regarde, on se toise, on se prépare [2] ». Mais déjà les modérés s'avançaient entre les deux camps, pour servir de médiateurs ; J. Janin, inquiet de voir troubler la fête des arts, eut un beau mouvement : « c'est la folie, s'écria-t-il, et ce serait la honte de la critique, si elle plaçait sérieusement ici le génie, et là le sens commun, ici la logique, et là la fantaisie, ici le raisonnement, et plus loin la poésie... Laissons donc en paix ces guerres oiseuses qui ne conviennent qu'à des esprits oisifs ; ne réveillons pas les batailles endormies dans les arènes fermées ; jouis-

---

[1] *Constitutionnel*, 11 mars 1853.
[2] *Journal des Débats*, 6 avril 1853.

sons de l'heure présente, en nous rappelant le passé, en appelant l'avenir [1] ».

Il semble bien que cet appel à la conciliation ait été entendu, car c'est fini désormais de l'Ecole du Bon Sens dans l'histoire du théâtre contemporain. Ponsard abandonne la partie, et ne reparaît plus sur la scène qu'à de longs intervalles ; E. Augier poursuit sa carrière dramatique ; mais, après *Philiberte*, il se dégage des polémiques et des imitations : il a trouvé sa voie, la comédie de mœurs, et il s'y engage avec la fierté et l'indépendance souveraine du génie. Enfin Charles Reynaud, l'ami commun de Ponsard et d'Augier, meurt en 1853, et il semble bien que sa disparition ait causé un très grand vide dans l'Ecole du Bon Sens : « Nous perdons plus qu'un ami, écrivait Augier à Ponsard, nous perdons notre courage, notre étoile. L'Ecole du Bon Sens, ce n'était pas nous, c'était lui. Il était le lien. Nous sommes dénoués par sa mort, et nous voilà au hasard de la vie. Nous ne sommes plus que deux hommes de lettres sans unité [2] ».

IV

Avant de porter un jugement sur l'Ecole du Bon Sens, il est indispensable de signaler rapidement les principales œuvres qui s'y rattachent, en dehors de celles de Ponsard.

Latour (de Saint-Ybars) tient la place d'honneur, à côté du maître, dans le genre sérieux. En 1841, il fit

1. *Journal des Débats* 6 avril 1853.
2. Lettre publiée par M. J. Claretie, *Le Temps*, 25 mai 1894.

recevoir au Théâtre-Français une tragédie de *Vallia*, dont l'inexpérience trahissait un débutant; en 1842, son drame, le *Tribun de Palerme*, fut sifflé à l'Odéon. Rien ne semblait donc le désigner pour être l'un des porte-drapeau de la réaction classique, quand le succès de Ponsard le ramena à la tragédie. Rachel, qui brûlait de prendre sa revanche de *Lucrèce*, et de faire oublier, dans une œuvre de même ordre, le triomphe de Dorval, « la nouvelle Melpomène », comme elle disait avec dépit, s'enthousiasma pour la *Virginie* de Latour [1].

C'était un sujet voisin de celui de *Lucrèce*, et très souvent porté au théâtre. La tragédie de Latour, interprétée par Rachel et par Ligier, excita presque les mêmes transports que *Lucrèce* [2]: mais on y applaudissait Rachel plus que le poète; Rachel disparue, on oublia *Virginie*.

Ce fut justice, car cette œuvre n'avait d'autre mérite que de se superposer à *Lucrèce*, et de dériver vers elle une part du courant de sympathie que Ponsard avait su déterminer autour de la tragédie. Le défaut capital de la pièce, c'est l'absence d'Icilius, le fiancé de Virginie. On nous apprend à l'acte IV qu'il a péri dans une embuscade.

Comme dans *Lucrèce*, l'acte V est presque tout

---

1. La troupe anglaise de Macready venait de jouer au théâtre Ventadour (décembre 1844) le *Virginius* de Knowles, pièce dans laquelle miss Faucit interprétait avec talent le rôle de Virginie; le succès de l'actrice anglaise engagea Rachel à demander à Latour sa tragédie.

2. Le registre des représentations de la Comédie-Française le constate en ces termes (5 avril 1845): « après la pièce, M. Ligier est venu, au milieu d'applaudissements unanimes, annoncer le nom de l'auteur. Il a ramené ensuite M⁽ˡˡᵉ⁾ Rachel. L'enthousiasme public, les bravos, les couronnes, rien n'a manqué à cette soirée qui laissera de beaux souvenirs ». La pièce fut jouée 53 fois jusqu'en 1851.

entier en discours, et nous n'y sommes que médiocrement touchés par les efforts que Virginie et sa fille tentent auprès de la foule impassible ; quelle valeur ont les arguments que Virginie apporte à la défense de sa cause :

> J'ai dans le fond de l'âme un sentiment vainqueur
> De toute incertitude, et je crois à mon cœur (V, 2).

La couleur locale, dont Ponsard avait fait un judicieux emploi, est prodiguée sans mesure par Latour[1] : tous les usages de la vie romaine sont décrits, à seule fin de prouver l'érudition du poète. Les dieux lares, les cheveux parfumés de fleurs de marjolaine, les bandelettes, les pénates d'argile, le voile d'hymen, l'orge, le rayon de miel, etc. ; tout un catalogue des objets d'ameublement, des rites et des cérémonies qui remplissent les dictionnaires d'archéologie, s'offre à nous dans cette tragédie, sans que l'on aperçoive la nécessité de pareilles descriptions.

Ainsi la représentation de *Virginie* fut une victoire, moins de l'École de Ponsard et de la tragédie elle-même que de Rachel. Celle-ci qu'on accusait de s'attarder trop dans l'ancien répertoire, se montra ce jour-là belle, simple, et pourtant majestueuse, comme une statue antique ; elle trouva des accents d'une sensibilité poignante, lorsque, agitée par le pressentiment de sa fin prochaine, elle dit adieu à sa demeure, aux siens, à toute sa famille :

---

[1]. Ponsard écrivait : « Je crois que j'ai abusé de la *couleur locale*, et voici *Virginie* qui en abuse encore plus que *Lucrèce*. L'imitation est comme un microscope où l'on voit ses défauts grossis ». — Cité par Mme d'Agoult, préface, p. XIII, note.

...... Adieu donc, ma maison paternelle,
Toi, dont va m'éloigner une absence éternelle.
Adieu, chambre paisible, où, dans les jours meilleurs,
A nos lares j'offrais les couronnes de fleurs!
Doux foyer où je vois ma place accoutumée!
Berceau de mon enfance où je fus tant aimée!
Esclaves, serviteurs qui viviez avec nous,
Vous qui m'avez portée enfant sur vos genoux,
Adieu! [1].

Latour, même secondé par Rachel, ne retrouva plus la veine heureuse de *Virginie*: le *Vieux de la Montagne*, joué à la Comédie-Française, le 6 février 1847, n'eut que sept représentations, avec des recettes indignes de Rachel [2]. Dans la mesure où nous avons à le juger, Latour répond assez bien à l'appréciation qu'en donnait Th. Gautier, au lendemain de *Virginie*: « M. Latour nous paraît être à M. Ponsard ce que Campistron est à Racine, toute proportion gardée [3] ».

Pendant que le Théâtre-Français faisait avec Latour (de Saint-Ybars) sa manifestation contre l'école romantique, Lireux, persuadé que l'audace suffit pour imposer au public un nouveau Ponsard, découvrait Arthur Ponroy. Celui-ci, qui avait auparavant publié quelques vers romantiques sous le titre

---

1. Acte IV, sc. 7. Ce même sujet de *Virginie* fut porté à la scène en 1853, par un poète espagnol, Tamayo y Baus, quand il voulut réagir en Espagne contre les extravagances du romantisme. « Cette belle œuvre, dit M. Boris de Tannenberg, dont les vers ont parfois une concise vigueur, qui rappelle Corneille ou Alfieri, reste le meilleur essai de tragédie romaine en Espagne »: brochure sur *Tamayo y Baus* (1898), p. 2.
2. Cf. d'Heylli: *Journal intime de la Com. Fr.*, p. 273.
3. *L'art dramat.*, t. IV, p. 72. — En 1851, il fit jouer à la Porte-St-Martin un drame, les *Poitiers*, à propos duquel Gautier disait: « lui, le sage, le posé, le régulier, il a voulu faire quelque chose de fou, de tumultueux, d'effréné, de cocasse et d'abracadabrant », *id.*, VI, 225.

de *Formes et couleurs*, apportait à la réaction une tragédie en cinq actes, le *Vieux Consul*. Lireux, habile à soulever l'opinion, commençait en novembre 1843 une campagne de réclame en faveur de cette pièce, qui ne parut au théâtre que le 10 février 1844. Le public, à qui on avait promis un chef-d'œuvre, manifesta sa mauvaise humeur par des sifflets; le désastre s'accentua, quand l'acteur Rouvière prononça avec son plus bel accent de méridional, ce vers étrange:

Deux cent mille Teutons mangés par les corbeaux.

Cet épisode de la vie de Marius, qui craint de se voir enlever le consulat par Annius Agrippa, et qui, pour perdre son rival, sacrifie une patricienne, Lavinia, était porté à la scène par une main très inexpérimentée; une action lente, surchargée d'histoire, s'arrêtant sur la mort des cinq personnages les plus importants, était gâtée encore par un style déplorable [1].

Une seconde tentative de Ponroy, à l'Odéon, avec les *Atrides* (16 décembre 1847), échoua plus lamentablement que le *Vieux Consul*. La lutte fut terrible au parterre, divisé en deux camps ennemis: « ils étaient debout, dit Roqueplan, poussant des clameurs, frappant du pied le parquet et les banquettes, soulé-

---

1. Voici quelques vers prononcés par Lavinia, au début.

Citoyen envers toi sévère et despotique,
On sait pour la cité ton amour fanatique.
Quand on respecte en toi le passé des Brutus,
Il te sied mal, ami, de railler les vertus.
Vous qui faites l'état par vos têtes actives,
Laissez à leur devoir les épouses craintives.

vant autour d'eux des nuages de poussière; leurs bras et leurs poings battaient l'air en guise d'étendards et de drapeaux; ils se menaçaient du geste, ils s'attaquaient de la voix, ils se dévoraient des yeux, et l'aigre cri des sifflets se mêlait, en jets discordants, à l'ardente symphonie des bravos [1] ».

Ainsi, en l'espace d'un an, deux fois à l'Odéon, une fois au Théâtre-Français, la tragédie avait succombé; *Agnès de Méranie*, le *Vieux de la Montagne*, les *Atrides* expiaient l'engouement dont Ponsard et Latour, à défaut de Ponroy, avaient recueilli le bénéfice, quelques années auparavant. Néanmoins, l'heure du déclin n'avait pas sonné pour l'École du Bon Sens; car, à la même époque, dans le genre de la comédie, Augier remportait une série de victoires.

V

On s'accorde assez généralement à distinguer dans les pièces d'E. Augier plusieurs manières, dont la première, qui correspond aux tâtonnements de l'écrivain, va de 1844 à 1853. M. Parigot accuse cette classification de ne pas tenir compte des oscillations qu'a suivies la pensée d'E. Augier, et surtout de mettre des analogies entre des œuvres aussi différentes que *Diane* et *l'Aventurière* par exemple [2]. Certes il serait arbitraire d'effectuer un tel rapprochement; mais quand on arrête à 1853 une période de la carrière dramatique d'Augier, on veut seule-

---

[1]. Le *Constitutionnel*, cité par Porel et Monval, *Hist. de l'Odéon*, t. II p. 215.
[2]. Le *Théâtre d'hier*, p. 6.

ment dire qu'à cette époque, l'écrivain a pris conscience de lui-même, et qu'après avoir jusque-là imité ou subi des influences, il vient enfin de dégager son originalité.

Avant 1853, Augier était un écrivain dramatique en vue, mais qui avait donné des promesses plus que des œuvres; après 1853, il impose sa supériorité et se révèle maître en son art. Ainsi comprise, cette division n'a rien de puéril, et nous allons essayer de montrer que l'unité de cette période est précisément dans la diversité des voies suivies par l'écrivain, qui, n'ayant pas encore fait choix d'un système déterminé, subit surtout l'influence de Ponsard.

Ces pièces de jeunesse peuvent se diviser ainsi: 1° des comédies de fantaisie, la *Ciguë*, le *Joueur de flûte* et *Philiberte*; 2° un drame historique, *Diane*; 3° des comédies de mœurs: l'*Homme de Bien*, l'*Aventurière*, *Gabrielle*.

La *Ciguë* fut écrite pour ainsi dire sous l'œil de Ponsard (1844). M. J. Claretie qui a consulté le manuscrit original de la *Ciguë*, nous dit que Ponsard avait « annoté page à page, et en quelque sorte vers par vers, la comédie d'E. Augier [1] ». Ponsard qui, de son côté, se rendait toujours à une critique sérieusement faite, mit à cette tâche son expérience de la scène et la sincérité de sa nature loyale et bienveillante [2]. La muse d'Augier avait déjà de l'esprit, de

1. *Les célébrités contemporaines. — Emile Augier*, par J. Claretie, 1882.
2. Voici un exemple de ces corrections proposées; dans la tirade qui suit, quatre vers de l'original, les derniers, ont disparu plus tard:

Je ne suis plus gourmand pour trop l'avoir été,
Et pour avoir trop ri, je n'ai plus de gaîté!
Les dés ne comptent plus, puisque, joueur inerte,
Je ne m'émeus pas plus du gain que de la perte.

la verve, de l'entrain, de la bonne humeur, parfois même une sensibilité discrète. Les amis de Ponsard firent fête à ce poète qui plaçait l'action de sa comédie au siècle de Périclès et non au moyen âge, qui ne défigurait pas le sourire par le grotesque, et qui semblait apporter la formule d'une fantaisie classique, c'est-à-dire sobre dans ses couleurs, réservée dans ses audaces, et toujours respectueuse d'une élégance de bon ton.

Le *Joueur de flûte* (1850) semble continuer la veine d'*Horace et Lydie*: dans les deux pièces, nous voyons une courtisane qui aime d'un amour vrai, pour avoir rencontré un amant d'une espèce peu commune: ici un poète, là un pâtre thessalien, et la courtisane de Corinthe parle de son pâtre avec l'enthousiasme de Lydie pour Horace:

> Avec quelle superbe il traite le destin!
> Avec quelle admirable et tranquille insolence
> Il met sa volonté dans la sombre balance!
> Ne vous semble-t-il pas, cet esclave indompté,
> Un roi captif, parmi son peuple révolté,
> Qui fait baisser les yeux à l'insulte et l'étonne,
> En redressant plus haut sa tête sans couronne? (I, 8).

> *Les femmes, c'est toujours cette difformité*
> *De beauté sans esprit ou d'esprit sans beauté!*
> *La pudeur, il est vrai, de grâce les couronne,*
> *Mais comme elle s'enfuit de celle qui se donne,*
> *On reconnaît enfin qu'on a trop marchandé*
> *Pour un trésor sans prix dès qu'il est possédé.*

En marge, Ponsard avait écrit:
« Quatre vers languissants. D'ailleurs l'idée n'est pas exactement rendue. Si la pudeur est le trésor, on ne le possède pas, puisqu'il s'enfuit. Si c'est la femme elle-même qui est le trésor, il y a amphibologie. On pourrait les couper. Il faut marcher rondement en commençant ». — Augier les a coupés: cf. *E. Augier*, p. 11.

Ce pays grec, Augier l'avait célébré, non qu'il eût pour lui la tendresse que Ponsard lui avait vouée au plus profond de son âme; on chercherait en vain dans la *Ciguë* et le *Joueur de flûte* un décor vraiment grec : mais la jeune imagination d'Augier, par réaction contre l'exotisme romantique, s'était réfugiée sur les bords de l'Eurotas, dans cette Grèce chantée par Musset :

Et la Grèce, ma mère, où le miel est si doux.

La comédie de *Philiberte* écrite pour Rachel, fut jouée en 1853, nous savons avec quel succès; jamais l'Ecole du Bon Sens ne s'était parée d'un esprit plus léger et facile, d'une gaîté plus souriante, d'une plus fine sensibilité. Aussi, d'avoir écrit la *Ciguë*, le *Joueur de flûte* et *Philiberte*, Augier gardera, dans son réalisme le goût et comme l'instinct de la beauté; un parfum de poésie se dégage de ce théâtre, où pourtant est enfouie toute la corruption de la société bourgeoise du second Empire, et c'est là un trait caractéristique du talent d'Augier.

Le poète ne fit que traverser le domaine que Ponsard semblait s'être réservé, à savoir le drame historique. *Diane* (1852) n'eut pas de succès. En l'écrivant, Augier faisait acte d'hostilité contre le romantisme. Aussi Gautier, qui avait loué si franchement la *Ciguë*, l'*Homme de Bien*, l'*Aventurière* et même *Gabrielle* [1], s'éleva-t-il tout à coup contre *Diane*

---

[1] En 1849, Gautier se contenta de faire quelques réserves, d'ailleurs justes, sur *Gabrielle*; mais il attendit 1852 pour juger sévèrement cette comédie, dans laquelle « le jeune écrivain, dit-il, apostasiant l'art pur, se convertit au prosaïsme bourgeois, renia la passion, quitta le point de vue humain pour le point de vue social, séduisit les notaires en les appelant

avec brutalité: « c'est une œuvre manquée comme fond et comme forme, dit-il, et les germes de situations qu'elle renferme avortent aussitôt [1] ». Gautier a raison, le drame est faible; du moins Augier y prouvait un sincère respect de l'histoire. Tandis que le Louis XIII et le Richelieu de *Marion Delorme* avaient été déformés par cet « esprit de révolte contre les gouvernements », qui souffle à travers le théâtre romantique [2], Augier, en disciple fidèle et, cette fois, bien inspiré de Ponsard, projetait la lumière de la vérité sur ces deux figures historiques, qui se dressent à l'aurore d'un grand siècle.

Les premières comédies de mœurs composées par Augier ne faisaient pas pressentir qu'un jour il fonderait chez nous le théâtre social.

L'Homme de Bien (1845) est une étude faible d'un caractère équivoque; la pièce est, de plus, faiblement intriguée et dépourvue d'intérêt: elle échoua.

Augier, éclairé sur la difficulté d'animer du souffle de la vie une abstraction de la pensée, revint à une forme de comédie, où il fût soutenu davantage par l'action; il écrivit l'*Aventurière* (1848), qu'il annonçait en ces termes à son ami Ponsard: « je vous dis d'avance que toute la pièce sera prise assez dans le vif de l'humanité, toute vanité à part [3] ». Aussi ne faut-il pas attacher d'importance à cette indication dont l'auteur a fait précéder son œuvre: « la scène est à

---

poètes, flatterie inaccoutumée à laquelle ils furent sensibles, et, par toutes ces concessions, gagna le prix de 10.000 francs décerné par l'Académie » ¹ *l'Art dram.*, t. VI, p. 312.

1. *Id.* t. VI, p. 316.

2. Cf. Doumic: le *Théâtre romantique*, dans l'*Histoire de la Langue et de la Littérature Française*, A. Colin, t. VII, p. 851.

3. Lettre publiée par J. Claretie, le *Temps*, 25 mai 1895.

Padoue, en 15.. »; il a pris avec la couleur locale toutes les libertés, ou, pour mieux dire, il l'ignore; mais, comme l'action était banale, il n'a pas voulu la placer directement dans un cadre moderne. Bien qu'il y ait peu d'imprévu dans les péripéties, et que le dénouement ne surexcite pas la curiosité, cette comédie restera au répertoire, parce qu'elle est humaine, mettant aux prises le vice repentant et la vertu intransigeante; enfin parce que la gaîté et l'émotion s'y combinent pour produire un mélange d'une saveur originale.

Gabrielle qui suivit (1849) était, nous l'avons vu, une comédie de circonstance: cependant, comme le poëte y soulevait le problème de l'adultère, cette plaie éternellement saignante de la société, il a écrit non seulement pour ses contemporains, mais encore pour la postérité. Gautier avoue qu'elle est d'une grande beauté, cette scène de l'acte V, « où Julien, fixant des yeux perçants sur sa femme et sur Stéphane, décrit les malheurs de ses amours illégitimes [1] ». L'auditoire n'avait pas attendu ce moment pour être transporté d'admiration, et il avait vigoureusement applaudi le monologue de Julien qui médite sur les torts qui lui ont aliéné le cœur de sa femme, et qui nous découvre les trésors de passion qu'il lui a maladroitement cachés. Les justes critiques, que l'on peut faire à *Gabrielle*, s'oublient devant la grandeur du service rendu ce jour-là par Augier à notre société: il rompait en visière avec un passé d'anarchie morale; il avait enfin l'audace de s'élever contre l'amant, de réhabiliter le mari, et de proclamer que l'adultère « est un crime

1. *IL.* VI, 139.

Grotesquement ignoble, à moins d'être sublime ».

A partir de 1854, Augier a commencé à voir clair dans son propre talent; et si quelque influence désormais s'exerce sur lui, c'est moins celle de Ponsard que celle de Dumas fils. Ponsard s'est, pour ainsi dire, retiré sous sa tente, non pas qu'un échec lui fasse bouder le théâtre, mais pour des raisons d'ordre privé; l'Ecole du Bon Sens est désemparée, et le souvenir seul en persiste dans les esprits. Du moins cette fréquentation de Ponsard, reconnu comme un maître, a préparé le beau talent qui allait s'affirmer dans le *Gendre de M. Poirier*.

Les deux amis s'étaient fait un idéal commun, puisé aux sources éternellement humaines, et dont la noblesse relevait toujours de la raison. Sans ménagement pour les préjugés, les convenances et la politesse mondaine, Ponsard et Augier ont eu, en morale comme en art, le respect de la tradition. L'un et l'autre ont peint avec amour la vie de famille, ses devoirs et ses joies; ils ont dégagé la vertu bourgeoise des compromissions auxquelles descend notre faiblesse, des hypocrisies qui s'y sont accumulées au cours des temps, et, après l'avoir rétablie dans sa pureté première, ils l'ont prêchée avec une conviction d'apôtres.

C'est contre l'argent qu'ils ont fait porter le principal effort de leur satire. M. Parigot, qui admire très justement l'audace avec laquelle Augier a dénoncé la corruption de l'aristocratie financière, se trompe quand il ajoute que ses attaques ont précédé celles de Ponsard [1]: la comédie de l'*Honneur et l'Argent*,

1. *Le Théâtre d'hier*, p. 31.

jouée en 1853, est antérieure d'une année au *Gendre de M. Poirier* (1854), et de deux à *Ceinture dorée* (1855). La peinture d'Emile Augier est infiniment plus poussée que celle de Ponsard; laissons au moins à celui-ci l'honneur de l'initiative.

Les exemples de Ponsard enseignaient aussi à son disciple la poétique du XVIIe siècle; et Augier en accepta parfois jusqu'aux inconvénients, s'il est vrai que l'action de *Gabrielle*, pliée à la loi de l'unité classique, se développe avec autant de froideur que celle d'*Agnès de Méranie*. Mais d'une façon générale cette étude des maîtres du XVIIe siècle porta d'excellents fruits, et l'on a pu dire qu'Augier a retrouvé quelques-uns des secrets du génie de Molière. Il fortifia son talent au contact des chefs-d'œuvre consacrés par l'admiration de deux cents ans; et comme il apportait à la scène des qualités supérieures: l'instinct de la composition théâtrale, une logique serrée de dramaturge, une psychologie pénétrante, et surtout un style vif, souple et brillant, il vit à l'aube d'avenir qui se levait sur la *Ciguë* succéder le grand jour de la gloire; et pendant que l'auteur de l'*Honneur et l'Argent*, infidèle à la poésie, s'abandonnait à la muse du plaisir, Augier prenait le sceptre dramatique, et pendant plus de vingt ans régnait en maître sur la scène française.

CONCLUSION

L'École du Bon Sens, dont la durée fut éphémère (1844-1853), n'a produit, sauf de rares exceptions, que des œuvres médiocres. Qui s'intéresse aujourd'hui à Latour (de Saint-Ybars), à Ponroy, à J. Barbier, à Michel Carré? Parmi les pièces qui appartiennent à la première manière d'Émile Augier, *Gabrielle*, l'*Aventurière*, *Philiberte* seules sont restées au répertoire. *Charlotte Corday*, abritée elle aussi sous l'étiquette du « bon sens », est, en réalité, un beau drame historique, d'une contexture lâche, mais porté d'un souffle de puissance et de grandeur; l'*Honneur et l'Argent* reste la production la plus caractéristique de l'école que nous étudions: elle abonde en parties brillantes, en vers vigoureux, en sentiments honnêtes; et même, en 1853, elle pouvait paraître rappeler heureusement la comédie de Molière; mais elle est rejetée au second plan, quand on la compare avec les pièces de la maturité d'Augier et de Dumas fils.

Le bilan littéraire de l'École du Bon Sens est mince assurément; mais, dans l'histoire dramatique, l'intérêt va non seulement aux œuvres qui marquent une date, mais à celles qui déterminent un courant, et qui impriment aux esprits le mouvement qui les entraîne vers le chef-d'œuvre de demain. Ces écoles intermédiaires, qui portent en elles-mêmes le germe de l'avenir, rendent à l'art de réels services: les écrivains qui s'y rattachent ne sont que des précurseurs, mais c'est d'eux que les maîtres naissent par une filiation directe. Entre le drame romantique et la comédie sociale du second Empire, l'Ecole du Bon Sens sert de transition.

Il est donc injuste de la ridiculariser ou de la proscrire à cause du nom qu'elle a porté! Dans la confusion des luttes littéraires, ce mot de « bon sens » avait un sens précis, que nous ne pouvons plus lui rendre que par un effort de notre intelligence: aussi n'exprime-t-il que très imparfaitement le programme adopté par Ponsard et ses disciples. Ne serait-ce pas de même, aujourd'hui, faire injure au romantisme que de le réduire à n'être que l'école de la « fantaisie », comme on disait vers 1850?

Ponsard et Augier ont entendu se tenir à égale distance de la routine et de la fantaisie: ils n'ont pas eu la prétention de faire revivre un idéal mort; car la première qualité du bon sens, c'est de se plier aux conditions différentes, dans lesquelles l'art se trouve placé aux époques différentes; il évolue avec les mœurs, les habitudes et les désirs de son temps; il s'efforce d'offrir aux contemporains des œuvres qui correspondent aux besoins de leur esprit; mais dans cette recherche du succès, il s'appuie sur un guide sûr, ce bon sens dont Bossuet a dit qu'il était « proprement le maître de la vie humaine ».

Il est faux de croire que l'école de Ponsard se fût vouée au culte du lieu commun, et de dire avec

Th. Gautier qu'elle n'eut d'autre idéal que « la sagesse banale du fond et de la forme ». Mais la simplicité et la clarté de l'action, la grâce aisée et spirituelle du style, enfin l'élévation morale des sentiments, toutes ces qualités qui appartiennent à l'*Honneur et l'Argent* aussi bien qu'à *Gabrielle*, ne méritent-elles que le dédain ou les railleries de la critique?

Dira-t-on que *Hernani* ou *Henri III* sont traversés d'un souffle plus moderne qu'*Agnès de Méranie* ou *Charlotte Corday*? L'Espagne grandiloquente de Hugo, les chroniques déformées par la puissante imagination de Dumas, pouvaient-elles exciter un intérêt plus vif, et même plus actuel, que le tableau d'histoire qui mettait aux prises dans *Agnès* le pouvoir temporel et le pouvoir spirituel, au XIII siècle? quel sujet plus hardi les romantiques ont-ils porté sur la scène que cette *Charlotte Corday*, où se heurtaient des passions brûlantes encore malgré soixante ans écoulés? Lorsque, transportant cette audace du domaine tragique à l'étude des contemporains, Ponsard écrivait l'*Honneur et l'Argent*, ne mettait-il pas le doigt sur une plaie vive de la société, et du premier coup n'agitait-il pas l'un des problèmes les plus poignants que le développement de la science et de l'industrie ait soulevés? Augier s'essayait timidement dans l'*Homme de Bien* et dans *Gabrielle* à la peinture de son temps, mais, en 1853, n'est-il pas à la veille d'attaquer la presse à scandale et de dénoncer les hontes de la spéculation? Ces poètes qu'on nous peint si réservés, si figés dans la contemplation du passé, si impuissants pour tout dire, ont eu au contraire des témérités, dont l'école romantique s'est bien gardée. Celle-ci s'est abandonnée à tous les caprices de l'imagination, dût-elle rencontrer sur sa route l'extravagance et l'énormité; elle a fait grand bruit de ses enthousiasmes, de son orgueil d'originalité et de la sève de vie dont elle avait cru animer ses productions; mais, au fond, elle n'a été audacieuse qu'à déformer l'histoire et à nous donner des hommes le tableau le moins fidèle. Elle a exalté la poésie, élevé les poètes au-dessus de la condition moyenne, et revendiqué pour la passion le droit à l'existence; mais est-ce donc elle qui a protesté le plus fortement contre le prosaïsme bourgeois, vers lequel les mœurs inclinaient sous la monarchie de Juillet? Le bon sens bourgeois, cette inaptitude à sentir l'art, cette prédominance du calcul et de l'intérêt, même dans les affaires du cœur, personne ne les a fustigés avec plus de conviction que Ponsard dans l'*Honneur et l'Argent* et dans la *Bourse*: son Georges et son Rodolphe, sa Lucile et sa Camille, n'ouvrent-ils pas leurs âmes à la jeunesse, à l'amour, à toutes les chimères qui nous emportent vers l'idéal? Mais Augier, dira-t-on, a commis le crime de réhabiliter la famille avec *Gabrielle*; le paradoxe aujourd'hui semble étrange de soutenir que la poésie est moins dans les joies du foyer que dans les aventures d'un bandit sympathique, la passion d'une fille publique ou l'amour d'une mère incestueuse!

L'École du Bon Sens a renoué la chaîne des écrivains proprement Français; et c'est de ce point de vue qu'il faut juger la réaction de Ponsard contre le théâtre romantique: « l'école du drame, dit Ed. Thierry, sortie de Shakespeare, de Gœthe et de Schiller, avait toujours gardé à son insu le vague accent d'une école étrangère. Ou je me trompe, ou je viens de dire le secret des diverses fortunes du mouvement romantique. Au moment où il avait renversé tout ce qui pouvait lui faire obstacle, qu'est-ce donc que cette résistance inattendue qu'il rencontrait dans le public? C'est l'esprit français qui hésitait à se reconnaître en lui, qui avait cru se retrouver dans les représentations de Mⁿᵉ Rachel, et qui se retrouvait mieux encore dans l'éloquence politique de *Lucrèce* et le rire étincelant de la *Ciguë*[1] ».

Oui, l'École du Bon Sens eut le privilège de venir en un temps où l'esprit français courait le risque d'être submergé sous un flot d'exotisme. V. Hugo avait renoncé au théâtre; ses disciples, qui n'avaient pas, comme lui, la faculté de sauver leur originalité des imitations auxquelles ils se laissaient aller, avaient renié la tradition nationale, et étouffaient les qualités natives de notre race sous les emprunts étrangers. Vacquerie s'évertuait à reproduire Shakespeare; et Th. Gautier n'hésitait pas à reconnaître en Tragaldabas un frère de Falstaff et formulait la théorie du grotesque et de l'extravagant. Seuls, les défauts du poète anglais passaient dans les imitations de nos écrivains: ainsi, sous le patronage d'un Shakespeare défiguré, la fantaisie menaçait de s'installer en maîtresse sur notre scène. Il était temps de ramener l'esprit français vers ses sources et de le rappeler au respect des qualités qui avaient fait sa gloire dans le passé, et qui, unies aux mérites incontestables de l'école romantique, auraient pu enfanter au théâtre des chefs-d'œuvre, dignes de figurer à côté de *Polyeucte* et d'*Athalie:* « l'esprit, le talent, même le génie, ne manquent pas à notre époque, écrivait la duchesse de

---

1. *Rapport sur le progrès des lettres*, 1868, p. 161.

Castries à Ponsard, vers 1844; mais le goût, la vérité et la mesure ne se retrouvent presque jamais dans les œuvres actuelles; et c'est là ce qui attriste et blesse la délicatesse et le bon sens [1] ».

Donc, on ne saurait trop le répéter, la réaction, tentée par l'École du Bon Sens, aux environs de 1850, était nécessaire: « il fut un temps, disait Ponsard dans son discours à l'Académie, où nous étions si jaloux des gloires de notre pays, que nous leur immolions, comme barbares, toutes les célébrités étrangères: c'était du patriotisme, mais un patriotisme étroit; maintenant (en 1856), nous prenons plaisir à humilier nos propres chefs-d'œuvre aux pieds des poètes anglais et même allemands [2] ». Ce fut l'honneur de Ponsard de lutter contre ce fanatisme.

C'est folie de ne prétendre relever que de soi; ce serait amoindrir notre patrimoine littéraire que de rayer du catalogue de nos écrivains tous ceux qui doivent à l'étranger la matière dont leur génie s'est alimenté, tous ceux qui ont reçu la secousse divine de l'Espagne, de l'Italie, de l'Angleterre, de l'Allemagne, et pourquoi ne pas l'ajouter, de Rome ou de la Grèce? Il serait vain de prétendre établir entre les peuples des barrières, où se briserait le rayonnement des intelligences.

Mais dans l'excès du « cosmopolitisme », il y a plus d'engouement que d'admiration réfléchie. En cette fin de siècle, par exemple, nous sommes devenus tour à tour Anglais, Allemands, Américains, Norvégiens, quoi encore? tous les systèmes de la pensée, toutes les

---

1. *Lettre inédite.*
2. *Disc. de récep.*, p. 32 et 33.

critiques d'art, toutes les théories esthétiques, nous ont successivement marqués de leur empreinte. Aussi avons-nous risqué, en ces mille aventures exotiques, de perdre ou du moins de compromettre l'individualisme du génie national. Ponsard et Augier eurent-ils le pressentiment de ce danger, quand ils revendiquèrent en face du romantisme, les titres de gloire de notre passé littéraire?

D'ailleurs ces querelles ne durèrent pas: dès 1850, Ponsard se réconciliait avec Vacquerie; Augier, de bonne heure, exprimait son regret d'être resté si longtemps à ignorer V. Hugo, et le 28 février 1880, il prit la parole, dans la réunion, où l'on célébrait le 78e anniversaire de la naissance du poète et le cinquantenaire d'*Hernani*: « les résistances furieuses de la première heure, dit-il, les aigres rébellions de la seconde se sont fondues dans une admiration universelle; les derniers réfractaires sont rentrés au giron; et vous donnez aujourd'hui ce rare et magnifique spectacle d'un grand homme assistant à sa propre apothéose et conduisant lui-même le char du triomphe définitif que ne poursuit plus l'insulteur [1] ».

Nous aimons à nous arrêter sur le spectacle de cette réconciliation, que l'opinion a ratifiée. La postérité a oublié *Tragaldabas* de Vacquerie et le *Vieux Consul* d'A. Ponroy; mais ceux des romantiques et ceux des poètes néo-classiques, qui ont brillamment enrichi notre patrimoine national, sont également en honneur auprès d'elle: nous applaudissons, sans distinction d'école, *Hernani* et le *Gendre de M. Poirier*.

L'Ecole du Bon Sens a disparu plus vite que

[1. Cité par Vacquerie, *Rappel* du 6 juin 1891.]

l'Ecole Romantique, et n'a tracé qu'un léger sillon dans le champ fortement labouré par l'imagination de V. Hugo. Du moins elle eut ce résultat, de ramener dans le goût public le respect de notre passé littéraire. Avec Ponsard et Augier, fut vaincue la cause du drame, en ce qu'il avait d'exclusif et d'étranger. Désormais Shakespeare et Schiller ne seront plus les seuls à servir de guides; à côté d'eux, Corneille, Racine et Molière sont rentrés dans leur gloire. Cette large compréhension des beautés littéraires, dont nous avons raison de nous glorifier, devint possible le jour où cette école modeste du Bon Sens remit en honneur nos classiques: le mépris du romantisme les avait momentanément relégués dans l'ombre; moins de vingt ans après *Hernani*, ils reparurent dans leur éclat, plus originaux, plus français, et, pour tout dire, plus éternels. Ce « combat à mort entre le système de Racine et celui de Shakespeare » que Stendhal préconisait [1], était fini; on se reposait dans les bienfaits de l'éclectisme. Grâce à Ponsard, le public s'était détaché des imaginations extravagantes et des monstruosités morales, que V. Hugo avait mises sur la scène; le « bon sens » avait reconquis ses droits, avant d'aboutir à ce robuste équilibre des facultés qui caractérise Augier, et marque son théâtre d'une empreinte profondément française.

1. Cf. *Racine et Shakespeare*, p. 53.

APPENDICE

Pièces inédites de Ponsard

I

Les Francs à Constantinople. — Le *Censeur de Lyon* publia, le 5 octobre 1843, un long fragment d'une tragédie, qu'il attribuait faussement à Ponsard : *Irène, ou les Francs à Constantinople* : l'impératrice Irène développait à son confident, Nicéphore, un projet d'hymen avec Charlemagne[1].

La pièce que Ponsard avait intitulée *les Francs à*

---

1. *Le Patriote des Alpes* du 7 octobre, le *Parisien* du 11 octobre, et d'autres journaux publièrent à leur tour ce fragment, qu'un biographe érudit de Ponsard, Raymond Laire, n'hésite pas à accepter comme authentique. (Cf. *Revue du Dauphiné et du Vivarais*, août 1877). Or le *Censeur* du 9 et 10 octobre publiait la lettre suivante :

« Monsieur le Rédacteur du *Censeur*,

Je ne sais pas ce que c'est qu'une tragédie d'*Irène* que votre feuilleton du 5 octobre m'attribue. Je n'ai pas fait les vers que vous citez comme étant de moi, ni rien qui y ressemble. Vous regretterez sans doute, monsieur, d'avoir accueilli légèrement cette indécente mystification.

Je vous prie de vouloir bien insérer cette lettre dans votre prochain numéro.

Agréez, etc.

PONSARD. »

Constantinople, et dont deux actes ont été écrits, mettait en présence Alexis Comnène et Godefroy de Bouillon, le Bas-Empire et le moyen âge. Alexis, après avoir appelé les Francs à son secours contre les Turcs, veut se débarrasser de ces alliés inquiétants. Le grand domestique, Adrien, ne voit qu'une ressource : s'allier avec les Turcs contre les Francs ; Alexis rejette ce conseil en de beaux vers :

L'alliance des Turcs, c'est un tombeau certain.
Ces farouches pillards, envieux de nos terres,
De notre sang déjà flattent leurs cimeterres ;
Ils sont sur nous ; leurs yeux plongeant dans nos maisons,
Leur cercle rétréci ronge nos horizons.

Il emploiera l'intrigue, brouillant les chefs au moyen de lettres feintes, ravivant leur ferveur pour les éloigner de Byzance, faisant tuer par des soldats déguisés en Scythes et en Bulgares, tous les Français qui s'éloigneront des rangs.

Godefroy perce à jour l'hypocrisie de l'Empereur ; Alexis, poussé à bout par les réponses hautaines du chef des Croisés, se redresse fièrement :

Nous avons une armée, et l'empire romain
N'est pas de ceux qu'on prend avec un coup de main.
Vingt siècles l'ont assis sur le trône du monde ;
Un jour ne détruit pas, quand l'éternité fonde.

Godefroy ne s'abuse pas sur la vraie faiblesse de l'Empire ; pourtant il ne veut pas la guerre ; il ne demande rien, il est venu jurer fidélité de vassal à l'empereur, avant de partir pour la Terre-Sainte.

Mais son ami, Robert, est resté à Constantinople,

pour y attendre Bohémond et sa sœur Bérengère qui lui est fiancée. Alexis veut que Robert s'éloigne, ou qu'il disparaisse. Il fera servir à ses desseins une esclave, Gulnare, qu'il avait jadis offerte en cadeau au duc de Sicile, mais que celui-ci lui avait renvoyée parce qu'elle se mourait sous un ciel nouveau. Ce passé, Gulnare l'évoque en des vers gracieux :

Oh oui! je suis bien jeune, et j'ai bien voyagé.
Mon collier d'esclavage a bien souvent changé.
Je suis une humble fleur née aux jardins de Perse,
Pareille à ces duvets que l'orage disperse,
Qui vont cherchant partout où reposer leur vol,
Et qu'un brusque zéphyr chasse toujours du sol.

La suite manque.

II

Frédégonde. — Après *Agnès*, Ponsard eut l'intention d'écrire une *Frédégonde*.

Il aspirait, sans doute, à se rapprocher de Rachel, et à composer pour elle cette tragédie de *Frédégonde* que Musset lui avait promise en 1839.

Avant de se décider, Ponsard interrogea ses amis de Paris sur les projets de Musset; la duchesse Decazes lui répondit : « Je ne crois pas que M. A. de Musset pense à faire une *Frédégonde*, son talent n'est pas tragique, et lui-même me disait il y a quelque temps, s'il faisait jamais quelque chose pour le théâtre, vouloir faire une comédie pour Mᵐᵉ Rachel [1] ».

1. *Lettre inédite* (26 juillet 1847). — Cf. A. de Musset, Œuvr. posthumes.

Ponsard se mit donc à l'œuvre, à la grande joie de ses amis. La duchesse Decazes espérait beaucoup d'un sujet qui offrait au poète des éléments dramatiques supérieurs : « pour exciter l'intérêt, lui écrivait-elle, il faut de mauvaises passions, de grands crimes, de grands vices, un caractère exceptionnel ». Or, la vie de Frédégonde est remplie de crimes ; cette héroïne féroce, « née avec le crime, ne servira qu'à mieux faire ressortir la figure de la douce Galswinthe ».

Ponsard abandonna bien vite cette tragédie de *Frédégonde*, dont il ne reste dans ses papiers qu'un fragment de 38 vers [1].

III

Entre la Bourse (1856) et le *Lion Amoureux* (1866), Ponsard ne fit jouer que cette comédie mal venue, qui s'appelle : *Ce qui plaît aux femmes* (1860). Cependant, il avait, dans cette période, esquissé nombre de pièces. Il n'est pas sans intérêt de recueillir ces ébauches [2].

La Demoiselle de Compagnie. — Voici d'abord une *Demoiselle de Compagnie*, que Ponsard abandonna comme trop mélodramatique : « il y avait

---

1. Mme de Solms dit que Ponsard avait écrit de *Frédégonde* deux actes dans sa jeunesse, et qu'il en esquissa le 3e et le 4e en 1860 : cf. *Matinées italiennes*, 1er mai 1870, p. 351. — Elle a bien voulu m'écrire qu'elle possédait ce manuscrit de *Frédégonde*.

2. Nous le pouvons, grâce à une très longue lettre inédite de Ponsard à Bocage, et surtout grâce aux renseignements que Mme de Solms nous a donnés sur les pièces inédites de Ponsard dans les *Matinées Italiennes* (15 juillet, 1er août, 31 octobre 1869 ; 1er et 8 mai 1870).

pourtant quelque chose », écrit-il à Bocage. Voici l'analyse qu'en donne Mme de Solms d'après le manuscrit, « où, dit-elle, tout est esquissé, indiqué, mais dont rien n'est achevé » :

« Une marquise trouve son fils aux genoux de sa demoiselle de compagnie, et chasse honteusement cette dernière. Mais, le lendemain, le jeune marquis avait lui aussi quitté la maison maternelle ; il fallut bien consentir à la fin à ce que le petit-fils des anciens preux épousât la fille du prolétaire ».

Cette analyse, ainsi que le fragment publié par Mme de Solms, ne donnent qu'une idée très insuffisante de cette œuvre, qui eût été, nous dit-on, « palpitante d'actualité et de réalisme... une véritable galerie de portraits [1] ».

Le précepte et l'exemple. — Mme de Solms a publié le 1er acte d'une comédie inachevée en cinq actes : le *Précepte et l'Exemple* [2].

Cet acte est faible, mou et languissant au point de vue dramatique ; il appartient au genre prêcheur et immobile de Diderot. Il s'agit d'un bourgeois très riche, qui prêche sans cesse la vertu ; il a fait élever son fils Gaston dans les meilleurs principes de générosité et de franchise, mais il refuse de prêter de l'argent à son neveu, Victor, sous prétexte qu'il encouragerait le vice et la vie oisive du jeune homme ; enfin, mis en face d'une misère déchirante, il se dérobe et ferme sa porte.

Nous citerons un fragment d'une tirade contre la jeunesse dégénérée :

---

1. *Mat. Ital.*, 1er et 8 mai 1870.
2. *id.* 15 juillet 1869.

Tous brûlent d'arriver ; affamés de bien-être,
Des plaisirs sensuels tous veulent se repaître ;
Qu'on ne leur parle pas de foi, de dévouement,
D'ardeur pour une idée ou pour un sentiment.
La passion, l'amour, l'art, le patriotisme,
L'enthousiasme enfin, père de l'héroïsme,
Les aspirations, les horizons nouveaux,
Tout ce qui bouillonnait dans nos jeunes cerveaux,
Tout ce qui provoquait nos fureurs et nos fêtes,
Éclatait en *bravos*, en sifflets, en tempêtes,
Tout cela n'est plus rien ! A quoi bon, en effet ?
Le calcul a tué l'effervescence ; on est
Habile et positif, on pèse la parole.
Le printemps rabougri n'a plus de sève folle.

Le Savoir-faire. — Une autre comédie, essayée par Ponsard, fut le *Savoir-faire*. Nous empruntons à une lettre de Ponsard à Bocage quelques lignes relatives à cette pièce :

« 1° Il s'agit d'un poète, qui a bon cœur, loyauté, générosité et tout ce qui s'ensuit, et un grand talent ; mais aucun savoir-faire ; point de coterie, de l'imprudence, de la franchise et de l'orgueil mal à propos ; il est attrapé par tout le monde et défendu par personne.

2° Il s'agit d'un homme habile et égoïste et hypocrite : un directeur d'un journal ; il s'est enrichi par les actions qu'il s'est fait donner ; il est *médiocre* et par conséquent aimé de tout le monde ; il est à l'affût des choses populaires ; il se montre dans les occasions qui peuvent lui être utiles, etc.

3° Il s'agit d'un riche banquier, qui laisse sa fille libre de choisir son mari. Elle choisit le poète ; elle veut jouer le rôle d'une fée,

Et goûter ce plaisir
De créer un bonheur aussi grand qu'un désir ».

Cette même lettre à Bocage contient, sur cette pièce, une indication très intéressante: « si ce plan te paraît fertile, dis-le moi; s'il te paraît ingrat ou *trop personnel*, dis-le moi ». Nous aurions donc pu chercher dans cette comédie des confidences personnelles du poète; Ponsard, ennemi de toute coterie, aurait stigmatisé ce savoir-faire, par lequel tant d'autres ont conquis la gloire [1].

Donc, dans cet intervalle de dix ans, Ponsard a esquissé plusieurs intrigues; il a jeté sur le papier toutes les idées de pièces qui lui venaient; mais peut-être une seule pièce serait-elle sortie de ces ébauches. Mᵐᵉ de Solms elle-même, bien que possédant les manuscrits, n'a pas pu éclaircir la question, et dans les scénarios qu'elle a publiés, on trouve des redites, des contradictions, des impossibilités. Rien d'étonnant d'ailleurs: « je suis seul, écrit Ponsard à Bocage, livré à moi-même, malade d'esprit; j'aurais besoin que quelqu'un fût là; j'aurais besoin d'avis, car je ne sais plus distinguer le bon du mauvais ».

---

1. Les *Matinées Italiennes* (31 octobre 1869, 1ᵉʳ et 8 mai 1870) contiennent deux plans, assez différents, du *Savoir-faire*. Mᵐᵉ ؟ Solms ajoutait: « le plus curieux de l'œuvre eût été très certainement la série de portraits qu'il voulait mettre en scène, et dont la ressemblance ne pouvait être contestée; sous chaque masque il y avait un visage, et le masque était si transparent! Le héros de l'action, c'était Ponsard lui-même; à côté de lui, il avait esquissé deux autres types littéraires, devenus en 1870, des académiciens, et dont la ressemblance était frappante. Nous souhaitons que Mᵐᵉ de Solms continue ses intéressantes révélations.

IV

Montmorency. — A quelle époque de la vie de Ponsard faut-il rapporter le projet d'une tragédie sur Anne d'Autriche et Montmorency?

Mme de Solms n'en dit rien. M. J. Claretie écrit qu'en janvier 1861, quand eut lieu la première représentation des *Effrontés*, « on attendait à la Comédie-Française un drame de Ponsard, *Anne d'Autriche*, que Ponsard n'a jamais commencé [1] ».

Une partie au moins du renseignement est inexacte, car dans une lettre écrite par Ponsard, nous avons trouvé l'analyse des trois premiers actes d'une tragédie qu'il intitule: *Montmorency (Anne d'Autriche et Richelieu)*.

Ponsard y respectait l'histoire, plus que Vigny, que Hugo et même qu'E. Augier; son *Montmorency* eût été peut-être une de ses plus belles créations, car il voulait mettre sur la scène le peuple et nous le montrer se rangeant du côté du ministre patriote.

V

Robespierre. — Enfin, comme nous l'avons vu, Ponsard avait projeté de porter à la scène la Révolution de Thermidor. Il écrivait à J. Janin (fin de décembre 1864): « ces scènes de la Révolution me trottaient par la tête et m'enflammaient le cerveau. J'avais imaginé quelque chose qui me paraissait grand et émouvant sur Mme Tallien, Tallien et la mort de

---

1. Cf. la *Vie à Paris*, t. IV, p. 121 (1882).

Robespierre. C'est ce qui m'avait rendu infidèle au *Lion amoureux*. Mais la censure n'aurait pas permis la représentation de ce drame; et puis, il y a plus d'intérêt, de coquetteries, de choses amusantes dans le sujet du *Lion amoureux*; je suis rentré en lui; je ne suis plus qu'à lui, et ne connais plus que lui [1] ».

Cette détermination de Ponsard fut heureuse; et malgré la hardiesse qu'il y eût à transporter sur la scène la grande salle de la conciergerie, une séance de la Commune et une séance de la Convention, nous persistons à croire que le drame de *Robespierre* aurait été inférieur au *Lion amoureux*.

1. *Cf. Ponsard*, par J. Janin, p. 93.

FIN

Vu et lu
en Sorbonne, le 1ᵉʳ mars 1899, par le Doyen
de la Faculté des Lettres de l'Université de Paris.
A. CROISET.

Vu et permis d'imprimer:
Le Vice-Recteur de l'Académie de Paris,
GREARD

TABLE DES MATIÈRES

Introduction vi

LIVRE I

Le Théâtre en France de 1800 à 1843

CHAPITRE I

LES SEMI-ROMANTIQUES

I. — Les premiers représentants de la réforme dramatique au XIXe siècle s'inspirent de Voltaire. — Tentative pour accorder la tradition classique avec les réformes reconnues nécessaires.

II. — Népomucène Lemercier: son éducation classique contrariée par son tempérament novateur. — A-t-il, dans *Pinto*, inauguré une forme nouvelle de la comédie? — Son *Cours analytique de Littérature*.

III. — Ancelot: *Fiesque*, tragédie traduite de Schiller. — *Olga, ou l'orpheline moscovite* (1828), pièce franchement romantique.

IV. — Pierre Lebrun appartient d'abord à l'École de l'Empire — Plus tard, il révèle Byron à la France. — Sa *Marie Stuart* (1820), considérée comme une victoire du parti novateur. — Le *Cid d'Andalousie* (1825), beau drame romantique. — Lebrun renonce au théâtre.

V. — Alexandre Soumet: romantique ardent dès 1814. — Sa *Jeanne d'Arc* (1825) est bien inférieure à celle de Schiller. — *Une Fête de Néron*, suite de *Britannicus*, traitée dans le goût romantique. — Action de Soumet sur les destinées du théâtre français.

VI. — Casimir Delavigne formule la théorie du *juste milieu* dramatique: « une audace réglée par la raison » (1825) — *Marino Faliero*, imité de Byron — *Louis XI* (1832) — *Les Enfants d'Edouard* (1833) — Delavigne fut moins un poète qu'un élégant versificateur.

VII. — Les semi-romantiques ont-ils réussi à créer un système nouveau ? — Sévérité des romantiques pour ce genre mixte.................................... 1

CHAPITRE II

LE THÉÂTRE ROMANTIQUE

I. — Nécessité pour le romantisme de triompher au théâtre — premières manifestations de la rénovation dramatique: *Le More de Venise, Henri III et sa cour, Hernani*.

II. — Ce que fut le théâtre romantique: l'intrigue — les caractères — la peinture historique — la moralité — le mélange des genres — le style.

III. — Les *Burgraves* (7 mars 1843). — Importance de la représentation de cette pièce pour l'avenir de la jeune école — comment elle est accueillie — grandeur épique des personnages — leur faiblesse dramatique — V. Hugo s'éloigne de la scène.

IV. — Polémiques soulevées autour du théâtre romantique: Granier de Cassagnac — Nisard — Gustave Planche — Saint-Marc-Girardin — Sainte-Beuve.. 45

CHAPITRE III

LA TRAGÉDIE PENDANT LA PÉRIODE ROMANTIQUE

I. — Faiblesse de la tragédie sous l'Empire — la décadence s'accentue après 1815 — quelques noms et quelques œuvres: Arnault père, Lucien Arnault, De Jouy, Pichat, Viennet — Taylor au Théâtre Français.

II. — Un grand défenseur de la tragédie: l'acteur Talma — à sa mort, situation désespérée du théâtre classique — tableau comparatif des pièces classiques et romantiques jouées entre 1830 et 1843.. 90

CHAPITRE IV

RACHEL ET LA RENAISSANCE DE LA TRAGÉDIE

I. — Biographie sommaire de la grande actrice — Ses débuts sur la scène du Gymnase (1837) — Elle joue à la Comédie-Française le rôle de Camille (12 juin 1838) — J. Janin a-t-il découvert Rachel?

II. — Rachel assure le triomphe du « répertoire sacré » — Opinion des salons, de la critique, du public — Rachel a-t-elle été, comme le veut J. Janin, un génie instinctif? — Elle devance et prépare Ponsard.. 108

LIVRE II

La vie et les œuvres de Ponsard

CHAPITRE I

BIOGRAPHIE SOMMAIRE DE PONSARD (1814-1867)

I. — Son enfance et son adolescence à Vienne —

ses études de droit à Paris — ses lectures — sa traduction de *Manfred* — ses premiers essais dans la *Revue de Vienne*.

II. — Le poète: son goût pour la campagne — ses retraites à Mont-Salomon.

Combien il est sensible à la critique, et combien ses ennemis furent acharnés contre lui.

Son élection à l'Académie Française (1855).

III. — L'homme: ses relations avec le pouvoir. — Sa vie intime; ses besoins d'argent; son oisiveté d'Aix-les-Bains; son mariage; ses dernières années. — Quelques traits de son caractère..... 123

CHAPITRE II

LES TRAGÉDIES DE PONSARD

I. — *Lucrèce* (1843): engouement à peu près universel avant la représentation — analyse de la tragédie — succès supérieur au mérite de l'œuvre — intrigue — caractères — peinture de la vie romaine — *Lucrèce* devant la critique et à l'étranger.

II. — *Agnès de Méranie* (1846): état des esprits — retouches successives du poète — échec d'*Agnès* — ses adversaires et ses défenseurs — le sujet — les caractères — l'histoire — *les deux Reines* de Legouvé — *Agnès von Meran*.

III. — *Charlotte Corday* (1850). inspirée par les *Girondins* de Lamartine — Difficultés qui entravèrent la représentation — Série d'épisodes dramatiques, mal reliés entre eux — comment le poète a rempli son rôle d'historien — accueil fait à *Charlotte Corday* par les deux partis littéraires. 155

CHAPITRE III

LES ÉTUDES ANTIQUES

I. — Ponsard, pris entre les romantiques, ses alliés

TABLE DES MATIÈRES. 431

de la veille, et les classiques, ses anciens amis, se porte sur le terrain neutre de l'antiquité.

II. — *Horace et Lydie* (1850) : lever de rideau fait pour Rachel — le *Moineau de Lesbie* d'A. Barthet. — Combien Ponsard est resté inférieur à Horace.

III. — *Homère*, poème qui sert de cadre à une traduction du chant VI de l'*Odyssée*. — *Ulysse* (1852), tragédie tirée de l'*Odyssée* — échec — faiblesse de la composition dramatique et de l'étude des caractères — Ponsard victime d'un faux système de traduction. — Sévérité de la critique classique pour *Ulysse*.................... 213

CHAPITRE IV

LES COMÉDIES

I. — Premier essai dans ce genre : *Molière à Vienne* (1851), pastiche improvisé de Molière.

II. — Comédies de mœurs : l'*Honneur et l'Argent* (1853), la *Bourse* (1856) — Succès considérable. — La comédie en France en 1853. — Valeur littéraire de l'*Honneur* et de la *Bourse* : monotonie des procédés — intérêt qui s'attache aux personnages — étude des caractères — leçon morale.

III. — Quelques mots sur *Ce qui plaît aux Femmes* (1860), et sur *Harmonie* (1863).

IV. — Comédie historique : le *Lion Amoureux* (1866) : pièce composée avec lenteur au milieu des tortures de la maladie — sujet heureusement choisi — forte conception des premiers actes — profondeur de la passion — beauté du tableau historique — succès du *Lion*........................... 233

CHAPITRE V

UN DRAME : *Galilée* (1867)

Pièce écrite d'abord en vue de la lecture, et non de

la représentation. — Galilée, personnage peu fait pour la scène. — Ponsard a-t-il écrit un pamphlet contre l'Eglise? — Accueil du public. — Projet d'un drame de *Galilée* par Proudhon. — La poésie scientifique en France.................................. 281

CHAPITRE VI

LES THÉORIES DRAMATIQUES DE PONSARD

I. — Ponsard, théoricien dramatique dans quelques articles, dans ses préfaces, dans son *Discours de réception à l'Académie Française*, dans quelques lettres inédites.

II. — Sa conception de la tragédie : à égale distance de l'*Art poétique* et de la *Préface de Cromwell*. — Goût excessif de la simplicité d'action — peinture superficielle des caractères — fidélité relative de l'étude historique — en somme, effort consciencieux vers la nature et la vérité.

III. — Sa conception de la comédie : Ponsard a trop respecté les lois de la comédie suivies par Molière.

IV. — Jugement sur le théâtre de Ponsard......... 297

CHAPITRE VII

LANGUE ET STYLE DE PONSARD

I. — Ponsard proscrit la fausse élégance classique et le lyrisme exubérant de l'école moderne — sa théorie de la « simplicité nue » d'Homère.

II. — Défauts de son style : prosaïsmes inévitables dans la comédie en vers — incorrections.

III. — Qualités : simplicité — netteté — force — Ponsard très docile à la critique — il est un véritable poète... 324

LIVRE III

Influence de Ponsard sur le Théâtre français

CHAPITRE I

LA RÉACTION CONTRE LE ROMANTISME ;
SES CAUSES GÉNÉRALES

I. — Renaissance spiritualiste au XIXᵉ siècle — idéal des romantiques : « poétiser le siècle » — leur mépris pour l'argent, pour la politique, pour le bourgeois.

II. — La bourgeoisie, toute-puissante sous la Monarchie de Juillet — la politique du « juste-milieu » est surtout une politique d'affaires — développement de la prospérité du pays — l'idéal bourgeois en littérature.

III. — Retour à la tradition dans la peinture et dans la sculpture — réaction générale contre le romantisme — naissance du « naturalisme »............ 343

CHAPITRE II

LA RÉACTION AU THÉÂTRE : LES INDÉPENDANTS

I. — Mᵐᵉ de Girardin — ses relations avec Rachel — échec de *Judith* au Théâtre-Français (18 avril 1843) — succès éphémère de *Cléopâtre* (1847) — quelques poètes tragiques secondaires : Charles Lafont, Victor Séjour, Reboul.

II. — Rachel (1843-1858) — ses relations avec Ponsard — elle continue à jouer le répertoire classique — elle s'essaye dans quelques œuvres modernes — ses tournées en province, en Europe, en Amérique — ce que lui doit la tragédie française. 353

28

CHAPITRE III

LA RÉACTION AU THÉATRE (Suite): LES DISCIPLES DE PONSARD, ÉCOLE DU BON SENS

I. — L'Ecole du Bon Sens, niée par beaucoup de critiques, a réellement existé.

II. — Sa poétique, définie par Emile Augier, dans le *Spectateur Républicain* — Elle proteste de son amour pour la démocratie moderne — restaure la morale sociale — répudie les excès des romantiques — prétend revenir à la vraie tradition française.

III. — Sa lutte contre les derniers représentants du Romantisme. La bataille de *Tragaldabas* (1848). — Vacquerie et la *Gabrielle* d'Augier — les hostilités, suspendues après *Charlotte Corday*, reprennent à la suite de l'*Honneur et l'Argent* et de *Philiberte* (1853). — Fin de l'Ecole du Bon Sens.

IV. — Les Œuvres de l'Ecole du Bon Sens dans la tragédie: Latour (Saint-Ybars): *Virginie* (1844); jouée par Rachel, imitation mal réussie de *Lucrèce*. Echec du *Vieux de la Montagne* (1847). — Arthur Ponroy: le *vieux Consul* (1844), les *Atrides* (1847), deux chutes lamentables.

V. — Dans la comédie: Emile Augier — ce qu'on peut appeler sa « première manière ». — De la *Ciguë* à *Gabrielle*. — Influence de Ponsard sur la conception dramatique d'Augier avant le *Gendre de M. Poirier*............................. 377

CONCLUSION

La réaction classique est éphémère; pourtant elle a produit d'heureux résultats: elle a remis en honneur les chefs-d'œuvre du XVIIe siècle et a préparé le théâtre réaliste du second Empire.................. 409

APPENDICE

Pièces inédites et inachevées de Ponsard.............. 417

www.ingramcontent.com/pod-product-compliance
Lightning Source LLC
Chambersburg PA
CBHW072126220426
43664CB00013B/2140